国家出版基金项目
NATIONAL PUBLICATION FOUNDATION

心理学与社会治理丛书
Series on Psychology and
Social Governance

丛书主编：杨玉芳　郭永玉

　　　　　许　燕　张建新

Risk Mitigation

and

Social Trust

风险化解与社会信任

伍麟　著

北京师范大学出版集团
BEIJING NORMAL UNIVERSITY PUBLISHING GROUP
北京师范大学出版社

丛书编委会

主　　编　杨玉芳　郭永玉　许　燕　张建新

编　　委　(以汉语拼音为序)

　　　　　陈　红　傅　宏　郭永玉　孙健敏

　　　　　王俊秀　谢晓非　许　燕　杨玉芳

　　　　　张建新

丛书总序

经过多年的构思、策划、组织和编撰，由中国心理学会出版工作委员会组织撰写的书系"心理学与社会治理丛书"即将和读者见面。这是继"当代中国心理科学文库""认知神经科学前沿译丛"两大书系之后，出版工作委员会组织编撰的第三套学术著作书系。它的问世将是中国心理学界的一个具有重要理论和现实意义的里程碑式事件。

之前的两套书系在社会上产生了广泛的影响，也赢得了同行普遍的好评。但是这些工作主要基于由科学问题本身所形成的内容架构，对于现实问题的关切还不够系统和全面，因而不足以展现中国心理学界研究的全貌。这就涉及我们常讲的"自下而上"与"自上而下"的问题形成逻辑。我们感到，面对当前中国社会的变革，基于当下现实生活的复杂性和矛盾性，中国心理学界应该尽力做出回应，要有所贡献。而社会治理正是心理学探讨时代需求、关注现实社会的重要突破口，同时也是很多中国心理学者近年来一直努力探索并且已有丰富积累的一个创新性交叉学科领域。

社会治理是由作为治理主体的人或组织对以人为中心的社会公共事务进行的治理。因此，社会治理的核心是"人"的问题，社会治理的理论和实践都离不开"人"这一核心要素，自然也就离不开对人性和人心的理解。这既源自心理学的学科性质，也是由社会治理的本质要素所决定的。一方面，就学科性质而言，心理学是研究人的心理和行为的学科，它兼具自然科学与社会科学的双重属性。2016年5月17日，习近平总书记在哲学社会科学工作座谈会上指出"要加快完善对哲学社会科学具有支撑作用的学科"，其中就包括心理学。早在现代心理学诞生之初，它就被认为在整个社会科学中具有基础学科的地位。但是在漫长的学科发展历史上，由于心理学本身发展还不够成熟，因此它作为社会科学基础学科的作用并未得到充分体现。尽管如此，近年来由于理论、方法的不断发展与创新，心理学在解决现实问题方面的建树已经日益丰富而深刻，已经在相当程度上开始承担起支撑社会科学、解决社会问题的责任。

另一方面，从社会治理自身的学理逻辑出发，当前中国社会治理现代化的过程也离不开心理学的支持。社会治理作为一种现代化的理念，与社会统治和社会管理在基本内涵上有很大差异。首先，它强调治理主体的多元性，除了执政党和政府，还包括各级社会组织、社区、企业以及公民个人。其次，社会治理的客体是以人为中心的社会公共事务，目标是消解不同主体之间的冲突与矛盾。最后，社会治理的过程也不同于传统意义的社会管理，它包括了统筹协调、良性互动、民主协商、共同决策等现代化治理策略与手段。因此，不管从主体、客体或过程的哪个方面讲，社会治理都必须关注社会中一个个具体的人，关注这些个体与群体的心理与行为、矛盾与共生、状态与动态、表象与机制等心理学层面的问题。也只有依托心理学的理论与方法，这些问题才能得到更深入的探索和更彻底的解决。因此可以说，在学科性质、学理关联、问题关切、实践技术等多个层面，心理学均与社会治理的现实需求有着本质上的契合性。

正因为如此，近年来国家对于心理学在社会治理中的作用给予了高度重视。中共十九大报告在"打造共建共治共享的社会治理格局"这一部分提出，加强社会心理服务体系建设，培育自尊自信、理性平和、积极向上的社会心态。中共十九届四中全会审议通过的《中共中央关于坚持和完善中国特色社会主义制度 推进国家治理体系和治理能力现代化若干重大问题的决定》再次强调健全社会心理服务体系。可以看出，心理学已经被定位为社会治理现代化进程中不可或缺的一部分。这是时代对中国心理学界提出的要求和呼唤。而本书系的推出，既是对时代需求的回应，也是心理学研究者肩负使命、敢于创新的一次集中探索和集体呈现。

明确了这一定位之后，我们开始积极策划推动书系的编撰工作。这一工作立即得到了中国心理学会和众多心理学界同人的大力支持与积极响应。我们在充分调研的基础上，成立了书系编委会，以求能在书目选题、作者遴选、写作质量、风格体例等方面严格把关，确保编撰工作的开展和收效达到预期。2015 年，编委会先后三次召开会议，深入研讨书系编撰工作中的一系列基础问题，最终明确提出了"问题导向、学术前沿、项目基础、智库参考"的十六字编撰方针，即要求书系中的每一本专著都必须关注当下中国社会的某一现实问题，有明确的问题导向；同时，这一问题必须有明确的学术定位，要站在学术前沿的视角用科学解决问题的思路来对其加以探讨；此外，为了保证研究质量，要求每一本专著都依托作者所完成的高层次项目的成果来撰写；最后，希望每一本专著都能够切实为中国社会治理提供智力支持和实践启示。

基于这样的方针和定位，编委会通过谨慎的遴选和多方面的沟通，确立了一个优秀的作者群体。这些作者均为近年来持续关注社会治理相关心理学问题的资深专家，其中也不乏一些虽然相对年轻但已有较深积淀的青年才俊。通过反复的会谈与沟通，结合每一位作者所主持的项目课题和研究领域，编委会共同商讨了每一本专著的选题。我们总体上将本书系划分为四个部分，分别为"现代化过程中的社会心态""群体心理与危机管理""社区与组织管理""社会规范与价值观"。每一部分邀请6～8位代表性专家执笔，将其多年研究成果通过专著来展现，从而形成本书系整体的内容架构。

在这些工作的基础上，2016年1月，中国心理学会出版工作委员会召开了第一次编委会成员和几乎全体作者参加的书系编撰工作会议，这标志着编撰工作的正式开启。会上除了由每一位作者汇报其具体的写作思路和书目大纲之外，编委会还同作者一道讨论、确定了书系的基本定位与风格。我们认为本书系的定位不是教材，不是研究报告，不是专业性综述，不是通俗读物。它应该比教材更专门和深入，更有个人观点；比研究报告更概略，有更多的叙述，更少的研究过程和专业性的交代；比专业性综述更展开，更具体，更有可读性，要让外行的人能看懂；比通俗读物更有深度，通而不俗，既让读者能看进去，又关注严肃的科学问题，而且有自己独到的看法。同时，在写作风格上，我们还提出，本书系的读者范围要尽可能广，既包括党政干部、专业学者和研究人员，也包括对这一领域感兴趣的普通读者。所以在保证学术性的前提下，文笔必须尽可能考究，要兼顾理论性、科学性、人文性、可读性、严谨性。同时，针对字数、书名、大纲体例等方面，会上也统一提出了倡议和要求。这些总体上的定位和要求，既保证了书系风格的统一，也是对书系整体质量的把控。

在此后的几年中，书系的编撰工作顺利地开展。我们的"编撰工作会议"制度也一直保持了下来，每过半年到一年的时间即召开一次。在每一次会议上，由作者报告其写作进度，大家一起交流建议，分享体会。在一次次的研讨中，不仅每一本专著的内容都更为扎实凝练，而且书系整体的立意与风格也更加明确和统一。特别是，我们历次的编撰工作会议都会邀请1～2位来自社会学、法学或公共管理学的专家参会，向我们讲述他们在社会治理领域的不同理论视角和研究发现，这种跨学科的对话极大地丰富了我们心理学者的思维广度。当然，随着编撰工作的深入，有一些最初有意愿参与撰写的作者，出于种种原因退出了书系的编撰工作，这不能不说是一种遗憾。但同时，也有一些新的同样资深的学者带着他们的多年研究成果补充进来，使得书系的内容更加充实，作者团队也更加发展壮大。在这些年的共同工作中，我们逐渐意识到，我们正在做的事情不仅是推出一套书，而且还基于这一平台构建一个学术共同体，一起为共同的学术愿景而努力，为中国的社会治理现代化进程承担心理学研究者应尽的责任。这是最令人感到骄傲和欣慰的地方。

我们还要感谢北京师范大学出版集团的领导和编辑们！他们对于本书系的出版工作给予了大力的支持。在他们的努力下，本书系于 2020 年年初获批国家出版基金项目资助，这让我们的工作站到了更高的起点上。同时，还要感谢中国心理学会"学会创新和服务能力提升工程"项目在组织上、经费上提供的重要帮助。

在作者、编委、出版社以及各界同人的共同努力下，书系的编撰工作已经接近完成。从 2021 年开始，书系中的著作将分批刊印，与读者见面。每一本专著，既是作者及其团队多年研究成果的结晶，也凝结着历次编撰工作会议研讨中汇聚的集体智慧，更是多方面工作人员一起投入的结果。我们期待本书系能够受到读者的喜爱，进而成为中国心理学和社会治理的科研与实践前进历程中的一个重要里程碑。

主编

杨玉芳　郭永玉　许燕　张建新

2021 年 7 月 22 日

前　言

改革开放以来，中国取得了举世公认的伟大成就，今天的中国比历史上任何时候都要更为接近中华民族伟大复兴的宏伟目标。2019 年，中国人均 GDP 首次超过 1 万美元。中国经济发展的强盛无疑极大地增强了人民的幸福感，全体中国人民共享着改革开放带来的物质财富、思想解放和精神自由。经过 40 余年的改革开放，中国社会转型取得了一系列关键突破，我们有充分的理由确信，中国发展的成功经验为世界进步提供了中国智慧，为人类文明贡献了中国思想，为未来繁荣建构了中国道路。中国社会转型理论呈现出以下重要特征：中国的社会发展同世界的时代格局息息相关；中国的社会进步同人类的命运未来紧密联系；中国的社会福祉同中华民族伟大复兴一同前行。作为一个整体，虽然中国目前富足程度与发达国家还有差距，但谁也无法否认中华民族已经站起来、富起来和强起来了。然而在中国这样一个人口大国，客观上仍存在社会经济发展不均衡的状况，实现人民美好生活的理想还任重道远。建设中国式现代化进程中，我们需要引领和塑造全体人民积极向上、理性平和、友善团结的阳光心态，减少和消除不良心态的负面影响。进入 21 世纪以来，中国心理学界关注国家和社会重大需求的责任意识越来越强烈，探索精神越来越高涨，研究成果越来越充实，社会影响越来越显著。心理学如何帮助政府在社会治理事务成效方面"事半功倍"？如何让有效的心理学方法和技巧在实际工作中"开花结果"？这极大地考验心理学家对于中国国情的了解、对于民众生活的认识、对于群体心态的掌握以及对于个体心理的熟悉。上述内容"书本上"不一定能够完全提供，"实验室里"也不可能全部"长得出来"。从"科学世界"走向"生活世界"需要心理学家饱含研究情怀、开阔研究视野、创新研究方式。心理学进入社会治理需要构建活动主体、研究方式、技术契合和成效目标"四位一体"的中国模式。使心理学从"实验室"走向"社会"，将心理学论文写在"中国大地"的重大时代命题中，心理学进入社会治理是上述命题的核心组成部分之一。

心理学进入社会治理一方面是国家发展的需要，另一方面也是心理学自身学科担当的必然使命。2006 年，党的十六届六中全会提出"心理和谐"的理念，与那个时期党提出建设"和谐社会"的战略部署高度一致。党的十六届六中全会闭幕 40 天之后，经时任中国心理学会理事长张侃提议，中国心理学会在北京大学召开了以"促进心理和谐，构建和谐社会"为主题的学习十六届六中全会精神座谈会，有十多位知名心理学家参加。这表明，中国心理学家已经敏锐地意识到中国社会剧烈的转型时期心理学应当肩负的学科责任。2006 年 12 月，北京师范大学许燕教授发表了论文《自我和谐是构建心理和谐的基础》，以心理学家的专业身份关注和研究国家层面的关键问题。论文从个体人格特征的角度出发，论述了良好的自我品质是心理和谐的基础，提出了主观幸福感是衡量心理和谐的重要指标，也是社会和谐的重要组成部分。党的十七大沿用"注重人文关怀和心理疏导"战略理念的表述用语，保持了党和国家政策方针的连续性。心理和谐成为和谐社会的重要建设目标之一，基本出发点是立足于关注个体的心理健康，通过心理知识的宣教和心理技术的应用，努力提升心理咨询和心理治疗的水平，进而营造充满活力又平和有序的社会心态，关键核心是落实"以人为本"的治国理念。此后的十余年，"心理和谐""幸福感"等已经成为中国心理学研究的高频概念。自党的十六届六中全会之后，中国共产党将"人民幸福""幸福感"等概念多次写入党的全会报告以及重要文献中。应该说，21世纪初一些中国心理学家的前瞻工作受到了党和国家的高度重视，后续国家社会治理的战略布局和发展规划吸纳了心理学界的建议和意见。

2013年党的十八届三中全会之后，中国共产党领导社会的执政理念从"社会管理"过渡到"社会治理"。虽然仅是一字之差，却蕴含着党领导社会方式的巨大变化：更加强调坚持以人民为中心、以问题为导向、保障民生权益。总体上，对社会事务的工作方针从过于"突出刚性"转变为"刚柔相济"，实现群众工作下移、社会资源下沉和社会重心下稳。在当前认识理念分化、利益格局重组、价值追求摩擦、发展程度失衡等现实矛盾面前，人民群众的心理感受和行为方式客观上表现出极为复杂的状况，出现了一些以前没有的新情况。这些新情况既有中国社会快速发展中的现实矛盾所导致的结果，也有人类社会现代化进程中难以避免的困局；这些新情况既有社会整体的共性问题，也有特殊群体的独有问题。此外，还有很少数极端的、偏执的甚至反社会的言行事件发生。这些都不同程度地影响着社会稳定和国家发展。政府部门和学术界对于上述新情况虽然高度重视，但对其中的具体情况尚不完全熟悉，也还没完全掌握它们的发生规律。其中，干部和群众的"人"的主体因素就凸显出来。从国家治理体系和治理能力现代化的角度来看，完善党的执政能力和提高政府的工作效率，特别需要各级基层政府转换工作思路、转变工作方法，适应新时代的要求。中国社会转型的关键优势是道路优势和制度优势，我们会按照既定的速度、节奏和阶段"办好自己的事""看好自己的家""强大自己的国"。政治层面上的高度认同、民主与集中的高效决策和以人民为中心的目标追求，毫不动摇地保证了国家战略意图的坚定实施。党的十八大以来，中国综合国力显著提升，成为推动世界经济增长的主要影响因素；中国在国际政治舞台上也发挥着越来越重要的作用。中国正在成为世界瞩目的焦点，中国也不断放眼世界。从国家长治久安、人民生活幸福的角度来看，包括心理学在内的诸多学科"适逢其时""责无旁贷"，必须应对历史发展提出的重大新挑战。

随着全社会对心理学在社会治理中的重要作用的认识逐渐加深，党和国家的相应要求也从普及全民"心理和谐"的观念发展到逐层推进"社会心理服务体系建设"。党的十九大第一次正式提出"社会心理服务体系建设"。显然，"社会心理服务"的学术概念经过优化，出现在党的全会报告以及重要文献中，体现了党的坚定政治意志，也由此需要发挥出政治概念或者说政治用语的社会作用。"社会心理服务体系"的提出表明中国心理学家的创造性劳动和知识智慧得到了党和国家的关注和采纳，也说明中国心理学越来越多地从"实验室"走向"社会"、越来越多地把心理学论文"写在中国大地上"，更说明新时代中国社会的阔步前进需要心理学、离不开心理学。

俞国良和谢天（2018）对"社会心理服务"这个概念进行了解析，认为"社会心理服务"作为一个学术用语是一个新概念，应将社会心理服务定位于建立在社会态度、情绪、心态和影响基础之上的对个体、群体以及社会行为的调节和控制。并且，在上述这些社会心理服务的任务完成之后，将会自然过渡到更高层次的社会心态培育阶段。笔者认为，"从社会心理服务走向社会心态培育"容易混淆社会心理服务的内涵，"矮化"了社会心理服务应具有的"社会治理"的价值功能。俞国良（2017）提出："建构中国特色的社会心理服务体系，其实就是中国特色的社会心理建设。"然而，"社会心理建设"和"心理建设"在党和国家的重要文件中还没有正式地出现和表达，俞国良在论文中也没有专门对"社会心理建设"展开论述。由于没有详细论述

"社会心理建设"的概念，在确立"社会心理服务"和"社会心理建设"之间的关系方面势必很难具体开展工作。同时，因为没有清晰界定"社会心理建设"的概念，有可能让人诟病"社会心理建设"只是沿用了"经济建设""社会建设""社会主义新农村建设"这样的"建设"字眼。在心理学界，除了俞国良之外，辛自强、王俊秀和陈雪峰等人都提及或论述了"心理建设"的概念。辛自强较为系统地论证了"心理建设"的概念及其价值的重要性。"心理建设"在中国心理学的教科书、学术研究以及教学实践中完全是一个"空白"，没有这样的专门术语，因此辛自强认为必须要对这个概念进行充分、细致的论证，并且提出"心理建设"有必要被列在"五个建设"（即经济建设、政治建设、文化建设、社会建设、生态文明建设）之后，上升为国家的发展战略。中国人的生命责任意识当中，始终贯彻"小我"与"大我"的辩证关系，始终遵循个体与社会、与国家的层级关系。几千年来，中华民族的这种核心价值观使得国家在困难中得以奋进、在危机中得以重生。近代中国革命的先驱孙中山先生的《建国方略》中就提出"建国之基，当发端于心理"。中国共产党在革命战争岁月与和平建设年代都深入实践"全心全意为人民服务"的根本宗旨，在小康社会建设的关键和决胜时期越发重视人的主体因素。陈雪峰（2018）认为，应从心理疏导拓展到心理健康教育和服务，并进一步拓展到内涵更丰富、目标更明确的社会心理服务。中央对心理服务工作的要求从最初较为狭义的心理疏导拓展为更为系统的社会心理服务体系建设。党的十八届三中全会以来，社会心理服务有了更为明确的国家目标，即服务于国家治理体系和治理能力现代化。吕小康和汪新建（2018）认为，建设社会心理服务体系就是建立公共心理服务体系，突出国家为全体社会成员提供心理服务和保障的目的，更好地突出了公共心理服务体系"自下而上"的递升逻辑，个体、社会和国家三个层面依次对应心理健康、社会心态和国家认同。

中国心理学进入社会治理存在不少挑战，但指出这些挑战的出发点并不是怀疑心理学针对专门问题进行科学研究的学术价值，而是重点强调心理学进入社会治理时必须得到高度重视。"心理结果"是"末端表现"和过程产物，实际生活中，人的行为表现了背后心理因素的衍生性、多样性、变化性和差异性等特征。

首先是复杂的社会治理同心理学的有限功能之间的矛盾。心理学进入社会治理需要大力开展具体的探索，打通和丰富心理学同广阔的社会治理领域实践要求相匹配的核心议题，使心理学参与社会治理的关注点正确、切入点明确和着力点准确，将心理学面向社会治理"能够做什么"和"怎样做好"立体、系统地呈现出来。心理学出现在社会治理层面，既有专门知识和技术范畴的提供心理服务与促进心理健康等高识别度、规范化的专业活动；也有贯穿于社会基层日常事务之中的推进得当的人际沟通、恰当的兜底保障、适当的治理措施、正当的社区营造等活动所需要的心理学技巧和手段。这些看起来柔性的心理学力量如果机智巧妙地配合政策的宣传解释、工作的细致深入和日常的持续关注，那么看起来不起眼的小细节、不张扬的小活动、不抢镜的小举止都可能起到"锦上添花""春风化雨"的特殊作用。

其次是社会整体治理与心理学局部结论之间的矛盾。从局部的科学研究而言，对某个心理学研究的问题的细腻化、精致化探索是获得具有科学价值成果的必要环节。但是，这些加工后的研究结论、成果直接转移到具体的、实际的社会治理问题上面时，极有可能出现与实际脱节的不利情况，进而最终流于学术界和现实界各自为政的结局。需要注意的问题是，符合科学标准的论文分为两个层次：其一是其符合"可重复性"标准；其二是在符合"可重复性"标准的基础上，直接用于工作上的执行标准是否存在风险，即有犯错误的可能。学术界对真理负责，依照知识论的标准创造学术成果、增加人类知识；政府治理对全体社会成员负责，依照社会效果的标准创造社会实践、实现社会进步。

最后是社会治理主体与心理学内生规则之间的矛盾。政府主导社会治理，包括心理学在内的学术界基本起着智囊、参谋、评估的作用。应该承认，中国心理学取得了巨大的成就。但学院派的心理学扎根中国大地的时间还不算长久，同社会基层的嵌入还不够充分、不太广泛，研究的"泥土气息"还不甚浓厚。在瞬息万变、错综复杂的社会问题面前，专家系统也并非"固若金汤"，可能会有"软肋"，甚至会有"掉链子"的时候。此外，专家系统在某些时候、某种场合还存在知识滞后、技术不适的可能性，要妥善解决基层的具体实际问题，仍需要一定的磨合过程。

目　录

1　现代风险的话语表述 ·· 1

　　1.1　两种取向的风险概念 ·· 2

　　1.2　风险叙事的自我认同 ·· 16

　　1.3　风险认知的心理测量 ·· 30

2　信任类别的属性特征 ·· 45

　　2.1　信任的两种类别 ·· 46

　　2.2　促进普遍信任 ·· 60

　　2.3　信任类型与风险认知的实证研究 ································ 84

3　风险沟通的信任转向 ·· 96

　　3.1　不断加速的生活世界 ·· 97

　　3.2　社会变迁的风险表现 ·· 121

　　3.3　风险渲染的信任抑制 ·· 154

　　3.4　信息信任与核电风险认知 ······································ 169

4　风险信息的信任效应 ·· 183

　　4.1　主体认知的信任诉求 ·· 184

　　4.2　风险信息的情感启发 ·· 194

　　4.3　信息信任的负面偏向 ·· 206

　　4.4　信息信任的验证偏向 ·· 236

5　信任衰退的风险诱因 ·· 255

　　5.1　普遍强化的风险警觉 ·· 256

　　5.2　模糊泛化的社会归类 ·· 263

　　5.3　社会期待的变动弱化 ·· 273

　　5.4　道德善意的稀释淡化 ·· 283

6　制度信任的心理建设 ·· 292

　　6.1　信任的社会变迁 ·· 293

　　6.2　制度信任的发展特征 ·· 302

　　6.3　制度信任与风险认知的实证研究 ···························· 320

　　6.4　制度信任的培育路径 ·· 338

结语　推动心理学更好进入社会治理 ···································· 351

参考文献 ··· 359

1

现代风险的话语表述

当今人类社会已经进入崭新的历史时期，人们崇尚并追求更安全、更舒适、更健康和更便利的现代生活。在这些生活目标逐渐实现的过程当中，随之而来的是相对于以前的时代，人类也不得不面对和应对来自各方的影响更大、后果更严重的诸多威胁和风险。从自然环境方面看，一段时期以来存在为了片面追求经济的快速发展而急功近利、不计后果地破坏和掠夺自然资源的现象，造成生物多样性的严峻危机以及生态环境不可逆转的严重失衡等。从科学技术方面看，追求技术创新的动机和探索未知世界的动力促使研究人员不断取得科技突破和发明。这些科技突破和发明给人类带来巨大利益，解决了长久困扰人类的难题，有利于人类朝着美好社会的理想前进。但不可否认的是，有些高科技手段和产品应用到人们的生活中之后，直接和间接地带来或潜藏着较多无法预料和难以控制的危害，人们为此已经或将会付出沉重的代价。如核电站事故引发的放射性物质泄漏与失控，生物技术中生命制造与物种基因重组的隐患，网络信息传播中的病毒与漏洞，核武器的威胁与扩散，开采海洋石油的污染，电磁设备的辐射，等等。现代科技就像是一把"双刃剑"，在赋予人类广泛利益的同时，也带来了许多未曾有过的风险。人类不可能放弃现代科技，也不会停下科技创新的脚步，任何阻挡现代科技前进的潮流的举动无异于螳臂当车，难以行得通。更为理性和更加切近实际的是，整个社会包括执政与行政人员、科学家共同体以及普通公众一道来追问、思考和回答"我们可以接受什么样的风险"，这个问题具有更现实的生存论意义和价值。斯塔尔和惠普尔甚至将此上升到国家行动层面的高度，他们发表于《科学》上的文章说，确定哪些风险是可以接受的是一个重要的国家议题(Starr & Whipple，1980)。

1.1　两种取向的风险概念

认识、接受、承担、规避和化解风险是现代人在生活中无法回避的真实问题。由于能力及条件所限，人类目前还不能够完全确切掌握所有风险知识和规律，无法准确预测风险将会在什么地点、什么时候发生，规模是多大、影响有多广、程度会多深、代价为多少。但可以肯定的是，人类必须做好应对风险后果以及为之付出最低水平代价的准备。

风险问题已经越来越引起现代社会人们的广泛关注和高度重视。人类活动的许多领域都与风险议题有关联，其中有来自自然界的不可抗拒的灾害，也有人类自身行为和活动引发的能源利用、自然环境、恐怖主义、暴力犯罪、电磁辐射、城市噪声等方面的危机与隐患。随着社会的发展，风险在表现方式和具体内容上都已经发生深刻的变化。在一定程度上，人们对于这些风险变化缺乏充分的事前预见，在准备与实施应对措施方面还存在较大的滞后性，对于风险后果特别是风险放大后的扩散和波及效应尚缺乏完整的认识，相应的疏解、管控机制仍需要完善。对于学术界来说，风险研究也面临着很大的理论及实践挑战。必须面对的首要问题是风险的概念，这个看起来似乎比较简单的问题却并不容易准确回答。什么是风险？

如何定义风险？学术界还没有形成完全统一的意见。比如，按照罗萨的看法，虽然关于风险主题的研究文献仍然在快速增长，但事实上很明显，人们对于风险意味着什么很少取得一致的意见（Rosa，1998）。奥尔索斯从不同学科的角度总结了对于风险的已有理解：科学把风险看作一种客观现实，人类学把风险看作一种文化现象，社会学把风险看作一种社会现象，经济学把风险看作一种决策现象，心理学把风险看作一种行为和认知现象，艺术（包括音乐、诗歌、戏剧等）把风险看作一种情感现象，历史学把风险看作一种讲述（Althaus，2005）。埃文和雷恩也认为没有一致的风险定义，如果我们考察风险研究文献，会发现风险概念被用作一个期待值、一种概率分布、一种不确定性以及一个事件（Aven & Renn，2009）。他们还总结了十种风险的定义：（1）风险等于预期的损失；（2）风险等于预期的失效；（3）风险是某种不利后果的概率；（4）风险是不利后果概率和严重性的测量；（5）风险是一个事件和其后果概率的混合；（6）风险是一系列事态，每一种都有一个概率和一个后果；（7）风险是事件和相应不确定性的二维混合；（8）风险指结果、行为和事件的不确定性；（9）风险是一种情境或者事件，其中于人类有价值的事物处于危险之中，且其后果不确定；（10）风险是与人类价值有关的活动及事件的不确定性的后果。虽然风险概念很多，各学科也有不同的理解，但总体上可以从三个大的维度来概括种种风险概念的核心内涵。第一个是时间维度的未来指向，比如概率和预期值。风险不是已经发生的事情，而是可预见的、可能将要发生的事情。第二个是结果维度的消极指向，比如事件的灾难性后果。可以分为客观属性和主观属性两个方面，客观属性体现为事件发生的频数和物理损害，主观属性体现为当事者精神价值损失的程度。第三个是行为维度的情境指向，比如人的现实活动。风险需在实际情境中现实化、具体化和延展化。

从元理论的角度看，对于风险概念的理解存在两种不同的取向：一种是科学的实证主义范式，即技术取向；另一种是文化理论和社会建构论，也有人将其称作相对主义，即文化取向。技术取向和文化取向的风险概念背后所反映出的是关于风险概念的不同本体论、认识论和价值论的观点，它们对于风险评估、沟通、接受与管理产生了不同的影响。风险研究中最根本的分裂可能是在两种矛盾的风险概念的支持者之间：一方将风险看作客观给予的，由物理事实所决定；而另一方将风险看作独立于物理事实的一种社会建构物。风险概念的技术取向将风险看作一种物理现象，也即一种与主观价值相分离的客观事实；将客观地指称物理世界环境作为解释风险的出发点，把价值判断排除于社会风险之外；风险是一种纯粹的科学概念，具有物质的实体性，能够通过科学的方法进行分析并得到有效的描述、解释、预测和控制。斯塔尔和惠普尔等人是这种风险概念的典型代表。风险概念的文化取向将风险看作一种文化现象，也即一种与道德、世界观、价值观及行为模式等紧密相连的社会建构，突出强调价值判断、道德信念等在风险形成、评估等过程中所起的重要作用；风险是一种集体的建构物，是具有文化属性的社会过程。道格拉斯(Douglas)和怀尔达沃斯基(Wildavsky)等人是这种风险概念的典型代表。

1.1.1 技术取向

1969 年斯塔尔在《科学》发表的《社会收益与技术风险》以及 1980 年斯塔尔与惠普尔合作在《科学》发表的《风险决策的风险》这两篇经典论文，可以看作风险概念的技术取向的代表性论述。奥尔索斯(Althaus, 2005)指出，风险方面的文献非常之多，其中涉及科学、行业和政府组织同普通公众在风险感知理解上不匹配的问题，斯塔尔 1969 年的经典论文首次从科学意义上解决了这个问题。学界在系统化研究风险之初，对风险概念主要采取的是技术取向的理解。当时研究的最主要目的是想知道"多安全才算足够安全"，即在风险与收益之间进行权衡，确定可接受的风险的水平，以帮助作出恰当的风险决策。斯塔尔认为，历史地看，通过尝试、犯错误和随后的纠正措施，社会已经在技术收益和社会代价之间实现了可接受的平衡（Starr，1969）。关于技术收益和社会代价，斯塔尔提出了一种测量方法，采用历史上经济风险和利益的数据去解释可接受的风险—利益平衡模式。所选择的社会代价也即物理风险的表现指标是公众所从事活动的事故死亡率，并且这些活动与技术发展紧密相关。所选择的技术收益的表现指标是金钱等价物。这种方法基于一个假设，即一种新科技的可接受的风险可以定义为与不断发展的活动有关的安全水平。这些活动对社会有着普遍的利益，但也具有存在改进可能的风险隐患。

风险概念的技术取向坚持从"科学"的方式出发就可以揭示事实、消除影响，平缓公众的不安甚至恐惧心理这一基本立场。风险概念的工程技术思维的背后暗含的是每一位个体均为"理性行为者"的预设。但是，一个现实的问题呈现出来：在普遍一致、数理统一的科学精细分析面前，为什么不同的人对风险有着不同的反应？心理学家对此问题十分感兴趣，并以此为着眼点开展风险的相关心理学研究。菲什霍夫（Fischhoff，1978）等人将斯塔尔提出的风险分析方法称作"显示性偏好"方法，他们提出了另一种风险分析方法，称作"表达性偏好"方法，采用问卷去测量公众对于不同活动的风险和利益的态度。以斯塔尔"显示性偏好"方法和菲什霍夫"表达性偏好"方法为代表的两类心理测量范式延续了风险概念的工程技术思维，但有所不同的是，心理测量范式在社会科学的范围里，纳入了更多的因素来考察风险。

风险分析的早期研究集中在科学技术领域，哲学思维方式以实证主义为主导。尽管其后陆续有其他的范式出现，但实证主义的范式一直处于重要地位。科学知识以及很多其他学科门类的知识（如哲学、法学、政治学）都会有一个共同的认识论任务，即它们都会遇到知识的"权威性"问题，也可以说是"真理"的问题：用什么方式、标准、立场、力量去评价、认可、判断、裁定知识的"真实"。理性主义认为，评价知识真理性的根本标准是理性或逻辑。凡是经受不住严格推理检验的知识就必须进行怀疑，就不是真正的知识。经验主义认为，评价知识真理性的根本标准是观察或者感官经验。理性主义和经验主义的地位在西方启蒙运动时期达到巅峰，直指中世纪的宗教权威。现代科学可以说是在启蒙运动时期得以孕育，也可以说是在理性主义和经验主义这两个重要哲学运动的推动下产生的。两者的共同点是都关注知识的严格逻辑和系统观察。科学是一种逻辑形式，也是一种系统观察的形式。传统意义上的科学开始于对世界的系统观察，以确保有效的最初的前提。在此基础之上，科学家对源自观察的相关理论进行逻辑推论。理性主义和经验主义两种哲学思想的完美结合促使科学成为知识的权威。只有在逻辑的力量和观察的力量的保证之下，知识才能是真正的知识、真实的知识。科学为评判真理和知识提供了可靠的基础。揭示自然法则的方法已经被找到，这种方法可以累积起大量的知识，建构起知识体系。传统科学是现代性或者说现代主义的产物，现代性的方法就是理性主义的形式推理与经验主义的感官经验结合的结果，它为知识提供了坚实的基础。

风险概念的技术取向背后的基本理念是：科学活动是客观的，它的目的是建立事实，与价值判断无关。只要遵循科学的形式和逻辑，风险评估和理解就能够在科学范围内不依赖社会、文化、政治等其他因素而纯粹独立地进行，其结果是普遍和有效的。在风险领域保持着一种被广泛接受的信念：现实的风险数字可以随着特定技术、事件或者活动的逐渐精确而被计算出来。这种主导的流行态度促进了技术评估重要性的提升（Gerrard，Simon，& Petts，1998）。风险概念的技术取向表现出以下特征：（1）本体论预设是客观主义，或称作实在论。世界独立于观察者的感知而存在，外部世界的属性与人的存在无关。风险是真实的、客观的，独立于主观知觉。风险是纯粹事件或者事件后果的概率问题。概率的估计就是风险的本质，即风险等同于消极事件及其结果发生的可能性。理解风险就是理解概率及其相关物，对事件概率的认识是认识风险的基础。基于这种考虑，对风险而言，概率是最基本和最核心的问题。作为一种客观的世界状况，风险独立于我们关于什么是风险、风险如何实现的认知、知识体系和价值判断。（2）认识论预设是风险扎根于现实世界。风险就是即将来临的、有形可见的、致人负面影响的危险、危害、威胁、损失或者损害。因此，风险适用科学的追问方式。作为客观现实的风险可以不受主观影响地进行客观的标准化测量，可以通过系统的科学方法进行截取、控制、预测与管理。风险成为科学方法可以探索与测量的对象，于是风险评估也就成为关乎科学事实和相应概率的科学问题。（3）价值论预设是科学理性至上。风险涉及不确定条件下的决策判断。人们经常面临选择的情境，而且大多数时候这种情境往往是不确定的。因为决策判断不可能包含所有结果的信息，因此不确定条件下的决策就涉及"应生"风险。在高度复杂、技术化的社会，专家和公众对"风险"有着不同的概念。专家力求在真实风险的基础上客观、理性、分析地研究风险，包括风险评估、风险管理、风险沟通等；公众通常在情感体验的基础上主观、非理性、直觉地看待风险。专家与公众不同的风险认知反映了一些值得思考的问题。

　　早期对风险的理解是从工程技术思维出发，在工程安全体系进行风险分析时将风险看作消极事件的发生概率及后果，包括范围和严重程度等方面。工程技术思维尽管认识到风险评估蕴含价值负载，但在实际当中往往忽视或者难以兼顾价值意义。造成这种情况的重要原因是：进行风险评估时往往容易从"风险认知"滑向"风险现象（事实）"。风险的工程技术思维即从技术的角度分析风险存在哪些缺陷，也受到了不少批判。在一些领域，新风险的诸多特征使得通过概率估算获得对风险的充分分析完全不可能。技术—理性范式的真正危机源自一种分离的社会—政治的发展（Zinn，2006）。从可计算性来讲，消极影响及其结果不是简单的客观存在。当事个体和群体的价值观、文化传统、行为习惯等会影响人们的风险感知、结果评估、风险接受等。仅用经济指标等量化消极影响及其结果过于简单。同时，现代社会一些风险事件的形式与内容非常复杂，存在许多不确定性因素。最主要的是消极影响及其结果往往超越"时空"边界，表现为空间地域渗透力强、辐射面广，时间广度延展性高、后续性强。当今世界经济全球化趋势越发加强，信息传播迅捷、人员流动频繁、事务联系紧密、传统边界消融。这些特征决定了现代风险的消极影响及其结果的未知情况突出，传统技术分析的概率值、伤亡率、经济损失情况难以对它们进行全面计算。数字所把握的抽象图景远不能详述具体的现实状况。

从风险应对和管理的角度上讲，在面对重大突发性灾难时，相关行业、组织和政府部门的制度安排、行动效果容易暴露出缺陷和失误。由于这些因素的存在，极有可能加大风险事件的消极后果。风险的技术分析往往忽略"制度错误与风险之间的关联"这个重要方面。任何理论都有其有限的"边界"，风险的技术分析同样如此，它也不应当成为风险的确认、评估和管理的唯一标准。在这个意义上，技术化的风险分析的框架具有它的局限性。技术化的风险分析有不足之处，但也有自身价值。无论是自然灾害、突发事故还是社会动荡、人为祸患，人们都是在现实而具体的情境中遭受风险事件、承受相关后果。风险的技术分析能够提供预期或已然的物理损害和经济损失的科学数据，为相关风险管理部门的决策以及相关当事人的行为选择提供直接的参考依据，保障所有当事人及社会的利益。在总结经验的基础上，还可以提供模型，为未来风险事件的评估、应对与管理奠定基础。在分工日益精细的现代社会，专家的技能知识以及专家系统的运作体系应当得到尊重和信任。如果出现广泛的对专家系统的不信任，那么整个社会必将出现更大的混乱，更是一场灾难。对风险的技术分析应当持有乐观的心态，不仅不应停滞，反而更应加强其研究。认真对待风险的技术分析的有限性，而非一味彻底否定风险的技术分析，是理智的做法。

专家与公众有着不同的风险理解思维，风险的科学评估与公众的风险感知之间存在裂隙。在起初阶段，造成这些裂隙的原因往往被归结为公众的知识局限或者公众的非理性观念。为什么这样归因？是因为相信科学能够提供精确的计算和确定无误的事实。但实际情况是，科学在提供精确的计算和确定无误的事实方面并非无可挑剔和没有犯错误的可能。而且精确的计算和确定无误的事实也只是理解风险的一些方面，并不是全部的方面。在精确的计算和确定无误的事实之外，更主要的方面仍然是人们现实的生活体验和生活价值。卡斯普森等人直截了当地指出，风险研究既是一种科学活动，又是一种文化表达（Kasperson，1988）。随着理论和实证研究的发展，持不同观点的学者们都认识到风险感知中社会文化因素的重要性。生活体验和生活价值突出的特点是主观性很强，这些主观性容易被划归公众的知识局限或者公众的非理性观念。然而很清楚的是，体验和价值来源于最直观和最具体的生活经历，它们有着广泛的渗透力和强大的说服力。与科学提供的相关"概率"或"不确定性"的抽象数字相比，生活的原发性要丰厚许多。

1.1.2 文化取向

关于风险问题，心理学家的研究起初集中在决策制定领域。风险在工程技术专家看来是技术计算的问题，而心理学家却将其看作决策的问题，并且认为作出这些决策具有普遍的法则。心理学家希望知道人们是如何感知风险的，并主要从风险属性的角度研究其对人们风险感知的影响，力图找到稳定的风险感知模型，从而能够预测和解释人们对风险的行为反应，确定人们接受风险的水平，并为社会政策的决策、制定提供意见。风险概念的文化取向主要由人类学家、社会学家和心理学家来推动与完成，人类学家道格拉斯、怀尔达沃斯基在 20 世纪 80 年代提出的文化理论有力促进了风险概念的文化理解。文化理论认为，影响人们感知和作用于周围世界的重要因素是文化，具体说就是社会面貌和文化信念。文化是人类所具有的一种特殊能力。它不是人类与生俱来的，而是在长期的现实生活环境中逐渐培育和养成的。在现实生活环境中，人类感知世界的各种事物，获得丰富的经验积累。这些经验帮助人类更好地生存下来，繁衍生息。人们对这些生活经验加以总结和概括，通过语言、文字、习俗、制度、信仰等方式将其象征性、符号化地加以固着，并以各种方式进行代际继承与传递。这个过程就可以看作文化，它既是一个发展的过程，也是人们的生活方式。文化是人类智慧所独有的产物，其他动物没有创造文化的能力。人类通过文化书写了灿烂的文明历史，因为文化帮助人们利用各种传承载体分类和记录有价值的生活经验，并依据逻辑关联的解释原则对这些经验进行符号化编码，以普遍性的范畴及理论教育给下一代。能够不因人的自然生命的结束而终结并继续传递至后来个体的文化才具有活力，并因此保持下来。对自然环境的适应与改造也是对社会文化的继承、适应和创新的过程，使得一代又一代个体重复传统的生活方式，同时演绎新的生活方式。人们的风险认知与人们的文化信念和社会学习紧密相关。

在文化理论中，"生活方式"是一个重要的核心概念。决定"生活方式"的三个重要因素是：人们维系的社会关系的形成，共同秉持的文化立场，行为偏好的策略。特定的社会关系模式产生特定的看待世界的方式，即一种"文化立场"；反过来，特定的世界观和文化立场同样带来相应的社会关系类型。文化被划分成四种类型：等级文化（hierarchist），具有强固的组织界限，高度合作，事先制定好规则和程序；平等文化（egalitarian），表现出高度的团队决策参与，倡导合作、授权和协商过程；宿命文化（fatalist），合作意识淡化，规则限制管理，集体行动缺乏承诺；个人文化（individualist），个体对社会的其他成员具有较低的责任感。文化理论作为一种解释原则，论证文化信念和社会学习如何影响人们感知和理解风险，试图说明个体如何形成对危险的判断以及为什么作出这样的判断。风险概念的文化取向认为，科学活动不是脱离社会、文化、政治等因素而存在的，它与主观的价值判断有着密切的关联。奥特韦认为，即使利用形式方法尽可能地达到客观也不会模糊这个事实：对大多数风险而言都重要的是，风险的客观成分里仍然包含一种很强的主观元素（Otway & Winterfeldt，1992）。风险概念的文化取向表现出以下特征：（1）本体论预设是主观主义，或称作建构论。世界就是我们所解释的世界，所有的知识都是主观的和再解释的。风险不是作为现实的客观事实而存在，而是由社会建构的，是作为一种社会建构物而存在。没有独立于人的意识的客观现实（实体），主观认知与客观现实是不可分离的，也不可能脱离任何一方去解释对方。风险是一种文化现象，不是一种物理现象，也不是社会所定义的种种危险的"看台"。风险不等同于危险，危险是实际发生的，但风险是社会建构的，社会建构在社会互动的过程中完成。作为主体的人将相关事务确立为风险，其间发生的意义与解释不仅体现当事人的状况，而且体现蕴含价值观、符号象征、历史及意识形态的社会背景。人们对什么东西害怕、恐慌以及如何表现出害怕、恐慌是主观选择的结果，这种主观选择与人们所处文化中的社会关系相一致。在此意义上，风险是社会建构的过程。（2）认识论预设是风险的本质特征不是一个单一的属性。风险不能被看作一种独立于人的经验、认知、道德立场及行为模式的纯粹科学事实，按照概率、理性和非理性行为、确定性和不确定性条件不能够完全理解风险，风险认知依赖于情境。风险是诸多属性的混合体，如意向性、自愿性、概率和公平。技术立场的风险概念认为，风险是"遭遇伤害、蒙受损失和发生损害的可能"。同时，风险所体现出的未来时间指向上的概率大小以及未来结果的消极影响程度均可以通过物理的过程、客观量化的科学方法进行测算，也即所谓风险评估。文化立场的风险概念认为，脱离社会和文化情境无法全面理解风险。风险不是外在于文化及作为主体的人而存在的，风险是内在、主观的。风险形成及体现在社会互动及文化当中，反映出制度设计、个人及群体信仰体系。（3）价值论预设是形成对风险的诸多判断与社会文化情境密切相关。有些风险被错误放大，而有些风险无人问津，文化理论就是要解释风险是如何被建构和选择的。风险不仅是个安全问题，更与权利、正义和法律不可分割。任何特定个体的观念的形成都受制于其所属的社会群体以及该社会群体的凝聚力。对风险的态度、风险判断、社会正义的模式、责任政府均被放置于文化关系当中，即人们各自所属群体的期望和价值系统。

公众理解的风险不只是不确定条件下的概率或决策过程，公众的风险经验与专家的定义和概念范畴也不全然一致。风险建构是一种学科的混合体，融合了心理学、社会学、政治学和文化等多方面因素，强调风险评估的主观反应以及风险现象发生的情境。文化理论将风险看作一种社会过程、一种文化现象，存在于文化的集体意识当中。风险不是物理现象，不存在于客观现实当中。风险的文化理论的优点在于有很强的概念包容性，将风险选择、客观性、科学、理性、公众认知等涵盖进来。其缺点在于风险的本体论和认识论的界限模糊，体现出还原论和决定论色彩。

1.1.3　融合取向

20世纪七八十年代，学界出现了对风险的技术分析的系统性反思。可以用"科学的逻辑"和"生活的道理"来概括风险的技术分析的特征，也就是说，风险的技术分析的优点表现为专注于"科学的逻辑"，而缺点是忽视了"生活的道理"。所谓专注于"科学的逻辑"是指，进行风险的技术分析时，专家在对于消极后果的确认标准、概率概念的认定、概率与后果程度的考量等方面遵循了学科要求的严谨性和学术规则。所谓忽视了"生活的道理"是指，在学科要求的严谨性和学术规则之下，对于消极后果的确认标准、概率概念的认定、概率与后果程度的考量并不能完全和充分地表达个体以及社会所经历的风险的现实体验和生活内涵，与风险相关的许多现实因素没有被包括进风险的技术分析当中。风险哲学争论中有两种观点。一种是以道格拉斯、怀尔达沃斯基为代表的文化相对主义者的观点，强调价值判断在风险评估中的作用，认为风险是一种集体的建构物，是一种纯粹的对个体社会经验中出现的现象的主观反应。他们将风险评估还原到人类学和社会学，忽视了风险评估客观的、科学的成分。另一种是以斯塔尔、惠普尔为代表的素朴实证主义论，认为风险是一种纯粹的科学概念，能够通过科学的方法进行分析并得到完全的描述。他们将客观地指称物理世界环境作为解释风险的出发点，而将价值判断排除于社会风险之外。20世纪90年代以来，从技术与文化两种取向相融合的角度理解风险概念成为明显的趋势。进入21世纪，这种融合的趋势依然是风险研究领域的主导特征。总的来看，从技术与文化两种取向相融合的角度理解风险概念主要有以下几种表现。

第一种是基于"事实与价值"关系的考虑。引入价值或者说重视价值是相对于工程技术思维而言的,其最终指向又与政策决策、制定及实施有着重要关联。最初阶段,从技术角度理解风险有着必然性与合理性。但是随后一个非常直观和需要弄清的问题是:为何在工程技术思维中,价值维度容易被忽视、省略和遗忘?原因很大程度上在于如何理解价值,以及价值如何在风险感知中显现出来。价值的显现与风险的属性紧密相连。价值维度内涵同样丰富,并且不排除科学概率,需要从两者对立思维转变为两者互补思维。工程技术思维忽视价值维度,价值维度又容易自视优于并先于科学测量。价值层面的因素如何融入风险的技术分析是一个难题。风险的技术分析本质上是一种科学活动,秉持传统科学意义上的"价值中立(value-free)"的观念,因而通常将价值层面的因素排除在外。还有一种情况是:虽然认识到价值因素的重要性,但在选择指标将价值因素应用于风险表达、测量和解释时显得"粗糙",如仅用金钱来体现价值因素。雷恩认为,风险是一种心理建构物,风险的概念化有多种建构原则,表现为自然科学和社会科学已经形成了各种风险概念。不应当抽象探讨风险概念,而应当在风险治理等活动中以具体实务内容为载体,从事实与价值相兼容的角度来理解风险(Renn,2008)。风险治理涉及风险感知、风险分类、风险评估、风险沟通等一系列环节,其中判定风险的"可容忍性"和"可接受性"是重要内容。而判定风险的"可容忍性"和"可接受性"既要基于证据要素,又要基于价值要素。风险实务的整个过程应当以科学分析为主导,包括自然(技术)科学和社会科学。从事实与价值的关系的角度看,风险既负荷了事实,也承载着价值,包含客观的和主观的元素。正确把握风险概念需要面对的一个重要任务,是明晰与风险相关联的事实和价值的内容以及它们之间的关系。技术取向的风险概念看重的是与价值分离的"客观事实",文化取向的风险概念则强调事实与价值不可分离。有人基于一些科学哲学的思想,认为科学活动的价值可以分为"认识论的"和"非认识论的"。"认识论的"价值指对科学知识本身而言至关重要的方面,比如对科学真理的不懈追求、对科学论证的一丝不苟、对科学解释力的不断深化、对任何科学错误和瑕疵的零容忍。"非认识论的"价值指与科学活动相关的工具性的、道德上的和美学体验上的诸多方面。以这种观念为基础,即使在技术取向的风险分析中,价值元素也能够从物理世界的事实中派生出来。同时,文化取向的风险分析也应当充分重视事实本身的属性。

第二种是基于社会认知的考虑。风险分析的技术取向承认专家与公众在风险感知上的分歧,并把这种分歧归结为对"概率"的不同理解。也就是仍然从技术的角度看待相关问题,由此消除了从其他途径考察相关问题的可能性,并且坚信科学的方法、科学家的职业精神和社会责任能够消除专家与公众在风险感知上的分歧,最终解决这些问题。专家与公众在风险感知上的分歧一直是风险研究中的争议问题。风险分析的技术取向视概率为风险的本质,理解风险就是理解与概率相关的因素。概率因素弄清楚了,风险就把握清楚了。科学专家是研究概率因素的主体,他们凭借专业知识与技能对概率因素的概括与总结可以主导整个社会对风险的认知。科学专家的工作无疑是重要的,然而现实情况却是公众对风险的反应与专家的意见经常相悖、冲突。学界早期还认为这是公众知识局限的原因,但这一思维逐渐被摒弃,学者更多地聚焦社会认知的维度,主要体现在对概率的理解从狭义转变到广义。公众对技术风险的关注不是完全依赖伤害概率的数学表示,而是有着关于技术如何满足并受制于社会系统的更多方面的考虑。概率及其相关因素的研究仍然是风险的重要方面,但是概率已经不是简单、纯粹的数学概念和数字形式,它承载着复杂、丰富的社会元素和生活内容。概率内涵的转变代表着风险概率从纯技术分析走向技术与文化分析相融合。在整个风险实务当中，风险概率不仅是科学问题，还是涉及风险决策的政治问题、涉及风险感知的心理问题、涉及风险信息沟通的社会问题、涉及风险行为选择的文化问题。

第三种是基于方法论的考虑，从研究方法分类的角度出发，倡导运用技术与文化相融合的思路理解风险概念或者说进行相关风险研究，将技术的风险分析归为"量化研究"，而将文化的风险分析归为"质化研究"。这种做法的目的非常明确，就是认为作为"质化研究"的文化的风险分析可以弥补和完善作为"量化研究"的技术的风险分析所存在的局限。质化研究能够成为指导量化分析的一种可检验假设的资源，进而提高风险评估、风险沟通与风险管理的有效性。相对于"量化"的风险分析，"质化"的风险分析的优势反映在它能够随着情境的变化吸纳更多的相关因素进行综合考虑，表现出灵活的"情境适应性"以及"知识的联系性"，带来完全不同的分析路线和管理实践。另外，"质化"与"量化"的风险分析相融合可以丰富研究范式，更深刻地审视先前的一些固着结论，从而理性看待社会政策，追求更高水平的社会公正。以上思路得到了不少学者的认同。

1.2 风险叙事的自我认同

风险社会学这个新兴领域的一个基本假定是风险及与其相反的安全嵌入在社会结构当中，客观的风险因素在自我的主体解释之中展现出生活意义、派生出道德取向和影响着行为选择。显然，从叙事的角度看，具有主体属性的个体同具有客体属性的风险因素之间的联系不可能是各自孤立无关的"独白"，而是互为依赖、彼此共存的"对话"。"我对'外部世界'的定义将随着我是谁而发生变化。当我定义自我的时候，我也定义'外部世界'，定义'外部世界'也是去定义自我。一旦我知道我是谁，那我知道外部世界。但是，因果关系的方向在情境到自我和自我到情境之间流动。这就是为什么认同感的建立和维护是意义建构的核心所在。"（Weick，1995）自我是主体进行解释的先有基础，并以此为前提诠释风险因素的客观属性，诠释后的客观属性就具有了主体属性的色彩和意义。然而不只客观的外界环境是被诠释的对象，想从中解析出生活信息，自我也需要不断进行诠释、调整和丰富。自我面对和解释环境，环境渗透和改造自我。风险认知中的自我认同就是主体在与外界风险因素持续的动态"对话"当中形成、发展与维护的。

1.2.1　叙事的生活诠释

个体具有不同的人格、社会以及文化特性，会利用不同的方式获取、接受和解释风险信息，以便采取积极的防御措施应对风险可能造成的不利后果。这些活动表现为在特定时空条件下主客体动态发展的过程显现，主体既以某种方式解释作为客体的风险信息，也以一定方式进行自我解释。主体的自我解释是生活体验的叙事表达，也是自我认同的不断诠释和建构。生活是追寻叙事中的一种活动，也体现出一种情感。可以说，叙事是认知意义上的生活表述，也是情感意义上的生活表达。作为一种基础性的展现生活经验的手段、方式和策略，个体通过叙事将认知图式与情感元素紧密结合，显示出丰富的日常体验，个体的生活由此得以组织和建构起来，生活的意义也在叙事当中明朗和清晰起来。无论意义的指向是什么，个体总是无法长时间忍受没有意义的生活，生活意义的缺失使人丧失人性所规定的基本底线，如意向性、社会性、伦理性等。叙事就是凝结和固化生活经验，并在讲述体验当中将意义赋予日常生活的过程。正常社会化的个体都具有生活环境之下通约的认知图式与情感元素，它们既可以用于叙事直观、具体和简单的生活事件，也可以用于叙事间接、抽象和复杂的生活事件。通过社会化和社会学习，个体有能力形成和表达自己的生活体验，同时也能够对他人在类似条件下的体验"感同身受"。在叙事活动的熏染下，会以直接或间接的方式对陌生的生活事件日趋熟悉、对他人的个人境遇逐渐理解。现实世界的复杂性决定了叙事不仅会面向简单明了的内容与事实，还会面向细致入微甚至完全陌生、未知的内容与事实。叙事不可避免地与表现属人性的方面如语言、道德、判断及选择等紧密相关，它首先离不开语言。在生物禀赋的基础上，幼儿通过对物、人以及事件的不断表述逐步掌握字、词、句子和言语，进而能够通过使用语言与他人进行交流、表达意图、传递想法。随着语言能力的不断增强，个体能够在社会和文化意义上理解语言形式背后所蕴含的主观信息。公众(甚至专家)可以提供相反的答案，这取决于对一个问题的陈述方式。例如，声明一个医学治疗有 60％的成功率会比功能相同的另一类报道——有 40％的失败率更受欢迎。将问题表述为增加收益的方式或者避免损失的方式，会导致说服力的不同。不同的问题启动能够产生不同的感知(Stallings，1990)。当然，也会有诸多其他原因造成存在偏差的可能性。

事物不确定性的因素是产生风险的核心原因。反之，事物确定性的因素即使可能导致危险，也并不是我们所说的"风险"。在传统意义上，技术专家从专业数值的角度将风险定义为事件发生概率与事件严重性后果的乘积，这个理论上计算所得的预计值被用来代表风险。但是，一般公众通常使用各类启发式和偏差眼光来评估这个理论预计值，其原因通常包括：公众专业知识的局限、可用时间的仓促、分配精力的有限、相关利益的卷入、复杂情感的渲染以及信任简化的托付等。为了节约资源和成本，人们习惯倾向于简化问题判断，忽略与他们当前信念相冲突的干扰证据，并且将风险感知建立在从媒体上看到的和在日常生活中观察的直观的内容基础上。实际上，个体很难准确判断科学概率、作出精确预测以及理性应对不确定状况。个体解决这些困难的便利化措施往往是使用各类启发式判断。在某些情况下，启发式判断是有效的。但在有些情况下，启发式判断往往导致持续的、较大的偏差。人们经常通过否定不确定性来减少面对不确定性时产生的焦虑，从而使风险感受弱化、威胁感降低。人们最初的印象一旦形成，就总是采取结构化、实质化证据解释的方式加固自己的已有观点。如果新的输入证据与最初的观念立场一致，它们就会被认为是可靠的。反之，新的输入证据就会被认为是不可靠的和错误的。因为风险意味着不确定性，风险评估主要是关心一般公众很难理解的概念或概率。就表达不确定性而言，风险评估会随着认识水平和生活体验的改变而发生变化。各种不确定性出现在不同的风险评估当中，加之不确定性估计常常是主观的，风险评估者之间自然容易存在分歧，出现不同的意见。

专家风险评估与公众风险感知之间存在差异，这些差异的原因主要在于专家的社会角色决定了其必须以科学理性的立场计算风险的客观概率，而公众一般不具备这方面的完整系统的科学知识和技能，部分情况中甚至准确理解科学家表述的概率的意义都存在困难。专家的理性评估中的风险是一种专业知识下的可数量化的事实或证据，而公众风险感知中的风险是一种生活体验的社会叙事。专家的理性评估主导遵循的是科学价值观，在相对"纯粹"的数学模型中推演风险的客观概率；而公众风险感知主导遵循的是生活体验，生活体验的日常智慧同"纯粹"数学模型所蕴含的知识真理有很大差异。埃金德霍温发现，相比缺乏对信息内容的理解，不同观点和利益当事人之间的误解和冲突将导致问题更突出。人们争议的核心不是风险评估，而往往是觉得风险管理者忽视了普通人的需求和关注。为了减少不确定性引发的纷争，维特林和埃金德霍温建议，进行风险沟通应当做到：（1）在沟通风险评估时提出可能的最坏和最好的情况；（2）展示风险评估方法的信息，包括其内在的科学的不确定性；（3）建立一个与居民持续沟通的机制和措施保障（Weterings & Eijndhoven，1989）。生活体验糅合个体生活史中的各种经验、信任、动机、理念、情感、预期、价值观以及心理习惯，是一种复杂因素交织在一起的综合体。而知识真理更以抽象的形式一般性地把握风险情形发生的可能性和损失的数值，考虑的因素相对单一。

对于风险的不同理解折射出个体不同的主体价值观、自我卷入、成本—利益权衡、情感状态等。学术界已经形成一种共识：从客观科学事实的角度评估风险以概率描述为核心，而公众对于风险的感知远不只是对科学事实的概率理解，对风险概率的理解只是公众风险感知的一小部分，公众风险感知的内容和形式更加多样化，并且公众对风险概率的理解与科学事实的概率描述存在很大差别。公众风险感知具有丰富的主体心理特征、文化烙印及社会信息，因而值得进一步探索的问题就是：公众风险感知同科学的风险评估与描述之间存在差异，那么造成这些差异的主体心理特征、文化烙印及社会信息是以何种方式或机制发挥出作用的？解决好这个问题，有助于对风险事实的科学概率描述更准确地吻合个体的心理体验，有助于文化烙印及社会信息切合科学概率描述的基本准则，最终实现有效的风险沟通，以合理的社会政策和措施实现对社会的风险治理。

个体建构和重新建构自我认同是现实生活延续的必然要求和结果。延续生活需要面向未来，对未来的期望又与过去的经验息息相关。生活的意义既体现在对未来的憧憬中，又体现在对过往经验的思量上。从社会建构论的立场看，上述活动是通过生活叙事来完成的。风险认知与个体的自我认同密切相关，过去经验不断凝结为自我认同。但过去经验不是简单的过去发生了什么，而是个体记忆和认知中有意义的过去叙事。社会心理学家米德区分了过去经验的两种维度：一种是生活经验中的客观事件，另一种是对这些客观事件的符号性解释。客观事件通过心理意象的形式使得"过去"成为"现在"，也即个体意识中的客观事件总是"内涵化"的现实经验。自我认同的活动机制正是将以往经验的效应条件化地融入当下经验的图式结构之中。过去在现在之中，在我们所称的意识经验之中；过去在记忆中展现，在拓展记忆的历史手段中展现。显然，过去已不是纯粹的客观事件，当下经验的图式结构重新符号化建构它们。符号化建构不是对经验抽象的压缩或者出于一时需要而模糊提取，而是融入意义、价值等主观特性的生活解释。经验图式的时空因素决定了自我认同的时空依赖。

首先，历史性的时空生活经验在个体叙事的主导下塑造了自我认同。吉登斯认为，自我认同并不是个体所拥有的特质或一种特质的组合，它是个人依据其经历所形成的作为反思性理解的自我。认同在这里仍设定了超越时空的连续性：自我认同就是这种作为行动者的反思解释的连续性（吉登斯，1998）。自我认同的反思性建构是需要载体来加以完成的，富有文化烙印的语言、价值观、道德自觉以及抽象符号等在个体叙事中经常被用来建构自我认同。个体在与他人频繁互动的生活经验中不断被灌输和接受语言、符号、意义、价值以及道德等文化元素，对它们能够进行自动的信息加工，形成有意识和无意识当中的较为稳定的判断标准，也即自我认同的核心成分。自我认同不是"铁板一块"，随着解释和反思的推进，自我认同演绎出不断延续的管理过程。在相对稳定和常态性的生活环境中，自我认同的叙事相对平淡，呈现为例行式生活事务。此种状态下，自我认同的维护往往处于无意识的水平，偶发的生活经验基本类同于以往常见的同质性话语范畴，不至于挑战自我认同的观念区间。自我认同在本质上不是封闭的和既定的，而是开放的和呈现次动态的稳定性。个体不是被动接受外界强加于人的自我认同样本，而是主动生成自己同外界相契合的自我认同样式。不是所有的外界事件都会促发认同管理，但是在属于自我认同的观念标准的一致性和专属性受到冲击时，认同管理的建构机制会活跃起来，完成自我认同的维护、加强、修复以及更改等未来的一系列活动。特殊事件导致的撼人情感、鲜见境遇预示的转折节点、剧烈动荡引发的角色转换等非常态生活事件，都将强化自我认同建构的自发意识。自我认同的开放性和自觉性成为认同管理得以实现的前提条件。在认同管理的过程当中，不确定性经常导致个体对以往固着的他人及事件的意象摇摆不定、对下一步抉择举棋不定，心理上自然泛起焦虑、担忧和怀疑，行为上随之表现出徘徊、退缩和犹豫。博弈的张力时常使得个体自我认同建构的过程停顿、悬置、中断或者取消。

其次，正常叙事语境下的自我认同形成具有弹性区间的基本稳定结构。人际、社会及文化意义上的行为活动塑造个体历史性的生活经验，形成常态化的稳定型自我认同。个体所具有的这种固化的自我认同存在一定程度的区间范围，即个体的自我认同具有适度的弹性空间。个体熟识的生活事件自然地契合于自我认同的观念框架之中，并不与各类自我认同的观念标准抵触或者冲突，自我认同也因此维持在既有的恒定状态。由于突发性、鲜见性、破坏性以及恐慌性等实际特点，风险因素非常明显地有悖于正常条件下的自我认同的观念框架。体现突出的风险因素的生活事件挑战现有自我认同所具备的适度弹性空间。在常态条件下，观念的张力阈值能够支撑起弹性空间中非取代性的波动变化，但在非常态的情境条件之下，观念的张力阈值极有可能发生质变，导致原有弹性空间不可逆转的、取代性的和颠覆性的变化，即自我认同的原有观念框架受到冲击，需要重新建构适应当前生活事件的自我认同。在这个意义上，风险因素负面效应越强，对立冲突性越显著，它们对于自我认同的侵扰程度越突出。当原有弹性空间无法承受这些冲击力时，固着的观念标准发生变化，旧有的观念被新式的观念所替代，或者旧有的观念暂时让位于新式的观念，以应对紧迫情况下适应外界环境的需要。作为一种社会对象，自我的关键意义在于：自我是仅有的对象，适用于我们参与的广泛的不同情境。于是，自我成为特定的锚固点，我们基于它在每一种特定情形中作出判断及其后的行为规划（Hickman & Kuhn，1956）。总之，特定程度的风险因素的生活事件从外部迫使个体进行不同于以往的常态条件下的生活叙事，从而在一定程度上改变自我认同。风险性的生活事件挑战个体的自我认同，改变后的自我认同以新的观念标准建立弹性空间，以接受和包容风险性的生活事件。在双方一系列博弈、妥协或抗争的交互活动当中，随着彼此主导力量的消融或者退缩，个体显现出具体的情感展示、道德取向和行为抉择。从自我认同的角度讲，"过去经验"与"现在经验"都存在认同的"连续性"与"中断性"问题。换言之，不是所有的"过去经验"都会自动或者在经个体努力之后成为认同部分，从而表现出认同的"连续性"；也不是所有的"现在经验"都会自动或者在经个体努力之后难以成为认同部分，从而表现出认同的"中断性"。只是从认同的时间属性上讲，至少在充足时间条件之下，过去终将符号性建构于当前的生活叙事当中，成为认同组成结构较稳定的部分。相比而言，新近经验在诸多方面包括时间属性上具有不充分性，成为认同组成结构较稳定的部分尚需要一定阶段的认同活动机制的孕育。

最后，站在过去、现在和未来的时间叙事维度上看，个体的自我认同总体表现出连续性，但在局部阶段不可避免地会有中断性。生活中不断出现自我投资的机会和场合，个体通过妥协、默认、合作以及抗争的方式维护既有的自我认同或者建构新的自我认同。维护既有的自我认同的结果往往是延续以前的生活轨迹和方式，而建构新的自我认同时，由于内心冲突、选择焦灼和行为悬置等实际状况，造成个体生活连续体的一种"断崖"。个体明显意识到观念的冲突、情感的侵扰、价值的背离和存在的颠覆，各种心理反应随之而来，如沉迷留恋、紧张不安、焦虑惶恐、愤怒狂躁。新旧认同观念内容的差异越大，交替边界的区别就越大，个体断崖式体验就越深刻，矛盾性内心就越纠结，混乱感迷茫也就越突出。对于持久弥漫的自我认同裂隙状态，个体可能会继续坚守已有的意义，也有可能会放弃已有的意义。所有这些本质上要求个体从熟悉过渡到陌生，认同管理的主要工作也就是接受陌生，使陌生逐步变得熟悉。显然，接受陌生的过程不会一帆风顺，而往往是一波三折。其间，认知变换、情感起伏、利益博弈以及理性权衡复发性轮番登场，它们当中某些环节的停滞、受阻会抑制自我认同的延展和生成。认同是行动者自身的意义来源，也是自身通过个体化过程建构起来的（曼纽尔·卡斯特，2006）。认同的形成是一个动态的发展过程，个体在生命的各个阶段都会面临认同的再形成，有时认同的矛盾和冲突会构成程度不一的心理挑战。身心正在走向成熟的青少年以及身心基本稳定和成熟的成年人在日常生活中都会不断地进行认同的维护、修正和再形成的心理活动。为了有效地计划、管理和控制自己的生活事务以及完成各种生活目标，个体需要通过一种稳定的、有意义的认同结构来保持在跨时间和空间维度上的自我的连续性。自我的连续性既是个体正常心理活动的前提，也是需要。连续性的边界会因个体差异而有所不同，但自我边界的长时间缺失将对个体心理造成极大压力，超负荷的自我"断裂"即认同的"空当"妨碍个体应对日常生活事务以及完成各种生活目标。在自我连续性的主线之下，适度可控的非连续性才有助于认同的再形成。相对稳定而边界又不失灵活的认同结构提供给个体搜寻和加工信息、记忆和解释经验、接受和解决问题、作出判断和决策等一系列心理活动的参考框架。

1.2.2　认同的意义属性

首先，认同具有情感属性。公众并不是被动地或错误地接受专家和大众媒体的观点，而是积极建立起与他们的关注相一致的表征，通常情感驱动这些关注。很可能焦虑和信任在风险的理解中起关键作用，而不是"冰冷的"信息处理过程。客观式科学事实概率角度的风险评估和公众风险感知之间常常存在很大的分歧，是什么原因造成这种状况呢？最初学术界的主导观点是从公众身上寻找原因，认为公众存在非理性的情绪因素，科学知识有限，甚至就是无知。不过，后来学术界逐渐放弃了这种简单化的思维方式，从对公众风险知识的科学理性程度的考量转向对公众风险体验的社会心理特征的考量。尽管开展风险知识的科学普及和教育是重要的，但迅速提高全体公众的科学素养所需要花费的社会资源和社会成本巨大，时间过程漫长。要求公众完全理性地科学概率式感知风险不符合现实社会的实际情况，也不符合人的现实心理特性。要求人完全理性只是美好的空泛理想。对于生活情境中的个体而言，实现理性认识需要能力和条件，而且即使在能力和条件充分的情况下，理性也并不一定能够实现完整的目的，因为人是理性与情感的统一体、是有限性的经验存在。与其追究个体在风险知识方面科学理性的欠缺或者空白，不如探究个体在心理层面上到底秉持什么样的风险概念。弥补和消除公众风险感知同科学的风险评估与描述之间的差异非常重要，两者的对立和相互贬低既是不利的，也是危险的。科学概率是科学理性计算的结果，虽然科学理性计算得出的概率数据是在相对简化的环境下获取的，没有纳入对主体心理特征、文化烙印及社会信息等的考虑，但是以"纯粹"方式显示的概率数据具有科学客观意义上的普适性，其体现的科学价值观是科学理性的重要部分、是人类思想的精华，应该受到全人类的敬畏与尊重。但是，主体心理特征、文化烙印及社会信息等"生活世界"中的主观属性也容易被忽略或夸大。公众风险感知同科学的风险评估与描述可以通过恰当的方式实现融合，相互关切。以核电为例，许多科学研究已经表明，核能发电比煤或燃油发电安全概率大，产生更少的颗粒污染，减少二氧化碳的排放量，生产和运输导致的死亡也更少，甚至具有更低水平的放射性。然而，公众显然拒绝这些信息，相比火电厂，更担心核电站。公众风险感知一定程度上受到关于核能风险信息的"误导"。

其次，认同具有信息属性。经过大众媒体的传播，关于某一风险事物或现象的知识、信息的原发内容和意义会发生变化。大众媒体对于风险知识及信息的传播本质上是将科学领域客观理性计算的数值告知公众，供公众参考、理解和思考。在此过程中出现的一个重要问题就是：风险知识及信息在扩散过程中如何从科学形式的表述、情节式"客观"事件的描述转化为公众的常识经验、生活智慧或者心理习惯？更重要的是，在这种转化过程中，风险知识及信息必然不会以最初的内容、含义、价值原封不动地实现"转移"式传递，而会发生特定形式的改变。在大众媒体发达的当代社会，把风险知识及信息的专业性资料、数据和表述向社会发布及传播，是一项极为重要的公共事务。大众媒体是普通公众获取风险知识及信息最广泛和最主要的渠道，并且公众经常在人际交往中对来自大众媒体的风险知识及信息进行议论、交流或甄别。在个体化时代，由于专业权威衰减、利益纷争突出、主体表达愿望强烈等众多因素，科学界的"专家表述"转变成日常生活的"公众感受"不是简单的"复制"。一方面，大众媒体在进行传播时不可能如同教科书一样全面细致、完整无缺地将科学界的"专家表述"枯燥、直白地呈现，也不可能无限制地将某一风险事件的前因后果、来龙去脉全部情节式地复录出来。大众媒体不具备满足这些要求的能力、职能以及资源，只能做到在有限的时间、资源和能力条件下，依据媒体传播专业的标准与判断有选择性地提取相应风险知识及信息进行传播。因而，大众媒体不是"复印机"，它可以确保不错误传播科学界所认同的"专家表述"，但很难做到对公众教科书式地展示"专家表述"的科学原理和科学过程。对大众媒体而言，这既无必要，也无法完成。大众媒体和科学界有着天然的社会劳动分工。另一方面，在现实社会中，大众媒体基于信息或新闻传播的规律以及自身利益，为吸引公众的注意力，通常会简化一些内容，凸显情节性信息的情感煽动，并唤起公众对无视责任的谴责、对丧失道德的愤慨、对灾难后果的恐慌。情感煽动的直接效应就是理性思考风险的科学表述的机会及可能性大打折扣，新闻报道聚焦不寻常的或引人注目的特殊环境。研究证实，媒体报道的罕见灾害（如飞机失事）比日常类型的事件（如汽车事故）更多，事实上后者造成更多人死亡。这种不可避免的媒体倾向突出渲染低概率事件，常常误导公众的风险认知，使得人们容易高估媒体报道的低概率事件的频率和低估高概率事件的风险。媒体喜欢报道有争议的、吸引眼球的热门事件，甚至利用夸大危险去抓住公众的注意力，而一些风险很小或者否认风险的新闻报道往往被安排在不起眼的位置。

再次，认同具有卷入属性。卷入是风险感知的生活理念标准之一，个体会面对自愿的风险和非自愿的风险。出于自我认同、利益卷入、积极启动、心理习惯等原因，个体往往将自愿选择的活动视为低风险，而将非自愿选择的活动视为高风险。从责任的角度看，人们会更多地要求社会保护自己免受非自愿选择的活动可能带来的风险损失，而更少地要求社会对于自己自愿选择的活动所可能带来的风险后果给予保护。人们自愿选择的活动通常具有一些比较明确的特征：认知意义上活动内容熟悉，体验意义上活动将带来心理的满足感，结果意义上活动具有利益回报。个体以吻合自己生活理念的积极状态去进行自愿选择的活动，显然，这样的活动个体会预先接受"责任自担"的原则，不需要更多的相应的外界介入干扰。个体化日益凸显的社会中，自愿性原则在要求社会程序正义及结果正义的宏观环境下显得更加重要，"知情权"就是自愿性原则的重要内容。从心理上容易推测：个体不一定都希望事无巨细地去了解所有事情，但如果被外界主动告知充分的事情信息，个体显然乐于接受，而不会产生心理负担。社会事务和法律实践已经通晓这点。医疗服务的"知情权"是现实生活中自愿性原则的一个典型代表，患者有权知晓某项医疗服务的医源性风险，医疗服务人员也不是只在医学知识、技能和概率基础上贸然进行医疗活动，而必然会认真对待患者的选择权。这是患者的尊严问题，也是医疗服务人员的公平问题。自愿接受风险，有助于确保风险承担者自主享受效益和接受活动的风险。有些学者认为，自愿性标准几乎是超然的。弗雷谢特认为，无论专家如何定义危险，只有个体自由地知情并同意和在面临危险时得到补偿，强加风险在道德上才是正当的(Shrader-Frechette，1991)。尽管直观上这种观点具有吸引力，但这是不切实际的空想，实际上会有悖常理。过度依赖自愿性标准会出现一些严重的定义问题。定义一个自愿的风险乍一看似乎很容易，但事实上是非常困难的。即使抛开对人的自由意志的所有哲学争论，自愿性也是一个复杂的主观色彩浓厚的概念。缺乏充分的信息一定程度上也破坏了自愿性标准，一个完全无知的选择几乎不能被认为是真正自愿的。在环境规制的背景下，很少有人有时间或倾向被充分告知必须面对的各种灾害的有关细节。公众风险感知中，相当多的部分可能归于认知的局限性或缺乏信息。在这样的情况下，自愿性风险是不可能的。弱势群体接受教育可能较少，更无力避免特权群体所认为的自愿性风险。

从次，认同具有冲突属性。风险的建构论学派认为，风险评估涉及众多心理活动和心理概念，这些心理活动和心理概念遵循逻辑推理的一致性、连续性和内化习俗等标准。如果脱离群体生活的逻辑框架，风险评估的有效性是无法实现的。相反，实在论风险观认为，风险的技术评估构成了对可观察的危险的真实表征，其所计算出的结果能够预测危险对人们的影响，而与人们所具有的信念、态度等因素没有关系。可以说，实在论和建构论对风险的理解是非常对立的，风险哲学观念的冲突对于风险评估与管理的实践产生了严重的影响。如果按照建构论的观点，风险评估只是社会—心理意义上的活动及概念的建构，那么管理和调节人们的行为的规范标准从何而来？如此，风险评估的科学理性分析同相关利益方评估及公众感知就将混为一谈，系统性边界的缺失必将损害科学事业及科学真理。风险评估的科学理性分析代表客观现实，风险管理者应该将其作为处理风险的指导原则。在保证宏观方向性目的的情况下，相关利益方评估及公众感知可以作为次要的兼顾考虑，体现出对公众主体性需要、心理的关切，加强与公众的沟通，协调相关当事方的利益冲突。风险管理机构应当正视和反思这种争论。如果只取一方，舍弃另一方，比如只坚持客观性立场，忽略了风险信息的社会加工，或者只坚持建构论立场，忽略了风险信息的科学属性，都将导致不必要的负面后果及损失。而如果能够把风险信息的科学属性和风险信息的社会加工相结合，使它们相得益彰，就可以节约社会成本，利用有限的社会资源更加有效地进行风险管理。

最后，认同具有偏差属性。心理学认为个体具有两种并行的信息加工系统，即理性分析与直觉经验。前者是基于理性的系统，以逻辑的意识努力的方式加工去情境化的抽象信息，依赖逻辑和证据去完成合适的活动。理性系统相对不容易出现偏差和主观失真，但需要付出更多的心理努力。后者是基于经验的直觉认知系统，以相对自动、随意、不拘小节的方式加工具体的充满情感的情境信息。直觉系统的自动性使得该系统表现成主导或默认的系统。直觉加工的优点是简单有效，缺点是容易认知扭曲和偏差。在自我建构和自适应行为中，理性分析与直觉经验都在发挥作用，并且人们会在两种系统之间进行转换。有比较多的研究证实了在各种各样的情况下的乐观偏差(optimistic bias)这种稳健的心理现象。乐观偏差也被称作不切实际的乐观，指的是这种现象：个体表现出相信消极结果不太可能发生在自己身上，而更可能发生在别人身上；同时，个体也表现出相信积极结果更可能发生在自己身上，而不是别人身上。人们倾向于相信更可能出现积极结果，而不是消极结果；更愿意认为自己比其他人更可能体验到积极结果，更不可能体验到消极结果。这种心理趋势倾向于对自己比对他人预想更积极的未来。乐观偏差是一种比较而言的现象，人们对于经历负面事件的绝对风险可能是乐观的或悲观的，但是会表现出相对的乐观主义，认为他人而非自己将承受更大的风险。乐观偏差较为稳健，在不同的人口统计变量如年龄、性别、教育或职业方面大多均稳定呈现。对单独个体来说，个体乐观可能不是"不切实际的"。单独个体可能因为具有某些因素，如能够减少事件风险的条件，而会判断自己经历特定负面事件的概率更小。但是，当群体中的绝大多数个体都具有这样的因素，而表现出乐观主义趋势时，就能够判断确实存在风险判断的利我指向。在充分拥有未来时间的条件下，人们倾向于面向未来，并且愿意正面描述现实和未来。尽管在单独个体层面上并非绝对如此，但在整体层面上，研究已经证实大多数人对于自己及未来具有信心，对于活动和环境的控制力也表现得比较积极。对未来的乐观期望有利于身心健康，即使这是一种幻想，只要是积极适度的，就具有正面价值。

1.3 风险认知的心理测量

风险认知是风险研究中的一个重要理论问题，同时又有着巨大的现实意义，从宏观的政府决策到微观的个体行为都与风险认知息息相关。英国皇家学会 1992 年提出风险认知的经典定义，把风险认知定义为涉及人们对危险和收益的信念、态度、判断和情绪，以及更广泛意义上的文化和社会倾向。心理学并不是最早进行风险领域研究的学科，它延续和改造了自然科学风险分析研究的传统和路线。1978 年，美国俄勒冈大学"决策研究小组"的斯洛维克（Slovic）、菲什霍夫和里奇特斯坦（Lichtenstein）等人在风险研究中引入和发展了心理测量范式，提出了认知的风险和现实的风险两种概念，引发了对"可接受的风险"及风险认知、沟通和管理的研究潮流。风险认知的心理测量范式目标指向个体，依托理性行为理论，表现出人是自我利益计算者的功利主义哲学观念。

1.3.1　心理测量范式的价值

为了适应现代社会风险的多元与分化的现实状况，斯洛维克等人继承并拓展了斯塔尔的研究。斯塔尔是最早对风险认知进行研究的代表性人物。他坚持的是工程技术思维的研究路线，通过显示性偏好的风险分析方法提出，在尝试与错误学习的基础上，社会活动的可接受风险和利益之间达到了一种"基本理想状态"的平衡，可采用历史的或当前的风险和利益数据去解释"可接受的"风险—利益平衡模式。通过对 8 种工业和活动的数据的检验，斯塔尔总结出了"可接受的风险的法则"：（1）一种活动的风险的可接受程度大约是其利益的三分之一；（2）如果提供了同样水平的利益，公众对自愿活动风险（如滑雪）的可接受程度大约是非自愿活动风险（如食品添加剂）的 1000 倍；（3）自愿活动中风险的可接受程度与受风险影响的人数成反比；（4）自愿活动中风险的可接受水平与可接受的疾病风险水平非常相似（Starr，1969）。

斯洛维克等人提出的心理测量范式体现为表达性偏好的风险分析方法，即通过标准化问卷来获得公众的风险认知偏好，以适应和满足社会发展的需要和要求。通过澄清影响风险认知的因素，为风险政策的制定提供基础，确保风险政策能够正确反映公众的心态，体现公信力，为公众接受和认可，最大程度发挥政策预期的社会效果。通过心理测量范式进行风险研究所遵循的理论逻辑是：风险是一种心理学概念，也是一种社会建构的现象。风险本质上是主观的，建立在人的认知基础之上。风险认知不只是对特定危险量的属性的认知，还是对特定危险质的属性的认知，如意愿性、可控性、潜在性等。一种特定危险的风险不是只有单一的质的属性，而是有着多元的质的属性。与公众风险评估紧密相关的是危险的质的属性，这种属性随着情境的不同对风险认知发挥不同的影响。同时，随着人群、危险、环境的变化，质的属性起到作用的权重将发生变化。

　　心理学研究风险的路线不是关注风险的科学客观知识，而是关注风险的主观属性。为什么专家与公众在风险认知上存在很大差异？人们对风险所采取的态度各异，有厌恶风险的、漠视风险的，还有接受风险的，这是由什么决定的？心理测量范式的主要目标就是澄清和确定哪些质的属性对风险认知起着关键影响，以及这些质的属性对风险认知起的影响在情境变化时是如何发生变化的，有什么特征和规律。心理测量范式认为，风险是由个体主观定义的，个体可能会受到一系列心理的、社会的、制度的以及文化的因素的影响。泰勒（Taylor-Gooby）和齐恩（Zinn）认为，风险认知的心理测量范式所表明的最重要信息是对大多数公众而言，风险不是仅仅如同技术—统计取向所认为的那样是损失程度和概率的混合，还具有社会和主观的维度。如果观察工具设计恰当，就能够测量这些社会和主观的维度上的各种因素。菲什霍夫等人在1978年的研究中指出，活动或技术的9种一般性质对于主观的风险判断起到重要影响，它们是：（1）风险的自愿性；（2）影响的即时性；（3）暴露于风险中的人对于风险知识的掌握；（4）科学上关于风险知识的把握；（5）风险的可控性；(6)新颖性，例如风险是新的、陌生的还是旧的、熟悉的；(7)长期的/毁灭性的，例如，风险一次可能只杀死一个人(长期的)，或者风险一次可能杀死很多人(毁灭性的)；(8)一般/恐惧，例如，人们是已经学会接受风险和能够理性地、平静地考虑风险，还是在本能的水平上对风险存在巨大的恐惧；(9)结果的严重性。这些因素与存在风险的活动或技术之间的关系的程度，决定了人们的风险判断(Fischhoff，1978)。

  1987年，斯洛维克在《科学》上发表的论文提出，在现实生活中，人们表现出不同的风险态度和风险认知，也即对有些风险非常重视和警惕，而对有些风险泰然处之、无动于衷，并且公众和专家对于风险的理解往往存在很大的差异。因此，研究风险的一条重要路线是发展危险分类学，借助于危险分类学帮助研究者分析与理解人们对不同类别风险所产生的不同反应。而实现这一目的的最普遍的方式是使用心理测量范式，以心理量表为主要工具获得原始数据，采取心理物理标准和多元分析技术对认知到的风险、利益以及其他方面(如活动的致命性)进行定量分析。斯洛维克采用心理测量范式得到不同风险的"人格画像"，即每一种危险都有其独特的风险认知模式。研究显示，风险的很多描述性特征之间存在着高度相关。通过主成分因子分析，将这些定性特征综合为两个高阶因子：一个是"可怕性"，即风险所引起的恐慌后果的程度；另一个是"熟悉性"，即风险的已知和可控程度。对公众而言，大多数风险可以在这个二维因素空间内进行定位，进而总结出各种风险在这个二维因素空间内的"认知地图"。一般公众的风险认知与因素空间类型中的危险位置密切相关，如"恐惧风险"。风险在这个因子上的得分越高，人们就越想减少目前的风险，也就越需要严格的规范使风险降到可接受的程度。相比之下，专家的风险认知与不同风险特征或由这些特征衍生而来的因素之间没有密切相关，专家们将风险视为预期的年死亡率。

　　围绕解释"专家与公众的风险认知之间为何存在差异"这个问题，风险认知研究得到了推进。现实生活中，专家与公众的风险认知往往存在裂隙、差距或者不一致。风险认知研究的核心目的是理解人们对于风险形成的判断方式，从而形成技术专家、社会管理者和普通公众之间关于风险信息的有效沟通，并且不断提升这种沟通的水平。许多研究力图说明、弥合甚至消除公众和专家在风险认知上的分歧，使得公众的生活认识能够与科学知识结合起来。为了实现这些学术理想，在人们往往通过经验法则对所面对的风险的意义和严重性进行判断的状况下，心理测量范式经常被当作一种描述这种经验法则的重要手段。斯塔尔开创了对"可接受的风险"的研究，但是他只采用历史的或当前的风险和利益数据去解释"可接受的"风险—利益平衡模式，仅仅区分了自愿接触风险和非自愿接触风险，并且认为"是否自愿"是人们权衡技术发展的社会利益和代价的核心因素。然而，当人们对危害不同的现有和预期的风险性以及风险管理的预期水平作出量化判断时，还会受到其他属性的影响，如危险的特征属性（包括卷入的自愿性、恐惧、知识、可控性等），与危险相关的利益等。风险认知因人而异，斯洛维克等人在研究中区分了"认知到的风险"和"可接受的风险"。当专家判断风险时，他们往往把风险评估建立在可预见的灾难损失数量和程度等方面上，与人的伤亡率、经济损失等指标高度相关。在整体风险评估的印象基础之上，普通公众主要考虑的是与自己利害攸关的方面，即使接受专家在灾难损失数量和程度等方面上的风险评估，其体验和指向方式同专家也存在较大差别。公众对于风险的判断更依赖于危险的属性（例如潜在的灾害性、对子孙后代的威胁性）。专家在真实风险的基础上较为客观、理性、分析地研究风险，包括风险评估、风险管理、风险沟通等；公众在情感体验的基础上较为主观、非理性、直觉地看待风险。专家与公众不同的风险认知反映了一些值得思考的问题。

20 世纪下半叶以来，风险因素空前增加，风险类型不断变化，风险危害程度激增。人们的生存意识处于空前的自我反省中，在不断博弈、挣扎和冲突的过程中修正发展的路线和方向。心理测量范式是风险认知的心理学探索中最有影响的方法论技术和研究取向，它倡导通过表达性偏好的风险研究方法描述风险的主观属性，解释风险认知的各类差异。在几十年的发展中，心理测量范式进行了方法论意义上的技术拓展以及相关研究主题的内容深化。心理测量范式的理论空间仍有待加强，应该在更加全面理解风险认知性质的基础之上充分实现有效的风险沟通。心理测量范式的风险认知研究可以划分为三个发展阶段。第一个阶段是"风险可接受性"的研究，主要关注的是风险的主观属性，即风险的特征维度。人们的风险认知会受到风险特征的影响，可以根据这些风险特征总结出各种危险的"人格画像"。第二个阶段的研究从关注风险特征转向更加关注认知风险并对风险作出反应的群体特征，从不同群体的差异性入手，探究风险认知结构的复杂性以及风险认知与群体因素相互关系模式的复杂性。研究发现，风险认知在性别、种族、国别和社会阶层等方面存在很大差异。第三个阶段也就是最近的发展，表现为综合各种方式，把风险特征与社会因素结合起来，涵盖信息来源、渠道、流动，以及文化和社会机构在强化和放大特定风险"信号"时的作用。解释为什么特定的威胁被看作风险，并探究社会信任、公众参与在风险沟通中发挥影响的作用机制。

心理测量范式的后续发展可以分为两个方面：一是研究内容上的相关主题拓展，二是方法论意义上的技术发展。近几十年来，风险领域的大量研究都试图回答"多安全是足够安全"这个重要问题。无论从数量还是持续时间来看，其在风险心理学领域的主要表现形式都集中在解释专家的理性风险认知与公众的情感和情境式风险认知之间的区别。围绕上述问题，心理测量范式从人口学因素、风险的种类、风险的性质、风险的因果结构以及社会心理因素等方面丰富了风险的主观属性。

心理测量范式后续发展之一是丰富风险的主观属性。首先，改变以往研究简单地认为人们对风险信息及风险事态的反应基本上是非理性的和不明智的做法，开始探究在风险决策和风险理解上理性和情感影响的复杂性和相互作用。博姆和菲斯特将"作为情感的风险（risk as feeling）"假设运用到环境风险认知中，提出了环境风险认知模型，该模型能区分不同类型的具体情感和具体评价方式，来说明情感和行为的认知前提（Böhm & Pfister，2000）。环境风险认知评价包括三个成分：认知评价、情感以及行为倾向。在评价环境风险时存在两种方式：后果评价和道德评价。相应的，有两种类型的情感：基于损失的情感和基于道德的情感。通过因素分析得出了五种行为倾向，即帮助行为倾向、攻击行为倾向、逃避行为倾向、社会行为倾向以及自我关注行为倾向。对这三个成分进行了中介变量分析，得出认知评价受情感的调节并作用于行为倾向的结论。在中国，以谢晓非为代表的学者从 20 世纪末开始对环境风险认知进行了一系列的研究，发现焦虑型被试有很高程度的风险认知，并对风险抱有消极态度；积极坦然型被试表现出低风险认知，能坦然面对风险；适度忧虑型被试对风险因素的存在有适度警觉，并伴随一定的忧虑情绪特征（谢晓非，徐联仓，1998）。其次，现代社会风险认知与技术发展息息相关，风险的形式与内容越来越复杂，人们对各种风险源如交通安全、气候改变、环境污染、电器辐射、城市噪声的关注不断增加。基于风险后果的延迟性，研究者们开始注意到一些新的风险属性，如时间折扣、与风险事件的距离等。在这样的现实状况下，研究者逐渐从对风险认知的粗放型研究转向对风险认知更细致的研究，从单纯注意风险事件的直接影响转向关注风险事件的全面后果，包括风险事件的高阶影响。即风险认知研究不仅更加关注风险事件本身的性质，而且更加关注对风险事件的评估、沟通和管理方式，进而希望能够预测风险事件的影响广度和严重程度。再次，越来越多的社会心理因素融入风险的主观属性研究中。比如，斯洛维克（Slovic，1992）提出了风险的"污名（stigma）"概念，从人们对风险的社会偏见入手考察风险认知的影响因素。最后，现代社会不断分化，劳动分工更加精细，新型的风险、不确定性和不安全性集群兴起，使得对公共机构的不信任日益增加的现象越来越普遍。不少研究者开始关注信任和媒体介入对风险认知的影响，对专家的信任、对政府机构的信任以及对信息的信任已经成为理解公众风险认知的重要环节。

心理测量范式后续发展之二是提出风险的社会放大框架（social amplification of risk framework）。20世纪80年代末，卡斯普森、雷恩、斯洛维克等人根据斯洛维克之前提出的风险信号理论，运用实证性多元方法，提出了风险的社会放大框架。近几十年来，相关研究不断得到拓展。风险的社会放大框架旨在描述心理、社会、文化以及政治因素如何互动并导致风险"扩大"且产生波及效应，即不利事件所产生的社会和经济作用不仅由事件的直接生物和物理影响决定，也由风险因素、媒体介入以及信号价值等决定。提出风险的社会放大框架的目的是改变风险认知和风险沟通研究停顿甚至滞后的状况，发展一种综合的理论框架去关注构成风险认知及风险反应的基础的各种动态的社会过程，即风险的放大和弱化是怎样形成的。风险的放大指专家评估的低风险威胁和事件却成为社会关注和社会政治活动的焦点，风险的弱化指专家评估的高风险威胁和事件却不太引起社会公众的注意。

在放大或弱化风险认知和风险可控性的各种情形下，进行风险描述的各种符号与广泛的心理、社会、制度和文化过程发生互动。

风险符号经过放大站时，会发生一些变化。这些变化能够增加或者减少风险事件的信息容量，突出信息的某些方面，导致社会系统的其他参与者的特定理解和反应。心理测量范式研究表明，放大站包括个体、社会群体和组织，如科学家、科学组织、记者、媒体、政治家、政府部门、其他社会组织和成员。对于社会放大站而言，组织的结构、功能和文化影响着风险信号的放大或者弱化；对于个体放大站而言，情感启发式、风险性质、先在态度、社会信任等因素影响着风险信号的放大或者弱化。

特定信息系统的特点以及公众反应的特点是决定风险性质和程度的核心因素。风险表现为一种多层面的现象，它不仅是一种事实的结果，而且是事实、特定社会结构和特定社会文化或价值系统之间的累积性互动。风险的社会放大框架的一个基本预设是风险认知的可变性，即在风险沟通过程中会发生变化。如果风险事件未被注意和传播，其影响是局部的。但是如果风险事件被察觉和得以传播，其影响就极可能出人意料，甚至难以控制。风险、风险事件及其属性通过各种风险符号进行描述。风险体验只有在多方面的相互作用当中才能得到恰当的评估，这些方面包括：来自风险事件的物理损害，形成风险理解的社会和文化过程，出现的次级和三级效应以及管理者和公众所采取的行动。人们对风险的体验不仅仅是一种对物理损害的体验，还是群体和个体学会获得和创生风险理解过程的结果，这些风险理解为选择、整理和解释来自物理世界的符号提供规则和意义。

心理测量范式后续发展之三是与文化理论相结合。文化理论作为一种解释原则，试图说明个体如何形成对危险的判断以及为什么作出这样的判断。文化理论对风险知觉的意义体现在强调各种风险判断生成的背景。文化理论最初来自人类学，其学术背景源自人类学的理论与概念。人类学的基本思维方式将社会和组织看作分析单元，基于此，鲜有在个体水平上检验文化理论关于文化立场和风险认知关系的看法的实证研究。在文化理论看来，风险是社会建构的概念。人们对什么东西害怕、恐慌以及如何表现出害怕、恐慌是主观选择的结果，这种主观选择与人们所处的文化当中的社会关系相一致。在此意义上，风险是社会建构的过程。学界注意到，风险认知研究的心理学取向和社会文化取向在理论逻辑、方法论原则和技术等方面存在差异。20 世纪 80 年代末期以后，心理测量范式研究开始越来越重视社会、政治、文化因素对人们的风险认知的影响。20 世纪 90 年代初期，学术界开始将风险认知的文化取向与心理测量范式结合起来。之后，彼得（Peter）和斯洛维克将戴克（Dake）的世界观量表融入影响风险认知的综合模式当中。"结合"式研究是 20 世纪 90 年代风险认知研究的一个重要进展，其背后所隐含的观念是：心理测量范式研究能够指明和澄清相关风险认知的各种社会、文化和制度因素，而文化取向研究能够展示这些因素作为发生过程在形成风险认知方面呈现出的作用，从而将相关问题的研究进一步深化。心理测量范式需要进一步融入质性研究，这也是顺应当代风险研究实现"两种文化"沟通的趋势，所谓"两种文化"指风险研究中的技术取向和文化取向。

1.3.2   心理测量范式的拓展

在方法论意义上，心理测量范式的技术发展主要由克莱尔·马里斯（Claire Marris）、西格里斯特（Siegrist）等人完成。20 世纪 80 年代中后期以来，学界对心理测量范式的方法论技术产生了争论，如厄尔（Earle）和林戴尔（Lindell）等人认为，在心理测量范式中，研究者事先为受访者提供了风险认知特征，受访者按照要求作答即可，而不是由他们自己来表达对风险认知特征的理解。韦德斯奇托和韦尔斯（Windschitl & Wells）提出，该范式对不确定性的量化测量可能引导人们朝着更加深入和基于规则的方向考虑。然而，人们的偏爱、决策和行为却更多地受到直觉系统的影响。心理测量范式在进行数据统计时对整个样本风险得分平均数进行聚类分析。虽然斯洛维克等人坚持聚类分析能够提供有效的信息，但陆续有一些学者认为，聚类分析没有充分地考虑个体对于风险的判断有怎样的不同和为什么有这些不同。也就是说，通过聚类分析不能得到个体间显著的差异状况。维克（Weick）和斯达林（Stallings）认为，群体平均等级的使用只能告诉我们风险认知的一部分内容，在整个样本中对平均风险得分进行聚类分析并不能恰当地代表被试的选择，由这种方式得出的结论可能会错误地反映被试个体的态度状况。这是一种"生态学谬误"，即从总体水平上分析得到的有偏差的结果。

马里斯等人在 1997 年提出，传统心理测量范式存在一些缺陷，包括传统研究提出的关于风险的"人格画像"意味着所有个体以同样的方式评估风险，采用这种路线理解风险所导致的结果是忽视了个体的社会性，因为他们理解和评估风险的方式很容易受到社会、文化、制度等因素的影响。心理测量范式只对专家与一般民众进行了区分，并没有对人群进行区分。研究中的统计分析建立在全部样本的平均数基础之上，无法提供关于个体在风险认知上如何不同的信息。建立在平均数基础之上的风险管理和沟通政策将忽视公众总体的许多意见。马里斯等人通过问卷调查的形式重复了与斯洛维克等人相类似的研究，所不同的是，在数据分析方面既使用了传统的对平均数作聚类分析的方法，又使用了数据分散分析的方法。结果显示：（1）不仅风险认知在个体间发生变化，而且个体在评估同一风险问题的风险属性上也存在变化，这些变化取决于被评估的特定风险以及与个体作出反应相关联的风险概念。使用传统的对平均数聚类分析的方法和数据分散分析的方法，均发现风险属性的相关趋势呈现一致，但聚类分析往往高估相关的大小。与一些其他研究的共同之处是，"可怕"属性与其他风险属性高度相关。（2）传统心理测量范式通过风险的质的属性所勾勒的"人格画像"并不必然是普遍的。不同个体对同一风险赋予不同的风险属性，而且他们对一些风险及风险属性表现出不同态度。（3）即使采取数据个体的分析，研究结果也表明，心理测量范式提出的质的风险属性与风险认知紧密关联。马里斯等人认为，之所以会得出一些与传统心理测量范式不一致的研究结果，根源在于"生态学谬误"的统计问题。但是，他们并不彻底反对心理测量范式，仍然肯定"心理测量范式是预测风险认知的一个有效工具"（Marris，1997）。

心理测量范式认为，风险认知是一种社会和文化建构，反映了生活在不同文化中的人的价值、象征、历史以及思想意识。风险认知及其各维度都是心理学能够探究的概念，可以通过心理测量的方法来对它们进行研究。心理测量范式丰富了学界对人们的风险反应的认识，在方法论意义上和具体研究内容方面都有力推进了风险认知研究，在风险认知研究中具有里程碑式的意义，对风险分析、风险管理、风险信息传播以及风险政策制定产生了重要影响。当然，由于种种原因，心理测量范式也存在一些局限。

首先，心理测量范式对风险认知的理解需要深化。心理测量范式研究风险认知的立场强调信息的加工，仍然具有浓厚的认知主义色彩。现在人们普遍认为风险认知是认知、情感和行为的结果，也是社会、政治和文化环境的结果。关于风险认知的大部分实证研究所关注的主题是公众如何认知现代技术的风险。现代风险是人类科学和技术发展的直接产物，也是理解和描述现代社会的重要概念。不确定性是风险的固有属性，但在现代社会条件下，风险的不确定性表现为形式更加复杂、内容更加多元。如损害发生的时空属性不确定、损害波及的范围不确定、损害造成的后果不确定、损害牵连的延迟效应不确定。此外，由于对风险事件的长期效应和负面效应尚缺乏足够的重视与应对，现代风险的不确定性越发显得突出。传统风险分析基于过去经验和历史资料，现代风险分析则需要特别强调时间维度，建立全新的时空观。研究视野的焦点不是过去，而是面向未来，不仅考察相关事件、活动的直接结果，而且更加关注长期的负面影响。人们的风险认知嵌入社会情境之中，是动态的而不是静止的，解析、评估风险认知不能脱离社会情境。风险认知不是一成不变的，它会随着不同的社会情境以及对生活事件新的认识和体验而发生变化。人们的风险认知存在于社会叙事的过程当中，而社会叙事往往可能弱化或强化、缩小或放大人们对危险严重性的认知。心理测量范式研究所考察的风险认知往往是一时的状况，容易脱离人们日常生活的特定社会情境，使得测量到的风险认知与日常生活中的实际情形之间的关联存在脱节和不一致。在现代性风险背景之下，心理测量范式对风险认知的理论概念、分析方法需要进一步深化。

其次，风险沟通的作用需要提升。仅仅通过心理测量范式难以全面、完整理解和掌握公众的风险偏好及风险评估，也就难以充分为政治和经济决策提供急需的知识。随着研究的不断推进和深入，人们认识到风险认知及相关问题的复杂性。从解释模式看，风险认知存在稳定和非稳定模式的混合；从社会人口特征看，性别、年龄、种族、职业、信仰、教育程度、社会阶层等因素影响着人们认知风险的方式；从地理分布看，国家类型以及地区差异与风险认知有着很强的关联。所有这些使得提出风险可接受性的普遍预测模型非常困难。风险沟通过程的重要任务之一是提供恰当信息，反映关切当事人利益和价值观的事实证据，帮助当事人最大限度地知晓和理解风险决策的根据，达到对风险决策的合理判断与基本认同。换言之，风险沟通的关键不是强制当事人相信沟通方做出了正确的事情，而是尽可能多地提供机会和渠道让人们能够有足够多的资源和洞察力去作出判断及选择。风险沟通的最终效果是促成当事人在他们关切的事务当中作出正确的选择。学术界越来越认识到，发展有效的风险管理政策需要增加公众对风险管理过程的信任。信任、信用、"同舟共济"的团结心态、专业信息（包括风险的专业信息、官方应对措施的专业信息、公众应对行为的专业信息）等是实现有效风险沟通的一些重要前提条件。而具备这些因素的首要前提是从制度的价值观和文化层面充分认识政府部门、专家与公众的身份、角色、思维方式以及行为方式。回归与尊重公众的主体性面临一些实际的障碍：政府部门有时具有一种"高位"意识，似乎把与公众坦诚、互相尊重、富有建设性的对话看作对公众的赋权，而不愿意让渡这种权力；技术领域的专家通常表现为追求清晰的边界、严格的逻辑和非情绪化的思维情境，以科学的、事实的方式应对风险，而不是以普通人的或突出心理需求的方式应对风险，因而往往不习惯与公众对话、协商和建立伙伴关系。未来心理测量范式的研究如何应对这些方面的问题，需要进行持续的探索。

最后，相关理论问题需要拓展。有些学者将心理测量范式看作一种关于风险认知的主要理论。我们认为，与其说心理测量范式是一种关于风险认知的理论，不如说它是一种关于研究风险认知的方法论立场。它体现出特定的方法论色彩，即通过诸多心理测量的手段，包括数量评估量表、态度指数、维度估计技术等，对认知的风险和利益进行数量上的测量。大量关于心理测量范式的文献集中在方法论和实证结果上，从理论框架的角度解释的研究结论却比较弱化。例如，传统风险分析强调公众的"知识缺陷"。心理测量范式也有个长期固守的观念，即专家是理性行为者。文化理论及其随后的发展对此提出了不同的看法，认为专家像公众一样会受到世界观和信念的影响，也会出现偏离理性风险—收益计算的制度化偏见。风险专家也并非"真空"式存在，在具备专业知识、技能、身份以外，他们也具有"组织嵌入性"的特征。而传统研究往往忽视这一点，更多地强调专家和公众之间的知识差距，视专家为"绝对"、其他因素为"相对"，而极少把专家的"绝对性"当作一种值得分析探讨的前提因素来对待。心理测量范式的早期研究以及后期风险的社会放大框架均没有将风险专家的"理性"作为一个问题来反思和进一步深入探讨。

2
信任类别的属性特征

　　相对于传统社会，现代社会人际交往更加复杂、经济交易日益频繁、利益交换愈发普遍、主体意识更加显著、权利保护尤为突出。各种新社会生活形式层出不穷且持续深化，比如：网络空间、人工智能和人机互动的广泛渗透和频繁升级，社会流动、社会思潮与文化观念的不断变迁和加速更新，工作岗位、劳动分工与生产方式的日益精细和高度专业，人际交往、心理体验与利益主张的普遍拓展与功利趋向等。上述时代特征使得当今的人们同其他任何历史时期相比，都更为迫切地需要营造信任的良好环境，在社会实践和社会互动中实现有效合作与团结。作为一种核心的社会条件，信任对于开展社会活动、进行经济交易和动员政治参与起着独特的作用；作为一种主要的社会载体，信任对于描述和理解现代社会的变迁、人际互动的变化和社会交往的变动起着无法替代的作用；作为一种无形的势力，信任有利于当事方以开放的心态面向事实，协调自我利益与他人利益，协商式发展交换关系，确保有效交流与对话，促成和维持平稳顺当的合作互动。信任是现代社会中的一种重要精神资源，也是构成社会资本的核心要素之一，在个体生活、人际关系、组织运行、社会治理等方面发挥着独特和难以替代的重要作用。一段时期以来，国内外社会科学界日益重视社会信任的来源研究：一方面考察个体层面社会交往特性与信任的关系。现代社会的交往、活动及行为表现出匿名性、独立性、自由性和自信性等特点，体现着非人格化、契约化的互动方式，普遍信任正是在这些多样性的现代互动方式中孕育。另一方面考察制度对于发展信任的影响，认为普遍信任的制度力量来源强于社会交往来源。制度观念中体现的普遍主义、广泛参与、无差别惩戒等能够营造信任的良好环境，提升普遍信任水平。无论借助于社会交往还是制度力量，从特殊信任到普遍信任的"跃迁"仍然存在一些限度。

2.1　信任的两种类别

在现代社会，职业岗位的精细化、劳动分工的多样化、社会角色的多重化以及社会活动的复杂化已经成为社会发展不可扭转的必然趋势。随着现代社会提供给个体的机会和资源越来越多，大量活动和交往的专业化程度不断加深，社会对个体能力也提出了越来越高的要求。人们发现，实际上很难具备充足的时间和技能去掌握日新月异的知识体系和庞杂全面的工作本领。彼此之间加强合作与相互依赖成为现代社会人们的一项基本共识。而且，在社会人口越发密集地进行大规模跨越区域位置的自由流动和迁居、信息资源社会传播的加速膨胀和宣传内容立场参差不齐等现实背景之下，社会现实客观上孕育了观念多元化的思想基础，也较容易引发社会主张的对立冲突。不同的生活方式、相异的社会观点和异质的文化观念已经触发一系列重大而深刻的问题在碰撞中融合、在冲击中调整。

2.1.1　信任的概念

信任是日常语言中出现频率极高的一个词，人们对此颇为熟悉。不过在学术界，信任包含着多方面的内容，是一个看似简单实则复杂的概念。如果笼统使用信任概念，容易导致混淆含义、出现误解。因此，学者们通常细致谨慎地对待着信任这个概念，具体研究时往往从概念上区分不同类型的信任形式。按照学术界的基本共识，信任在某种意义上是一个比较多元的概念，尚没有一个统一的、完全固化的定义。在学术话语及日常语言中，人们经常、普遍地使用许多与信任相近或相同的概念，如信心、相信、诚信、信念、信仰、信赖、信奉等。究其根本，信任自身所具有的多维度属性导致了它多元化的概念。现实生活中，信任依托于不同类型的社会关系，演绎着生动的和变化的社会事实。与此同时，不同学科从各自角度展开、讲述和论证着信任的"故事""叙事""话语"以及"理论"。在已有的学术文献里，可以梳理出极多的信任概念。比如：祖克尔（Zucker，1986）提出了信任的三种概念，基于特质的信任、基于过程的信任和基于制度的信任；托马斯（Thomas，1998）把信任分为三种类型，信用信任、相互信任和社会信任；纽顿（Newton，2001）指出，把信任定义为一般性分析概念是毫无意义的，因为信任不是这样的。必须停止认为信任好像是一个单一的、不可分割的统一体或基本人格综合特征的一部分，并且要记着在特定前缀情形下描述信任这个术语（如家庭信任、社会信任、政治信任、邻里信任）。无论对信任有着怎样不同的理解，指向未来的期望都是信任所应有的核心特征之一。信任是个体在自主性状态下做出的自愿行为，它是个体或基于认知权衡，或基于情感渲染，或两者兼而有之，在对自身脆弱性和风险承受力作出判断的前提下，对未来结果抱有积极期待的心理状态。指向未来的期望总是依存在能够维系的有价值的关系当中，并通过具体的关系性事实表现出来。于个体而言，有价值的关系种类繁多，并且它们每一天都在现实生活中产生和交互。它们包括寓于人格属性的人际交往意义上的各种关系，也包括摆脱了人格属性从而显现在非人格化的组织、制度的意义上的在一般社会活动及行为当中所表现出来的各种关系。寓于人格属性的人际交往当中的信任关系充满着人格的自我展现和情感的互相嵌入，而非人格化的一般社会活动及行为当中的信任关系则主要依托于社会角色和制度规范所设定的义务职责。健康信任关系中的受托方能够满足信任人的期待、符合信任人的利益，而不是利用特殊机会损害信任人的利益。令信任人期待幻灭的受托方最终无法成为信任关系的维系对象。库克与哈丁（Cook & Hardin，2005）的信任理性选择思想一脉相承，将信任关系阐释为封装（encapsulate）一方利益融入另一方利益的行为，这种封装所伴随的情境就是信任关系本身所无法回避的积极期望、脆弱性和风险。当关系中的一方相信另一方有动机按照自己利益或者顾及自己利益去行事时，信任就会存在。信任处于关系的网络之中，是认知、情感和道德等构成的复杂组合体。各种信任关系都具有"三重性"，即互动主体间所蕴含的相互依存性、互动过程所内生的发展性以及互动结果的预期互惠性。信任的关系特征融合了未来期待、自身脆弱和现实风险等方面的因素。

信任客体的变化导致出现特殊信任和普遍信任的区分。一般而言，信任可以被描述为确信对方（个体或群体）能够依赖。从现象的范围而言，信任可以分为两种不同的形式，即特殊信任和普遍信任，而现代社会的变迁又推进和强化着这两种不同的信任形式。在学术语境中，普遍信任往往不是单独出现的，它总是与另一个概念即特殊信任相伴随而存在。通过对已有文献的历史梳理可以发现，山岸（Yamagishi，1994）等人较早阐述和论证了普遍信任概念，提出"基于认识的信任"和"普遍的信任"。前者指向的是对特定的认识的人的信任，后者指向的是延伸到不直接认识的人的信任。前者限于特定的对象（人或组织）；后者是对人性仁慈的一种信念，因而不限于特定的对象。在这之后，陆续有一些学者关注普遍信任和特殊信任。如沃伦（Warren，1999）认为，有两种关键的文化信任：一种信任给予陌生人（普遍信任）；另一种信任仅给予同一家庭、宗族或团体的成员（特殊信任），且常常与普遍信任相结合。从经济的角度看，普遍信任的重要性在于它使跨越时间和空间的行动协调成为可能，而不需要那些在抵御风险方面往往麻烦且成本高昂的法律、契约和明晰的规则。直观上看，社会距离成为衡量普遍信任与特殊信任的重要标准：特殊信任的对象只限于与信托人关系及情感亲密的人，信任半径相对较小；普遍信任的对象则延伸到与信托人关系及情感疏远的人，信任半径相对较大。弗莱塔格（Freitag，2009）等人指出：特殊信任是建立在亲密社会接触基础上的信任，指向日常生活交往中熟悉的人；普遍信任是对一般他人的比较抽象的态度，这些一般他人包括不直接熟悉的人以及完全陌生的人（外出随机遇到的陌生人）。德尔希（Delhey，2011）等人认为，学者们通常将对他人的信任分为两种形式：一种涉及熟悉他人的狭小圈子，称为特殊、厚重或特定的信任；另一种涉及不熟悉他人的宽广圈子，称为普遍、博约或弥漫的信任。现代社会涉及与陌生人的日常互动，普遍信任比特殊信任更为重要。在中国学术界，李伟民（2002）等人认为，联系韦伯关于中国人的信任的论述和观点来看，其所隐含的理论预设是：中国人的信任是一种以血缘家族关系为基础的特殊信任，因而不会持有以观念信仰共同体为基础建立起来的普遍信任。周怡（2014）指出，信任大多数人意味着信任陌生人、信任社会上的一般他人。不少研究把它称作一般信任，也有学者翻译成普遍信任，还有学者将其归入社会信任的范畴。相应地，如果我们只信任我们认识的人，就构成所谓的特殊信任。

　　还有的学者虽然没有明确使用"普遍信任"和"特殊信任"的专门术语，但也以相近的词语表达出与上述两个概念类似的意义内涵。比如，卢曼区分出"人际信任"和"系统信任"两种信任形式。"系统信任"建立在"人际信任"的基础之上，是后期扩展生成的结果。按照卢曼的观点，"人际信任"和"系统信任"建立在不同的基础之上："人际信任"涉及个体间的情感联系，而"系统信任"中的情感内容就大大减少了。在"良好秩序"的条件下，"系统信任"能够得以激发，且对于社会的有效运作至关重要。"系统信任"适用于社会系统，也适用于组成心理系统的其他人。如果我们仔细看待列在信任方式中的诸假定，那么这种变化对应信任基础的变化：从主要以感情为基础转变为主要以表象为基础（卢曼，2005）。可见，卢曼提出的"系统信任"概念非常接近一般意义上学界所说的普遍信任。刘易斯等人延续卢曼提出的信任分类，并认为系统信任对人际信任的影响更为明显和重要。因为当社会总体的系统信任水平较低时，人际信任的风险更大。所以可以说，在人际信任的形成中发生的当代变化至少部分能够归因于公众对传统机构（例如政府、行业、宗教）的信心和信任的弱化，这些传统机构为人际信任的发生提供了框架。人际信任和系统信任之间的这种相互依赖性解释了这个事实，二者中一方的侵蚀最终威胁到另一方（Lewis，1985）。信任必有所指。因有所指对象的存在，信任无论表现为行为还是态度，都将以关系的方式展示出来。就对象所指的意义而言，信任也就是信任关系，是社会活动衍生的一种属性，体现在双向的个体或群体互动关系之中。作为一种关系的属性，孤立个体谈不上信任问题，即便作为个体心理状态的信任也是从双向的个体或群体之间的互动交往中产生的。社会成员通过彼此的表现以及符号化的表征来建构未来预期，只要社会成员能够确保彼此的共同预期并且按照这些预期来进行相应活动，那么社会活动衍生出信任就是可能的。

　　社会的信任水平高会具有一些优势效应：人们的心态更加从容、开放与包容，社会更加充满生机，能够创造更为充分的发展机会和繁荣前景，更加有利于减少社会运行的支出成本和资源耗费，以尽可能少的付出助推经济稳步发展和良性循环，培育人民普遍的生活幸福感，建设高质量的社会生活，实现整个社会的全面文明进步。不过与此同时，信任的背后也蕴含着许多风险。某些时候，少数不良个体或组织机构为了见不得阳光的一己之私，恶意利用他方的信任习惯，置他方于遭到欺骗或背叛的境地，使得付出信任方遭受利益损失、承受各种代价。现代社会确实普遍存在着一种较为尴尬的现象：信任让人非常纠结，成为一个两难的选择。人们完全认识到信任是形成以及优化社会合作和开展社会活动的前提条件，但现实的矛盾之处在于：人们在强烈认同信任重要性的同时，也深刻察觉到在风险社会的时代常常缺乏信任。我们丝毫不否认来自社会各界的"告诫"声音的善良本意和爱护初衷，因为有太多因"盲目"信任而使自己处境不利、人财两空甚至付出生命代价的悲剧例子。社会各界尤其是媒体的动情渲染和家庭成员的耐心劝告都表达了应当树立谨防上当受骗的警惕意识，强调避免盲目信任。这导致人们在选择是否信任时变得十分审慎，对许多陌生他人和一些组织机构高度警觉，往往先入为主地呈现怀疑姿态，以自我保护的价值首先认定交往对象的不可信或弱可信状态。

在人类社会的任何时期，信任都是一种必不可少的心理资源和精神力量，这点在现代社会显得尤为突出。在现实生活中的每一天，个体对于熟悉或陌生他人、组织机构以及国家部门的信任随时都在出现，它能够帮助减少社会互动的复杂环节、降低社会警惕的成本投入、提高社会活动效率、节省社会宝贵资源。毫无疑问，当今时代正在显示着许多鲜明的全新特征，社会各式活动数量剧增、种类繁杂、形式新颖、内容丰富、节奏快捷、影响广泛、变化多端。这些活动的进展与效果既紧密相关于事件发生时的具体情境，又常常超越事件发生时的有形空间和有限时间，突破具体情境物理边界的约束。在以往社会里，生产活动和人际交往的大多数参与者都是"自己人""熟悉人"。这些人员数量规模往往有限，互动环境也是

"低头不见抬头见"，不断重复"相遇"。然而，现代社会里生产活动和人际交往的参与者的主体身份和日常境遇发生了重要变化。"自己人""熟悉人"的关键作用虽然没有减弱，但数量规模所占的比重却明显下降，与越来越多的"陌生人"打交道成为常态。活动和交往参与者主体的间距化是数量规模增加的问题，更是日常境遇互动的"随机性"、"偶发性"和"不重复性"的问题。虽然普通人在日常生活中需要经常面对信任话题，学术界的专家也热衷于探索、讨论信任问题，但是由于种种原因，人们对于信任的认识仍然存在许多局限，在诸多问题的理解上还有很多值得深入研究的空间。比如说：什么原因使得人们能够去信任之前在人格意义上完全陌生的他人？哪些个体及社会层面的特性、因素能够促进、发展信任？如何营造社会信任的普遍氛围？等等。

作为关系存在的信任表现出自愿和依赖的特点，信任关系具有混合性属性，理性认知的正常思维与情感体验的移情共识一道维持健康稳定的信任关系。理性认知和情感体验是信任关系的重要两翼，缺一不可，相互映衬。随着理性认知和情感体验在信任关系当中权重比例的变化，信任关系展现出不同类型的表象。吉登斯认为，"人格化"因素并不是区分特殊信任与普遍信任的关键之处。在抽象体系的交汇口，连接非专业人士与信任关系的当面承诺通常表现出明白无误的可信任性与诚实性，并伴随着一种"习以为常"或镇定自若的态度。当面承诺在很大程度上高度依赖于体系之代理人或操作者的品行。他也提出，随着抽象体系的发展，对非个人化原则还有不认识的他人的信任成了社会存在的基本要素。这种非个人化的信任与基本信任不同。同前现代的情况比较，现在的人有一种强烈的想寻找可信任的人的心理需要，但却缺乏制度性地组织起来的个人联系。信任涵盖着情感与认知两方面成分。信任关系的情感成分是指个体在人际互动、社会互动的基础上，对关系双方的人际和社会关系抱有认同，能够建立起情感纽带，将不同分量的感情投射至他人。信任关系的认知成分是指个体对于各项互动交往自觉从理性立场出发，以工具性判断为主体，权衡利益得失，考量风险后果，作出积极预期。尽管信任关系中情感成分和认知成分并存，但是难以确定两种成分以何种比例存在，它们在信任关系中的比重不是固定的，也不是平均化分布的。随着情境条件的变化，情感成分和认知成分在信任关系中的权重也会发生变化。从简化的角度来讲，当情感成分偏多、占据主导状况时，信任关系表现为"情感型信任"。当认知成分偏多、占据主导状况时，信任关系表现为"认知型信任"。在认知型信任关系中，信任双方的主体意识明确，行为活动界限清晰，相应约束稳定。而在情感型信任关系中，信任双方的主体意识弥散，行为活动界限开放，相应约束淡化。在满足一定条件的情况下，情感成分和认知成分可以各自或者共同孕育、建立信任关系。积极、诚挚的情感催生信任，缩减人际心理距离；审慎、理性的思忖驱动信任，降低后续活动成本。

　　信任不可能只纯粹具有认知色彩，虽然程度存在差异，但只要在认知上得出可以积极预期的信任姿态，积极情感就容易出现。且随着认知强度和稳健性的增加，情感成分强度和影响力同样提升，信任关系也愈发牢固。信任关系的情感升华使得在外界不利因素或反面证据的干扰和冲击之下，信任关系被削弱的可能性更低，信任修复的机会更多。与之对应，信任也不可能只纯粹是情感成分的单源性存在，正常的信任关系必然伴随基本的认知内容，完全脱离认知属性的信任关系极有可能分化为两种非常态的信任水平，即狂热型信仰崇拜或无知型信从跟随。另外，信任关系中即使认知成分占据优势比例，也不会绝对挤占情感内容而使其毫无空间。完全不嵌入情感色彩的人际及社会互动很难具备合宜的交往规范、生活良俗，也很难相容于人性的基本要求。如果信任关系当中断然不具有丝毫情感内容存在的空间，那么仅剩的便是利益的算计，唯一能够遵循的规则便是好处第一、利益至上。可以想象，这种信任关系是虚幻的，无异于海市蜃楼。决定认知和情感在信任之中权重比例变化的因素有哪些呢？一般而言，包括社会关系、交往情境、制度系统、文明水平等。在个体身心成熟所依赖的近亲属及首要亲密群体里，情感体验厚重，长时间的熟悉的互动认知和生活阅历能够演化为直观现实的情感依赖和依恋。随着社会距离的扩张、心理距离的自然加大，情感归属不断弱化甚至消失。在生活半径不断外延、群体范围急剧扩展和情感体验淡化的同时，认知理性逐步变得重要，开始成为人际与社会互动更有价值的依赖物、成为广泛和持续存在的社会要素。

信任具有层级的特点。基础层级是基于认识的信任，人际交往中频繁、重复的互动使得交往主体互相熟悉，逐步萌发认识信任也即特殊信任。随着社会阅历增加和社会经验丰富，由于认识的积累，个体开始通过社会身份、社会归类等表征方式识别群体内和群体外他人，依据以往感受、体验和知识作出对他人的认同选择与判断，产生认同信任也即普遍信任。积极重复的人际互动不断生成大量直观鲜明的直接经验，容易产生情感上的亲密体验、人格上的熟悉感以及社会身份的符号认同感。不同层级的信任同经验的关系存在一些差别：认识信任主要源于直接经验；认同信任既源于直接经验，也依赖于间接经验。直接经验和间接经验对于个体信任感受产生的影响是不同的：主要源于直接经验的认识信任相对简单；既源于直接经验，也依赖于间接经验的认同信任则需要经历更多环节。

2.1.2　基础型的特殊信任

特殊信任是指在普遍事务方面对于熟悉他人表现出的一般性合作及乐于助人的期望，它是个体最早发展形成的信任类型，也即厚重型人际信任。在人生早期阶段，婴幼儿处于养育人精心细致的照料之下，安全、稳定、温暖、紧密的亲子关系和家庭氛围促发婴幼儿在人格形成初期萌发对他人及外界的"基本信任"。其后，个体在社会化过程中与他人、群体和组织积极交往，其信任人格特质不断形成和增强。正常情况下，幼小个体在家庭环境中形成对父母等亲密家人深厚的情感信任，随后这种情感信任逐渐扩展至与其交往的亲密他人如近亲属、好朋友等。特殊信任通常出现在以面对面交往为主的群体之内，群体成员规模较小，成员关系较为紧密，群体内部控制力较强。在这种群体内，成员之间相互具有熟悉感、亲和力和紧密性。由于信任双方互相熟知、存在较多社会交织、社会互动较为频繁等，他们更容易建立和维系特殊信任。在实际生活中，厚重型人际信任往往更加真实可靠，常常以直觉、自动式状态表现出来，并不需要通过明确意识到且理性计算的方式表达呈现。厚重型人际信任不仅能够帮助人们形成对他人的积极态度，而且有利于人们形成对生活的可靠感、稳定感和安全感，也能够作为救济手段弥补普遍信任出现缺失时社会活动遭遇行动困境所带来的心理失落。

厚重型人际信任源起于强联系的社会关系，建立在信任双方人格认知的基础之上。由于人际熟悉性，促进了维持双方关系的强烈情感承诺的萌生，这种类型的信任对于建立本体论安全感至关重要。本体论安全感是个体正常融入社会生活、开展社会活动的先决条件，而建立本体论安全感首要取决于起初对于他人可靠性的信心，进而逐步成为建立稳定的社会现实感的基础。特殊信任建立在与信任对象长期可靠的人际交往且形成彼此接受的积极情感的基础之上，依社会距离远近扩展到家人、朋友、邻居、同事。特殊信任双方具有较长时间的生活经验或交往经验的累积，彼此之间对于对方未来行为预期有较为充分的把握，活动结果的确定性较强。这种认知上的熟悉性、情感上的依赖性、期望上的低风险性融合为总的体验，构成亲密关系的重要内容。同时，特殊信任的这些要素也构成信任的"门槛"或者说"防卫"。对陌生他人认知上的局限性、情感上的防御性、期望上的高风险性使得信任的"门槛"难以跨越，缺乏亲密的身份感知，彼此就谈不上特殊信任。在强联系的社会关系网络中，交往结果的可预期性、可控制性以及可救济性强，交往范围常常限于封闭性群体圈里，失信风险及代价成本较低。厚重型人际信任关系往往将"局外人"排除在外，限定于"自己人"的狭窄圈子之内，成员同质性明显，共同分享社会资源、机会与信息。虽然自发、真实的厚重型人际信任失信风险很低，但一旦发生失信现象，惩罚失信者的机制可以做到快速有效地发挥作用。在实际生活中，厚重型人际信任也能够作为替代机制弥补普遍信任出现漏洞时造成的被动结果。

个体表现出的低信任人格特质恰恰源自早期"失败"的生活经验，养育人对婴幼儿漠视、疏离，没有建立融洽的家庭氛围和可依赖的亲子关系，从而使个体无法形成对他人及外界的"基本信任"，结果性情表现出多疑猜忌、封闭孤独、保守退缩。在其后的社会化过程中，与他人、群体和组织交往被动消极，沟通困难，弥漫出不信任或低信任的人格倾向。早期"基本信任"感只是初级的基础，在个体随后长期的生活历程中，各种社会因素和力量会对信任施加影响。但是我们同样可以确定，纯粹的心理解释是不充分的。因为从心理学的观点来看，完全不同的根据促使人们给予或拒绝信任；在任何情况下，信任都是一种社会关系，而社会关系本身从属于特殊的规则系统(卢曼，2005)。信任的关系特征融合了未来期待、自身脆弱和现实风险等方面的因素。信任处于关系的网络之中，是认知、情感和道德等构成的复杂组合体。当关系中的一方相信另一方有动机按照自己利益或者顾及自己利益行事时，信任就会存在。在个体心理认知发展最早阶段形成的基本信任感，奠定了个体在未来人际交往和社会互动中的一般化取向。但是，基本信任不是一成不变的。随着生活阅历的增加、生活经验的丰富、生活体会的感染，基本信任会出现相应的变化，既可能加强，也可能减弱。厚重型人际信任与个体的人格特征、身份特质、教养背景和社会网络等紧密相关，表现出具体指向性、人格依恋性和情感主导性等特点。现实生活中，信任主体之间相互所具有的熟悉感、亲和力、紧密化和稳定性是建立和维系厚重型人际信任的重要前提和基础。由于厚重型人际信任主体之间存在血缘关系或族群关系，双方在人格特征上互相熟知，社会互动比较频繁，社会交集比较稠密，行为后果直观可控，交往认同感较为强烈。厚重型人际信任有利于个体以开放性心态进行社会互动，建立对他人积极乐观的态度，形成对周围环境的可靠感、稳定感和安全感。厚重型人际信任本质上是一种人格依恋或情感依赖，与特定意义上的蕴含风险的信任概念存在一定差别。

2.1.3　开放型的普遍信任

普遍信任不同于特殊信任，是指对陌生他人在社会事务方面的一般性合作和乐于助人的期望。普遍信任超越个体相对狭窄的私人生活经验空间，它的关系对象是陌生他人或不熟悉的群体，不明显具有特定情境的关联性。特殊信任是封闭性群体内部窄半径的聚合式信任，依托于双方共享的经验和双方对于未来互动可靠、安全的期望基础，是信任双方共同积极生活经验总和的结果。个体在较长时间里浸润于这种积极生活经验当中，无形中养成人格意义上的附着物，融入亲密关系的感知体验里。因此，特殊信任的情感色彩是浓厚、真挚的，但所指对象是有限、局部的。时间和身份是个体能够被纳入特殊信任半径的两个重要因素，时间条件更多的是从数量意义上而言，身份条件则是指满足群体成员身份预定标准如年龄、性别、种族或宗教信仰等前提要求。与之对应，从所指对象的意义上而言，普遍信任表现出开放性特点，防御性色彩弱化。尽管难以断言概率计算的程度，但实际上对于信任对象未来实际能够信任的程度往往较少付出时间及精力进行研判。在相对忽视后果的情形下，以保有自我利益及兼顾利他动机的出发点引领双方合作行为，相信存在一致指向的共同利益。进而期待双方以互惠的方式，在某个可以预期的时间节点，使不特定的个体之间信任水平能够达到安全阈值，并且有可能逐步提升。不特定的个体之间广泛存在的本体论安全感是实现普遍互惠信任的社会环境的重要基石，普遍互惠信任的社会环境反过来建构了集体意识上的信任文化，强化了个体的本体论安全感。社会合作的成本由此降低，成功合作的概率大为增加，信任所涉及的风险在最大程度上得以减少。普遍信任是开放性群体内部和群体之间宽半径的发散式信任，特殊信任表现出"厚重"的人际信任的情感色彩，而普遍信任的情感色彩则较为"淡薄"。

普遍信任具有社会情境的普适性，不需要依赖对于特定个体的专门信念。虽然"厚重"的特殊信任依旧需要，但是制度性的普遍信任更为重要，它有助于促进现代社会的高效运转。从现代社会变迁的角度看，现代社会的发展使得人们的生活形式、交往范围、心理体验发生了重大转变。现代社会纷繁复杂，人际交往、经济交易和利益交换等诸多活动的主体越来越非人格化，也越来越超越血缘、亲情、家庭、宗族等纽带，摆脱传统约束的羁绊。生活形式复杂而多样，社会认知直观与抽象兼具，社会交往范围有形及无形"半径"剧增，个体心理体验认知与情感叠加。互动方式越来越契约化，交往过程中的自主性、偶发性、匿名性使得作为一种重要信任形式的普遍信任显得尤其关键。从特殊信任到普遍信任表现出：认知计算占据主导，情感投入明显隐退；制度力量作为依托，道德期望相对淡化；文化的影响与关系的作用此消彼长。在强联系的社会关系中寻求帮助且取得良好效果，对于普遍信任可以起到提升的作用。

无关系存在即无信任的存在。信任中的关系非常丰富，依据关系的性质及内容呈现出很大的变化。对应于特殊信任，更多的关系是指亲社会距离的情感型人际交往意义上的"关系"；对应于普遍信任，更多的关系是指远社会距离的认知型人际交往意义上的组织、制度和社会活动及行为所表现出来的各种"关系"。虽然特殊信任和普遍信任在"关系"形式和内涵上表现有所不同，但两者所依托的关系都具有交往主体间的相互性、交往过程及结果的发展性。在亲社会距离的人际交往情形中，特殊信任关系往往依托于人格性情的自我展现、情感因素的互相渲染、亲情友谊的自觉约束。在远社会距离的人际交往情形以及制度力量主导活动及行为的情形中，普遍信任关系往往寄附于社会角色的义务职责、认知因素的互相默认、道德法律的有形约束。除了存在区别，普遍信任和特殊信任也具有信任本身所蕴含的共性之处。期望是信任的典型特征之一，信任乃是对维持合乎道德的社会秩序的期望。以这种一般的综合定义为背景，我们就能得出信任的两个更具体的意义，其中每一个意义对于理解社会关系和社会体制都是重要的。第一个意义是信任作为对有技术能力的角色的行为的期望，第二个意义是关于对信用义务和责任的一些期望。信任中的期望总是与特定类型的关系联结在一起，期望在关系间存在并实现，从而使信任以关系事实的形式在人际活动和社会实践中体现出来。信任中的期待是一种自愿行为的自主表达，不是在强制状态下的被动接受。随着情境的不同，在或忽略、或简单、或复杂地权衡不确定性、脆弱性和风险的前提下，信任者对信任对象怀有积极期待的心理状态。教育灌输、思想说教、文化习俗、制度规范能够为人们进行信任的理性计算提供各种依据和支撑，也能够对人们内在的信任心理品质进行强化、促进人们的信任。

随着大量人口地理位置的流动、移民和种族的混合、生活方式和社会观点的多元化、异域文化的广泛扩散等现象的出现，连接人们差异性的许多资源得以发展。为了利用不断增多的机会与选择，人们有必要也可能在广度和深度上发展出一种抽象的信任形式。这种信任可以不需要利用与他人的个人关系，而且能应用到许多不同的社会情境中。因此，基于封闭内群体的高度聚合式的"厚"信任即特殊信任的比重应逐渐减小，而具有更宽半径的"薄"的发散式的普遍信任的比重应逐渐增大。一个文明进步的社会必然渴望并要求差别化的生活方式、社会观点和文化观念能够成为同质或基本同质的社会秩序的组成部分。为了实现最大公约数的利益目标，社会以各种方式发展出一些形式和机制，确保差异化的精神属性在社会秩序中平稳运行、共生存在，同时也使得社会提供给个体的机会和资源能够被个体充分有效地利用。信任特别是抽象的普遍信任，正是这些形式和机制的重要表现之一。信任是社会的一个重要组成部分，它能够起到润滑剂的作用，有助于个体之间缓和或消除进行群体行为和社会交换时出现的摩擦、偏差或冲突。普遍信任是构成团结的集体行动、生长性的社会交换的核心要素之一，它主要指向的是人格意义上不曾相识的陌生人。对于这些陌生人，信任方没有以往的面对面交往经验，有时也缺乏清晰社会归类的身份认同。普遍信任能够超越面对面交往经验的边界限制，暂时的陌生感不会成为进一步互动的障碍，个体愿意相信陌生他人是可靠的，未来可以进行合作。很明显，普遍信任超越了个体随自然出生所先天具有的亲缘、因积极社会交往所生成的友谊等人格意义上的熟悉感的界限，实际上也就是普遍信任超越了特定个体人格意义上的社会生活范围。社会生活要求个体既要在特定情境中与熟悉他人互动合作，也要在更广泛的情境中与陌生他人互动合作。

2.2　促进普遍信任

普遍信任从"私人生活"领域转向"公共生活"领域。那么，普遍信任是如何建立的？哪种类型的社会互动最有利于发展普遍信任？哪种类型的社会互动可能阻碍发展普遍信任？社会资本理论的基本观点是：社会合作的积极经验有利于个体发展普遍信任，并且这种积极经验来自个体所处的水平化结构组织。在水平化结构组织中，异质背景个体之间的社会互动比同质背景个体之间的社会互动更有利于普遍信任的发展。异质背景个体之间的社会互动相比同质背景个体之间的社会互动的信任优势在于：同质个体所组成的群体的内部合作虽然可以获得积极的合作经验，但是同质个体具有同样或相似的身份背景，如职业、收入、地位。由此，在同质群体所衍生的积极经验的主体发起者和承载者是相似个体，所形成的可信任性判断也指向同质个体，因而信任的外扩有一定折扣和限制，难以使同质群体内部的可信任性判断跃升至对同质群体外部的陌生他人的普遍信任。甚至极有可能因为同质群体内部的可信任性判断较为强烈和稳健，而固化对同质个体的信任、阻止对差异个体的信任。胡安宁（2014）基于中国综合社会调查（CGSS 2005）数据的研究显示，参与社会活动对信任与之相应的团体和政府部门有显著影响，但是这种影响并不能超越参与的社会活动本身。也就是说，个体的普遍信任水平并没有因参与社会活动得到提升。韩恒（2014）针对基督徒的研究进一步证明，同质个体之间的社会互动并不会促进普遍信任的提高，反而会有损个体的普遍信任。研究显示，基督教信仰只是增加了"教内信任"，并没有提高基督徒对"教外人群"的信任水平。所谓"相信自己人""不与陌生人说话"，就是类似的道理和逻辑：（自己人的）特殊信任的风险极小，但不会使你以及更大范围的社团繁荣或充满活力。普遍信任盛行于民主社会，而特殊信任在威权和极权社会更为典型。普遍信任使人们更愿意参与社团并认可道德义务，特殊信任使人们退出公民生活（乌斯拉纳，2004）。相比之下，在水平化结构组织中，异质个体之间通过社会交往开展合作活动，取得积极经验，形成对异质他人的符号认同和熟悉感。在建立起对群体内部异质个体可信任性判断的基础上，这种初步的、原始的信任态度跃升至对群体外部的差异化陌生他人的普遍信任。

2.2.1　社会交往的结果

　　20世纪90年代以来，社会资本理论成为信任研究所依托的重要思想基础之一，取得的核心共识是信任对于建立个体与个体、个体与群体、群体与群体之间的合作关系和活动起着关键性作用。社会资本理论认为，以社会交往为基础的普遍信任是社会资本的一个重要组成部分，对现代社会发挥着重要意义。个体在需要及困难之时能够从社会关系中获得帮助和支持，对于普遍信任可以起到提升的作用。信任乃是社会资本的核心组成部分，在各种公民行动主义和道德行为中起着重要作用(乌斯拉纳，2004)。参加自发性社团并参与相关活动，能够有助于人们的共同规范和价值观的形成，其中就包括信任。发展普遍信任的最佳社会化机制是建立与壮大连接型的弱社会互动。通过公民参与能够组建起来某种社会活动网络，个体在这种网络中感受到与他人进行合作的经验，这些经验对于培育和提升普遍信任至关重要。认同式信任的特点是接受和认可某一身份群体的高度概括和典型的特征所具有的积极预期，并把群体意义上的这种积极预期迁移为对拥有群体身份标签的具体个人的积极预期。普遍信任融合了对陌生人的认同和以往对陌生人的交往经验。

　　为了培育和提升普遍信任，对于个体所选择进行社会交往的他人是否有特定要求？是无论与"谁"进行社会交往都有利于普遍信任，还是与特定类型的"谁"进行社会交往才有利于普遍信任？通常而言，高程度的群体内合作经验能够促进群体成员之间的信任。然而，这些群体内合作经验能否迁移至群体外部以及一般意义上的社会环境，进而引发针对熟悉他人的信任扩展到指向陌生他人的信任，完成信任的升华呢？按照群体内交往主体的差异程度，帕特南（Putnam）把社会交往分为"黏合型（bonding）"社会交往和"连接型（bridging）"社会交往。前一种情形中，交往主体的同质性突出，生活背景单一化；而后一种情形中，交往主体的异质性突出，生活背景多元化。"连接型"社会交往比"黏合型"社会交往更有助于发展社会团结，原因是在"黏合型"社会交往当中，高程度的群体内合作经验虽然能够促进群体成员之间的信任，但是由于群体内交往主体的高度相似性，弱化甚至抑制了对群体外成员的认同感受，局部群体的封闭性受到强化，与其他社会成员的心理距离加大，排斥、孤立、内生长意识萌生甚至膨胀，导致群体内合作经验难以迁移至群体外部以及一般意义上的社会环境，也就难以完成从特殊信任到普遍信任的跃迁，进而难以引发针对熟悉他人的信任扩展到指向陌生他人的信任。相反，在"连接型"社会交往当中，群体成员的异质性以及生活背景的多元化使其对群体外部以及一般意义上的社会环境的认同感受更加鲜明，使得群体的开放性更加鲜活，与其他社会成员的心理距离缩小，接纳、融合、外生长意识萌生和增强，导致高程度的群体内合作经验不仅能够促进群体成员之间的信任，而且容易完成信任的跃迁，引发针对熟悉他人的信任扩展到指向陌生他人的信任。

　　从文化特性和现实生活层面探索关乎自我、他人及制度等因素的意义上的特殊信任和普遍信任之间的关联，必须紧密围绕信任自身所具有的本质特征来展开。信任是一种积极的心理期望，希冀他人在社会互动与合作中会信守承诺，珍视共同利益，以善意的方式完成相关活动。普遍信任来自社会学习的过程，从持续不断的社会经验推断而来。有一种观点认为，非正式的社会关系或与朋友、邻居、家庭、群成员和其他非亲属的频繁互动能够推动普遍信任的发展。支撑上述观点的一个重要理由是：互惠规范引导着社会关系，重复性交往经常会加深个体间的诚实和主观信任感。在关于信任的根基理论当中，家庭文化理论是影响很大的内容之一。家庭文化理论的核心观点是：信任是一种稳定的人格特质，在先天禀赋基础上通过早期生活学习而形成，与父母或监护人早期养育方式、亲子关系有着密切关联。一旦儿童经过早期形成了某种类型的信任特质，那么在随后的生活成长过程之中，各类社会化经验不会轻易改变这种信任特质。从这种对后期经验的"免疫力"而言，信任是稳定的。这种稳定性的信任特质不仅在个体生命周期内存在，还能够实现代际传递。民族和宗教特征就是文化传递和社会化机制的动态属性，父母对自己的孩子获得和发展文化特质有着明确的偏好。父母能够具备在家庭环境下发挥社会化影响的技术，通过这种技术影响自己的孩子的文化特质，理性地反映孩子的成长环境。从进化利益的角度讲，个体希望将自己的特质传递给下一代，通过直接社会化的方式影响孩子养成文化特质。例如，父母花时间与孩子在一起，选择合适的邻居、学校、熟人和活动。父母直接的社会化教养加上社会同化的间接影响，共同决定了孩子的民族和宗教特征的社会化。父母对孩子直接的社会化教养主要发生在家庭，所以家庭是理解文化特质传递和社会化机制的核心所在。相比于异质家庭中成员的混合文化特质，同质家庭中成员分享相同的文化特质，更容易形成有效的社会化技术。婚姻是组成家庭的前提，因此选择配偶类型成为下一代文化特质传递的关键环节。乌斯拉纳（Uslaner，2008）通过分析美国从 1972 年到 1996 年的一般社会调查数据得出：祖父母从高水平信任国家（如北欧国家、英国）前往美国的个体往往有较高水平的普遍信任，而意裔、拉美裔和非裔美国人往往有较低水平的普遍信任。普遍信任是一种从父母传递给孩子的稳定的价值观，文化（个体祖父母从哪里移民来到美国）和经验（个体生活在哪个群体中）对普遍信任起着影响，并且民族传统的影响似乎更大。杜门（Dohmen，

2012)等人通过分析 2003 年、2004 年德国社会—经济面板数据也发现，父母和孩子之间存在信任态度的代际相关，并且母亲与孩子之间信任态度的相关系数要大于父亲与孩子之间信任态度的相关系数。从数量维度上看，信任态度的代际传递是比较明显的，父母信任态度改变 1 个标准差会导致孩子信任态度改变 0.4 个标准差。需要注意的是，应当避免文化理论具有独断论的色彩的误读，认为其似乎蕴含着对于解释信任的空间"压缩"取向，将影响信任的因素相对固化，且这些因素的作用边界过于僵硬，使得信任水平无法表现出弹性的灵活空间。事实上，文化理论并没有排除信任的社会进化机制。

　　人们在进行交往或交易决策的时候，初期通常对于他人缺乏更多了解，常常需要考虑他人的诚信状况，作出针对他人可信任性的基本判断，以形成初始的信任信念。过往一些研究通过考察不同国家的数据分析表明，代际信任信念分布呈现出相当稳定的特征，具有明显的持续性。与此同时，个体之间的信任信念则表现出较强的异质性特征。个体存在一种倾向：从自己的行为方式出发，推断他人的行为方式。个体的诚信度可以追溯到父母在孩子成长过程中向其传递的价值观。一种观点认为，个体最初通过文化传承获得信任信念，其后在代际经验影响下缓慢更新。代际交叠模型认为，孩子从父母身上吸收他们的信任先验认识；在经历了现实世界之后，孩子的信任信念会有所更新，并将传递给他们的后代。异质性是家庭教化个体结果不同的产物。在同代个体内部之间，随着个体年龄以及社会学习等因素的影响，信任信念与信任先验认识之间的相关性会出现衰减。不过，即便如此，这种信任信念与信任先验认识之间的相关性也会达到相当高的强度，保持一定水平的持续性，不会出现彻底性的衰减。另外一种观点认为，家庭教化发挥的文化传承所灌输的不是信任信念，而是价值观；价值观文化传承的核心内容是合作与诚信。宾斯等人(2008)认为，行为规范最佳的文化传递方式是从父母身上映射到孩子身上，一代又一代地稳固流传。上一代人身上的偏好和经验的异质性可能导致灌输给下一代人异质性的价值观，表现出不同水平的合作与诚信取向。从个体基于自身体验形成对他人的诚信判断的角度而言，价值观相比于信任先验认识具有优先性。在缺乏对他人诚信情况历史信息的了解的前提下，个体会联想到并采取的一种假设推断策略是"以己之心度他人之心"，即假如自己在某种情形下会采取某种行为方式，他人也会采取同样或大致相当的行为方式。由于个体行为存在差异，上述假想推断的心理过程会导致信任先验认识的异质性。高诚信度个体倾向于认为他人同自己相似，具有过于乐观的信任信念；而诚信匮乏的个体也"以己度人"，具有过于悲观的信任信念。各种经验的力量能够确保个体的信任信念维持在大体合理的区间范围，但是相对于常态个体而言，处于诚信水平两个极端即极高诚信度和极低诚信度的个体的各种经验的力量往往不能够确保其信任信念维持在社会正常区间，容易出现过高或过低的极端化的信任信念。

　　基于社会资本理论的观点认为，正式的和非正式的社会联系促进普遍信任的发展。以往利用横断面方法进行的实证研究表明，非正式的社会联系是信任的一种来源。横断面方法的缺点是可能会有遗漏变量的偏差，特别是一些学者认为，信任是一个高度稳定的心理品质，具有先天成分的因素或者在早期生活中即已形成，后期的社会经历不太可能改变信任。因此，持续变化的社会经验和信任之间的横向联系可能是不可靠的，原因在于事先已经存在未加以注意和未测量的人格特质，如乐观主义。此外，横断面方法只能观察到社会联系和信任水平之间的关联，无法检验社会联系的变化是否导致信任的变化。为了进一步证实这种观点，格兰维尔（Glanville，2013）等人使用 2006 年至 2008 年美国综合社会调查面板数据，通过纵向分析以及固定效应分析方法，探讨了非正式的社会联系和信任

的变化之间的关系。固定效应分析方法的优点是可以避免时间恒定
因素（如人格或其他未观察到的异质性来源）导致的偏差，在控制宗
教活动、观看电视、家庭结构、健康状况以及受教育程度变化的条
件下，经过固定效应分析以及辅助的交叉滞后分析得出，非正式的
社会联系确实会提升信任。相互信任能够使得活动双方建立友谊、
互相帮助、拥有情感支持以及信赖。信任可以促进合作，不过合作
也是有条件的，这种条件就是个体在社会交往中有能力去评估他人
的可信度以及发现欺骗。按照心理理论的观点，人类个体具有反思
他人社会意图的能力。在社会困境中，适当的博弈和恰当的沟通可
以增加合作和信任。处于计算模式之下的个体利用有限的证据评估
他人的可信任度，通过重复交往及互动在直接社会经验基础上形成
的情感能够使信任从"计算模式"转变到"关系模式"。友谊中情感
发挥的作用是改变针对成本和收益的精细计算，转变为建立不易受
到不良作用影响的联系，与特定个体的积极经验可以建立对该个体
的信任。不过，也有一些学者对于这种概括化过程持有保留意见。
例如，达斯古普塔（Dasgupta，1988）认为，在与人打交道时，不仅
了解他个人，也形成了对社会他人的了解，并形成了关于人口统计
学的判断。因此，如果你遇到一些诚实的人和不诚实的人，你可能
想调整之前对整个社会的看法。当然，并不是所有非正式互动的对
象都是诚实的人。然而，比起严格理性的预测，人类往往在社会交
往中表现出更多的合作。事实上，平均而言，数量更大的非正式社
会交往应该能增强一个人的感受：别人是可以信任的。定期与朋友、
家庭和社区成员互动应该能促进普遍的感觉：可以信赖大多数人会
履行义务。这些定期的互动通常发生在重复互动的密集网络内，共
享的规范、规则和对世界的认识主导着这些互动。当个体感觉自己
与他人共享关于世界的信号、规则和解释时，他们更可能感知世界
和他人是能够预测的，也更可能去信任。

2.2.2　制度力量的内化

探讨普遍信任的来源主要表现为两种研究取向。一种是个体与文化相互作用的研究取向：文化渗透于市民社会的网络和组织之中，个体通过社会参与在文化影响之下建立起社会信任。另一种研究取向从政治及法律制度出发，考察社会信任如何嵌入诸多制度，并与它们发生相互关联。在产生社会信任的效果方面，不同的制度存在能级上的差异。在具有高效、公正、公平的基层官僚机构的社会中，信任最为繁荣。有必要探索制度特征与社会信任之间的因果机制，并在跨国家的背景下阐释这种因果机制的有效性。并非所有的交往互动都创造普遍信任，英恩(Ingen，2015)等人的研究指出，市民参与把信任个体聚合起来，但长远来看并不提升普遍信任。基本信任范围多限于相对狭窄的亲缘或熟人群体圈，那么如何扩张基本信任范围半径？现代社会尤其需要基本信任范围半径的扩张，以便适应高强度、快节奏、变动性的生活及工作样态，参与和保持同陌生他人或无共生经历他人的有效率、有质量的合作关系。在信任基础上建立起来的关系并不必须依赖于特定的人和团体之间的长期熟悉或重复交流。当制度能够提供种种激励措施，鼓励人们采取合作活动并保障相应方的利益时，普遍信任就能够得以发展。实际上，要完整和准确地理解普遍信任，必然离不开从制度的角度考察同制度并行的价值观以及制度所发挥的某些力量，让人们能够相互团结，可以以值得期待的方式履行义务和完成职责。信任他人的最重要的情境因素是感知存在着促进彼此利益、推动利益指向的合作意图及行为。如果制度能够保证这些情境因素以可预知的、可控制的和可救济的方式决定人们的行为选择，那么人们信任他人不需要首先有人格意义上的了解，更具有决定性作用的是认识到具有普遍且无差别的约束力的制度对相关当事人的行为起着调节、监督和控制的作用。解决社会冲突的机制效力也是制度发挥信任功能的重要方面。个体

　于他们过往在社会系统中积累的经验进行认知推理，并把这种认知推理的结果扩展到社会系统中的每一位他人。个体在社会系统中经历或感受到制度力量有差别对待社会成员时，如果这种有差别对待的后果足够严重，以至于激发出不平等、不公正的心理体验，那么这些消极心理体验极有可能造成个体丧失对于制度力量以及代表和执行制度力量的组织机构的信任。组织机构的运行方式及效果塑造个体的感知。如果个体认为组织机构服务于特定对象且利益系统性偏向于这些对象，导致存在特殊既得利益群体以及相应派生出的"优越"心理，其结果必然是个体感知自身处于不利状况，进而不信任组织机构。

　　制度结构是普遍信任的重要源泉，普遍信任从对制度结构的认同中发展而来。对于政治和社会机构的制度认同，比参加自发性社团形成的共同规范和价值观更加决定性地影响普遍信任的培育和发展。制度具有催生信任的功能，在社会交往中面对完全陌生的他人时，即使在缺乏人格信息的前提下，人也能因为可预知的社会成员正常具有的制度观念，而对陌生他人保有关于相应行为事件的普遍信任。随之而来的问题是：哪些实质要素支撑着制度发挥功能，并且能够以普遍流行的观念形式使陌生人之间的信任可以产生及维持？

　　普遍信任嵌入制度结构之中，以建立信任、促进合作为宗旨的制度结构对于整个社会具有极大的益处。普遍公平的福利制度、高效清廉的政府机构、公正透明的司法体系是一个国家的制度结构的核心组成部分，它们对于发展普遍信任起着至关重要的作用。如果制度结构缺失蕴含信任与合作的宗旨，或者制度结构的运行不能够传递信任与合作的普遍规范与价值观，就很容易造成低信任或者不信任的社会氛围。更严重的情况是，如果欺骗、背叛、警惕、不信任等反社会规范窃得利益回报，这些恶劣的示范成为社会风气乃至社会规则，那么这个社会的制度结构就是非正义、不道德和扭曲的。

一个社会选择正义、道德和恰当的制度结构能够促进普遍信任，广泛存在的高水平普遍信任又反过来孕育制度结构的完善。正义、道德和恰当的制度结构对普遍信任的促进，离不开社会经验的学习传承。普遍信任是对现代社会复杂性的一种特定反应，现代社会各组织间每天都发生着许多相互依赖的交换，跨越时空的界限。制度不仅是对人际信任的一种保证，也是整个社会作为宏观系统的信任基础，对于正常的社会秩序起到关键性作用。

普遍信任的制度力量来源强于社会交往来源，信任是由一个能够执行合同和惩治盗窃的强大政府所担保的。如果没有这样的政府，合作将是几乎不可能的，信任将是非理性的（Hardin，1992）。对制度结构的认同反映在一些核心方面，如国家福利政策给公民提供的经济和生活保障水平、福利分配的有差级措施、国家执法等强力部门传递公平和公正理念原则的状况等。制度观念中体现"以活动者为中心"的普遍主义、广泛参与、无差别惩戒等能够营造信任的良好环境，提升普遍信任水平。制度规则为互惠预期提供了基础，从而使得社会交往超越个别熟人的范围。当信任人掌握足够信息，判断信托人可能考虑信任人利益时，认知信任能够扩展到陌生人身上。那么，这些信息来自哪里？主要来自信任人熟悉的第三方、陌生人的声望名誉、同属一个群体的共同规范。对陌生人的信任最终扎根在制度中，制度起到降低信任风险的作用。信用信任、代理信任从制度中发展出来，这些制度提供了判断的基础，如判断当事人是否能够分享共同的利益，或者是否至少没有恶意。制度包括监督和约束程序，能够促进信托人保证连贯一致的行为。制度也包括专家系统及其专业技术知识里的非面对面承诺。尽管以前没有交往，也不处于同一社会联盟，但制度使人们相信组织的成员。在个体水平上，情感意义上的利他信任能够扩展到陌生人身上，因为共同认可的规范为人们提供了彼此间认同感的基础，也提供了对他人的善意的基础。

社会规范成为信任的源泉，它融入支撑社会交换的制度之中。社会规范包括可信任性、社会团结的态度、公正的信念和自发的利他主义，反映了对个体行为的期待。由此，制度促进了对社会上的他人的普遍信任。本质上，制度所促进和维持的信念是大家会以共同的利益为目标而进行活动，这种逻辑在对人际信任的期待中也同样存在。社会和政治制度嵌入这些规范，能够提升整个社会的情感信任。并且，社会和政治制度以一套特定价值观的形式坚持和持续推进这些规范，最终形成人们能够信任的道德风气。为达到这些目的，这些规范受到强势理论的支撑，具有充分的说服力和影响力，使社会认识到道德价值推动人们的正确行为，从而规范和策划价值观产生积极的预期。例如，公众信任是基于对公共管理者的期待，希望他们行使职权、履行职责以促进或保护公众利益。这种积极期待建立在公共管理者有能力、敬业、正直以及尊重公民权利的基础之上。

个体信任他人同个体被他人信任两者能够相互促进，而制度以特有的方式影响着个体信任他人的水平。有效的制度规则一方面体现在其常态下维持日常事务运转，另一方面体现在发生冲突时起到疏解、调控、消除和安抚的机制作用。完成好上述两方面的目标，客观上有利于营造普遍信任的社会环境。而信任作为一种核心元素，有利于制度规则完成自身的功能。制度规则能够发挥出具有约束力的现实力量，其目标是推动在既定社会范围内为实现预先设定的利益而开展人类合作活动，鼓励合作各方以最小投入获得最大产出。制度通过组织机构的作为来激发、推动和鼓励个体以诚实守信的方式进行社会活动，能够确保各种信息在社会生活中公开传播、自由传递，支撑各类社会行为和活动的顺利开展，发挥积极的激励动力，引领个体合作意向和诚信行为。与此同时，制度也必须发挥无差别惩戒背信弃义、巧取豪夺、恶意损害他人及公共利益的现象的功能。显而易见，制度对于社会信任是重要的，效率国家促进信任社会。然而，制度对于社会信任的影响不是机械的，关键在于制度的合法性程度（Herreros & Criado，2008）。人们在感叹"世风不古"的同时，挥之不去的困惑和疑问是：制度设计原本力求实现的社会愿景为什么没有充分兑现？为社会所不齿的腐化堕落、坑蒙拐骗、欺诈掠夺等现象何以还较普遍地存在？组织机构或组织机构人员损害、漠视个体利益时，当事人易滋生受到不公平对待的戾气心理。其社会尊严受到打击，已有的制度认同水平势必降低，进而连带对陌生人及不熟悉的人的顾虑加深、怀疑加重。组织机构人员包括政府部门的公务人员，司法部门的执法人员，管理服务部门的专业技术人员等，如果他们在履行职责的过程中表现出公开或暗地里违背制度设计所尊崇的核心价值观，阳奉阴违、言行相左、挟公利私、践踏公正、媚强欺弱，就极易造成一种迁移或者传染效应，渲染并放大"天下乌鸦一般黑"的消极甚至错误思想。虽然社会不一定会大面积出现仇视、愤恨情绪，但防御、猜忌、谨慎、不信任心理很容易蔓延，使社会人际活动温情丧失、社会信心降至冰点。制度安排应当通过有效的社会机制将核心价值观内化为社会成员进行活动和行为时的主导习惯、规范及观念，使得人与人自觉地相互信任。

有效的制度体系在调节和干预社会成员具体行为的同时，还能够传播预设的积极规范、理念和价值观，有助于增进人们的相互信任、调整人们的行为表现。也就是说，制度体系能够发挥着文化养成的功能。在制度文化的长期浸润之下，个体从起初的一般认知过渡到逐步熟悉制度及其衍生物，通过反复的社会化机制以正式的观念形式将抽象的制度有效渗透于个体日常心理当中，并塑造其行为表现。承载和执行制度规定的组织、机构和部门特别需要表现出关切人们的利益诉求，展现亲民、友善的主体形象及责任文化，体现取得广泛共识的、符合各方利益的决策力和执行力。上述方面如果完成得好，受制度约束的广大个体也会同代表公共利益的组织、机构和部门建立稳固的信任。反之，个体不仅不愿意信任这些公权力部门，还极可能希望挣脱某些制度的约束，做出反社会的行为。在社会激烈竞争的环境之中，一些组织、机构常常表现出更强的生存及发展优势。它们更擅长参与竞争、解决冲突，更主动开放包容、积极自我完善。恶性冲突、无序竞争、盲目封闭、决策专断等不仅阻碍、扼杀组织、机构的创造力和未来前景，而且破坏信任的发展、助推不信任氛围的蔓延。共识和权力分享更多的制度更有可能促进社会信任的发展。权力分享结构越透明，少数群体就能通过比例性代表拥有越多的机会以及政治权利并受到越好的保护，个体也将越可能发展普遍信任（Freitag & Bühlmann，2009）。协商民主是现代政治及社会生活的有效形式，可以代表有不同诉求的群体的利益。关心少数人群的意见会使社会整体感受到温暖、亲切，营造出人与人相互信任的社会环境。

关于普遍信任与制度之间的关系的研究，主要有两种类型：态度类型和制度—结构类型。前者的研究居多，主要表现为考察制度/政治信任和普遍信任之间的关系。霍尔（Hall，1999）的研究发现，在英国，1959 年至 1980 年出生的人群中，社会信任都呈现下降趋势，特别是年轻人群体社会信任水平更低。对此，霍尔提出两种可能的解释：一种是城市化，另一种是撒切尔效应（Thatcher effect）。城市化的显著特点是大城市出现，人口快速增加，陌生人之间的社会互动增多。外来群体的城市认同感尚未完全建立好，而本地群体的接纳心态也没有完全形成，群体间排斥和冲突加剧，社会失范现象以及犯罪率呈上升趋势。撒切尔效应是指 20 世纪 80 年代时任英国保守党政府首相玛格丽特·撒切尔为了改变英国政治文化的"集体主义"传统，提倡"个性化"的创业精神，鼓励人们参与竞争，由此导致对他人的信任降低。在人类社会，合作互助和社会交换普遍存在，不过同样普遍存在一个难题：虽然合作互助当中的互惠式利他主义能够同时带给行为双方各自的利益，但是互惠式利他主义并不总是如理想状况那样存在，容易存在被"利用"的情况，破坏互惠的目标。人们非常感兴趣的一个问题是：什么情况下互惠合作能够稳定存在？一些学者反对文化理论所蕴含的社会信任在静态的时间维度上的稳定性，从社会化的角度提出信任的经验论观点，强调在整个生命周期中的生活事件都有可能影响信任的形成及变化，因而信任具有可延展性。一些学者转向其他取向的信任的经验解释，制度影响在这方面已经得到了大量的关注，并且获得了实证支持。制度论的理论基础是：管理公民行为的规则主导着人们对于他人诚信的看法。更具体地说，国家机构、部门（例如司法部门、警察或议会）的公平性和有效性给人们提供了重要的认知线索，人们对于他人会遵循规范以及不诚信行为将受到处罚抱有信心。公平、高效的国家机构形成信任他人的基础，向全社会显示不诚信行为是罕见的，无论谁做出不诚信行为，都将受到惩罚。对制度立场的解释具有经验论色彩指的是：人们对于国家机构的代表即公务人员如官员、警察的经验形成了人们对于一般他人和社会诚信的看法。更具体地说，这些经验对于社会信任的影响作用经常被认为是通过感知到的国家机构的公平及效率或是通常所称的制度信任来实现的。制度论观点认为，在宏观层面上，制度质量产生了个体水平上对机构代表的积极经验，建立起对于制度的信任，进而影响人们的社会信任。

　　不是每一项社会事务决策与执行都能够涵盖所有人的利益，个体在获得社会利益方面总会存在差别，有时差别程度还非常巨大。在保证组织、机构服务于社会核心价值观的社会事务决策与执行得以充分实现的同时，也需要注意：制度安排更应当实现社会领域的进入、参与及表现的机会，对于所有成员平等，甚至对于潜在的社会利益缺损的成员应当施予更多的机会，减少和弱化社会成员之间的差距感，消灭和抑制社会成员之间的对立冲突。制度安排应当避免出现"强者越强""弱者越弱"的不良循环和"强者傲慢""弱者悲愤"的社会心态。使"强者"保持一份谦和姿态，对"弱者"给予体面、有尊严的尊重；使"弱者"不失进取的斗志，对"强者"给予恰当、适度的赞许。要实现"强者"和"弱者"之间和睦的社会共存，只依靠两类社会群体成员的努力是行不通的。组织机构和相应的制度安排是不可或缺的外部力量，必须在致力于确保社会事务决策与执行坚持核心原则的同时最大程度地倾向于潜在的社会利益缺损的成员，防止这些社会成员的生活境遇过度恶化。事实上，如果对于这些社会成员的生活境遇不加以特殊保护，很容易呈现极端化的社会分化结果，社会动荡因素必然活跃，容易引发社会不安事件，令社会付出沉重代价。设计制度时需要极为重视避免出现系统性、指向性以及隐蔽性的歧视现象及后果，防止社会分化及社会冲突。社会决策过程和执行结果偏离公共利益、忽视社会团结、出现选择性歧视，甚至排挤个别群体或对象，妄图压缩和封闭这些群体或对象表达"社会声音"的存在空间，客观上势必导致这些群体或对象集体性承受社会边缘化或者社会污名化的后果。由此引发的社会冲突与抗争不仅会使社会动荡，付出代价成本，也会造成社会成员之间的不信任乃至敌意，使社会整体团结受到严重威胁。利益公正且均衡化是制度设计需要重点考虑的维度。在制度决策、执行、效果等方面注重社会参与的平等性、机会的广泛性、结果的公平性以及维护基本的人格尊严，所有这些方面都与普遍信任有着积极的正相关。总之，制度设计需要防止社会过度分化，消减社会差距，调控社会心态，缓和"强势"群体同"弱势"群体之间的对立，培育建构信任的社会生活空间。

2.2.3 现实资源的保障

社会必须以制度的方式确立全体人民普遍认同、自觉遵守的公共生活领域的核心价值规范，如公平、正义、廉洁、透明等，并通过教育灌输、大众宣传、道德培育和法律惩戒等途径将这些核心价值规范深植于人们的生活观念之中。

举例而言，促进人民团结和社会信任需要保障居民平等享有社会空间的权利。自改革开放以来，中国城市空间的社会再造几乎没有停歇，其力度和影响是空前的，几乎所有的城市都进行了大规模的开发改造。几十年来，许多城市的居民社区旧貌换新颜，原来的土地上盖了大量新的商品住房。在较短时间里，人们的居住环境、住房面积和规划景观都有了很大提升。伴随居住空间的再造，新生的中等收入群体逐渐成为城市人口的重要组成部分。但也要看到，生活在旧社区的一些居民在种种外力的影响下被动地、不情愿地搬离了故园，久居的集体记忆戛然而止，厚重的生活仪式日渐式微，熟悉的人际交往趋于淡化，强烈的地域认同变得模糊。留守的旧社区居民也很快被外来的新生群体稀释或者同化，成为新社区的组成部分。一些高收入群体利用所掌握的经济财富和社会资本成规模地占据城市位置空间最好的社区，而重建之前生活在这些地方的普通旧社区居民很难同上述群体进行资源竞争。相比之下，旧社区居民的经济力量和社会资本都处于下位的状态。

在发展经济的目标之下，大量资本输入到房地产市场中。新社区的物理空间迅速得以改造和建立，推进了社区环境的品质升级，惠及了绝大多数人的获得感。不过需要注意到，一些高收入群体无序的"炒房"行为和盲目的资本市场投资意在固化群体优势的代际传递。这些群体往往拥有更为优质的居住空间，享受更为优质的教育、医疗、休闲、娱乐等附加机会和资源，他们不仅在物理位置上挤压经济困难和低收入的普通旧社区居民，也在社会机会和情感体验上削弱旧社区居民的获得感，使后者的幸福感打折扣。虽然城市居民的住房条件和居住环境得到极大改善，但全新的城市居住空间带来了居民生活方式的变化，传统社区的物理景观一去不复返，城市环境美学也发生转换。小区名称盲目追求"洋气"，里面建筑风格和景致却大同小异。出于安全考虑和便利物业管理，新建小区的物理空间愈发讲究封闭、隔离。城市优势社区的趋同化现象正在快速形成，门禁、围栏、高墙成为社区空间物理隔离的标配。这些物理设施既在居住空间上设立了物质边界，也在社会心态上设立了比较的象征和符号，一定程度上导致了社会隔离的程度加深，对日常生活的交往状况和文化活动的形式产生影响。

在中国的城市化进程中，住房的市场化加上其他制度性因素造成城市人口物理居住空间的渐进分化，改变了传统城市社区在"单位制"体系下的混同居住模式，剥离社会身份的经济实力成为决定居住空间的重要因素。以往，城市人口在居住空间上大体是均衡分布的，混杂程度高、社会隔离色彩淡化，顶多是"单位"的物理划界起着一定的隔离作用。随着居住空间均衡分布的状态日渐被打破，许多空间区域表现出特定目标人群的居住偏好，居住空间的身份认同趋向一致，城市空间的分化是通过不同空间的特殊集中化来实现的。在进行制度安排、制定社会政策和开展社会事务的时候要特别注意避免出现歧视，歧视是社会分化及社会冲突的导火索。培育建构信任的社会生活空间，特别需要防止制度安排导致社会过度分化、防止制定政策导致社会差距过大、防止开展事务漠视社会不满心态。

中国社会处在快速转型期和发展期，个体在获得社会利益方面总是千差万别，有时矛盾还会难以调和甚至激化。各级政府在每一项社会事务的决策与执行过程中希望能够涵盖、照顾到所有人的利益，但这在实际操作中是非常困难的。然而，政府可以努力做到：注意引导"强者"在显示其通过合法奋斗取得成功的时候善意地保持谦和姿态，不要"目空一切""目中无人""目无法纪"；注意呵护"弱者"，使他们在人生暂时处于困境的时候不致沉沦，给予他们恰当的尊重，维护他们体面、有尊严的生活；鼓舞"弱者"保持进取的斗志，让他们能够理性地欣赏"强者"艰辛的付出。同时特别注意为社会利益明显或潜在欠缺的群体施予更多的机会和资源，防止这些群体成员的生活境遇过度恶化，避免出现社会成员之间过大的差距感、过重的不公平感，抑制和减少社会成员之间的对立冲突。

2.2.4　信任升华的限度

信任体现为一种期望，相信人们会以善意完成未来的行为及活动，将尽力履行自己的承诺，同时避免故意伤害他人。有观点认为，所有类型的信任都是受高度稳定的心理倾向性驱动，普通经验不能明显地改变信任。也有观点认为，信任是一种心理倾向性，倾向于信任他人是先天的或者是在早期生活中形成的，这种信任倾向性影响所有信任决策。因此，在普遍意义上评估人们是不是可信任的就像评估一个特定个体是不是可信任的一样，依赖于同样的信任倾向性。从心理倾向性角度理解信任，引发两方面结果：一方面把信任看作一种心理特质，另一方面把信任看作发展性习得的东西。普遍信任是个体在生命早期发展形成的一种倾向性。信任作为一种心理特质，可以从个体的先天属性或一般性情的角度来看待，它同人们的乐观主义或道德水平紧密相连。与心理倾向性观点不同，信任的社会学习理论认为个体具有推断能力，能够把诸多局部性的经验推及对他人产生普遍信任的估计当中，表现出一种信任的学习能力。信任的社会学习也是有条件、有差异的，通过社会学习，个体在不同互动领域发展不同水平的信任。例如，斯塔克（Stack，1978）认为，每一个人都会遇到各种各样积极或消极对待自己的他人，他们或信守承诺，或背信弃义。在发展下一个人会如何对待自己的预期过程中，每个人将对过去的经验进行总结。哈丁（1992）认为，人们主要会通过与他人过去经验的类化来作出怀疑的判断。伯恩斯（Burns，2000）等人认为，投入对家人的信任不可能同投入对工作场所中的人的信任一样，这种信任同我们给予邻里的信任也不必然有很多相似之处。个体在不同的环境中获得不同类型的经验，信任在家庭和工作环境中的互动和机会是不同的；个体也会针对不同的环境表现出不同的标准，所以不同的环境中的相似经验产生不同的信任结果。在形成更为普遍的信任感时，个体依赖特定群体如家庭、邻居和自愿社团成员所发展而来的信任。因此，普遍信任是在更大领域的广泛的过去的经验聚合的结果，是个体逐渐发展出来的对他人普遍的期待，建立在不同环境和情况下对不同人群的信任的基础上。

信任升华即从特殊信任延展至普遍信任，它不可避免地会存在一些限度。首先，信任虽然以过去为基础和依托，但根本目标是指向未来，着眼于实现利益的未来合作关系、行为和结果。当社会凝聚力和社会团结的现有基础受到冲击和侵蚀时，信任能够发挥特殊效力去应对这种不利状况。人们在开展许多社会活动，希冀取得预期结果时，也必然存在努力白费、愿望落空、利益受损的风险。现代社会中，许多合作是在活动主体双方为了追求实现预期结果而接受承担风险的前提下进行的。如果活动主体认为，只是一味承担了风险，而无法正常取得预期结果，那么合作极为容易破裂，下一次合作肯定无从谈起，之前的信任也将消失殆尽，重建信任亦困难重重。合作是现代社会的基石，也是现代文明人所必备的素养。没有或者缺乏合作，人与人之间孤立无援，社会一盘散沙，国家无法想象。然而，合作不是天然就自发地存在的。合作并不必然伴随信任，即在合作中，参与人的信任倾向、状态和程度不是完全一样的，而是存在差异。并且合作总是存在被人利用的危险，因而制度化的国家力量尤为重要。现代社会带来了一系列渐进式的结构和制度的变化。个性张扬、个体表达成为一种新的崇拜形式，个人权利和自由成为社会的核心追求，新的社会形式产生了群体和个体之间复杂的互动系统。更广泛的社会和文化进程推进了人际信任关系的变化，也推进了制度信任的变化。显然，现代社会对于社会团结和社会凝聚力的需求不会减少，只会增加。并且这种增加不只是数量意义上的扩充，更是对象意义上的扩展。需要超越各类基于地理位置或身份限制的内部群体信任，将信任范围延伸至合理的外部群体，同时有可靠的机制整合与固化信任的强度。制度能够提供给人们更多的资源和机会，以利于人们实现自己的目标；充满活力和效率的制度能够提升制度信任的水平。对制度的信任取决于人们认知到的合法性、技术能力以及执行能力等。由于更广泛的社会和文化过程产生了弱化权威、怀疑专家的现象，个体自主进行风险判断的倾向加强。社会活动的复杂性和变化性、个体认知资源和能力的有限性都使得个体不可能对活动后果有充分、完全和精确的预期，对后果的相应控制能力于个体而言更是非常微弱，无法达到理想水平。在一些事务面前，有时甚至专家也无法避免不确定性和困惑状态。普遍信任需要经历计算的过程或者说理性解释的策略性过程，不确定性内在地嵌入上述过程当中。

其次，信任升华无法回避理性计算。无论对于哪种信任形式，未来行为和活动的合作程度和结果都是不确定的，预期利益的大小充满变数。但是，由于特殊信任具有比较"厚重"的人际互动的情感色彩，在此种情况下，信任主体双方对于未来合作关系和预期利益充满信心，往往不会对未来合作关系和预期利益进行细致入微的理性计算。在普遍信任这里，情况则不同。由于普遍信任中情感色彩淡化，信任主体双方往往会对未来合作关系和预期利益进行明确、全面的理性计算。信任有前置静止因素的基础，但也有运动中的变化属性，会聚合环境、参与、效果等多方面的反应来动态展现。不可否认，有些时候因为条件所限或者特定的心理习惯，信任人出于归类认同的心理倾向，依靠对信托人社会归类的认同建立信任。人们倾向于信任或者更加信任与自己具有相同或者相似社会身份及社会认同的他人。社会身份是一种外化的社会符号，社会认同则是对这种社会符号内化的心理观念和规则意识。实际生活当中，有许多方面的因素可以符号性地表征社会身份及社会认同。通过认同机制建立的信任表现出"自上而下"的映射形式，由于特定社会类别所具有的积极属性，个体认为这些积极属性有较大可能性出现在身份属于特定社会类别的他人身上。他人的个体性、人格化因素是否影响其具有上述积极属性没有成为信任判断的核心，表现为因认同而导致的简化。对社会符号的意义认同有助于特殊信任向普遍信任的跃迁。还有些时候，由于社会线索的匮乏，信任人对于信托人极为陌生，难以确定最低限度的社会认同。而此时，如果信任人依旧选择信任这些陌生人，那么这种信任就是更为彻底的意义上的普遍信任。普遍信任出现的逻辑起点是"最低合理怀疑原则"，信任人通常对于陌生人选择"无不当"的推定判断，以信任的状态同其交流或共同活动，除非有能够作出不利判断的证据。显然，最低程度的合理怀疑在某些场合是风险较大的。很多人惧怕和回避这些风险，社会也提示人们加强警惕。当更多的个体对于陌生人"无不当"的推定判断产生警觉和排斥时，"最低合理怀疑原则"程度必然升级，自我保护的想法先行一步，从而对于陌生人的信任迟缓或缺位。普遍信任的缺乏正是由于当事人对于陌生人"无不当"的推定判断的警觉和排斥，从而表现出对于陌生人的不信任。

　　信任的方式与程度取决于个体的判断与选择。在能力、机会、时间及资源等方面允许的条件下，个体出于充分判断的心理，大多会采取理性计算的方式对未来合作关系的收益及风险所蕴含的不确定性进行细致评估，从而表现出信任是围绕对方相关因素展开理性计算和评估的结果。甘贝塔认为，在需要信任的场合，也必定存在退出、出卖和背叛的可能性。如果别人的行为是被严格约束的，那么信任在我们的决策中所起的作用就会相应变小（Gambetta，1988）。如果某个社会被极端管控，信任就成了可有可无的东西，因为不信任是这种社会的核心特征。好在被极端管控的社会是非常少见或者短暂存在的，正常社会都是保持一般程度的社会控制，不可能投入巨大的成本监控社会的每一个角落，扼杀掉社会的活力。一定数量的制度安排可以保证可控的社会秩序，但无法要求建立天衣无缝的制度安排去覆盖全部的社会领域。因此，在刚性制度安排之外，信任的柔性力量也有很大的价值空间。其实，即使存在看似刚性的制度安排，也仍然留有刚性所难以触及和影响到的地方，比如从基于社会归类的身份认同跃迁出的人际初期信任。信任是促成和维持合作的重要因素之一。在决定合作之前，互相不熟悉甚至熟悉的活动主体双方往往都会计算并接受预期结果实现的概率，预先评估对方表现出友好姿态或者至少不刻意损害自己的行为可靠程度，最终判断对方是否会为实现预期结果而努力。如果预期结果实现的概率足够高，收益目标可能存在损失风险的计算结果在个体可以接受的范围之内，符合自己的未来愿望，那么即便在个体承担某种同对方合作的风险时，信任也能够出现。信任的根本目标是指向未来的，落脚在实现利益的未来合作关系、行为和结果当中，离不开以过去的经验为基础和依托。

最后，个体理性存在局限，且理性的计算并不能够完全保证充分恰当的信任。无论从社会交往还是社会制度的角度看，个体理性都或多或少地存在着一些局限。要求人们在每一次社会活动和社会交往中都完全实现理性是极为困难的，因而也是不现实的。原因至少有两个方面：一是社会活动和社会交往的性质如复杂性、时间性等，二是个体本身的有限性。人们的理性能力不是无限的，常常只能掌握和处理有限的信息，甚至有些时候还会误用信息。按照西蒙（Simon）"有限理性"的概念，人们的认知资源和认知能力受到限制，许多情况下不足以充分接受、存储和加工信息。20 世纪 80 年代末，伯恩和怀滕（Byrne & Whiten，1988）提出社会脑（social brain）假说，用于解释为什么灵长类动物的脑同身体的比例更大。同其他物种相比，灵长类动物需要付出更多的认知努力去应对复杂的生活。灵长类动物的社会性非常显著，主要依靠社会性工具而不是个体层面的努力去解决日常生存和成功繁殖的生态问题。有一个核心的证据是：通过分析灵长类动物的大脑皮层大小和社会群体大小之间的定量关系，发现种群大小与新大脑皮层大小呈线性关系。这可能意味着有限的认知能力限制了灵长类动物个体在社会网络中能够保持与其他个体建立互动关系的数目。从同时性上看，人们的认知资源和认知能力不是总能胜任所有的生活任务。更为重要的是，从历时性上看，认知资源和认知能力是"历史性"结果，是以往的社会化经验的产物。个体利用认知资源和认知能力进行信息加工或理性计算不是建立在"白纸"的基础上，早已形成的观念态度、思维方式、固有图式、行为习惯等个体认知决策会发挥决定性影响。在受到资源、能力、机会等因素制约或者个体本身心理习惯使然的情况下，个体可能通过认同来建立信任，减少一些理性计算必需因素的获取成本，节省了为了达成互惠预期而进行协商谈判的时间与精力，同时适度降低和规避不确定性，尤其是风险。

在考虑制度安排因素之外，由于一些条件所限以及特殊的判断习惯，个体会采取多种方式建立决策中的信任。信任情况的复杂性在诸多实际场域中表现出来。以合作为例，合作以信任为基础，但不是无条件的。在合作当中，即使是有条件的信任，各方参与人的信任倾向、状态和程度也不会完全一样，而是常常存在差异。信任能够发挥的核心作用之一就是帮助个体减轻应对跨期不确定性的心理损耗。不管组织与理性计划怎样努力，人们也不可能根据对行动后果的可靠预测来指导所有的行动。仍有剩余的不确定性待处理，也必须有一些角色的任务是妥善安排这些不确定因素（卢曼，2005）。再严密的理性计算也不能绝对保证恰当无误的信任效果，一个社会必须借助于事先确立的条文式规则、制度化契约和强制力惩戒等种种保障或救济措施，来规避与减缓个体信任不当所导致的利益损失。人际交往、社会交换、利益交易和社会生产等是人类活动的重要组成部分，这些活动的内在性质决定了信任的意义和作用。个体在参与上述活动之前常常考虑到活动结果的未来预期，这是开展活动的正常环节。理性计算是个体得到活动结果未来预期的常用手段，只是由于情境因素及人的差异而表现得千差万别。信任与风险紧密相关，也是针对风险问题的一种解决办法。在各种直接和间接的社会活动面前，人们无法根除结果不确定可能带来的迷茫感和不如意情绪。然而，尽管如此，出于维持基本的生存、改善生活的条件、获取相关资源及利益的需要，或者为了追求充盈的精神生活、满足特定的心理，人们仍然会选择面对挑战，对于同结果不确定相伴随的风险以及可能带来的迷茫感和不如意情绪作出事先准备和某些应对。

2.3　信任类型与风险认知的实证研究

研究目的是考察普遍信任和特殊信任对于风险认知及其放大的影响情况。通过模拟真实生活场景中的普遍信任和特殊信任的情形，分为4个子研究获得参研个体风险认知的自我报告，开展相关探索。研究设计出两类模拟的实验情境材料，它们的因素变化主要包含在"房屋装修"和"水质污染"特定事件当中，被试需要针对模拟情境材料里的人物对象作出判断。在4个子研究中控制一些情境维度，包括信任对象的年龄、性别等。所有被试总共评估 6 种维度所虚拟构成的情境，要求他们回答涉及普遍信任、特殊信任、风险规避、年龄、性别等方面的问题，并报告他们对于情境所涉及事件的风险认知。360 名城镇籍大学生($N_1=180$，$N_2=180$)和 360 名农村籍大学生($N_3=180$，$N_4=180$)分别参加了两类模拟实验情境的调查和访谈研究。整个研究过程以及数据分析主要完成两项任务：第一项任务是通过随机抽样和立意抽样相结合的方法，呈现给被试虚拟的实验材料，完成子研究的数据获取任务。第二项任务是利用多级模型，从个体间差异中解析风险认知的个体内差异，识别清楚风险认知状况是来源于实验情境的随机化维度特点还是来源于个体的特征，并且数量化这种来源影响的程度。研究设计的预期是通过相关随机效应模型，考察在所有 4 个子研究中普遍信任和特殊信任对于风险认知及其放大的影响。整个研究努力考虑到生态效度和内在效度的科学要求。

2.3.1 被试

研究有效被试情况是：180 名城镇籍大学生参加研究 1a，180 名城镇籍大学生参加研究 1b；180 名农村籍大学生参加研究 2a，180 名农村籍大学生参加研究 2b。每个实验均采取多因素情境设计。具体情况是：年龄(4 种水平：30、40、50 或 60 岁)×性别(2 种水平：男性或女性)×声望(2 种水平：无声望或正面声望)×能力(2 种水平：无能力或有能力)×合同(3 种水平：无合同、无约束力的合同、有约束力的合同)×制度(3 种水平：没有规章、非金钱规章、金钱规章)×感知的内在动机(6 种水平：不合作、事先没有互动、事先有互动、人际信任、利益、善意)，所有维度产生可能的组合情境。

2.3.2 程序

在征得被试同意自愿参加实验之后，提供给一半被试假想的

"房屋装修"情境材料，提供给另一半被试假想的"水质污染"情境材料。

假想的"房屋装修"情境：假设你购买了一处房屋，已装修完毕。屋内家具等已经购买并搬进新居一段时间，现准备入住。入住前，你决定请环保检测机构来家中检测空气质量。在检测过程中，工作人员告诉你家中甲醛污染超标严重，并提供了一些关于装修空气污染对人体健康造成损害的媒体报道材料，建议你花费约 5000 元购买某种型号的空气净化器。你一方面希望尽早入住新居，但另一方面也考虑明智地花钱。因为与你的预算相比，空气净化器的费用是高的。此外，你也有一些担心——工作人员可能是为了达到推销产品的目的而在欺诈你，实际上无须购买空气净化器，且其价格昂贵，你还担心工作人员以夸张的价格推销产品，在今后还得需要额外的维修费用。

假想的"水质污染"情境：假设你居住的社区新建造纸厂，居民认为污染了水源河流。经过检测，入户自来水基本符合国家饮用水标准，可是居民与造纸厂仍然发生冲突。为缓解局面，造纸厂同意免费赠送每户居民一台净水器或一定金额的现金。居民一方面也希望尽早恢复正常生活秩序，但另一方面又怀疑造纸厂可能是疏于污水治理，为了推卸责任，而在欺诈居民。为了化解僵局，当地政府动员社区主任挨家挨户上门做工作，希望居民考虑接受和解条件。

"房屋装修"和"水质污染"实验情境在保持情境维度的一致性的目标下，重点考察研究假设的稳定性。相关参数的差异包括人际与制度、声望与物质、独立与依赖、自主与互动，要求被试在前述情境的基础上评估后续的一系列假设情形。每个情境维度的水平是随机的，但从情境到情境维度的顺序是固定的。

例示一个"房屋装修"的实验模拟情境如下：

- *该工作人员是一位 30 岁左右的女性。*

· 据你所知，之前你没有一个朋友使用过这家检测机构的服务。

· 该工作人员以前为你熟悉的地方提供过服务。因为该工作人员真正考虑和关心业主的利益，完成了优质的服务，你认为该工作人员是称职、能干的检测师。

· 这是一家当地知名的环保检测机构。该工作人员签署一份有限责任单，承诺如果数据检测错误，环保检测机构将对业主进行经济赔偿。

· 环保检测机构采取罚款的方式管理工作人员。

· 该工作人员之前给你推荐过网店出售的食品，但你对其质量并不满意。

例示一个"水质污染"的实验模拟情境如下：

· 该社区主任是一位 40 岁左右的男性。

· 据你所知，之前邻近社区同这家造纸厂达成过和解条件。

· 该造纸厂以往也能够基本遵守国家环保法规，没有出现违规排放污水的情况。你认为该造纸厂是讲诚信的守法企业。

· 该造纸厂解决了当地一些居民的就业问题，愿意同居民签署一份有限责任单，承诺如果出现污染环境的错误，将对居民进行经济赔偿。

· 该造纸厂采取罚款的方式管理工作人员。

· 该社区主任之前给你推荐过服务交易信息，但你对交易结果并不满意。

被试评估完任一实验模拟情境的 6 种因素之后，回答一系列的调查问题，其中包括测量普遍信任、特殊信任、不平等厌恶、背叛厌恶、风险厌恶、信任行为等。随后，支付被试酬金并致谢。

2.3.3　情境水平因变量

每种实验情境材料的因变量测量是要求被试回答一个关于风险

认知的问题:"鉴于上述情况,你认为室内污染(或河流污染)的风险程度有多大?"采用 7 点计分量表,从"完全没有风险(1)"到"风险非常大(7)"。

2.3.4　个体水平自变量

根据信任的类型,使用普遍信任和特殊信任的问卷项目来测量社会信任。

(1)普遍信任

现代社会需要超越血缘、家庭纽带的社会整合,基于封闭内群体的高度聚合式的"厚"信任即特殊信任应逐渐减少,而具有更宽半径的"薄"的发散式信任即普遍信任应逐渐增加。普遍信任的特点是聚合性弱,但发散性强。在宏观层面上,具有更宽半径的"薄"的发散式的普遍信任比具有更窄半径的"厚"的聚合式的特殊信任更有利于现代社会的运转。普遍信任不明显具有特定情境的关联性,对于信托人未来实际能够信任的程度并不预先进行概率计算,主导以利他动机引领合作行为。作为一种重要的信任形式,普遍信任显得非常重要。从普遍信任是指对于陌生他人在社会事务方面表现出的一般性合作及乐于助人的期望出发,采取 5 个题项操作定义和测量。第一个题项是来自一般社会调查的经典二元信任问题:"一般而言,你认为大多数人都可以被信任还是在与人打交道时你需要特别小心?"回应包括"大多数人可以信赖"、"需要非常小心"和"不知道"。剩下的 4 个题项是回答以下问题:"我们想问你,你对来自不同群体的人的信任有多少? 你能否告诉我们你是完全信任这个群体的人、完全不信任这个群体的人,还是既不是信任这个群体的人也不是不信任这个群体的人?"被试分别针对"第一次见面的人"、"陌生人"、"另一个地区的人"和"另一个职业的人"回答这个问题,采用 7 点计分量表,从"完全不信任(1)"到"完全信任(7)"。把 4 个题项求和相除，得到被试普遍社会信任量表的分数（研究 1a：$\alpha = 0.82$；研究 1b：$\alpha = 0.80$；研究 2a：$\alpha = 0.80$；研究 2b：$\alpha = 0.81$）。

（2）特殊信任

特殊信任也即厚重型人际信任，是个体最早发展形成的信任类型。正常情况下，幼小个体在家庭环境中形成对父母等亲密家人深厚的情感信任。按照心理学家埃里克森的术语，这种情感色彩深厚的人际信任被称为"基本信任"。厚重型人际信任源起于强联系的社会关系，建立在信任双方人格认知的基础之上。由于人际熟悉性和人格认知的稳定性，促进了维持双方关系的强烈情感承诺的萌生，因而这种类型的信任总是以直觉式、自动式状态表现出来，并不需要通过明确意识到且理性计算的表达方式呈现出来。这种类型的信任对于建立本体论安全感至关重要。本体论安全感是个体正常融入社会生活、开展社会活动的先决条件，而建立本体论安全感首要取决于起初对于他人可靠性的信心，进而逐步成为建立稳定的社会现实感的基础。从特殊信任是指对于熟悉他人在所有事务方面表现出的一般性合作及乐于助人的期望出发，采取 4 个题项测量特殊的社会信任。类似普遍社会信任量表，但题项内容换为"你的家庭""你的朋友""你的邻居""你认识的人"（每个题项分值除以 10，产生从 0 到 10 的变量范围）。把 4 个题项求和相除，得到被试特殊社会信任量表的分数（研究 1a：$\alpha = 0.77$；研究 1b：$\alpha = 0.79$；研究 2a：$\alpha = 0.73$；研究 2b：$\alpha = 0.71$）。

2.3.5 个体层面的控制变量

（1）风险规避

信任不只是一种接受风险的特定形式，它还建立在一些重要的社会偏好方式的基础之上。社会偏好的某些属性就包含着对信任的抵触。在回报概率相同的情况下，相比于行为结果取决于他人是否诚信，人们在行为结果取决于机会原因时更愿意去冒险。换句话说，当风险来源是人的因素而非自然的因素时，人们通常更少愿意冒险。学界将上述现象概括为"规避背叛（betrayal aversion）"。在社会的商业交换和行业交往之中，信任是核心要素之一，同经济的繁荣息息相关。契约不可能为真实世界中的每一种行为结果负责，也不存在这样绝对完美的契约，总会存在着这样那样的他人因素，控制着行为的结果。现代经济发展催生出一些保障和责任制度，消除背叛的物质代价，鼓励行为主体互相信任。规避背叛在实际经济生活中发挥着重要作用。科尔勒（Koehler，2003）等人以犯有叛国罪的军事领导人和汽车安全气囊为例进行系列研究，考察被试对于犯罪背叛、安全产品背叛以及安全产品未来背叛风险的反应。研究发现，在同样行为负面结果的前提下，就主张给予的惩罚及感受到的负面情感而言，人们对于背叛行为的反应会比不违背义务或承诺保护的坏行为更加强烈。也就是说，人们对于背叛表现出更为深切的关注。当面临几种安全设备选择（空气袋、烟雾报警器和疫苗）时，从风险暴露的方面看，大多数人宁可偏好次级选项，也不偏好包含极低背叛风险（0.01%）的选项。然而，当同等程度的非背叛风险替换背叛风险时，选择模式发生逆转。人们愿意承担更大的伤害风险，寻求保护以避免背叛的可能性。显然，故意背叛违背了义务责任原则，也违背了诺言。使用一个题项测量风险规避："一般而言，你是避免冒险的人，还是完全准备冒险的人？"量表从0（避免冒险）到10（完全准备冒险）计分，量表底部有"不知道"的选项。不平等厌恶和背叛厌恶通过以下题项反应来测量：你在多大程度上同意以下表述？"工资收入应该更平等""如果有人冒犯了我，我也会冒犯他（她）"。每个项目的范围从0（完全不同意）到5（中性）再到10（强烈同意），量表底部有"不知道"的选项。那些回答"不知道"的视为缺失值。

（2）信任行为

使用 3 个题项（借钱、借物和求医）来反映信任行为：（1）"你经常将个人物品（工具、书籍、汽车或自行车等）借给你的朋友吗？"（2）"你经常借钱给你的朋友吗？"（3）"你经常按照医生的意见配合疾病治疗吗？"每个题项被视为一个连续的变量（1＝完全不是，2＝很少，3＝有时，4＝经常，5＝很经常）。那些回答"不愿意说"的视为缺失值。

2.3.6　人口统计学变量

将年龄作为一个连续变量，性别作为一个虚拟变量，编码为 0指女性、1 指男性。

2.3.7　数据分析和结果

研究设计产生的数据方法如下：i 个情境（$i=1$，…，i）嵌入在 j个个体当中（$j=1$，…，j），得到汇集时间序列横截面数据集。采取二阶相关随机效应模型，考察普遍信任和特殊信任同风险认知之间的关系（见表 2-1）。

首先，零（null）模型产生相关系数情况是：研究 1a，0.24；研究 1b，0.20；研究 2a，0.25；研究 2b，0.19。上述相关系数反映出个体之间在相关变量的表现上存在差异，这些差异主要体现在实验情境以及个体内部因素的差异之上。由此有必要考察风险认知变量上个体间显示出的差异。在四个研究中，数据表明：在个体层面上，普遍信任比特殊信任更为影响风险认知的区间变化。从比较效应的角度看，在四个研究中，普遍信任和特殊信任的斜率按照统计学标准判断是不同的。虚无假设为普遍信任和特殊信任的斜率相同，研究 1a，$\chi^2(1)=6.07$，$p<0.05$；研究 1b，$\chi^2(1)=5.18$，$p<0.05$；研究 2a，$\chi^2(1)=7.32$，$p<0.05$；研究 2b，$\chi^2(1)=7.09$，$p<$

0.05。因此观察到相关测量的不等同效应，普遍信任对风险认知的影响要超出特殊信任对风险认知的影响。效应大小的具体情况是：测量普遍信任，研究 1a，$\beta=0.06$；研究 1b，$\beta=0.07$；研究 2a，$\beta=0.04$；研究 2b，$\beta=0.09$。测量特殊信任，研究 1a，$\beta=0.05$；研究 1b，$\beta=0.03$；研究 2a，$\beta=0.04$；研究 2b，$\beta=0.10$。以标准β值表现出的上述效应大小整体偏小。其次，由控制变量所解释的方差值偏小。同时，在控制变量中，风险规避、背叛厌恶在 4 个研究中的 2 个产生了统计学意义上的显著性结果，不平等厌恶在 4 个研究中的 3 个产生了统计学意义上的显著性结果。需要注意的是，在 4 个研究中，不是所有的控制变量都能够达到统计学显著性意义，也没有出现全部控制变量中完全没有达到统计学显著性意义的结果。最后，数据分析发现了普遍信任和风险放大之间的显著相关。在其他条件同等的情况下，普遍信任水平低的个体比普遍信任水平高的个体更容易出现风险认知水平的放大，在面对风险事件时更加容易受到来自外界的非官方渠道信息的影响。特别是具有负面威胁的信息更容易被这些个体所接受，从而导致风险行为的偏差。普遍信任水平高的个体在面对风险事件时，更容易接受官方渠道的信息，更能够理性分析风险信息，并通过分析这些信息所得出的认知去缓解或消除过度的情绪恐慌。也就是说，普遍信任水平高的个体比普遍信任水平低的个体更愿意和有能力抵御和抑制负面信息引发的心理冲击，将这些信息给风险认知造成的非理性渲染控制在较低程度。为了验证普遍信任水平与风险认知之间关系的研究假设，需要在普遍信任和情境维度之间跨水平交互作用的前提下评估方程的特定模型。数据结果显示，没有出现明显的方向效应，也没有观察到统计学意义上的显著交互作用。由此能够说明：在其他因素相同的情况下，普遍信任水平低的个体在风险认知方面比普遍信任水平高的个体表现出更大区间的波动变化。将常见的人口社会学控制变量（性别、年龄)纳入模型之中后发现，考虑进去这些变量，并没有明显改变普遍信任、特殊信任同风险认知之间的关系。

表 2-1　信任和风险认知关系的二阶相关随机效应模型

| | 研究 1ab | | | | 研究 2ab | | | |
| | 模型 1 | | 模型 2 | | 模型 3 | | 模型 4 | |
	b(SE)	β	b(SE)	β	b(SE)	β	b(SE)	β
普遍信任	0.18** (0.04)	0.03	0.19** (0.04)	0.05	0.19** (0.06)	0.05	0.16** (0.06)	0.12
特殊信任	0.08 (0.03)	0.03	0.09 (0.03)	0.07	0.10** (0.06)	0.05	0.11** (0.06)	0.11
风险规避	0.01 (0.01)	0.01	0.009 (0.01)	0.01	0.04** (0.02)	0.03	0.05** (0.03)	0.03
背叛厌恶	0.11 (0.08)	0.02	0.10 (0.08)	0.09	0.27** (0.12)	0.03	0.17** (0.06)	0.03
不平等厌恶	−0.05 (0.01)	0.03	−0.16** (0.01)	0.02	−0.17** (0.03)	0.04	−0.19** (0.04)	0.04
借钱	0.02 (0.02)	0.02	0.02 (0.02)	0.02	0.01 (0.01)	0.03	0.01 (0.01)	0.01
借物	0.14** (0.02)	0.03	0.14** (0.02)	0.03	0.15** (0.02)	0.04	0.15** (0.02)	0.04
遵医嘱	0.02 (0.01)	0.01	0.12** (0.01)	0.01	0.03 (0.02)	0.02	0.03 (0.02)	0.02
年龄	−0.01 (0.02)	0.03	−0.01 (0.02)	0.03	−0.02 (0.01)	0.01	−0.02 (0.01)	0.01
性别	0.16** (0.07)	0.03	0.15** (0.07)	0.02	−0.06 (0.02)	0.03	−0.03 (0.05)	0.02
常量	4.12**	0.61	4.08**	0.59	4.27**	0.70	3.89**	0.72
观察值	3688		3786		3768		3556	
个体	180		180		180		180	

讨论

信任表现为个体对于组织或他人的行为合作以及具有善意的积极期待。有研究者认为，信任能够减少或抑制风险的社会放大，降低风险感知的水平。但也有学者研究发现，信任不影响风险感知，也就不会减少或抑制风险的社会放大。本研究针对两类样本，进行了"房屋装修"和"水质污染"两种情境的实验探索，取得了一些有意义的研究发现。

首先，研究发现普遍信任能够降低风险感知的水平。在两种实验模拟的情境之中，被试针对特定事务（"房屋装修"和"水质污染"）对模拟信托方的普遍信任，是被试基于对信托方积极合作的预期以及理性权衡自身风险承受能力的结果。普遍信任与风险感知呈现负相关，普遍信任度越高，风险感知的水平越低，越不会出现风险的社会放大。大多数报告高水平普遍信任的个体也报告了低平均水平的风险感知。

其次，研究发现特殊信任与风险感知之间具有统计学意义上的显著关系。在两类实验情境中，高水平的人际信任非常稳定地相关于低平均水平的风险感知。而且从统计学意义上看，特殊信任与风险感知之间的负相关效应同普遍信任与风险感知之间的负相关效应基本等同。这些结果表明，在针对具体利害事务的风险感知上，普遍信任与特殊信任所发挥的作用相类似，都因为个体从开展与信托方积极合作的预期、判断自身风险承受范围以及可能糅合认知与情感等因素出发，发挥了计算简化的功能，以信任的积极状态抵消部分风险感知的严重程度。

最后，上述研究对于理解普遍信任与特殊信任的关系具有一定的借鉴意义。关于普遍信任与特殊信任对社会行为的影响以及普遍信任与特殊信任之间的关系，已有文献存在不一致的观点。比如，普遍信任指向普遍、一般的组织及他人，高水平的普遍信任能够增强社会认同、实现社会团结、规范社会秩序、促进社会合作。而特殊信任往往指向熟悉的交往对象，突出的是内群体认同及身份。零散、单独、有限的特殊信任难以具有普遍信任的社会效应的必然逻辑性，即原子化、间距化的人际信任本身无法实现广泛层面上的超越群体边界的社会认同、社会团结，进而开展社会合作活动。很难保证高水平的特殊信任就一定导致高水平的普遍信任，反过来，在不具备培育高水平的普遍信任的条件的环境中，高水平的特殊信任是完全有可能存在的。且事实上，在普遍信任缺乏的社会环境下，局部的、分散的、碎片化的特殊信任往往会表现出较高的水平。对此可以进行解释：当人们无法在宏观制度信任的困境里获得社会支持和信心时，只好转而去微观人际信任的资源中实现，采取替代性的社会策略灵活应对现实生活的形势。本结果提供证据支持，就降低风险感知的水平、减少或抑制风险的社会放大来说，特殊信任和普遍信任能够发挥出相类似的效果。因而，从风险沟通、风险的社会政策以及社会治理的角度而言，在日常生活交往、社会交换和市场交易等活动过程中，培育公众的特殊信任和普遍信任都是极为必要的。

风险沟通的信任转向

人类实现了从农业社会到工业社会、从工业社会到后工业社会的伟大发展跨越。世界各国在后工业社会的竞争集中体现在建设信息社会的竞争上。信息社会从无到有、从模糊概念到具体操作、从探索争议到大胆实践、从技术革新到政府监管，每一步都焕发出成功的巨大能量，同时又充满着新事物的未知风险。人们进行风险沟通的最终目的是帮助相关当事人最大程度地理解风险决策的根据，从而得出一个合理的判断，反映出现实状况符合当事人利益和价值观的事实依据，帮助当事人在他们关切的事务当中作出恰当的选择。20世纪80年代以来，信任与风险认知关系的研究大量出现，信任被看作有效风险沟通的重要前提。几十年来，风险沟通研究大致经历了三个发展时期。第一个时期是"技术风险评估"阶段，主要表现为以信息来源为中心的线性模式，强调专家在沟通过程中作为重要参与者的主导作用，主要由专家来确定风险是否存在。专家将健康、安全和环境风险方面的信息传达给社会，并告诉公众风险发生概率和后果程度的科学事实与数据。通过技术专家的权威可信性来说服公众，获得公众的理解。获得知识有限的公众的理解和满意程度是风险沟通取得成效的衡量标准。第二个时期是"对话、关系式"风险沟通阶段，表现出更为互动的、建立关系的沟通模式，强调社会关系，更加重视个人、团体和组织之间信息与意见的交流过程。初期风险沟通模式主要以向公众传递专家意见为核心，认为科学风险信息的单向传递就能够让公众接受专家结论以及政策建议。而第二个时期的风险沟通则将风险的相关内容和关系的性质同参与者的社会活动联系起来，风险沟通的主要对象不是物化的信息，而是社会关系的性质，注重通过风险沟通去促进和改善组织对这些社会过程的持续提升及优化。第三个时期是"观念塑造"的风险沟通阶段，显著特征是从将风险沟通仅看作一种说服过程转变到从社会学、心理学、文化等角度看待风险沟通。这其中，信任在风险沟通中的位置与作用越来越受到重视。与此相应，研究也越来越注意到风险沟通与管理当中普遍存在的不信任状况，重点聚焦于潜在和公开风险之下的公众需要，着力改善利益相关的现有组织和制度缺乏的窘境。

3.1　不断加速的生活世界

人类社会几百年来的现代化进程使得覆盖所有方面的技术、经济、文化等活动，无论在形式还是内容上都发生了革命性的变化，"社会加速"就是诸多变革的最显著特点之一。人类社会现代化的一个典型特征便是社会加速，它改变了现代社会的空间结构和时间感知，并彻底转变了时代文化、社会运行、劳动生产以及生存认同的本质。从工业化初期开始，人类社会就已经显现全方位加速的特质。现如今，放眼全社会，没有哪个领域不被加速所触及。高速迭代的产业集群、市场灵敏的商品生产、形式新颖的互动通信、主体张扬的全民娱乐以及频繁更新的消费体验等，从方方面面直观地呈现出时代加速的浓厚色彩。在技术创新以及制度革新的作用下，一直以来，现代社会以惊人的力量通过整合式的方式加强生产能力、减少流通环节、提高消费水平。人们无不直接地感受着现实生活当中全面提速的日常节奏和前所未有的新奇体验，外界无所不在的紧张节奏像影子一样紧随着人们，也紧逼着人们。同以往的情形相比，人们不知不觉中发现：花费在吃饭上的时间少了，"快餐"盛行；花费在等待上的时间少了，"快递"普及；花费在睡觉上的时间也少了，"自然醒"成了奢侈。人们仿佛无法选择地接受这种事实，也无法摆脱地承受着可能"跟不上时代"和"落后于他人"的焦虑与惶恐。"一切加速"成为当今社会的口号与目标，也成为现代性的真实特质。

3.1.1　技术加速

在劳动生产、技术创新、社会运行、文化观念、消费习惯、情感体验等诸多方面，现代社会的加速特质活灵活现。这其中最基础、最显著也最可度量的加速就是技术加速，它存在于生产、流通和消费等许多过程和环节，这些方面的递增是以几何级数——成百上千倍甚至上万倍的速度发生的。在技术的强势介入下，维系人类社会的各种相关要素如生产资料、经济资本、交易商品、信息传递、职业人员等越发显示出加速运转的前进趋势。时间和空间变化的现实影响和个人感受在现代社会加速的日常事实当中占据着重要位置。各种社会活动表现出前所未有的时间即刻性和空间互动性，人们生活体验的内容不断丰富、边界不断拓展。随着各类加速广泛持续进行，物理空间的阻隔感和距离感消失、释放。全球世界的空间正经历着技术性的压缩。花费在地理位置移动上的时间大幅缩减，物理距离不再那么重要，时间的缩减让空间的距离隐退。地球还是那个地球，但人们普遍觉得互联网、计算机、移动电话、航空飞行器、高速铁路等普及化的物器时代的世界比之前时代的世界要"小"很多。这是人们的空间感受发生了变化，而不是地理意义上空间区域的物理量发生了缩减。显然，"世界小了、距离没了"是因为技术创新促进了现代社会的历史发展不断表现为全球化的历史发展。技术加速不仅大力推进了已有社会关系的各种活动，而且创生出新的社会关系及其活动，同时也使社会关系运转的边界不断扩张、效益不断递升、速度不断增长，空间距离的障碍已不再成为约束活动的核心因素。

技术加速是社会发展的一种重要表现形式，它能够引发更为深远的社会结构变化，带来深刻的影响。快速变动的社会活动及这种变动的升级式加速过程，势必使社会结构的定位、规制和模式处于变动不居的状态，很多时候使人们产生短暂脆弱、漂浮动摇的印象。社会关系、社会价值、社会义务、社会心态、社会语言、社会潮流、社会时尚等都会以令许多人一时难以完全适应的速度发生改变。与此同时，人们的交往方式、婚姻观念、家庭结构、职业行为也显示出"变动性"、"相依性"和"脆弱性"的一面，加大了社会重新整合的压力。20 世纪 70 年代末期以来，由于新自由主义和信息通信技术的革命，我们经历了一种根本性转变。它们创造出一种特定的网络社会，不仅指向经济全球化和资本全球主导，而且指向一种开放式的促使个体觉醒的加速过程（Hassan，2010）。技术创新和进步确实提高了生产力，把人们从一些繁重的劳动中解放出来，也给人们创造了表面上更多的自由时间。看上去，人们可以将这些自由时间用于休息和闲暇。可恰恰相反，因为工作和生活节奏的加快、联系的更加便捷，人们反倒抱怨时间的不自由，感到时间越来越短缺。

处理工作及生活事务的时间节奏的加快和任务性质的复杂，导致整个社会层面现代人格的特有显现。一方面，人们持续不断地承受着来自外界的种种要求，为了具有适应优势而不得不对周围环境的细微变动更加敏感。以往社会中较为稳定、长期、制度化和可预期的许多规则日渐式微，职业选择和工作岗位的代际传承普遍消失。知识的不断更新扩大与继续学习、劳动要求的频繁更替、社会角色的多重化与经常转换等一系列崭新的社会特征，引发了人们心态上的重大调整。出于竞争、焦虑和恐慌的心理推动，人们极为担忧在社会、经济等方面提出的速度及灵活性要求下不幸"落伍"。因此，自觉加速的习惯成为现代人格的一种养成品质。另一方面，在社会价值、文化观念、经济消费和地位象征等广泛灌输和渗透的背景之下，"及时享受"成为许多人推崇和热捧的体验标准和人生典范。延迟满足已不是励志榜样，用于"等待"的时间跨度不断缩减，对生活的期待最好能够一夜实现，成为眼前即刻的体验。似乎加快工作和生活的节奏就是实现理想生活愿望的关键途径，从而令现代人格表现出将生活加速看作对于实现美好生活的一种主动遵从和承诺。

3.1.2　信息加速

20 世纪下半叶以来，人类社会发生着一场信息处理和沟通的科学技术革命。与过去机器和新能源的使用对于工业革命的重要性一样，网络通信技术的发展对于当前的信息革命起着至关重要的作用。在传统农业社会和工业社会，人们进行大规模物质生产所主要依赖的是自然物质和自然能源。而在当今信息社会，人为的社会性信息的地位与作用越来越超越自然物质和自然能源，成为人类生产和社会活动的重要中介与资源。信息化成为物质生产和日常生活的核心特征，也是社会生产力提升的必然途径。人们通常认为，信息化是指生产和管理的社会和技术组织的特殊形式，它通过对新的信息技术的运用而使以知识和信息为基础的生产效率得以实现。在以信息技术为基础的网络社会里，经济形态呈现出信息化、网络化、全球化的新经济特征，信息、知识、创新日益成为社会发展的决定性力量，立足于创新的组织网络格局和信息的网络化散播成为经济增长的重要力量。人类社会在时间和空间中组织起来，既是在物理和生物空间意义上的自然环境里组织起来，也是在社会空间意义上的文化环境里组织起来。在社会化过程中，人能动地将物理空间富有意义地建构为社会空间，使自然环境在特定意义上又成为文化环境。信息化的网络社会由技术进步所造就，但信息社会发展的最深刻之处不单单体现在技术性意义上的信息传送、存储、处理和沟通方式的重大变化，更重要的是体现在信息技术带来的数字化、网络化、信息化生存对于社会结构的深度影响、对社会形态的重新塑造以及对社会运行的全新改变。网络时代，人们与信息的关系出现了前所未有的巨变。建立在网络、流动、变化、复杂等特点基础上的一种全新社会秩序崛起，宣告了传统社会的"终结"。

纵观当今世界，经济社会的发展转型成为历史潮流和时代主旨，许多国家建设信息社会的大幕正在拉开，中国也同样如此。中国到21世纪中叶要实现现代化强国目标，就必须紧密、实质性参与和推动新一轮技术革命。人类文明的发展正迎来更高层次的信息文明，在人类历史发展的当下关口，中国作为大国真正崛起，所要引领的正是信息文明（王天恩，2018）。与工业社会的技术创新有着很大不同，信息社会的技术创新不但出现的领域广泛，涵盖生命、材料、通信、智能、能源等，而且应用呈现出大规模、广覆盖、集成式的特点。信息技术创新带来信息空间的"增容"，从物理数量上看，数字信息以压倒性的优势超过了纸媒信息。数字信息以每年30％的速度增长，这种能级的增长率是非常惊人的。而纸媒信息所占的比重将越来越小，目前是千分之三、千分之四的水平，未来必然还会快速下降。信息技术创新作为核心基础要素，能够支撑其他领域技术创新形成新的综合体和产业群，更好地打出"组合拳"，提供实现信息社会变革所需要的引领动力。由于地缘政治等多方面因素的影响，经济全球化对于世界经济增长的拉动出现持续乏力的状况，世界经济整体形势不容乐观。新一轮技术革命的最大特点是技术与社会广泛而深度融合。当前形势下，推动世界经济复苏乃至保持增长，恰恰需要技术因素紧密结合社会因素，既创造技术革新，又实现社会变革。现代信息技术及互联网科技、大数据、现代金融等技术的快速升级换代式发展，不断冲击和改变社会的认知、认同及管理的组织方式；社会生活的不确定性日益增强，群体、组织、空间等有形的边界日益模糊，组织和整合社会生活和社会秩序的主导权力来源和机制将持续发生改变(李友梅，2018)。新技术革命呈现出技术集群的发展格局，即已经不再是某单项技术创新带动整体推进，而是系列化技术集群联动突破，引发宽口径、多领域的全局创新。有研究指出，在几类关键行业，技术集群将形成第三次工业革命的核心。在上述技术集群中，信息技术起着统领全局和牵制进程的作用。以信息技术为中心，能够聚拢其他相关技术集群，发挥巨大的创新合力，焕发无穷的社会活力，令社会空间迅速膨胀。各类大小不一的技术竞争和垄断、各式未知的风险也同时伴生，国际政治舞台和贸易领域也冲突频现。

网络化使信息技术产业逐步围绕着互联网组织起来，成为整个经济新技术与管理专业的知识来源。生产力增长主要依赖于以网络为基础，快捷、高效、海量的信息传送、存储、处理和沟通方式使得社会生产、社会活动乃至社会关系实现超越时空的全球化。经济全球化使得金融、贸易、生产、科技等活动在全球范围内便捷展开，人类劳动真正实现了全球性意义，信息和知识的生产、传播、影响已经完全不在固定和有限的物理空间之内。也就是说，信息和知识与物理空间快速分离，完全超越物理和社会空间的障碍，包括国家的界限、文化的隔阂、时间的限制。信息技术有力促进时间和空间的分离，决定性地推动了人类社会活动和生产的前所未有的全球化，建立了一种更加广泛和深刻的人类相互关联、不断强化的依赖。从这个意义上，可以更加深刻地理解吉登斯区分的两种信任形式：对他人或面对面承诺的信任和对系统或非面对面承诺的信任。在传统社会，占主导地位的是面对面承诺的信任。传统社会中，人类活动的时间和空间分离程度很低，呈现较为统一的状态，绝大多数活动是以面对面在场形式通过主体间沟通和相互交流来进行与完成的。因此，产生的信任往往嵌入血缘、家族、地区性社区和习俗传统，个体通过信任与这些对象的关联来获得一种本体论安全感、共享的身份感和群体归属感。而在后传统社会，占主导地位的是非面对面承诺的信任。非面对面承诺的信任是指对象征符号和专家系统（如科学、技术）等抽象实体的信任，与嵌入血缘、家族、地区性社区和习俗传统的面对面承诺的信任存在很大区别。非面对面承诺的信任不是存在于熟悉的、在场的、身体的主体之中，而是存在于陌生的、匿名的、远端的社会系统之中。个体将信任赋予抽象系统，通过认证的职业资质等来信任抽象系统。一些基本的信任关系从有界的本地情境中脱域出来。现代性从一开始就包含着脱域机制的发展，脱域改变了信任的状况，从传统的人际信任转变到抽象的专家系统的信任，建立在抽象系统上的软信任取代了建立在人际关系基础上的硬信任。对专家系统的依赖并不表明现代社会的信任就减少了，而是对远端抽象专家系统的依赖降低了与更基本的人际信任相联系的本体性安全感。这意味着更多制度化的、普遍的信任关系替代了更多本地的、特定文化的信任关系。

在技术落后的时代，绝大多数信息的传递与信息负载者的身体运动即物理空间移动紧密相连，信息负载者身体运动的物理距离直接决定了信息传递范围。由此，信息负载者的身体运动的有限性也直接导致了信息在时间、空间、容量等方面的有限性。技术的进步打破了信息的传递与信息负载者的身体运动的这种紧密相连，使二者彻底分离。信息传递的速度不仅已经远远快于身体运动的速度，而且信息负载者的身体运动的有限性已不再能够影响信息在时间、空间、容量等方面的传递要求。当今的知识已经极为显著地与疆土空间相分离，不再局限于固定的、有限的疆土区域。知识超越了疆土空间，它可以无关疆土距离而发挥自己的作用（Fuchs，2007）。交通和信息技术加快了资本、商品、权力和信息全球流动的速度。信息通信技术的进步使消息在瞬间就可以传遍全球的各个角落，还可以短时间内在全球募集和结算资金、在全球不同的角落为同一商品生产不同的零部件。地球正在成为一个全球沟通的网络，影响着社会的所有领域。互联网的广泛渗透、更快地进行计算的技术前景代表了一系列社会和经济潮流的显现，对人们的生活的时间和空间边界发挥着深远的影响。在经济全球化和互联网统治的时代，时间正在被"压缩"。现代社会的空间看起来正在"收缩"甚至"消解"，在定位的作用方面失去了以往的重要性。时代显现出了变化和创新的巨大可能性。

网络信息技术彻底改变了信息传送、存在的形式，成为时间和空间分离最重要的物理基础，在有助于社会系统和关系的脱域与去本地化的同时，重新塑造着社会的生产方式和交往方式。"网络社会"作为一种新的空间类型——流动的空间而出现，替代了传统物理位置的空间。它建立在无时间的时间和无位置的空间之上，引发了空间的转型，这种转型意味着在经济、组织和文化中跨国家、全球性社会空间的出现以及其主导功能的日益增加。全球网络的空间组织形式包括全球技术体系、跨国组织和机构，它们使得资本、权力和意识形态全球流动，创造和再创造了新的跨国运行方式。在当代社会的世界发展过程中，社会互动在空间上的扩张和在时间上的压缩已成为时空交汇的最显著特征。在现代，社会互动的全球化性质与降低在场可得性距离的新媒介的发明携手同行。网络社会将引领风险沟通进入更高的阶段，普通人可以获得、处理和评估科学信息，人们对风险将有更一致和理性的观点。网络沟通的特点是时空界限的隐退，或者说是超越时空限制的全新沟通形式。网络创造了信息沟通的新时代，但同时也具有诸多负面的特点，如信息控制的约束性低；存在大量未经核实、误导甚至错误的信息；网站未及时更新，导致信息过时；缺乏对信息的质量控制；博客、聊天室等传播风险信息的随意性；等等。由于在虚拟空间进入所有公开网站的潜在平等性，相比官方网站，公众更可能信任一些民间网站，错误和夸大也很容易复制和放大。网络能够有效地煽动起人们的恐惧等负面情绪，网络信息沟通使得"组织化怀疑论"转变为"非组织化怀疑论"。因此，网络的开放性、易接触性、透明性如何影响民众权衡风险沟通时的利益冲突、对权威的怀疑、建立信任网络以及在技术性风险认知和文化性风险认知之间的抉择等都是重要的研究课题。

3.1.3 时空变化

现代性的历史伴随着一系列的技术创新，技术创新促进了时间的社会关系同空间及身体的分离。人类的历史可以看作与时间竞赛的历史，或者超出人的生物能力的不断增长的速度的历史。同时性、即时性取代了顺序、持续和等待。人们必须面对一个事实：加速观念已经成为现代性概念的一个核心方面。在信息时代，不仅生活节奏更快，变化本身也一直在加速。人们体会到日益增加的"匆忙感"，要为自己寻找时间。现代社会时间结构与功能的独特性体现在客观计时时间与主观体验时间之间的变化关系，以及生活中公共空间与私人空间界限的消融。新媒介技术引发了媒介时间和空间同现实的外部的时间和空间之间全新的互动关系。媒介时间和空间对生活的影响力不断加强，而外部的传统时间和地理区域的空间界限在沟通和交流中逐步呈现影响力弱化的趋势。通过电子图像、电话和互联网等来实现的"电子在场（tele-presence）"，已经有力地显示出媒介技术在改变地理学意义上的时间和空间关系上的重要作用。媒介技术对距离的消解即"时间消灭空间"成为现代生活的时空特性。信息媒体和网际沟通使得信息的内容和意义能够在更大时空范围里被人接触，这些实践和交流由于实现了空间与时间相分离，便利了社会互动，建立了伸展和远端的沟通模式和关系。固定的社会联系在逐渐弱化，而远端的、短暂的社会联系大量登场。远端的、短暂的社会联系表现为沟通在空间上变得伸展，在时间上却受到压缩，客观上促进了社会的各种加速形式。

现代意义上的时间度量是从西方人发明机械钟表开始的。机械钟表不仅可以精确表示和记录时间，而且随着成本降低迅速普及进入一般家庭。机械钟表为人们的活动提供时间服务，人们的活动也越来越受到时间的约束，越来越需要遵从时间的要求。时间提供给人们普遍一致、约定遵守的活动参照。人们遵循时间周而复始地组织日常生活，把时间作为重要的因素之一来完成各式各样的社会行为和体验丰富多彩的主观情感。于人而言，时间可以分为物理时间和社会时间。物理时间是指人与所有生命体一样要经历生命的开始、成长、衰老和死亡等生理过程，这种生物意义上的时间结构与功能控制着物理意义上的个体生命历程。除此之外，更为重要的是：这些生命阶段经由文化教养符号化地创生出社会和心理意义的生活阶段，构成个体更加完整的属人同一性。这一历程也就是社会性的时间体验过程。个体完整的属人同一性部分由自然因素决定，但更重要的是由社会生活的诸多结构所决定。社会时间与社会结构有着紧密的关系，社会为所有个体预先制定了一般性的时间轨迹，从这个轨迹产生出相应的各种时间表以及规划。社会时间管理着社会中的个人经历，安排好人们什么时间上学、工作、结婚、退休等。刘易斯等人根据个体、群体和文化意义将社会时间分为三种形式：自我时间、交往时间和组织时间(Lewis & Andrew，1981)。在个体意义上，社会时间对应于自我时间；在群体意义上，非正式活动的社会时间对应于交往时间；在文化意义上，正式组织和官僚体系的社会时间对应于组织时间。组织时间的要求胜于交往时间，交往时间的要求胜于自我时间。这样的"时间分层"嵌入每个人的生活当中，确保社会秩序的生成与维持，并且社会通过强力的约束措施去保证时间系统的稳定性。

有学者认为时间是抽象实体，也有学者认为时间是中立载体，还有学者认为时间是人投身于世界的结果，只有理解了人投身于世界的方式，才可能很好地理解时间。人们总是在现实的社会生活当中，按照时间因素的顺序和承受时间的压力，怀着各种动机和目的，进行着有意义或无意义的持续竞争。时间是人们与自然和技术世界发生联系的重要载体，人们建立与外界特定的时间关系，同时也受制于自己创造出的物质和技术世界。告别传统社会、进入现代社会以来，人们越来越具有或者说几乎形成了一种共识，即特定时代的主导技术影响着人们对时间的理解和体验，进而造就流行的时间文化。一直以来，社会思想中有一个稳固的前提，即特定历史时期的主导技术定义了时间组织以及对它的文化理解（Green，2002）。技术为何能左右人们的时间观念？这可以从两个方面进行回答。一方面是因为现代技术的强大优势和力量。现代技术对社会生活的运转起着不可替代的支撑作用，广泛渗透于社会生活的所有方面。技术成为控制和保障社会秩序的可靠手段，能够满足和应对社会生活的各种需求。另一方面，人们普遍从目的论的角度出发来创造和使用技术，追求使用最新颖、最强大的技术模式，不断追求节省时间成本，获取充分的生活信息，体验充足的生活内容，希冀完美的生活模式。由于技术的广泛渗透以及人们普遍的目的论追求，推动技术的发展和参与技术的使用成为现代社会人们自我附加和主动接受的义务。人们快速地迎合新颖、时尚和潮流，与时代同步，不错失任何机会，呈现新潮生活方式成为重要的日常事务。现代社会，人们树立的工作及生活典范就是以系统的方式建立严格的时间领域，事先制订时间表以精确计划和分配时间，积极谋划立足现在，利用宝贵和稀缺的时间资源保障未来。技术成为节省时间、克服时间约束的关键手段。

　　不同形式的社会有着不同性质的时间和空间概念，时间和空间是社会建构物。尽管社会学家们的理论存在分歧、争执甚至相悖，但他们都坚信时间的根本性在于社会建构（芭芭拉·亚当，2009）。从人类历史进程的角度看，技术不断地改变和加深着人们对时间和空间的生存体验。在 19 世纪出现有线电子媒介、电报等新技术后，人类第一次在一定程度上使人际和信息沟通可以克服时间的障碍和空间的阻隔。进入 20 世纪，广播、电视等无线传播手段的发展使即时的全球沟通广泛普及。而 20 世纪 70 年代末期以来出现的一系列技术创新如光纤、卫星通信、个人计算机、互联网等，以前所未有的方式导致人类社会重新建构，其影响极为深远。技术创新是新时代最显著的标志，同时也预示着信息社会的来临。在 20 世纪 80 年代，就有人预测并指出了我们生活方式的变革。美国未来学者托夫勒（Toffler）指出，人类经历了三次技术变革，每一次技术变革都带来了不可阻挡的力量，第一次是农业革命，第二次是工业革命，第三次是信息革命。计算机通信技术对应于信息革命时代，就如同机器对应于工业革命时代。人类正处在信息革命的滚滚大潮之中，计算机通信技术的发展为新类型的社会沟通提供了广阔平台，人们必须习惯在信息高速公路上"驰骋"。网络化的计算机普及使用使得知识信息的流动超越了地点空间与国家界限，表现出知识信息与地点空间的根本性分离，推动了人类活动及各种关系的全球化。这种日益深化的全球化建立了一种更加广泛和深刻的人类的相互关联，让人类活动及各种关系在时间和空间中更加自由地扩展边界，从而在更大的时间和空间范围内得到发展与维持。

　　时间和空间是人类社会的基本要素，人类活动在物理和生物空间意义上的自然环境里组织和发展。这些自然环境借助于社会时间的载体，通过人的能动性、目的性附加人的意义，而成为人的社会空间。当代社会学有三种代表性的时空理论：吉登斯的"时间空间伸延"理论、哈维的"时空压缩"理论和卡斯特的"无时间的时间"及"流动的空间"理论。吉登斯从现代性特质的角度提出"时间空间伸延"理论。所谓"时间空间伸延"即时间和空间的分离过程，这种分离为现代社会生活的独特特征及其合理化组织提供了运行的机制（吉登斯，2000）。技术革命实现和推进了时间和空间的分离，同时也为当代社会的全球化创造了条件。在非电子信息交流时代，由于缺乏相应的技术，口头、书写和印刷形式的交流的时间和空间跨度受到局限。与之相比，电子信息交流手段能够使得本地情境与空间上遥远、时间上久远的情境进行交流和沟通。交流的全球化维度创造出"本地"和"远端"媒介形式的拓展关系，本地发生的事件可能是由远隔万里的异地事件引起的，反之亦然。信息符号交换的过程通常涉及一种符号形式从产生它的情境中分离出来，即在空间和时间意义上与产生它的情境相远离，同时又会在不同时间和地点的全新情境中重新嵌入。基于知识的技术的主要特征之一是其大大提高了资料的传送速度，成为时间和空间分离的中介，有助于社会系统和关系的脱域和去本地化，因此也就能够重新塑造社会结构与功能。哈维的"时空压缩"理论认为，时间"消灭"空间。进一步说，"时空压缩"理论所要表明的是一种变化状况，即在现代社会中，物理距离日渐缩减、时间限制日益严格。正是由于时间的缩短、空间的收缩，使得时间有可能消解空间的限制。我们必须学会如何对付空间和时间世界压缩带来的一种势不可当的感受。对时空压缩的体验是挑战性的、令人兴奋和紧张的，有时是使人深深忧虑的，因此能引起多种多样的社会的、文化的和政治的反响（哈维，2004）。时间"消灭"空间的最主要因素是技术创新（特别是信息通信技术的作用）克服了空间障碍。按照卡斯特的观点，电子通信技术的发展创生了一种"网络社会"，出现了时间和空间的再建构过程，即流动的空间和无时间的时间（卡斯特，2001）。除了原来意义上的地域空间外，网络的出现及彼此相连使信息在全球范围内的即时流动成为可能，从而形成流动的空间。流动的空间是指经由信息流动形成的共享时间下的社会实践的物质组织，即在电子通信技术、互动式沟通系统和高速传送技术等支持下的远端即时社会互动的物质组织。流动的空间是一种特殊的空间形式，成为人们沟通和交流的一种新组织基础。流动的空间有别于传统的物理空间的"在场"形式，摆脱了物理空间的进入性要求。就网络社会的空间而言，并不是说传统物理意义上的地域空间消逝了，而是说这些地域空间对于许多新的社会活动来讲并不构成以往必备的基础条件。在网络社会的结构中，传统物理意义上的地域空间逐渐丧失了它的意义，人们不再必然需要过多的空间位置，许多社会活动都可以在地理上获得延伸。流动的空间是个体化的空间，或者说空间的个体化。在这种空间里，时间成为个体化的时间，变得"无时间性"或者说被"消解"。通过网络互动，时间被压缩、去顺序化，发生平行的和同时的沟通。从某种意义上来说，空间和时间的物质基础正在发生转变，社会在更深的层次上是围绕着流动的空间和无时间的时间而组织起来的。

3.1.4　生之焦虑

当今中国社会流动不断加剧，城乡继续深度融合。一些人的工作压力和生活负担呈现加重的趋势，这些客观上引发了他们的心理紧张、情绪困扰和社会焦虑。社会焦虑是指在社会成员当中普遍存在的一种精神紧张、焦灼的状态，学者们一般从社会经济利益结构、社会风险因素、社会信仰和社会秩序等角度分析和阐释社会焦虑。时间是语言中经常用到的词，也是人们生存的基本维度之一，它能够很直接地反映时代的社会变化和社会结构。除非在分析中增加时间维度，否则我们无法充分理解现代性的特点和属性，以及现代性结构和文化发展的逻辑。20 世纪 90 年代中期之前，社会现象的研究往往忽视对时间因素的考虑，时间是社会分析中的缺失变量。20 世纪 90 年代中期之后，时间和空间问题成为许多社会学理论的核心概念。从时间角度理解当代人的生活状况以及社会焦虑的表现，有着重要的生存论意义。

不断加速的生活节奏以及对快速生活节奏的有意或无意接受常常会扰乱人们原本的时间安排，颠覆人们以有意义的方式花费和体验时间的计划。日常生活中，各种幻象的交织在相同的空间和时间里把不同的（商品的）世界聚集到了一起。但是，因为它以这样一种方式做到了这些，以至于几乎完全隐藏了最初的一切踪迹——隐藏了生产它们的那些劳动过程的踪迹，或者掩盖了隐含在它们的生产之中的各种社会关系的踪迹（哈维，2004）。人无法消化吸收超负荷的信息资源，有学者提出用文化减速去抵抗技术对人的生活体验的"入侵"。现代技术引发的时间模式事实上已经冲击并改变着人们已然确定的规范秩序。当代社会表现出来的结构化焦虑放在时间框架中来看，至少与三个方面有关联：一是文化观念中的极致化生活理想，二是信息的丰富及沟通的便捷与意义缺失的矛盾，三是流动性的社会。当代文化观念表现出追求极致化生活理想的潮流，崇尚好的生活就是充分实现的生活。鼓励人们在最大的复杂性、高度和深度上去要求和品味生活，使能力充分发展、经验最大化丰富。人们普遍感到生活节奏加速、工作时间延长，从"朝九晚五、周一至周五"变成"24 小时的社会"（"5＋2""白加黑"）。同时伴随出现的是时间短缺、时间饥荒、时间挤压。一个有意思的现象是：尽管拥有更多的时间和更放松的生活节奏是可能的，但人们往往身不由己地选择受到时间方面的侵扰。中国人流行的问候方式从"你吃了吗"转变为"你忙什么呢"，一个不忙的人似乎潜在地等同于"没用"的人。

尽管当代人有了更多法定节假日，但人们觉得生活更加匆忙，加速、繁忙、匆忙已经成为充实、有价值的生活的象征来源。消费品的激增以及日益增加的象征社会地位的消费鼓励人们"为了消费而工作"，人们参考他人来评价自己的消费，为了消费得更多，就必须更多地工作。全球消费文化将最富裕的生活方式看成消费参照样式的榜样，从而唤起普通人需要挣更多钱的观念。随着社会物质变得更加丰富，人们有了更多的消费选择和消费活动。但与此同时，人们的时间容量是不变和有限的，更多的消费活动被压缩进有限的时间组块，占据和消耗了其他时间单元。

在传统年代受到"勤俭美德"教育的老一辈人，大多难以理解目前以年轻人为主体的"稀奇古怪"的消费行为。在经济相对富裕时期成长起来的新生代的消费观念和生活方式，同父辈已经存在巨大差异。消费已经不再是满足温饱的生理需求型经济行为，越来越表现出精神层面的自我追求和生活意义的价值实现等人格属性。在当今快速发展的中国，一方面，国家成熟完备的教育体系让广大人民群众具有了越来越多的文化知识，同时也培养了他们独立向上、积极进取的现代人格；另一方面，中国正在不断走向信息化大国、强国，即便是一些中老年人，用起数字技术、玩起手机来也不一定输给年轻人。然而信息社会的矛盾在于：它既可以扩大人们的交往空间、增加人际交流的机会，也可以将传统社会的许多垂直化、仪式化、在场化的社会互动消解得"支离破碎"。取而代之的是当今扁平化、碎片化、非在场化的社会交往。由此出现一些奇怪的现象：人们虽然"自愿"身处许多光怪陆离的热闹之中，却时常感叹自我的迷失和精神的孤寂；人们虽然"热衷"于参加各种令人眼花缭乱的线上线下活动，却不断抱怨自己有限的休闲时间被"侵吞""瓜分"。我们看到，不知从何时开始，许多人特别是青年人喜欢"宅"在家里、"痴"于手机、"困"在网络、"迷"于虚拟。当今，每一个人都可能拥有更多主动参与或静默观望的广义生活场域。除非发生纯粹物理意义上的阻断，否则个体非常容易"身临其境"于各种之前选择好的关联场域。但是这些表面上的"身临其境"并不是都能符合自我的接受标准，而是会带来各种复杂的自我体验。许多"身临其境"仍旧让个体感到"生活在别处"，或者"热闹是别人的，自己什么都没有"。别人的"晒图""撒狗粮"只是"他者"的狂欢，自己的自我困惑不会因为握有充分的信息就能够得到释放。当不完善的自我被信息饱和的目标所俘获时，自我充实的真正道路反而容易迷失。人们误以为通过信息递增的方式就能够弥补心灵的意义缺失，而最大的问题是意义本身并不存在于这些表面化的信息之中。

信息时代已经给予人们一些直观的印象：社会空间的广泛拓展、社会机会的广泛拥有。当个体自以为所掌控和驾驭的信息能够助力自我完善之时，现实往往"不客气"地摧毁这种念头。茫茫"网海"和茫茫"人海"一样，依旧"难觅知音"。人们讨厌和回避孤独、焦虑。从表面上看，孤独、焦虑是个人自己的原因：某个单独的个体或因性格原因，或因一时逆境造成自己暂时低落失意、自我封闭，让外人看到他"形只影单""心神不安"。显得有些滑稽的是，在看似人来人往、人群扎堆、场面热烈的地方，随机简单采访一些人的心理自评，他们的回答往往也会是"知心人太少""没有懂自己的人""生活压力好大"。显而易见，当代社会所能提供给人们的活动机会和内容远远超出一个人所拥有的时间能够去经验的程度，个体的生命时间与外界活动的感知时间存在永恒的、必然的巨大差距。但是社会加速的观念背后传递出的是：通过加快生活节奏，能够缩短个体的生命时间与外界活动的感知时间之间的差距。然而，现实状况是：无论生活节奏变得多快，这个事实也无法改变，即潜在的可能选择远远多于现实的选择。一味消除时间感知上的差距，"应接不暇"的社会活动以及身心疲劳和社会焦虑成为最终的必然结果。从文化的角度解释技术加速与普遍的时间稀缺的悖论时，需要注意到现代社会的一个显著特点是信息文化取代了叙事文化。叙事的特点是持续，而信息的特点是短暂。社交网媒的一个重要特质是个体化，包括信息的个体生产、内容的个性表达以及责任的个人担当等。广义上的社交网媒是指面向所有社会成员开放的信息交流网站，执行无差别的身份准入标准，体现强烈的公共属性。当然，还存在公共性有限的社交网媒，这些网站对于用户的准入资格有一定的要求，执行某些筛选标准，人为管控网站的开放程度。社交网媒的信息生产是个体在完全自由的状态下独立完成的，能够保证叙述内容的个性特征。虽然社交网媒的信息良莠不齐，但多数原创类的信息还是需要发帖人具有一定程度的创造力。创造力弱或者根本没有创造力的发帖人最多就是"哗众取宠"，沦于"打酱油"的范畴。社交网媒的信息创造能力主要不是从严格专业标准和严肃专业讨论的角度来说的，而更多是从信息影响力的大众化、通俗化、流行化的角度来讲的。在社交网媒，每位用户个体都有自己专属的网络空间和界限领地，可以进行完全公开或者内部公开的言论表达。通过这些言论表达所传播的主题影响，个体依靠发展和吸引能够建立起同自己分享观点、评论意见甚至开展行为动员的"粉丝"或网友圈子。由此，社交网媒的信息系统衍生出紧密程度不等的互动群体。网络社会行为典型地反映了叙事和信息的区别，它不是扎根于共同和共享的历史之中。由于这种共有经历的缺失，各方无法依赖于一个共同的叙事和共享的经验。网络社会行为无法实现充分的归属感，而体现着整合与再整合———一种去嵌入的主体间性，不涉及强烈持久的联系、接近和共同的历史、集体的叙事，不体现稳定、连贯、嵌入和归属。网络社会关系不是叙事的，而是信息的，它不是建立在相互体验或共同历史的基础上，而是主要建立在资料与信息交换的基础上。友谊、责任和信任正在发生变化，这些人际交往品质以不同于以往的方式形成、维持和发展。它们更少建立在长期关系基础之上，更多建立在短期关系基础之上；更少建立在对他人品性的认识之上，更多建立在对他人财产和社会地位的认识之上；更少建立在等级关系基础之上，更多建立在信息交换的互惠关系基础之上。

海量的信息客观上营造了一个信息饱和的外部世界，单独个体的自我演绎既可能得益于信息饱和带来的促进优势，也可能难以避免地陷入信息饱和带来的被动牵引。这种不自觉的偏差效应最直观地表现为随处可见的"低头族""刷屏客"。个体信息饱和并不能自动等同于心灵的充实。信息时代能够将人们接触和进入的各类以网络载体为传导方式的活动的辐射最大化，人们的身份认同也经受着多重角色的变换考验，承受着大量随时呈现的社会比较的冲击。人们用大量的时间去完成了简单的事情，过多的精力被舒适的任务所耗费。由此看似发生了大量频繁的数字信息互动和电子阅读，但其中许多却是无聊的应酬和无益的打发时光。当今时代，社会信息高度发达，社会联系极为便捷，交往平台特别丰富。社会交往信息化的潮流让越来越多的人际活动已经不再必须依赖于真实的物理空间和身体在场才能完成，更多的数字化虚拟空间和身体不在场让人们的社会交往进入了一个崭新的时代。人们的生活空间快速膨胀和扩展，然而人们的孤独感并没有随之衰减或消失，反而时常越来越感受到莫名的内心寂寞；人们的焦虑感也没有随之减少或化解，反而时常越来越摆脱不掉纠结不清的情绪困顿。

因为信息的快速传播和即时获得在当代信息技术的条件下成为现实，人们体验着一种全新的、透明的和轻松的沟通，在不丢失信息内容的前提下，可以超越时空差异去传递和积累信息。然而，技术变化的内在逻辑使得现实场景的人际沟通出现边缘化的趋势，对于建立在直观感知社会关系基础上的人际沟通造成了直接冲击。可以说，技术"干扰"和"妨碍"了原生态的社会关系。技术在解决问题的同时也造成了新的问题，通过技术解决时间稀缺和信息超载的愿望难以实现。一方面，新技术可以帮助人们便捷收集、处理和分析信息。但同时，由于需要面对的信息空前增加，应对海量的信息相比以往需要付出额外的时间，而且大量垃圾信息以及过时信息也会耗去一些精力。因此，快捷地触及信息本身并不能自动和完全保证事情完成效果和效率的必然提高，反而对人的能力提出了更高的要求。另一方面，每一种新技术的创新都意味着面对面沟通、人格化沟通的减少。直接的沟通可以更为充分地体现主体间性、更加有效地确保相互理解，比如书信优于电话、电话优于留言。技术化的人际沟通呈现出两个方面的特点：一是人际沟通的"去中心化"，即创造了分散个体之间新的平面互动网络。沟通角色表现出多元化特征，同时往往需要频繁转换，必须执行更丰富的沟通内容。二是人际沟通的"即时时间"体验。信息通信技术的即时速度直接导致人际沟通的直接性，使得传统的"身体在场"已不是人际沟通的必然要求，超脱于物理空间环境即"身体缺场"的人际沟通成为沟通活动的广泛形式。各类人际活动和关系被"压缩"进许多空间上虚拟、时间上短暂的沟通持续期。由于技术条件的允许，在同一或相近时间，人际沟通的多重活动可能以上述方式接续进行。由此汇聚和强化的社会活动很可能给人的心理带来负担，引发焦虑。

技术进步带来信息的丰富，但同时也造成意义感的缺失。或者说，符号增多了，意义却未同步增长。人们在日常生活中很容易直观感受到社会运行过程中信息的海量增长。以电视为例，播出频道有几十个甚至上百个，播出时间 24 小时不间断。我们身处一个媒体渗透的社会，各类媒体如网络、广播、电影、书籍、杂志、报纸包围着我们，呈现给我们关心和漠视的信息。与以往相比，当今的社会交往涉及更大广度的信息内容。身体承载了更多的信息内容，当代的文化比以往任何时期都表现出更厚重的信息负载。在媒体饱和的环境当中，生活的本质被符号化、象征化，我们不断接受和交换关于自己和他人的信息。信息的膨胀导致了符号的终结，无处不在的符号却导致了意义的坍塌。信息越来越多，意义却越来越少。传统社会，符号的指向明确、意义突出；当今社会，符号的指向多元、意义不定。符号来自多个方面，变化很快，甚至冲突。现在的受众富有创造力、反思能力，符号容易受到怀疑、遭到颠覆，背离其本来意图。快速和频繁的社会移动是从基于叙事或经验的社会行为转向基于信息的社会行为的主要原因之一。基于叙事或经验的社会行为需要耗费时间，而基于信息的社会行为却十分快捷。当代风险社会是一种世界性的风险社会，风险社会的理论就是力图去把握和理解现代性中社会时间和社会空间的变化。从空间和社会意义上讲，当代社会是一种流动的社会，其社会结构变得不稳定，且具有渗透性。世界性的风险社会的时空结构建立在大规模交通和通信高效协调的基础上，技术社会中的人们能够在超越空间和无须运动的情形下达成组织接近性，社会移动和地理学意义上的移动的紧密关系被打破。技术社会和传统社会不一样，地理学意义上的移动便利不再是上行社会移动的一个前提和保证。技术社会正是这样一种社会形式：对于所有的社会阶层而言，虽然上行社会移动的机会大为增加，但同时下行社会移动的危险更为突出。在上行与下行社会移动的博弈之间，人们的心理韧性要经受更多及更强的考验。

现代社会的一个突出特征是传统不断消失，与之伴随的是对这些传统的依赖及养成的习惯还有稳定性的消失。现代生活面临着短暂的存在、不断的运动和持续的变化，人们明显感受到：有一种不断推进的强迫力量驱使个体去圈界自己的社会边界和隶属，去调整和规设自己的生活内容。这是一个结构性、制度化的个体主义时代，个体化成为不可阻挡的时代趋势与潮流，个体越来越彰显为自己命运的责任主体。在这个意义上，现代性可以看作一种非前提自觉的个体化过程。现代生活持续不断地再造和重构生活环境中的社会联系、社会资本和社会网络，这些社会要素经历不断重组与重构、不断分裂又重新延展。现代社会对人的灵活性、流动性、适应性提出了更高的要求，社会的个体恍若感觉"行走在流动的沙丘上"。作为个体的当事人以及整个社会都需要有效应对现代性效应的完善体制与心理基础，而社会焦虑正是这些体制与基础缺乏的必然结果。

　　社会焦虑还同社会流行的一些偏差式的幸福观念有关，出现为了幸福而焦虑的现象。号召和追求幸福是正确和必要的，幸福已经不再是中国人心理上的隐形向往。人们不再含蓄、羞于表达甚至掩盖自己对幸福的向往和追求，也不再刻意呈现出"坎坷累累"的"伤者"形象，而是大大方方地谈论幸福、表达幸福和享受幸福。幸福不仅是中国人的个体愿望，也是中国社会乃至民族复兴的伟大目标。在个人与社会不断进行义务调整、关系塑造和利益共享的现代化进程中，幸福逐步被赋予了强烈的价值观要素。但也存在一些不当的社会观念，使得积极心理品质出现"走样"，甚至可能造成了一定程度的文化压力，强化了道德维度上的幸福比较式批判，制造出幸福的价值优势，偏颇地裁断幸福未达到个体的生活价值和道德水准。幸福的文化要素落实在个体与社会、实践与信念的关系之上，它一定要包含积极的情感状态，开放式地面对丰富多元的外部世界。由此，幸福可以是普遍的。幸福的体验程度存在区间上的差异，但现实体验着的幸福必然嵌入现实的文化观念和社会背景当中，也必然在上述环境当中生动演绎契合与非契合的复杂表现。由于制度力量的强大作用，幸福体现出深刻的文化烙印。幸福从来不是根据个体拥有的绝对客观条件加以衡量的，也不是它们僵硬的派生物。客观上的完美不会主动等同于主观上的幸福，主观上的幸福也不一定必然要求客观上的完美。对美好未来的预期不需要通过对抗现实处境来完成，也不需要总是纠结于只有消除现实的不满才能达到对美好未来的向往。但是，个体生活环境的社会观念常常施加影响，无形中把追求绝对幸福树立为生活的典范，甚至成为显著的社会焦虑和文化压力。由于人的天然"有限性"，人的社会适应目的要求萌生出个体的各种需要。周围的特定环境需要保证个体基本的生存条件：身体免受饥寒交迫，心理免遭孤独缠绕，处境免于危险丛生。上述需要保证得越充分，个体的获得感和满足感越强烈。幸福是个体因完成绝对观念要求而生的满足感，为了获得更大的幸福，人们需要不断地改善处境，将物质占有和使用最大化、法律权利规定和落实最充分化、社会保障程度和覆盖最普惠化。只有社会全面进步，人们的生活获得感、满足感和幸福感才会更强。理想中的社会观念价值优势应当体现在：向人们传递出，表达对幸福的理解以及追求路径的时候，强调通过合理、中庸的社会比较和对照来检视自己完成生命义务和责任的程度，让人们的幸福目标在正确的方向和轨道上实现。因为现实和人们的期待之间永远存在差距，当一些人以追求和实现幸福的名义去努力缩小这种差距时，有可能适得其反：不仅幸福落空，而且现实和期待之间的差距还会增大，更多的失望油然而生。

幸福体现为令人愉悦的心灵境界和情感状态。以目标达成为主的思想取向视幸福为个人品格的反复锤炼和精神改造，将幸福融于自我的完善性成就实现中；以过程享乐为主的思想取向视幸福为个人情感的偏好渲染和精神消费，将幸福嵌于自我的断裂式层级评价中。无论幸福功能的分类指向如何，幸福的主观状态都具有一些共同的基本元素：在认知上，个体要认同自己生活的正当性和意义感，从而为在价值维度认定自己生活的美好奠定基础；在情感上，个体要基本保持内心体验同生活意义方向大体一致的积极心理感受，将自助和助人相结合；在行为上，个体要借助于优势认知和情感的动力，建立起有序可控的生活节奏，并构筑起有力的行动环路。总体而言，虽然生活的事务可能"一茬接一茬"，甚至使人们萌发"分身乏术"的感觉，但是，人们仍然确信知识和能力方面的提升能够有利于个体获得良性生活，不断丰富积极的情感也能够有利于个体获得前进的力量；人们也相信，通过"胜人一筹"、更为突出的创新意识，"百折不挠"、更多韧性的心理弹力，以及"海纳百川"、更为开放的经验接触，就一定可以让个体拥有更多的机会、争取到更多的资源，从而更为容易接近幸福的状态。现代社会中，个体在社会关系网络里调整自我的和谐平衡是一种重要的心理能力。在追求和实现社会目标的过程中，个体努力使得自我的社会认知、态度动机和行为方式同个人幸福相一致。幸福的比较不是首先基于"实在化"的物质指标和欲望达成，幸福的判断也不是首先基于"具体化"的成功程度和力量大小。陷于"实在化"的数量标准和"具体化"的感官炫耀反而会导致个体滑向幸福生活的反面，使幸福的目标成为"负担"、不幸福的感受挥之不去。因而，促进幸福的着力点应当突出在积极有为中绽放自我的进取精神、在泰然处之中接纳生活的各式遭遇。

在心灵层面上，幸福总是恒常地寄托于与之紧密相关的"他者"客体的满足当中，所以常常会出现：一些个体或盲目固执地向往和追求"绝对自在"的幸福而迷失方向，或茫然地觉得幸福遥遥无期，或陷于封闭的"信仰固化"的"坚硬"的幸福。这些都起到了同初衷背道而驰的作用，反而加深了生活的烦恼和精神的负担。空洞的幸福并不存在，纯粹的幸福也难以长久。寻找幸福的真正含义并不在于一个"实体"意义上的幸福存在于某个地方，而是指在追求生活的意义或某种生活目标的过程中自然产生的附加性的情感体验的感受状态，从而赋予个体充分的自我肯定，去应对生活道路上遇到的挫折、缓解精神压力和心理焦虑。在长期资源比较匮乏和生活动荡的社会历史面前，中国人生生不息、勤劳坚毅，把个人的幸福深深地扎根于"大我"的幸福之中，整个民族的精神支柱和延绵的价值观始终真实地展示一种"融合才会幸福"的牢固认识。在"大我"幸福观的核心引领下，中国文化历来鼓励知行合一、言行一致，崇尚君子风范、倡导家国情怀，既肯定"喜悦"场合集体层面浓烈厚重的情感宣泄和仪式渲染，也认同个体自身"得意"之时恰当的欢乐表达。内敛、自省的中国君子文化虽然并不过度鼓吹身体语言的夸张叙事，但也重视利用积极事件的情感力量强化个人幸福的体验。"大我"幸福观具有优势更大的社会凝聚力和向心力，这也是中国文化绵延不断、社会长治久安的重要原因之一。"大我"的幸福不是湮没"小我"的存在，中国文化辩证思维的最高境界视"无我"为"大我"。"无我"是"大我"并非指个体身份的消亡、人格特质的消失以及个人自由的消逝，更不是无视个人的幸福。"大我"幸福观同样重视个体幸福的累积效应，通过回味和欢庆重要时刻和重要事件的激励意义来获得满足、鼓动士气、强化幸福。个体的幸福除了满足个人内心的需求，还需要兼顾群体的整体秩序和利益。尽管不是对每一个个体提出明确的规定，但在文化心理的核心层面，中国文化崇尚幸福的奉献元素。当然，这种奉献并非文化强制的最低要求，而是文化灌输的题中应有之义。同时，在现实生活当中也被社会绝大多数个体内化于行。个人与社会相互促进的关系使得"大我"幸福观既为个体的自我规设了灵活、开阔的范围，又为社会的利益框定了必要的限度。这种相辅相成、相得益彰的生活智慧，体现了中国文化规设"大我"幸福观的独特魅力。

3.2　社会变迁的风险表现

现代社会，人们越来越关注科学和技术如何塑造人类的生活、决定人类的命运，如何造成风险以及对环境、健康和福祉的不良后果。人们认识到科学进步、经济增长和工业化也存在一些局限，由此引发的风险、焦虑、恐惧和不信任等成为晚近现代社会生活的突出特征之一。一些社会学家指出，在科学和技术进步之下，风险不是逐步减少，而是不断增加，世界并未远离风险。贝克形容，晚近现代性创造出了一种"世界风险社会"。随着现代社会的发展，社会复杂性也不断增长。信任既是社会复杂性的结果，也是对社会复杂性的反映，对于社会的稳定发展以及人们的生活质量起着重要作用。风险沟通是社会政策和社会管理的重要方面，它的发展阶段可以概括为从"教育"到"对话"、从"对话"到"信任"，这种转变的实质体现出当代社会的重要变迁、公众主体性的回归、信息社会的兴起以及社会的信任诉求等时代特征。

3.2.1　现代风险的特性

现代性蕴含着一种内在的"风险文化"，现代社会实现风险与信任之间的平衡是一项重要的课题。人类社会的发展历史是一部人类面对、反抗和克服危险的历史，人类为此承受过巨大苦难，付出了惨重的生命代价和财产损失。在生产力落后和低下的时代，自然灾害以及瘟疫是人们防范和反抗的主要风险。但这些风险主要是纯粹自然力量使然，它们对于不同时代、不同社会、不同阶层人群的影响是同样的、普遍和无差别的。贝克甚至使用"危险"一词，把它们与现代意义上的"风险"加以区分。危险是自然界不可抗力产生的事件及后果，是自然力量作用下主动发生的，不是人类活动引发的。而风险是人类社会人为制造的，风险的产生与工业社会的兴起有着紧密关联。通过工业化进行的大规模物质生产导致了风险社会化、专业化和多元化的必然结果和种种表现，如城市化问题、工业污染引发的疾病、现代交通带来的伤亡、有毒化学物质泄漏造成的事故、电子辐射、药物毒性及副作用等。现代社会中的风险表现出鲜明的时代特色，需要不同以往的新的理解范式。现代风险的核心特征是风险的"人为"性，即科学和技术化的风险。风险类型具体表现为：从自然风险转向技术风险，风险的缘由可形容为从"无知"到"有知"；从区域风险转向全球风险，风险的发生及影响可形容为从"孤立"到"联系"；从直观风险转向认知风险，风险的体验可形容为从"集体"到"个体"。

首先，现代社会增加的风险主要是技术风险，即从自然风险转向技术风险，风险不再只局限于由外在的自然界所引发的不可抗拒的、随机的、偶发的事件及其结果。不过，自然风险并没有消失，有时还显现得更加剧烈。并且自然风险不再像以往社会里那样"单纯"，而是非常迅速和广泛地出现了自然风险与技术风险相结合的状况。人们开始更关注技术的负面效果，即在针对自然和社会的技术化活动过程中出现的非主观预期的后果。以往社会的风险与科学知识缺位、技术手段匮乏有关，人们在各种风险事件面前束手无策。而现代社会的风险却与科学知识和技术手段过度使用有关。以往"无知"是风险的来源，而现在"有知"成为风险的来源。换言之，风险从外在归因转为内在归因，由社会自身产生。现代化过程创造了许多新的风险和不确定性，其中大多数就是因为将科学知识用于控制自然而未曾料想到其后果。科学文明进入了一个不再只是科学地认识自然、人和社会，而是去认识它自己与它的产物、影响和错误的阶段（贝克，2004）。工业社会及其之前占主导地位的是外在风险，人们主要关注的是个体卷入意外事件的可能性；制造出的风险是晚近现代性的产物，它们源自科学和技术的发展，引发了人们事先主观上未曾预料到的后果。现实中发生的种种自然环境、社会环境和日常生活的灾祸，使人们高度警觉制造出的风险。

其次，财富的社会生产和分配越来越与风险的生产和分配结合起来，并且风险呈现全球化趋势。以往风险对象更多的是从事活动的个人，风险社会中风险从个体性风险转变为群体性、全球性风险。

现代社会方方面面发生了巨大的变迁，风险呈现出不断增加、快速渗透的扩散特点，不再局限于特定的时空范围，且越来越难以把握。全球风险社会产生的直接原因就是科学和技术的进步与创新。科学和技术的进步推动了经济全球化，经济全球化客观上又掀起科学和技术的新革命。与此同时，风险变得越来越全球化，与社会、经济、技术、政治的变化紧密相关的新型风险不断出现。现代风险越来越聚焦于工业化活动及其产品对公众生活方式、消费过程的影响。传统风险的特点是受时空约束，特别是受空间约束，而现代风险与传统风险的最大区别之一就是突破时空约束。在各种媒介的作用下，风险的影响在时间上更加久远并可能呈潜伏态，在空间上更加广阔和弥散。如工业污染物随气流、水流在空间上散布得更为广泛，网络病毒在全球互联网上传播更为迅捷、危害性更大，各类新型疾病传播更为广泛、病毒变异更为快速和复杂。种种风险对人类世界产生了前所未有的影响。应该看到，人类创造出的技术成果、工具和手段具有造成全球性灾难后果的威胁与能力，有些已经成为或者正在成为极具危害性的现实，还有些往往难以预见、无法预警。

最后，以往社会里人们对风险的关注主要集中于来自自然的本地、具体、可见的威胁或危险，与现实的客观事物联系比较直观，相关活动有着特定的时空范围，因而后果与责任的关系、界限相对明晰。而现代社会的风险表现出兼具现实性和非现实性的本体论特征。风险的现实性本体论特征是指与人类科技发展相关的各种已知和未知效应，如全球气候变化、生物转基因工程、化学污染和有毒物质、核力量因素、电子辐射、医疗技术、药物等种种潜在危险，威胁着公共安全和私人生活。风险的非现实性本体论特征是指现代社会中风险变得越来越隐蔽，即所谓"不可见"。风险的直观程度逐渐弱化，与公众的感官日益分离，也即非生理感官能够轻易观察、发觉，往往超出普通公众的日常经验。现实的风险与认知的风险之间的差距越来越大，风险可能被缩小，也可能被放大。

3.2.2 风险的社会放大

人们常常感到迷惑不解的一个问题是：有时经专业评估被认为危害概率不高或者很小的事件，为什么能够成为社会强烈关注的焦点，进而带来风险放大的现实后果？换言之，哪些与社会及个体相关的过程和因素以什么样的方式影响人们的风险认知的放大或缩小？显然，要回答上述问题，既要从过程也要从结果来认识风险的社会放大。从过程来理解就是：风险的社会放大是一种受到某些因素影响，使得经专业评估危害程度不是太大的事件却成为社会关注的焦点，风险认知在时间维度上呈现出较大波动的完整过程。从结果来理解就是：风险的社会放大导致了相应的后果，对社会政治、经济、文化等方面产生特定的影响。

20 世纪 80 年代末，卡斯普森等人提出风险的社会放大理论，主要目的在于汲取心理学、社会学、传播学等学科的理论思路和研究方法，考察人们的风险认知，把风险认知的技术性概念分析同影响公众风险认知的心理、社会、文化和个人反应等结构性因素紧密结合起来，试图取得一种较为全面的理论框架，更为合理地描述和解释风险是如何传播的，以及如何通过这种传播过程塑造人们的风险认知、导致风险的社会放大，并由此产生涟漪效应。学术界一般公认：20 世纪中叶以来，随着现代科学技术和文明制度的飞速发展，人类在享受科技与制度给生活带来的新奇、便捷和丰富的体验的同时，也日益警觉和批判同科技与制度相伴随的风险。如今，我们正处于一个风险社会之中。我们生活在各种高度复杂的团体和规范当中，它们对我们的影响是难以控制和了解的，所以我们觉得被那些看不见又无法理解的风险控制住了（奥妮尔，2017）。人们对于风险的自然性、社会性以及文化性的描述与思考成为现代文明中的标志性事件。这种人类文明进程当中的风险描述与思考是复杂的理论探索，涵盖内容极为广泛，包括现实直观中的风险感知、人际沟通中的态度改变、心理认同中的信任感受、伦理道德中的利益博弈以及社会活动中的制度安排等。上述多方面的内容联系在一起，组成一个完整的综合体，有助于描绘人们对于风险事件、活动及其结果产生观望、接受、化解或者排斥、抗拒以及颠覆的演进过程。在这些过程当中，不断上演着普通民众与利益团体、专家系统和政府部门之间的对话、合作或者对立、冲突，呈现出心理认同取向上的社会分化以及社会团结层面上的机械破裂，包含着从对普通民众的身份轻视和管理隔离到对普通民众的主体承认和社会参与。现代社会的风险管理过程需要日臻成熟与理性，从而推进社会治理水平达到新的高度。

风险信息传播是一种复杂的流动过程，涉及信息符号、信息传递者、信息载体以及信息接收者等环节，它们构成一张信息传播的"网"。作为信息传播环节之间重要节点的符号、载体、传递者与接收者都不是孤立存在的单向度因素，而是彼此之间会发生相互作用，并且可能会导致传播的信息在认知、情感与行为效果上出现增强或衰减。例如，如果某一信息的可信度不高，正常情况下只会出现低可信度信息惯有的传播效果。但是，如果这样的低可信度信息关联到重要的社会价值观或群体利益等因素时，就非常有可能在信息传播过程中出现不同于常规意义上的低可信度信息的惯有传播效果，"宁信其有，不信其无"导致很可能发生信息传播在认知、情感与行为效果上的社会放大。风险的放大主要侧重于风险信号的增强，当然，也存在风险信号的衰减现象。风险的社会放大框架只是主要取字面之意，突出放大这个词，但并不放弃或否认风险的社会缩小。它可以用来探索理解目标受众的过度行为，也可以用来探索掌握目标受众的淡化行为。

　　风险的社会放大框架的基础性观念之一是风险经验不仅是一种身体维度上潜在或现实的物理伤害体验，而且是一种社会学习维度上个体或群体习得性获取或创造性解释、理解和接受威胁的过程。在这些社会学习过程中，个体或群体借助于观念、规则或心理习惯，在风险环境的物理内容物当中选择、权衡和响应信号。尽管风险认知领域研究存在不同的理论资源，但对于是否能够以变量的形式用某种或某些指标操作定义风险认知以及如何实现具体的变量定义，这些不同的理论派别莫衷一是。究其根本，风险概念及其研究范式的多元化必然导致风险认知概念及其研究方式的多元化。传统意义上的风险研究主导范式表现出定量分析的工程技术思维，比如联合国国际减灾战略（UNISDR，2013）将风险定义为某一事件发生的概率及其负面后果的组合。工程技术思维采取实证主义的理论立场，主要以"人"之外的"事件"为关注对象，重点考察的是事件的"实在性"，无论对于自然界的危害如地震、洪水、飓风等，还是人为技术所导致的灾难如核事故、水污染、农药残留等，都以可演绎的数学格式概念化、运算化和具体化风险。与工程技术思维相对应的建构取向风险研究则从关注"事件"转向更多地关注"人"，从事件的"实在性"描述转向事件的"社会性"建构。社会建构思维的风险研究认为，追求实在性的客观测量并不能充分展示出人们体验风险时所感受到的不确定性和价值观，而恰恰是这些不确定性和价值观对于人们的风险认知尤为重要。虽然这些不确定性和价值观依附于实在性的事件，但社会性建构很大程度上决定了不确定性和价值观的内容及表现。虽然风险的原发载体依旧是某一事件或某种情形，但核心的风险内容却是人们所珍视的价值及其表现物处于危机当中，且未来会出现的结果难以确定。很明显，以风险实在性为标杆的工程技术思维难以实现描述和理解风险绝对性的目标。不过，彻底的工程技术思维的风险观念始终坚持：即使因技术限制等原因尚不能完美地达到绝对性的目标，追求的方向也确是如此。建构思维下的风险社会性表述比较明显地蕴含着相对性的立场，除数值化的实在因素之外，社会、文化、政治、经济等因素常常成为"过滤器"、"放大站"或"缓冲阀"，影响人们认知风险。在这个意义上，没有绝对客观的风险，只有相对主观的风险。个体对于风险的概念、意象以及价值观都具有文化意义上的社会学习、社会比较和社会感染的烙印，与个体的生活体验和生命历程息息相关。它们对于理解个体生活环境中的社会冲突、对立以及抗争有着重要作用。在风险的社会放大框架中，风险被部分认为是一种社会建构物，部分是危险或事件的一种客观属性。风险的社会放大框架提出之前，学术界理解风险概念及风险认知主要依托的资源是技术化评估、心理测量范式以及文化理论。它们的侧重点虽然不同，但是可以用来力求解释类似的目标，即个体以及社会机构是如何表现出来复杂的风险体验或风险陈述的。风险的社会放大框架认为，技术化评估、心理测量范式以及文化理论在理解风险概念及风险认知上都存在不足，技术决定论和纯粹文化相对主义都具有弊端，有必要发展一种互相关联、层次递进的整合性框架，融入心理、社会、制度和文化的因素，系统性考察风险认知及相应的风险行为。风险的社会放大框架表现出对于风险概念理解的调和式取向，一方面坚持风险作为危险或威胁的一种客观属性，另一方面也承认风险作为社会建构的主观属性。从主客观属性并重的调和式立场出发理解风险，虽然具有折中主义色彩，但确实在着力避免风险概念的技术独断论以及风险概念的社会泛化论。

风险的社会放大框架的基础性观念之二是风险事件具有效应放大的层级特征。风险事件的发生令人们注意到其构成对生活秩序的威胁，由此成为风险事件放大的起点。个体或群体会出于利益权衡、机会判断、社会氛围、心理习惯等选择性截取和聚焦风险事件的局部方面，以普遍流行的共有图式解释它们，形成对于风险事件的信息理解、风险认知和情绪体验。这些内容在一定条件下快速凝聚为基本的社会态度，更为便捷地辐射和感染到局域外的个体或群体。风险的社会放大包含两方面机制：一方面是关于风险或风险事件的信息机制，另一方面是社会的反应机制。首先，社会、文化、心理等因素能够以特定方式影响公众对于物理性风险事件的认知，增强公众描述、阐释、反映和应对风险事件的主观渗入程度，进而调节相应的风险行为。在满足特定的信息来源和信息渠道的条件下，一方面，个体可能在不知不觉中成为意见群体或特定机构的代言人或信息传递者，强化并回应有关风险的专门信息，在人际活动以及行为表现上，从注意筛选、信息编码、直觉启动、独立评估和社会认知等维度起到"个体放大站"的作用；另一方面，各类组织、机构如政府部门、新闻媒体、社会群体、意见领袖等起着"社会放大站"的作用。其次，风险通过信息系统和个体与社会风险信号放大站而被放大。风险主体"一阶"的信息沟通和行为反应在满足特定条件之下，可以超出原初风险事件直接影响的群体或个体之外，引起波及其他个体、群体或机构的"二阶"效应，包括持久的心理感知、意象、态度以及社会压力等。最后，这些次级效应被社会群体和个体感知，很有可能继续引燃"三阶"影响，推动风险事件放大效应向纵深领域发展。由于信息化时代的技术力量以及技术装备的全面普及，时空边界的壁垒已经破除，各阶影响都具备能够在短时间内蔓延或伸展到其他对象、地理距离遥远的地方或另外非风险地区的条件，形成"涟漪效应"。它们在风险放大的每个层级环节都可能增加个体的风险认知水平，从而一方面加强了公众对于物理风险的认知及情感体验，另一方面也助推了公众围绕风险事件进行制度性保障方面的诉求，包括完善保护措施、提高救济标准、提升管理质量、优化政府能力等。

风险的社会放大框架的基础性观念之三是风险事件极有可能导致具有严重破坏力的社会、经济、政治等方面的后果。至少两方面原因使得风险事件具备产生这些影响的作用：一方面原因是风险事件本身所带来的直接性物理后果；另一方面原因是涉及风险事件的心理、社会、制度和文化过程发生复杂的相互作用，衍生出诸多的次生效应。在现实生活中，依然比较常见的情况是：组织、机构的决策措施和结果往往同公众个体的风险认知可接受水平之间存在差距，并由此出现风险沟通的障碍与失效。现代社会运行的非线性机制使社会演化越来越具有不确定性，加之信息及人们认识能力的不完备性，使得不确定性成为现代社会的另一重要特征，风险成为社会生活的普遍性文化（范如国，2017）。风险沟通在特定时空界限与范围当中进行，是多方主体参与下的复杂互动与博弈，总有特定的主体作为风险活动的引发者和风险后果的承担者。这些主体包括政府部门、行业组织、利益机构和社会公众，它们分属于风险活动的管理方、风险活动的责任方、风险活动的救济方和风险活动的受影响方。由于存在利益分配、责任划界以及救济力度等诸多条件，风险沟通的进程与结果容易受到非预期因素的干扰和影响，不确定性表现得较为突出，有时并不按照常规理性计划的方向发展。并且由于在针对风险决策所采取的措施、可接受的风险水平、风险后果的救济力度等方面存在难以调和的争议，风险沟通经常容易失败，甚至导致出现社会冲突、付出社会代价、造成社会损失。风险事件除了可能对自然环境造成破坏和给人类社会带来直接经济损失之外，往往还伴随着许多其他影响，比如人们对于制度信用的怀疑、社会事务的回避、群体交往的疏离、社会团结的撕裂以及社会责任的推诿等。次生后果和直接损失需要引起同样程度的重视，它们都会引发对社会治理、权力运行甚至社会控制合法性的抵制、怀疑甚至抗争，具有触发、加深及恶化社会矛盾和社会冲突的助推作用。当然，社会权力部门如果能够有效处理和应对伴随风险事件而来的次生后果和直接损失，那么也能够弱化社会公众的风险体验，抑制和化解对合法性的抵制、怀疑甚至抗争，衰减和消除社会矛盾及社会冲突。风险沟通可能导致生产方式和消费模式的改变，带来技术革新。在风险的社会放大框架之下，做到准确选择、判断、权衡以及分类社会现象，进而确定这些社会现象之间的关系，是非常重要的。完成好上述工作，有助于体现风险的社会放大框架作为分析风险经验的现实性工具的价值。因而，很有必要从社会—心理机制的角度厘清公众是如何认知、评估和应对生活中的种种风险事件与活动的，从而帮助政策制定者规划和实施有效的风险管理程序、策略与措施。

各种类型的危害本身所具有的差异化属性，决定了公众对于危害的风险认知。有些危害的风险认知容易引起社会放大现象，有些则不太会出现社会放大现象，甚至会出现相反的社会衰减现象。不过，无论是风险认知的社会放大抑或社会衰减，社会的、文化的、制度的以及心理的种种因素和过程都决定了风险认知程度的边际变化。风险的社会放大框架所依托的基本隐喻是社会中的个体是风险信息的接受者，然而风险信息在传播过程中并非只是作为物理性的符号简单地以毫无意义或内涵的方式存在。实际上，在特定因素的作用下，这些风险信息对个体而言充满着意义或内涵，并由此实现了从物理性的符号存在转向社会性的信号存在。这种转变所带来的机会和空间是：风险信息传播过程中的诸多环节有可能放大信号的社会影响，产生非同一般的传播效果。从本质上说，风险冲击或威胁到个体的生活状况与境遇，关乎个体的人身安全感、生活幸福感和群体归属感等。风险的社会放大框架主要关注外部情境因素如何影响风险事件的沟通状况与效果。风险认知不能脱离个体心理生活的客观现实。日常生活中，个体的直接经验只是生成个体风险认知的有限的信息来源，个体的间接经验是更为主要的生成个体风险认知的信息来源。个体往往通过间接信息来源的沟通网络获得关于风险及风险事件的信息，这些信息所关联的风险体验通常是个体没有亲身经历的，但个体仍然由这些信息引发风险认知。社会生活中的各种沟通渠道都能够传播风险信息。对于个体而言，间接性风险信息来源主要有两个途径：一是各类媒体，包括网络、电视、广播、报纸等。媒体是最重要的沟通渠道，使个体层面上的风险认知汇聚为社会意义上的风险氛围。二是个体的人际交往圈，包括强人际交往圈和弱人际交往圈。各类媒体信息沟通渠道更加正式和专业化，信息内容的书面表述居多。个体的人际交往圈信息沟通渠道非正式色彩更浓，信息内容的口头表达居多。虽然两者有一些差异，但也有共同之处：心理、社会、制度因素通过网络中的各种媒介沟通渠道影响风险认知和行为。学界关于信任的研究较早就提到对信息主体的关注，人们绝大多数正式和非正式的学习建立在他人口头和书面陈述的基础之上，人们学习到的东西很大程度上受到人们对无依赖证据的信息主体的相信程度的影响（Rotter，1967）。当然，在局部性的风险事件争论中，风险认知的非正式来源如活跃的社团组织以及交往对象的意见等也起到风险放大站或衰减站的作用。它们嵌入日常生活中的沟通渠道，接收和发送风险信号，反过来影响他人的风险认知。由于个体接触和使用网络信息的简便、随意以及网络信息本身的特性，个体对于网络信息更多采取边缘信息加工方式，情绪化色彩、主体化自由、体验式参与、责任感淡化较为突出。当信息来自个体喜好的网站、社交群或某个"大V"的时候，个体往往不会首先去怀疑信息的可信度、全面性等问题，情绪上对信息的自然亲切压倒性地超过对信息的冷静分析。关于信息可信度的警惕成为多余环节，常常被个体迅速越过。

作为一个概念框架，风险的社会放大框架构成了促进实证数据的系统化解释的动态框架，并试图整合现有的关于风险的观点；另外，它作为一种新的理论构想，可以提出新的关于风险信息社会加工的假设，检验和解释新的关系或者从新的角度检验和解释旧的关系，确定不同的观点之间的联系，并试图用这个模型解决实际问题。心理测量范式和文化理论也被广泛应用于风险认知的研究。心理测量范式核心关注风险认知的差异性结果，并且从风险事件本身属性与个体认知及情感之间的关联出发去解释差异性结果，也就是具体细化、分类风险事件的哪些属性导致个体对于同样的威胁、危害表现出或高或低的风险认知。这些风险事件属性与个体之间的关联主要包括认识上的熟悉程度、情绪上的恐惧程度以及态度上的信任水平。总体上，利用心理测量范式进行的实证研究呈现出两方面特点。其一，大多数研究主要探索个体身份条件（如性别、年龄、婚育状况）、知识水平（教育程度）以及动机类型等变量区分同差异性风险认知及行为之间的相关性或因果关系。核心聚焦微观的个体层面，提炼、剖析和概括个体化色彩的因素、过程或者属性，相对缺乏宏观的群体层面探索，未能展示出社会比较、社会建构、社会认同等方面的因素、过程或者属性。其二，大多数研究集中于高风险认知方面，较少研究低风险认知。不过，高风险认知实证研究得到的结论可以在逻辑上进行反推，演绎出低风险认知的主要关联属性，比如没有恐惧的情绪、充分的科学知识、高度信任组织机构、可控性强等。当然，并不是说这些方面没有价值。但是为了更加充分理解风险认知，社会互动层面的经验探索对于深化研究是极为必要的。依托文化理论进行的风险认知研究重点探索的同样是个体水平意义上的表现差异，比如，持有个人主义世界观（例如认为"能力强的人就应该赚得更多"）的人比持有平等主义世界观（例如认为"如果人们处理更多的事我们将有更少的问题"）的人更容易认知技术风险为低风险。虽然文化理论较之心理测量范式更为注意宏观的理念背景，但两者仍然都主要聚焦于个体层面心理体验或世界观以及危害本身的属性，并且数量化考察它们与风险认知之间的关联。与风险的文化取向相比，风险的社会放大框架更好地补充了技术取向的不足。风险的社会放大理论简单明了，在方法论上也坚持开放的立场，没有方法论方面的划界和约束。风险的社会放大框架像一张网，有益于凝聚累积起来的实证结果；又像一座灯塔，可以为学术探究指明方向（Machlis & Rosa，1990）。皮金等人将风险的社会放大框架定位为一种有用的分析工具，用于描述和组织相关现象，探索和整合各种对立的风险认知与沟通理论之间的关系，以及获得关于风险信号的新假说（Pidgeon，2019）。弗鲁尔等人认为，风险的社会放大框架是有用的，可以解释风险事件对风险认知的潜在影响，特别是当危机背景下的风险事件对公众而言是一种新的威胁时（Frewer et al.，2002）。

基于风险的社会放大框架开展的研究有一个重要特点，就是事后追溯性。但在实际研究层面上，需要处理的主要工作和遇到的困难是：在什么情形下风险信息能够成为社会性的信号存在？在什么时候、以何种方式能够实现风险认知的社会放大？在这个意义上，弗鲁尔等人认为，实证检验风险的社会放大框架是罕见的，部分原因在于预测何时条件可能会导致放大效应发生是困难的，这意味着考察与社会或媒体讨论特定风险事件同时发生的风险认知的变化是困难的（Frewer，2002）。现实生活中，除非在国家层面的动员力量作用下以及极少特殊情况下，谁也无法在常态条件下预知某个风险事件将会在某个时间段大量出现在媒体报道当中，并且将会引发公众对于该风险事件强烈的情绪反应。也就是说，常态条件下一般不存在突然性地提升公众的风险认知水平以及组织和煽动起集体性的大面积社会恐惧情绪的某类特殊的力量。触发风险放大或衰减的风险事件在何时出现具有很强的随机性，难以实现准确预测。研究者也非常难以事先确定引发和放大风险事件作用的因素以及掌握这些因素的变化的相关信息，因而也难以做到有计划地同步观察、评估及干预公众在风险事件发生前后的认知、情感和态度变化。

通过实证研究，采用风险的社会放大框架能够较好地组织与理解获取的个体风险认知与行为的数据，从而较为系统性地描述个体及群体风险认知与行为。但风险的社会放大框架本身没有提供个体风险认知与行为等现象之间的因果解释机制，它更多地停留于现象描述的层面，缺少针对个体及群体风险认知与行为的具有较强解释力的理论和概念层次上的内容。风险认知的放大和缩小机制还需要借助于其他的因果理论及概念来帮助阐释。学者们发现，人们在一些情形下似乎对于风险表现出"非理性"的观点和行为。面对这种现象，学术界流露出不解和困惑，试图借助于认知失调理论解释漠视或轻视风险认知这种风险衰减现象。个体的这一做法在自然风险认知中比在技术风险认知中更为多见一些。认知失调本质上是指个体在一定时间段里处于心理不适的状态，引发这种状态的原因是个体所接受和解释的外界来源信息存在矛盾和冲突。个体如果长期处于心理不适的状态，将会产生难以忍受的精神焦虑、心理压力以及内心煎熬。在各种原因（如自身人格特质、缺乏社会支持等）影响下，少数个体经历较长时间仍无法解决心理纠结，往往出现心理崩溃、认知混乱和心理障碍等问题。绝大多数面临心理不适的状态的个体会较为顺利地利用各种疏解机制或者启动各种化解方式应对存在矛盾和冲突的外界来源信息所导致的消极后果，要么否认，要么回避，要么妥协，要么抗争，将自己的内心世界调整为平衡状态，以自己稳定的认知内容、平静的情绪感受接受现实和面向未来。针对个体漠视或轻视风险认知这种风险衰减现象，认知失调理论主要强调的是类似"机会主义者"式的妥协。个体在冲突信息的结果面前妥协于一方，而改变对另一方的认知。比如，塌陷区个体认识到过度采掘地下煤矿导致地面塌陷风险剧增，但也认识到自己离开旧居另行搬迁的安置费用巨大。在两类信息使个体产生困惑、内心冲突甚至难以抉择的时候，为了恢复到心理平稳的常态，焦虑之下的个体最终的行为选择往往不会是完全理性条件下的符合逻辑推演的行为结果，回避、否认以及放弃对于风险源的关注都将是较为普遍、可以理解和接受的情况。认知失调理论用于风险认知研究的优点是能够提供精准、可靠的相关概念，围绕常态的心理"和谐"受到冲击的情形，可以衍生出心理"失调"、危害"否认"、低水平关注等概念。但是其也存在方法论意义上的研究困难，难以使用统一、具体的手段或指标操作定义这些心理"和谐"状态的波动变化结果。也即"失调""否认"与低水平关注不仅难以把握何时以何种程度出现，而且也较难把握它们的边际变化情况。换言之，就是两类概念测量上的难题：一类是基准"和谐"心理状态水平，另一类是心理边际变化水平。

雷恩试图引入共鸣理论和公共资源理论，分别作为风险放大和风险缩小的解释机制（Renn，2011）。共鸣理论认为，如果信息同目标受众自己认为的对于问题的理解以及活动的影响产生共鸣，那么这种信息就能被放大。共鸣概念具有社会功能性内涵，社会功能的正常发挥离不开社会组成部分的相互依赖与功能传递，否则社会将出现断裂、失能。因此，社会的专业化、劳动分工的目的在于实现社会合作，完成功能性传递，显示出社会进化的结果。结构化的社会能够更加高效地实现社会部门的功能。有四个方面的指标能够衡量社会功能，分别是保障生存的社会生产、维持集体共存的社会秩序、进行人际交往的社会关系和创造文化认同的社会意义。信息放大还需要关注点从一个领域成功转换到另一个领域。如果某种风险能够在不同系统产生共鸣，并在这种情形之下被有效地激发起来，那么风险将成为这些系统内的一个话题。系统之间的沟通依赖于从一个占主导地位的共鸣媒介到另一个占主导地位的共鸣媒介的成功转换，这种转换执行得越好，信息可能被理解的程度就越高，也能更好地进入个体的心理表象世界。公共资源理论认为，公共资源是每个人都可以自由使用的、不受限制的、开放获取的资源。在利益的驱使下，人们在获取开放获取的资源时可能会过度使用资源。行为人不愿意他们的使用权受到限制，不管这种限制来自外部的强加还是内部的协商谈判。如果某人的贡献被自己和他人认为是边缘的和个人的牺牲，这些牺牲很快就会被他人的过度消费所补偿，那么行为将不会遵循态度的导向，人们会出于抢先利用资源的动机而缩小感知到的风险。以气候变化的风险为例，气候变化关系到经济损失、环境正义、社会凝聚力弱化等方面，表现出对生态和人类的威胁。但气候变化符合公共资源的全部条件，这个事实加剧了上述威胁的挑战。只要个体或国家认为其他人在没有受到约束地使用资源，那么个体和国家就都没有动力去激励、采取保护环境的行动。此外，那些采取搭便车立场的人可能会获得许多好处，但牺牲了那些愿意采取适当行动的人的利益。在这个困境中，出于避免内心冲突或失调的负面体验，个体倾向于减少不作为的代价成本和降低风险。因此，虽然事实上关于气候变化的风险信息被高度放大，但是这个放大过程转变成代表集体或个体行为人利益的具体行动的可能性的前景却相当暗淡。公共资源困境的经验导致一些个体的气候变化风险感知的衰减，与功能性共鸣导致的放大相比，这些个体创造了利益向内的比较效应。

3.2.3　风险的社会建构

　　经常出现这样的现象：一些风险或者风险事件是相对轻微的，所引发的风险后果在可以承受的范围之内，实际程度也不会太起眼，然而社会反响情况往往与技术专家的风险预期状况不相吻合，甚至大相径庭。在社会、文化、心理等非技术性参数因素的影响下，公众对于这些"小"的风险或者风险事件却会强烈关注，有时还会产生非常严重的社会后果。正如卡斯普森等人所说，特别令人费解的是，甚至连只有很小物理后果的风险事件都往往会引发强烈的公众关注并造成巨大的社会影响，这在传统风险分析层面上是不曾料到的（Kasperson，2010）。可以说，社会、文化、心理等因素的影响展现出公众风险体验的社会建构。这当中，个体和群体风险认知的状态以及这些状态针对社会、经济、政治等方面产生的效应构成了一种日常普遍的现象。

风险是社会建构的产物，个体所处生活环境的社会、制度、文化以及群体等因素与过程影响、调节个体对风险的认知。风险沟通所呈现出的话语意义世界极有可能充满不同的解读，人们较长时间以来认识到风险认知是一种社会建构。心理元素而非传统上专家提供的风险评估，主导着人们对特定危害的反应（Frewer，1999）。在深层次上，这些解读印刻着文化的色彩，各风险主体以自己的世界观和价值观演绎出对风险的基础性认识。风险的社会放大框架的原初起点是改变以往单纯从风险的技术概念理解公众风险认知的取向，将社会的、文化的诸多因素以及个体的心理反应结构同技术式风险概念结合在一起，更为全面地去理解公众的风险认知。文化理论早期研究的一个着力点就是：风险认知的差异阻断了有效的风险沟通，是什么导致了这些差异？文化在风险沟通中起着什么样的作用？这种作用如何在情境化风险认知中显现出来成为学者们感兴趣的研究课题。

文化嵌入地域的日常生活里，它是多元的、相对的，是一个复杂的政治、经济和社会过程。在这个过程的演变中，生活的意义被建构和凸显出来。地域是文化属性当中的重要因素，能够弥补用单纯技术式风险概念理解公众风险认知的生存论缺场。特定地域的一系列复杂情境化因素发挥着社会建构的作用，影响着风险认知的表现。在社会冲突中，与地域关联的话语叙事表征着文化力量，嵌入生活地理空间，并以乡愁的精神形式现实性地影响着风险的社会建构。针对加拿大艾伯塔省埃德蒙顿城乡接合部周边地区的工业发展，增田等人探讨了文化在风险的社会生产和风险沟通中的作用，为在当地有争议的环境议题上为什么有些人放大了风险、有些人衰减了风险，提供了一种生活空间上的解释（Masuda & Garvin，2006）。该个案研究考察了一项公开征询，告知当地居民附近的一项生态工业发展计划。研究使用风险的社会放大框架探索文化、地域和风险的社会建构之间的关系。对 33 名土地所有者（自己在土地劳作者以及自己不在土地劳作者）、公共官员（市政政治家、行政人员）、记者和行业代表进行了 44 个深度半结构化访谈。研究表明，地域的情境化经验建立在充满冲突的文化世界观基础之上，而风险沟通发生在与地域的这种情境化经验关系之中。地方依恋和世界观塑造风险认知，将地域属性融入受访者的风险话语而展开的依托是在风险的社会放大框架中实现文化因素可操作化的重要路径之一。从当地居民社区生活的角度出发，受访者往往在地域生活安全保障的前提之下展开风险认知的话语叙事；但从更大区域性经济利益的角度出发，受访者往往在区域发展的前提之下展开风险认知的话语叙事。也就是，将地方看作居住的区域的受访者往往放大风险，而将地方看作发展经济的区域的受访者往往衰减风险。

地域是生成文化的根基，也是人们日常生活的物理空间。不过，物理空间长久以来就不仅仅是单纯容纳人进行活动的场所。由于人的活动的积极介入，物理空间所构成的地域已成为人创造文化的社会场所，成为历史性孕生意义关系的社会空间以及释放生活热情、实现生活理想的现实载体。在地域、文化与空间的交织中，情境化的风险经验不断生成和演绎。地域是风险的社会放大框架的一个有用的组成部分，风险放大和衰减取决于文化世界观的经验，而地方依恋是文化世界观的重要基础。事实上，由于威胁的不确定性是风险的主导特征，风险往往在相关议题对立性的观点纷争中孕育和表达出来，风险认知建立在对于生命、家庭、繁荣和社区构成何种威胁的信念基础之上。因而，只将风险量化为损失、伤害或死亡的概率是不充分的，这种简单的数字化解容易掩盖日常生活中丰富情境的多重内涵。在马尔代夫，当地人的一些日常用语如"准备充分就能平安出行""如果一侧岛屿侵蚀，泥沙淤积将出现在另一侧"反映出他们朴素的文化观念。当地人认为航海远行充满威胁挑战，是一种冒险活动，而认为海水侵蚀土地、造成土地流失不构成威胁，不是什么风险，仅为一种自然过程。这些长久的生活理念就孕育着文化教条和科学风险管理之间的矛盾。

人们在生活体验的认同感、生命传承的庄严感以及生生不息的神圣感等鲜活的心理历程当中去建构和归属地域边界，去守护和怀有地域的社会空间给予人们的精神家园之感以及乡愁般的美学体验。阿拉斯加地区的因纽特人面临着前所未有的气候变化的风险，但是因纽特人认为他们无法控制气候变化。面对祖祖辈辈生活的区域的消失，因纽特人把向下一代讲述故事的方式作为一种应对机制，平静地接受现实，同时又保持着对长久以来生活的地区的情感联系。所谓"乡愁"就是一种强烈的感情依恋和地理向往，一种物理空间根基化的心理安全感追寻。人们将地域连同世代生息的历史一起嵌入心灵、一同建构起身份、一道凝结为文化，"故土难离""乡情难舍"至少部分表明了地域给予人的人格化依恋和精神性依托。地域依存感曾经赋予人的稳定和安全受到冲击，对于地域之内的常住居民而言无异于一次"断崖"式的转折。在现实面前，为了保全地域使其继续如同昔日般提供给人们活动的社会空间，人们可以奋力与破坏地域的力量绝命抗争。在无力保全地域而不得不另择空间之时，人们变得黯然神伤。不过，但凡有一丝机会，人们都会尽力为留存地域而努力。摧毁地域的外来势力有着与当地人不同的世界观和利益诉求，威胁、冲击、消灭地域安宁存在的每一种因素对于生活在地域界限以内的个体而言都是风险，因为这些与地域内的个体的世界观和存在感格格不入。只有一种情况例外，即地域内的个体本身自愿改造生存的物理空间。

地域因归属感而赋予"生于其中"的个体以根基性的生命意义。对于故土的乡愁和价值观影响人们的风险认知水平，进而提高人们对于当地环保事业的关注。同样，利益诉求下的外群体凭借强势力改变某土著群体生活地域时，首要冲击的是该土著群体在生活共同体历史中塑造的归属感。不仅如此，在地域生活边界消失、生活场景更迭、生活方式改变的现实面前，外来的威胁充满变数，新生的风险真切逼近。无论是城市化的土地扩张还是工业化的土地占用所导致的地域边界的消失，无一例外必然摧毁个体因地域而生的依恋。个体重建生活经验伴随着应对威胁消灭、抗争或认同的煎熬过程。外来威胁打破地域固有的秩序之时，风险认知可以随着地域依恋的解释而出现边际变化。当面对外来威胁时，内群体通过唤醒由强烈的群体身份保卫的心理防御心态，进而引发高水平的风险认知，并准备好付出苦难的代价，从而对抗同外部的集体沟通，阻止地域的消失。与此相对应，如果外来威胁没有达到一定程度，也没有直观的地域界限的消亡，就不至于分裂群体身份的历史感和归属感。反而是在一些利益的诱发下，外部势力的介入以当地经济状况的改善为承诺、以当地固有秩序的维持和提升为愿景，在某些情况下确实起到了强化内群体地域依恋的作用，并且借助于与地域依恋相向而行的策略弱化和降低内群体的风险认知。在这样的情况下，外来"威胁"难以被说成是威胁，也成为不了风险，而很可能是内群体集体表征中的"机会"。地域由此不是萎缩，而是发展。不过，难以保证的是，在发展名义下推进的地域是否还是传统印象中的地域？

社会建构同样能够实现和维持风险衰减（risk attenuation），风险衰减指的是可能具有比较严重的后果的危害事件和活动却没有引起社会相应程度的重视。巴特等人研究了生活在加拿大艾伯塔省斯旺希尔斯地区的危险废物处理设施附近的小镇居民对于风险和安全的关注(Baxter & Lee, 2004)，他们对 38 名居民进行了危险废物处理设施的风险以及社区生活方面的深度访谈，以此试图展现风险的社会建构。他们发现，31 名居民在首次提及危险废物处理设施的风险时，就公开表示他们没有关注或者较低关注危险废物处理设施的风险。在随后进一步深入探讨危险废物处理设施的风险时，有 11 名居民表现出潜在的关注，表达了不确定性、保留意见和怀疑。可以利用群际观点对抗来解释为什么小镇居民很少关注危险废物处理设施的风险。无论现实性的还是想象中的，外群体对于风险事件以及风险事件的当事群体都有可能形成固化的污名。强化的自豪感和积极的群体认同是小镇居民的防御性力量，用来抵抗外群体对风险事件持有的否定性看法以及对他们的消极看法，哪怕这些看法可能只是一种想象中的存在。内群体成员同外群体成员之间心理上的博弈是风险衰减的部分原因。按照力量强度递增顺序，从群际态度差异到群体认同的威胁对于确立风险认知起着特殊作用。也就是说，作为群体边界标识的个体身份意识左右着以地域为核心特征的风险事件和活动认知。用地域充当划分标准，生活在其中的为内群体，生活在其外的为外群体。当外群体对于发生在地域范围里的风险事件和活动持有消极看法，并表达出内群体因基于某种利己型目的或者无知、盲目而容忍这些风险事件和活动继续存在下去时，群体污名化效应就极有可能出现。比如，当媒体较集中地对某一对象进行负面描述时，上述现象就可能发生。即使外群体的观点具有某些合理性或科学正确性，当内群体感受到外来意见过度越界时，其认同意识也会愈加强烈。此刻，甚至以往显得沉默的内群体成员都较为容易被激发起来，整个内群体的团结也较为容易实现和强化。对当地群体价值观和信念的强烈认同促进居民在危机状况下团结，进而维持地方社会秩序。经过提升的内群体认同、自尊和自豪感都可以成为抵抗的力量，抵挡外群体的威胁。

　　风险能够放大，也能够衰减。出于某些心理、社会、经济等原因，个体也可能夸大一些自愿接受的风险以及熟悉的风险所带来的利益，或者追求它们所带来的情绪体验、角色认同、群体身份等，同时淡化甚至否认这些风险可能导致的致命后果，如城市"飙车族"深夜在道路上肆无忌惮地狂奔竞逐。如果个体在生活依存维度上同风险生成源具有紧密关系，同时在生活空间上与风险生成源具有交集，那么个体更为容易接受这些风险。例如，生活在危险废物处理设施附近的居民表现出对风险的低关注度，原因在于危险废物处理设施成为附近居民的就业和经济来源。从风险经济学的角度看，如果产生环境危害的企业为当地人提供了大量的就业机会，那么对环境危害及相关风险议题的关注会大打折扣，相关抗争活动也会受到抑制。从这些风险生成源获得利益的个体以及远离这些风险源的个体都表现出低度的风险认知。所谓的"甜甜圈效应(donut effect)"就是：离危险废物处理设施最近的人表现出大量的关注，但是在这些设施中工作的人以及相对远离这些设施的人关注得最少(Baxter & Lee，2004)。基于理性的成本—收益计算，稳定的工作岗位、满意的福利待遇能够帮助个体以及某一地区摆脱经济上的困境，相对改善生活水平。在以往需要挣扎在基本生活线上而现在基本生活可以得到大体满足的情况下，关注环境危害的意识尚不能够成为群体的主导意见。美国一些学者研究了废物处置设施高放射性水平的社会影响问题。弗林等人利用1989年内华达州居民调查数据，通过使用协方差结构分析的验证性多元方法，提出假设模型考察公众风险认知、风险管理信任和废物库项目潜在经济影响之间的关系，发现内华达州居民强烈反对美国联邦政府将全美首个高放射性废物库建在尤卡山，即潜在的经济利益对预测支持或反对废物库项目不起显著作用。风险认知和风险管理信任密切相关，风险管理信任直接影响风险认知，风险认知又直接影响人们对废物库项目的态度，并通过污名效应间接影响人们对废物库项目的态度（Flynn，1992）。卡尼茨等人研究发现，靠近内华达州尤卡山高放射性废物库的社区的居民看重废物库带来的经济效益。与地理位置相距遥远的社区的居民相比，废物处置点附近的社区的居民对于健康和安全风险的关注水平较低。而让地理位置相距遥远的社区的居民不能理解的是，废物处置点附近的社区的居民为何置健康和安全风险于不顾，却看重经济效益。而事实上，废物处置点附近的社区的居民在废物处置点建立之前确实经历了经济上的窘境（Krannich，1993）。

3.2.4 地域认同与风险认知的实证研究

立足于地域认同，研究考察媒体雾霾报道及切身体验对于公众空气污染认知的影响。为了区分出地域感知变量，分别在东北 J 省省会 C 市和南方 H 省生态旅游城市 S 市进行调查研究。C 市每年 10 月中下旬进入城市冬季采暖期，常常出现持续多日的严重雾霾天气。在基本相同的时间段进行数据收集，2015 年 10 月中下旬，通过控制性别、年龄和收入水平等变量，在 C 市和 S 市的社区广场、健身中心等人员较为聚集的区域进行配额抽样。在 C 市和 S 市的两次调查各招募到有效被试 600 名参加。针对 S 市的被试，筛选保留知晓媒体雾霾报道的个体。

样本情况

在 C 市收集 600 份有效问卷，样本中 60％为女性。参与者的平均年龄为 43.9 岁（SD±9.36）。按照被试主观自我报告情况，将样本被试分为四种类别（注：A 代表高收入群体、B 代表中等收入群体、C 代表低收入群体、D 代表其他情况），16％被试为 A，31％为 B，

33％为 C，13％为 D，剩下的是未分类（退休或学生）。在 S 市收集 600 份有效问卷，样本中 62％为女性。参与者的平均年龄为 44.2 岁（SD±10.21）。13％被试为 A，37％为 B，32％为 C，12％为 D，剩下的是未分类。两个样本被试的收入分布有一定的差异。但是，总体上两个样本被试的人口统计学特征比较接近。具体情况见表 3-1。

问卷材料

要求被试在 48 个态度题项上以 7 点量表计分方式，从完全同意到完全不同意表达自己的意见（见表 3-2）。另外，增加一些附加题项，了解被试是否知晓媒体关于雾霾的报道，并提供他们对于这些报道的感知信息。为了不影响被试回答其他题项，这些附加题项安排在调查问卷的末尾。

分析结果

针对 48 个题项的被试回答情况进行主成分分析（PCA），缩减数据，从而提炼出分量表。在之后分析中将这些分量表指标当作因变量来使用，并确定哪些题项能够纳入独立的分量表中。纳入分量表的题项要求在主成分（PC）的负荷为 0.3 或以上，不符合这个标准的题项排除在分量表之外。有 10 个态度题项属于这种情况。提取使用的方法是主成分法。使用陡石图确定提取因子的最大数量。主成分分析提取出三个因子。基于 C 市样本数据的主成分分析方差解释量为 49.2％，基于 S 市样本数据的主成分分析方差解释量为 48.6％。两次评估主成分分析的结果都非常相似，这表明人们的态度结构在一段时间内没有改变。由此，两次的数据可以相结合。对结合后的数据进行主成分分析，方差解释量为 48.9％。分析提取出三个因子：第一个因子标记为"风险效应"，包含的题项相关于雾霾的负面影响；第二个标记为"机构信任"，包含的题项相关于对政府监管部门的信任；第三个标记为"发展代价"，包含的题项相关于发展经济的生态代价。针对三个主成分创建分量表。效度分析采用 Cronbach's α

系数作为衡量内部一致性的指标，了解测量同一心理构建的每个因子上的不同特征负载。分析显示出较高的 Cronbach's α 系数（风险和负面影响＝0.90，信任＝0.87，价值＝0.79）。

表 3-1 两地区样本的社会人口学数据

	C 市	S 市	
调查时间	2015 年 10 月中下旬	2015 年 10 月中下旬	
人数	600	600	
性别		$\chi^2(1)=0.456$，ns	
男	240	228	$F(1, 1192)=$ 0.637，ns
女	360	372	
年龄平均数（标准差）	43.9(9.36)	44.2(10.21)	
收入水平		$\chi^2(5)=19.74^{**}$	
A	(16%)	(13%)	
B	(31%)	(37%)	
C	(33%)	(32%)	
D	(13%)	(12%)	
未分类	(7%)	(6%)	

$^*p<0.05$；$^{**}p<0.01$

表 3-2 雾霾态度题项的因子负荷(两个地区数据合并在一起)

态度题项	风险效应	机构信任	发展代价
	31%	11.6%	6.3%
雾霾对人体健康产生严重的直接影响	0.86	−0.09	−0.08
雾霾对人体健康具有长期潜在的影响	0.86	−0.16	−0.03
雾霾天气对儿童、老人健康尤其不利	0.85	−0.12	−0.20
雾霾天气导致呼吸道疾病病人增多	0.85	−0.18	−0.11
频繁出现的雾霾天气与恶性肿瘤发病率上升有很大关联	0.85	−0.14	−0.09

续表

态度题项	风险效应 31%	机构信任 11.6%	发展代价 6.3%
人为因素是导致雾霾频繁出现的主要原因	0.84	−0.16	−0.22
我个人对于雾霾频繁出现表示担忧	0.83	−0.21	−0.08
全国大面积雾霾天气表明环境状况恶化	0.83	−0.19	−0.07
雾霾频繁出现降低人们生活质量	0.82	−0.15	−0.13
雾霾天气连年出现说明环境形势严峻	0.80	−0.20	−0.08
雾霾天气损害国家形象	0.79	−0.16	−0.11
雾霾频繁出现是危险的	0.79	−0.13	−0.12
政府采取强力措施治理雾霾迫在眉睫	0.78	−0.17	−0.20
雾霾频繁出现促进我对环保问题的关注	0.76	−0.12	−0.13
雾霾天气导致严重的经济损失	0.75	0.14	−0.16
雾霾天气从北方地区蔓延到南方地区是危险信号	0.73	0.17	−0.10
雾霾天气中小学幼儿园应当停课	0.71	0.15	−0.21
雾霾天气的成因非常复杂	0.69	0.19	−0.12
公众是雾霾天气的直接受害者	0.67	0.18	−0.17
我个人不太了解国家环保方面的法律	0.22	0.19	0.21
公众对于雾霾天气危害的认识应当提升	0.26	0.06	0.16
公众并不充分了解雾霾的危害	0.28	0.11	0.19
雾霾是一种冬季常见的自然现象	0.27	0.13	0.18
雾霾是一种可以接受的风险	0.23	0.12	0.14
我相信政府会采取最高等级的环保措施治理雾霾	−0.13	0.79	−0.20
我相信政府会发挥治理雾霾的主体力量	−0.11	0.79	−0.22
我相信政府会把人民健康摆在第一位	−0.15	0.78	−0.19
我信任中央政府环保部门能够履行环境监管的职责	−0.16	0.77	−0.24

续表

态度题项	风险效应	机构信任	发展代价
	31%	11.6%	6.3%
我信任中央政府其他部门能够配合环保部门进行环境监管	−0.13	0.77	−0.18
我信任地方政府环保部门能够履行环境监管的职责	−0.11	0.76	−0.23
我信任地方政府其他部门能够配合环保部门进行环境监管	−0.17	0.75	−0.20
我相信国家将严格执行环境保护的法律	−0.12	0.74	−0.22
我相信国家将加大对环境违法行为的问责	−0.12	0.72	−0.18
我相信国家将增加科技治理雾霾的经费投入	−0.10	0.69	−0.21
我相信国家非常重视治理雾霾	−0.13	0.67	−0.17
我相信国家采取的措施会逐步缓解雾霾频发的趋势	0.19	0.21	0.15
我相信全社会将积极行动起来广泛参与治理雾霾	0.11	0.18	0.20
与雾霾有关的企业对国家经济是有必要的	−0.13	−0.19	0.65
雾霾是经济发展需要经历的阵痛	−0.12	−0.17	0.65
关停与雾霾有关的企业导致大量社会失业	−0.12	−0.20	0.63
经济发展需要暂时牺牲环境	−0.18	−0.14	0.62
增加收入需要承受雾霾代价	−0.19	−0.18	0.62
雾霾天气在其他国家也会出现	−0.11	−0.22	0.58
维持经济增长速度难免出现雾霾等环境问题	−0.16	−0.11	0.57
只有发展经济才能真正解决雾霾等环境问题	−0.18	−0.16	0.56
雾霾是一时之痛	0.23	0.09	0.11
公众无法控制雾霾的风险	0.14	0.17	0.16
我个人会增加环保意识	0.15	0.14	0.18

(1)雾霾态度与地域

　　进行多元方差分析考察雾霾态度的地域效应。由三个分量表测量得到不同地域的雾霾态度。数据分析出现显著性的差异，$F(4, 2409)=14.35$，$p<0.01$。但是，对于"机构信任"和"发展代价"而言有单因素效应，对于"风险效应"则没有。事后分析表明，C市被试虽然经受雾霾的困扰，但对于雾霾的风险认知并没有显著超过无直接经验但有间接经验的S市被试。地域认同的因素可能是导致上述结果的一个原因。同时，C市被试的"机构信任"水平低于S市被试，"发展代价"水平高于S市被试。具体见表3-3。

表 3-3　两地区被试态度分量表的平均数(标准差)

态度分量表	C 市	S 市	F 值(自由度)
风险效应	2.19(1.09)	2.27(1.25)	1.78(1, 1198)
机构信任	5.03(1.15)	3.34(1.23)	15.69(1, 1198)**
发展代价	2.67(0.96)	3.95(1.10)	8.34(1, 1198)*

$^*p<0.05$；$^{**}p<0.01$

　　针对有直接经验的C市被试和无直接经验但有间接经验的S市被试，考察他们对于媒体雾霾报道的态度反应。出于研究需要，在样本取样时已经控制好被试条件，所有保留被试均报告自己通过各类媒体已经知晓关于雾霾的新闻报道。对数据进行多元方差分析，结果出现显著性水平，$F(7, 1191)=9.37$，$p<0.01$，单因素检验情况具体见表3-4。在报道内容令人震惊方面，C市被试和S市被试没有显著差异，且得分处于中值附近，表明地域认同一定程度上冲抵了雾霾风险的认知水平。在报道形式生动直观、报道立场客观可信方面，也没有显著差异。不过，直接处在雾霾严重侵袭之下的C市被试对于新闻报道中宣传的要对相关官方机构治理雾霾具有信心的认可度较低，这与S市被试所具有的机构信任呈现出显著差异。此外，在公众对于雾霾治理有知情权、参与权方面，C市被试与S

市被试也呈现出显著差异。在经济建设与生态建设同等重要方面，两地区被试没有呈现出显著差异。

表 3-4　两地区被试对于媒体报道态度的平均数（标准差）

媒体报道项目	C 市	S 市	F 值（自由度）
报道内容令人震惊	3.08(1.13)	3.15(1.14)	2.02(1，1197)
报道形式生动直观	4.12(1.04)	3.89(1.12)	2.21(1，1197)
报道立场客观可信	3.94(0.99)	3.31(1.21)	1.76(1，1197)
对管理机构要充满信任	5.97(1.03)	3.67(1.21)	15.35(1，1197)**
公众对于雾霾治理有知情权	4.78(1.16)	3.91(1.20)	8.52(1，1197)**
公众对于雾霾治理有参与权	4.93(1.30)	3.87(1.18)	8.99(1，1197)**
经济建设与生态建设同等重要	1.68(1.45)	2.11(1.34)	5.26(1，358)*

$^*\,p<0.05;\,^{**}\,p<0.01$

（2）人口统计特征对雾霾态度的影响

针对两次调查中人口统计特征对雾霾态度的影响，从年龄、性别、教育水平、收入水平进行单独的多元方差分析。起初将地域作为一个因素来进行分析，但发现不存在交互作用，因此把地域这个自变量从分析中排除出去。

年龄

统计结果发现，三个年龄组之间存在态度差异，Pillai's Trace $F(6，2394)=11.58$，$p<0.01$。"机构信任"因素检验是显著的，"风险效应"和"发展代价"因素检验不显著（见表 3-5）。三个年龄组被试对于雾霾的风险效应和发展代价在态度认识上没有表现出差异，表明在关系到基本生活条件的风险事务上，个体整体上具有一致的看法，感受到恶劣天气带来的威胁，对于过度追求经济发展而牺牲生态环境特别是基本生存环境的做法持反对意见。机构信任方面，随着年龄的增加，被试对于国家政府部门的信任呈现增加趋势。最大年龄组被试的机构信任最高，最小年龄组被试的机构信任最低。

这可能与生活阅历、社会生活参与活力以及时间知觉有关。年龄大的个体在上述因素上越发趋于现实化，更多立足于当前状况，较为倾向依赖和相信官方机构去解决雾霾问题。年龄小的个体社会活动热情较高、活力较强，自主参与事务的愿望和动机强烈，较弱于主要依赖和相信官方机构去解决雾霾问题。

表 3-5　年龄维度态度分量表的平均数（标准差）

态度分量表	18～30 岁	31～50 岁	51＋岁	F 值（自由度）
风险效应	2.46(1.03)	2.54(1.11)	2.77(1.08)	1.72(1，1198)
机构信任	5.38(1.12)	4.33(1.15)	3.74(1.32)	10.37(1，1198)**
发展代价	5.16(1.12)	5.58(1.03)	5.21(1.39)	1.93(1，1198)

* $p < 0.05$；** $p < 0.01$

性别

　　同年龄维度上的情况较为一致，数据分析表明，性别维度上存在态度差异，Pillai's Trace $F(3，1197)=14.78$，$p < 0.01$。"机构信任"的单因素检验表现出显著状况，"风险效应"和"发展代价"的单因素检验不显著（见表 3-6）。数据显示，女性和男性在雾霾的风险效应态度方面有着大体接近的程度水平，但女性比男性对监管机构有着更多的信任，在发展代价方面，男性和女性没有差异。这与之后对于发展核电的社会价值方面的研究有所不同：男性对核电的社会价值有着更强的承受力，容忍阈限更高。这也反映出雾霾与核电虽然都是风险因素，但雾霾的发生频率与现实后果更为突出，对人们的实际生活影响更大。严重的核事故在中国极其少见，虽然有大量他国核电站事故的报道，但毕竟实际影响中国公众的情况仍然有限。而中国社会整体对于雾霾的关注极为强烈。

表 3-6   性别维度态度分量表的平均数(标准差)

态度分量表	男性	女性	F 值(自由度)
风险效应	5.76(1.16)	6.05(1.13)	1.86(1, 1198)
机构信任	5.19(1.11)	3.62(1.21)	8.49(1, 1198)**
发展代价	6.28(1.34)	6.03(1.19)	1.55(1, 1198)

* $p < 0.05$;** $p < 0.01$

教育水平

分析教育水平对三个态度分量表的影响,发现统计显著性,F(6, 2394)=8.66,$p < 0.01$。"发展代价"和"机构信任"的单因素检验表现出显著状况,"风险效应"的单因素检验不显著(见表 3-7)。数据表明,所区分出的三种教育水平的被试对于雾霾有大体一致的风险认知,均认识到雾霾的威胁,再一次表明雾霾是一种非常直观的风险。在机构信任方面,低教育水平的个体更倾向于相信政府监管部门在治理雾霾中的作用,而随着教育水平的提高,个体对于政府监管部门的期望更高。在发展代价方面,被试整体上并不接受雾霾是经济发展的必然代价。0~9 年和 10~12 年教育经历的被试得分比中值高出 1 分,显示出一定程度的温和态度;而 13+年教育经历的被试得分偏高,显示出强烈的排斥态度。

表 3-7   教育水平维度态度分量表的平均数(标准差)

态度分量表	0~9 年	10~12 年	13+年	F 值(自由度)
风险效应	2.36(1.02)	2.31(1.05)	2.45(1.20)	1.29(1, 1198)
机构信任	2.48(1.13)	4.79(1.07)	6.04(1.02)	9.02(1, 1198)**
发展代价	4.44(1.23)	4.53(1.03)	6.22(1.08)	2.01(1, 1198)

* $p < 0.05$;** $p < 0.01$

收入水平

数据分析表明,不同收入水平的被试存在态度差异,F(9,

3591)＝8.63，p＜0.01。"发展代价"的单因素检验表现出显著状况，
"风险效应"和"机构信任"的单因素检验不显著(见表 3-8)。

表 3-8　收入水平维度态度分量表的平均数(标准差)

态度分量表	A	B	C	D	F 值(自由度)
风险效应	5.45(1.15)	5.21(1.04)	4.65(1.24)	3.62(1.15)	1.46(1, 598)
机构信任	5.98(1.22)	5.64(1.25)	5.67(1.12)	5.39(1.14)	1.37(1, 598)
发展代价	3.34(1.12)	3.38(1.03)	3.56(1.09)	3.52(1.17)	8.86(1, 598)**

* p＜0.05；** p＜0.01

　　数据分析表明，收入水平的差异不会影响对雾霾风险的认知，
不同收入类型个体对雾霾的风险认知大体处于中值附近。说明人们
虽然认知到雾霾的危害性，但由于雾霾的地区特征以及入冬后居民
家庭取暖等实际需求的因素，人们对于雾霾采取了一定程度的容忍、
妥协态度。有可能出于地域认同的防御心理，避免印刻雾霾城市的
"污名"符号，抑制了对雾霾过高的风险评估。此外，收入水平的差
异也没有影响对于机构的信任。但是，各收入水平被试在关于雾霾
问题的机构信任方面均表现出较高程度的期望心理。这可能是因为
近些年来，虽然官方监管机构以及社会各界都致力于治理雾霾，但
实际成效没有达到人们的预期，社会信心受到挫折。收入水平的差
异在发展代价因变量上表现出来：低收入水平的个体一定程度上倾
向于接受雾霾是加快经济发展所需要付出的代价；随着收入水平的
提升，个体呈现出经济发展和生活质量并重的心理趋势，不再同意
将雾霾看作经济发展的必然副产品。

3.3　风险渲染的信任抑制

当今时代，信息的传播和互动迅捷、方式便利、成本锐减，给人类社会带来巨大的利益。但同时，有误风险信息也经常"大行其道"，以低成本、低代价的形式广泛流行于各种信息平台和载体。借助于网络惊人的传播速度、跨时空的传播特质，一些网络有误风险信息常常更容易蛊惑人心、动摇民意，危害极大。特别是一些善良无辜、本意质朴的"无关"群众在单纯、不经意甚至被利用的情形下传播有误风险信息，其结果往往导致更为严重的社会舆论混乱、社会心理焦虑、社会氛围恐慌以及社会怀疑盛行。最直接的怀疑对象就是各种信息平台和载体的可信度，人们开始思忖和警惕各种信息平台和载体所发布的信息内容。警觉和防御极少数别有用心、居心不良的信息平台和载体是正常的自我保护，很有必要。更多的信息平台和载体必须注意减少和消除有误风险信息的存在"角落"和流动空间，建立良好的信息形象，获得人们较高的信任度。此外，网络媒体是专业评估系统同公众心理体验之间沟通和对话的中介，也经常成为传播风险信息的平台。网络舆情事件往往能够使个体层面上的风险感受汇聚为社会意义上的风险氛围，影响社会整体层面的风险认知和行为。风险放大的抑制策略立足于从风险信号的衰减现象到风险行为的社会缩小的整个过程，具体围绕信息的理性期待、信息的持续跟踪、信息的责任担当、信息的新奇内容等核心方面展开，并以此探索理解目标受众的过度行为的原因以及掌握目标受众的淡化行为的规律。

3.3.1　信息的理性期待

个体对风险的概念、意象以及价值观都具有文化意义上的社会学习、社会比较和社会感染的烙印，与个体的生活体验和生命历程息息相关，它们对于理解个体生活环境中的社会冲突、对立以及抗争有着重要作用。媒体有义务和责任促进对风险的科学认识同公众关切之间的双向渗透与融合，使科学的"真理"性知识、民主有效的风险决策和公众的日常感受互相嵌入，实现全社会的最大利益。媒体在向公众解释科学发现、提供研究质量和相关性的关键信息、选择性概括和综合评估方面能够发挥作用。把公众当作对话伙伴的主体，势必需要科学技术组织的价值观和文化在追求科学真理、普及科学知识和公众心理习惯之间处理好平衡与协调的关系。传统风险沟通不畅的一个重要方面是：技术领域的专家在进行风险沟通时往往表现为追求清晰的科学边界、严格的数理逻辑和非情绪化的场景表达，不太习惯也缺乏机会与公众建立对话协商的伙伴关系。技术专家坚持以科学的、事实的方式去应对风险，而不是以常人的心理体验的方式去应对风险。

人们从各种信息平台和载体获得信息不只是阅读消遣，还会以此进行社会交流，维持和扩大自身的社会资本。由于存在这种使用信息的社会性功能，信息的掌握数量、信息的分析能力以及信息的表述传达都有可能使得个体在社交网络中赢得他人的关注、占据注意的焦点、体验自我感觉良好的社交氛围，进而助推中心主义的社会角色意识。当个体过于热衷追求信息创造社会资本的社会性功能时，信息往往成为"手段"，其本身真实性、恰当性的审核则难以被加以注意和重视，造成控制有误风险信息的动力缺乏。因此，时常出现谣言"满天飞"、谎话"铺天盖地"也就不足为怪了。社交网络的激发、动员和助推效应始终围绕着情绪和情感展开。线上的活跃个体往往有充沛动力释放情绪，遇见某个舆情事件时容易生成和"助燃"负面情绪，程度从"颇有微词""牢骚满腹"到"一身怨气"不等。另外，负面情绪笼罩下的个体身负焦虑、担忧、愤怒、恐惧、无助、绝望等各类不安时，比较容易主动在线上发帖出声、跟帖声援，表达意见愿望强烈，甚至容易接受动员而加入某类组织、参与一些活动；比较容易倾向于固执己见，沟通的灵活性不够，对话的妥协意识缺乏，排斥考虑接纳新的信息，常常内卷式论证己方立场的准确性或者诉求的合理性，持"相同即为合理""相同才会赞成"态度；比较容易陷于封闭的解释循环，开放包容精神偏弱，主张权利的实现强于义务的履行、个体的自由先于他者的利益、目的的实现优于手段的形式。

舆情事件社会放大的起点在偶发的局部位置，但外扩影响和辐射往往是社会全局性的，也通常伴随着事件域外的大量个体参与其中。社交网络信息准入门槛较低、信息数量庞大、信息覆盖范围广泛，使得个体选择性了解信息和偶然性接触信息的机会大大增多；社交网络信息表达相对自由灵活、信息用语更为口语化、情绪化，客观上容易满足个体参与舆情事件的心理宣泄，也容易吸引事件域外个体的"围观""吐槽"，原有态度极化、情绪偏态失控。上述所有特点使得社交网络信息较容易引发个体相应的层级化具体表现，包括浏览相关新闻、转发相关信息、发表评论看法和参与群体活动等。从个人层面看，在社交网络"参与""围观""吐槽"舆情事件是个体于日常生活世界中获得意义"存在感"的重要方式。线上的活跃个体不仅出于便利生活的最基本目的在社交网络知晓、积累和使用有用信息，而且通过写帖"陈述"来表达个人的立场以及这些立场的重要性、正确性，通过表达对社会事务的关注来体现自己承担义务和担当责任的社会自豪感，通过"自我"的展现来确证个体感知的社会角色。因为种种顾虑，线上也有许多沉默的个体，他们长期处于"潜水"状态，较少在社交网络"抛头露面"。但即使这样，他们仍然极有可能"悄无声息"地在线上学习和收集信息，为线下非正式人际讨论或"茶余饭后"闲聊准备谈资，实际交往需要这些社会资本作为

"催化剂"。掌握信息的社会化功能不可小觑，时不时传播某些惊人"爆料"或者能够回应某些热门的公共性话题，可以使个体在线下人际圈子里不至于信息落伍，避免被贴上"跟不上时代"的标签，从而在公共生活圈获得"一席之地"。所以，仅仅为了最基本的满足社会生活"存在感"的需求，个体就有着较为强大的动力和兴趣去关注社交网络而不游离于其外，更不希望自己被一些社交网络的"群"排斥在外。

某些有误风险信息的广泛蔓延既有宏观层面的原因，也有个体自身的因素。理想的情况是：就个体而言，通过对个体的教育和"赋能"，提高个体对于信息的辨析和判断能力。但这种方式需要对个体进行较强的激励，同时也要求个体采取较多的努力。更为实际的做法可能是从改变社会因素入手，干预个体对于所接触信息的心理期待。舆情事件信息沟通时更加体现出交互动因的推进模式，这当中个体因素、环境氛围、行为感染互相叠加、交叉影响。个体因素是主体因素，包括个体的基本观念、结果预期和弹性空间等，它们是决定行为的重要方面。在心理上研判事情即将或未来会出现的结果，常常是个体社会认知过程的核心环节，直接影响个体的行为选择。中国人爱说的"三思而后行"，十分恰当地体现了上述道理。个体通过对未来后果的权衡作出当下的行为安排，"趋利避害"成为社会认知的首要行为标准，绝大多数个体都表现出正常的结果预期的社会认知能力。在个体的基础观念、结果预期和弹性空间所构成的三维结构中，结果预期可以作为重要的中间变量。基于个体已有观念，能够进行恰当的内容、方向和效果的变化，进而带动基础观念一定程度的弹性变化，以灵活应对外界的社会环境。舆情事件网络信息接触便利、传播迅捷、受众广泛，个体在参与网络信息活动时任务简单，几乎不需要什么技能，经常只是做"滑动几下鼠标""点击几个按键""移动几个网页"等极其平常的动作。上述情况也表现出实际效果的"两面性":不利的方面是网络信息活动的低门槛、低成本、低难度、低技能等特点造成有误风险信息容易在网络空间有存在的土壤,在现实环境有传播的熟悉"优势"和公共性话题资源;有利的方面是结果预期的具体表现同网络信息活动的任务难度有着紧密关联,网络信息活动的任务难度越低,对技能的要求越少,改变对有误风险信息的结果预期就越容易,能够较快唤醒和启动个体对于有误风险信息的警觉和排斥,抵消和减少有误风险信息的流动传播,抑制其负面的社会感染效果。增强个体对于信息的免疫能力、调整个体的行为也就更为顺利,信息纠偏成效也就更为显著。成功干预个体的后果预期,能够实现将网络易于滋生有误风险信息的"劣势"转化为对有误风险信息进行纠偏的"优势"。

3.3.2 信息的持续跟踪

全媒体时代的到来使人们对于传统的风险信息传播、响应、放大或衰减模式需要有新的认识。从信息传播模式上看,全媒体时代的信息传播平台极大地缩短了个体接受风险信号的时间,空间上的障碍约束也已经荡然无存。个体能够极为便捷地接触、知晓和阅读大量的信息。一方面,持续更新的海量信息会使得个体在短时间内获得充分但极可能完全不一致的信息内容,对事件性质的判断可能会在不长的时间内发生动摇甚至逆转。另一方面,全媒体时代提供的互动平台为风险信号的再生产提供了全天候、较自由的表达空间,有时在较短时间内就可能引发巨大的社会轰动,从看似"风平浪静"到霎时"波涛汹涌",常常令人措手不及、毫无戒备。

通过观察媒体会发现,它们热衷于将风险的科学信息或其他信息制作成风险新闻报道。这些新闻报道会如何影响公众对于风险信息的认知?媒体报道起到信息披露的作用,将信息公之于众,使风险事件显现出来,为之后可能发生的关于此类问题的人际讨论以及风险认知的增强提供内容素材。人际沟通渠道常常是作出风险判断的重要环节，媒体报道的数量及覆盖面同人际沟通渠道的活跃使用呈现高相关。在启动人际沟通渠道讨论风险信息之前，风险新闻报道中使用的媒体框架（media frames）往往会影响人际互动以及最终影响风险判断。必须注意到，新闻报道的覆盖面、发布数量及新闻事件的持续时间有可能引起风险信号的扩大，媒体密集的夸大式"表面"持续报道也有可能引发风险认知的社会放大。在每天的成百上千条新闻中，编辑根据他们所理解的公众期待来筛选，也根据他们想对公众施加的影响来筛选。他们——特别是电视编辑——的选择很大程度上决定了公共辩论的内容，以及读者或观众对事实的认识。通过故事与事实的混合，将这些东西"包装"成为一体，电视可以以此麻痹分析能力、激发好恶情感，并形成强力激素，抑制或者刺激情感与思想（格罗塞，2010）。弗鲁尔等人（2002）举了两件发生在英国的与人体健康密切相关的风险事件为例。一件是 1996 年时任英国农业大臣斯蒂芬·杜瑞尔（Stephen Dorrell）宣称，发现人类疾病变异型克雅氏病（vCJD）和牛海绵状脑病（BSE）之间有潜在联系。BSE 俗称"疯牛病"，是一种致命的神经退行性疾病，影响牛的中枢神经系统。1986 年，疯牛病在英国首次被确诊。它的严重危害性在于能够引起致命的 vCJD，也称"人类疯牛病"。另一件是 1998 年英国皇家医师学院和皇家精神科医师学院发布报告，指出接触有机磷农药有害人类健康。这两个事件由于媒体关注程度的明显不同，引发了公众在风险认知方面的巨大差异。"疯牛病事件"一时间引发媒体铺天盖地般宣传，对英国牛肉产业产生严重负面影响。有证据表明，英国政府宣布疯牛病相关性发现导致了与疯牛病相关的风险的社会放大，具体的关键指标就是牛肉消费水平：1996 年，英国牛肉消费总量较正常水平下降了 17%。可以合理推断的是，由于社会恐慌情绪的蔓延，人们与牛肉消费相关的风险认知增加，进而减少了牛肉消费行为。不过，这种状况持续的时间并不长。到 1997 年，英国牛肉消费总量基本恢复至疯牛病危机发生之前的年度水平。可以继续合理推断的是，在疯牛病引发人们恐慌情绪的一段时间里，牛肉消费总量的下降趋势是明显的，这与风险认知的增加遥相呼应。但随着恐慌情绪的逐步缓解，牛肉消费总量趋于回归正常水平，风险认知也相应衰减。"有机磷农药事件"原本也具有引起媒体大量关注的条件，比如：首先，此前较长的一段时间里，英国政府建议在某些农业措施中强制使用有机磷农药；其次，海湾战争结束后，回国人员普遍出现"海湾战争综合征"，这些人员在大量接触有机磷类化学物质后出现了身体健康问题。媒体和相关社会团体完全可以利用"海湾战争综合征"和农业上使用有机磷类化学物质对人体健康产生影响之间的关联性大做文章、广为渲染，促进风险认知的社会放大过程。但是，风险认知的社会放大并没有如预期那样出现。一个很重要的原因是，极少有媒体关注英国皇家医师学院和皇家精神科医师学院发布的有机磷农药有害人类健康的报告，这直接导致没有出现公众对相关风险认知的放大效应。

与风险事件相关联的信息本身所具有的一些属性能够影响风险认知的社会放大，导致公众增加对于风险事件的关注。信息流成为了公众反应的一个关键成分，并充当社会放大的一个主要中介。可能影响社会放大的信息属性很多，包括信息被争论、渲染的程度以及信息的象征性内涵（Kasperson，1988）。能够放大风险的信号通常涉及与个体基本生存权益关联的内容如人体健康、城市噪声、环境保护等，体现与"未来"相关联的性质。具有显著不确定危害的信号更加可能会预示着有一定甚至较大的风险，并吸引社会活跃人士积极制造和鼓动社会舆论。以转基因生物为例，虽然目前可能没有证据表明其危害性，但不排除未来这种危害性有可能存在。在转基因生物安全性的论争当中，就出现一系列危害议题及范围的转移。弗鲁尔等人在英国媒体事件语境中考察风险的社会放大框架的效用，分析媒体大量报道转基因食品风险对公众感知的影响，这些报道中关于转基因食品的信息描述极为吻合风险的社会放大框架所预设的信息属性。从信息数量上看，各类媒体充斥着转基因食品的报道。这些海量信息并不都能准确代表转基因食品实际情况，实际情况往往是鱼龙混杂、是非混淆。报道的信息质量标准成为次要问题，关键是海量的报道信息营造出"热岛"现象，给公众造成视觉上的直观冲击，引发公众注意力的汇聚以及情感的渲染，导致公众心态的失常与恐慌。由此，单是海量的报道信息就可能发挥出"风险放大站"的作用。从信息观点上看，这些转基因食品报道往往存在意见分歧，各方争论不休、各执己见，立场难以统一、无法调和。这些一定程度上造成公众看法混乱、难辨是非、权衡不定，摇摆游离的态度选择容易推高风险认知的水平。从信息表述上看，有些转基因食品报道为了吸引公众眼球，文字形式生动，刻意采取风险事件实例及"情节化"来完成信息传达。风险信息经过烘托、渲染甚至故事式加工处理，容易诱发公众高水平的风险认知。此外，还有一个重要方面是，从信息概念及术语的使用上看，由于借用公众熟悉的具有象征性含义、隐喻色彩以及引发神秘联想的称号，容易抑制公众启动理性思考，促进公众简单的情感迁移、夸大风险程度。在整个风险认知的社会放大过程之中，尽管"风险事件"本身只是原发性的起点，但是它能够引发和诱导"实际的或假设的意外和事故"，产生代表风险的信号。风险信号包括图像、符号、意象等，它们不是简单的物理标识，能够对人们的内心世界发挥复杂的塑造作用。社会层面的因素（如信息媒体）和个体层面的因素（如人际交往圈）以"风险放大站"的形式分别或者共同推动人们的风险认知，这些因素起着推波助澜、渲染煽动的作用，导致放大风险认知的涟漪效应。涟漪效应已不再是处于原发起点时风险事件的原本状态和影响后果，它们已经能够成倍数级甚至数量更多能级地释放风险的心理冲击力。风险的社会放大经常伴随着污名化现象。在传播过程中，即使是受到歪曲的风险信息，如果表现形式图文并茂或者通过视觉途径而得以生动形象、直观明了地呈现，也更为容易吸引个体的注意，导致高风险的感知。个体对于污名化的风险从情感上就容易出现反感、排斥的消极反应，会通过提高风险认知的水平快速进行判断，选择回避接触此类风险，将它们标签为"敬而远之""令人厌恶"等。一旦整个社会出现对于某类风险的污名化氛围，风险认知的社会放大不仅能够较长时间存在，而且会引发对与此类风险相关联的对象的消极迁移。由点及面，个体容易将风险污名化的负面情绪延伸到同风险有关的人群、地域、技术或观念，导致社会歧视、社会疏远、社会隔离等"反社会认同"现象。因风险污名化而出现的个体及群体行为上的策略和模式，使社会有可能出现对立冲突。

不过，全面、系统、权威、深度的持续信息报道也能够克服"表面"持续信息造成的风险放大。与风险事件相关联的信息本身所具有的一些属性能够影响风险认知的社会放大，导致公众对于风险事件的关注增加。可以充分利用新媒体平台，过程化、全景式、一致性报道风险事件，展现事态发展的可控性。在事件发生、发展、善后等环节适时调整新闻内容，集合文字、图片、视频等形式，均衡释放数量恰当的新闻信息，达到传递新闻信息核心本质要素的目的，避免风险事件的"碎片化""零散式""矛盾型"报道，引导舆论的正确走势，消灭谣言和虚假信息的传播空间。

3.3.3　信息的责任担当

媒体报道中明确的风险事件责任主体推动风险的社会放大。总体而言，媒体大量报道并非出现风险放大效应的充分必要条件。很容易观察到媒体大量报道风险事件也不一定引发风险认知的社会放大，还需要满足一些特定条件。从国际学术界的发展趋势来看，进入 21 世纪以来，关于自然灾害的风险认知研究逐步增加。这些研究主要集中于以下方面：首先，基于适应性角度描述人们对于自然灾害的风险认知状况。其次，考察辨析哪些因素决定了人们的风险认知状况。研究从人们熟悉的自然灾害如干旱、地震过渡到一些人们陌生的自然灾害如火山灰云。伯吉斯应用风险的社会放大框架分析 2010 年欧洲火山灰云的媒体报道，包括报道的特点、程度和模式，并与媒体报道其他重大灾害（如"深水地平线"钻井平台漏油事故）进行了比较（Burgess，2012）。2010 年 4 月 14 日，冰岛埃亚菲亚德拉冰盖冰川火山时隔近 1 个月再次爆发，火山灰云随气流扩散到欧洲大陆，英国、丹麦、荷兰、挪威、瑞典等国都关闭了全部机场，严重影响了 4 月 15 日到 20 日之间的国际航空飞行。火山灰云之所以是一个有意义的研究案例，在于人们对于火山灰云还不太熟悉，但这种现象确实又是具有不确定性的重大自然灾害。绝大多数媒体报道把火山灰云称为自然界的不可抗力，而不是普遍性的、不确定的威胁。它们在很大程度上使用客观、原始的词语和语气叙述事件的发生及过程，没有过多动机和意图去放大火山灰云的风险。与其他媒体报道导致公众风险认知的社会放大现象相比，媒体在此次欧洲火山灰云灾害的报道中表现出"情绪"上的相对"平静"，火山灰云"天灾"的媒体报道没有导致大规模的公众风险认知的社会放大现象。火山灰云灾害的特殊性一定程度上抑制了风险认知的社会放大。一方面，此次火山灰云灾害虽然非常罕见，并且属于不期而遇，没有事先可探测到的迹象，但灾害持续时间较短，风险的持续性和扩散力没有形成，没有造成重大的人员伤亡，也没有公众的过度恐慌以及社会秩序的大混乱。另一方面，从责任担当的角度来说，无法要求哪些组织、群体或个人对火山灰云灾害承担责任，也无法对它们进行道德上的谴责和法律上的惩罚。由于缺失责任后果方面的划界和归属这一重要环节，风险放大所必需的"助燃效应"受到阻碍。总体上，火山灰云灾害的媒体报道没有引发风险认知的社会放大，从相反的方向佐证了一些学者提出的观点：媒体报道引发风险认知的社会放大需要满足一些条件。导致风险感知衰减的新闻报道将描述火山灰云灾害的风险信息集中在经济损失、火山灰云的物理运动以及对于外出旅行特别是航空旅行的负面影响方面，对于上述方面信息的关注相对转移了公众对于人身安全保障风险紧迫性的关注，淡化了普遍生活意义上公众风险感知的严重程度。其中非常重要的一点是：公众具有现实的社会期待心理，认为媒体是代表最大多数人利益的，媒体发出的声音能够起监督作用。而媒体基于自身存在与发展的实际考量，从市场占有、经济利润、政治立场、社会形象等方面契合公众的社会期待。

苏沙拉比较研究了在印度发生的鼠疫复发和砷污染事件（Susarla，2003），明确提出解释媒体责难的四方面因素，即信号焦点、被责难对象的熟悉程度、被责难对象与公众的空间接近度以及责难分配中的全面性。由此，媒体对于风险事件的报道如果引起公众的注意，点燃和渲染公众的社会情绪，就需要有一个指向较为明确的公众能够直观接受的风险事件后果归属的责任机构，无论这种责任机构的认定在合理性和合法性上是否准确。尽管现实中这一对象往往是模糊确立的，甚至有时会有谬误，但责任主体靶目标一旦确立，媒体报道的风险叙事就可以获得公众广泛且持久的注意，风险认知的社会放大也可以由此获得持续的动力源。2010年4月20日，英国石油公司在美国墨西哥湾租用的"深水地平线"钻井平台发生爆炸，导致大量石油泄漏，酿成一场经济和环境惨剧。美国政府证实，此次漏油事故超过了1989年阿拉斯加埃克森公司瓦尔迪兹油轮的泄漏事件，是美国历史上"最严重的一次"漏油事故。起初，关于"深水地平线"钻井平台漏油事故的报道强度并不太高，数量上不及火山

灰云灾害的一半。与事故造成的人员伤亡以及英国国家利益的巨大
损失相比，媒体的反应显得有些平淡，没有理应有的强烈回应。怎
么理解这种现象？也许是因为事故发生地美国墨西哥湾与英国本土
相隔遥远，空间距离暂时压制了舆论对事件的关注程度。值得注意
的是，事故初发的 1 周内有新闻报道 16 篇，而 1 个月内总共有 156
篇，新闻报道数量呈现出相对逐渐增多的趋势。事故发生后随着时
间的推移，新闻报道不减反增，这反映了钻井平台漏油事故是一个
有着持续影响的重大问题。在较长的一段时间里，舆论集中关注石
油泄漏的受害者以及谁应当承担责任、受到问责。石油公司成为舆
论同声谴责的对象，社会舆论的主要内容也围绕责难而展开。在这
样一种舆论氛围之下，风险感知的放大处于持续的酝酿和发酵当中。
此时，事故发生地和舆论地之间的空间距离就已经不再起到抑制、
缩减风险感知的作用了。在种种助力的烘托和推动下，风险感知的
放大犹如"箭在弦上"，而真正单凭事故影响本身难以起到这种效
果。在一定程度上，人们的理解方式和习惯决定了媒体焦点的形成。
如果没有明确的问责对象，媒体较难确立一个舆论监督和批评的核
心焦点，并围绕该焦点去建构、组织和推动风险叙事以及将风险事
件的描述和传播情节化。如果危害所具有的能够延展的风险时间周
期是可以预测的，那么即使这些危害可以引发一些能够传播的风险
信息，它们也不太容易成为媒体的关注焦点。

　　媒体营造热点风险事件的社会舆论时，通常需要一些典型的具
有影响力的社会公众人物。这些公众人物数量不需要很多，两三个
就已经足够。重要的是，关注风险的积极活动人士时常制造出危害
的情节化、人格化渲染，需要他们就风险的后果承担和问责主体等
问题具有两极分化的观点。这些观点对立冲突越强烈、越不妥协，
越容易吸引公众的注意，并引起风险认知的社会放大。放大了的信
号通常包含着责难和问责的色彩，容易引发实际的追责以及惩罚行

为。责难具有多重维度，是重要的信号类型。在复杂风险事件当中，澄清哪些是"受害者"、哪些是"施害者"往往非常困难。一些人类活动会产生风险，自然界的力量也会产生风险。相比而言，因人类主体的无知和武断所导致的风险远比自然界的力量产生的风险令人感到严重。比如，人们对太阳黑子、宇宙射线、地震、飓风等风险的认知要明显低于对核电站泄漏、转基因食品、交通意外等风险的认知。一般来说，关于自然灾害的媒体报道叙述的内容有限，并且具有选择性。针对自然灾害，明确由哪些机构承担责任并对它们进行责任追究相对困难。相比之下，对于人造技术（如生物基因技术）所可能带来的危害，更容易确定哪些机构应当承担责任，由此对它们进行问责。其中最流行的观念之一就是，人为的力量不应该介入天然的本性秩序，以非自然的手段对其进行干预、改动甚至破坏。如果由此产生严重后果，需要惩罚发动、允许以及促进人为的力量介入天然的本性秩序的机构。在应急管理当中，后果承担和问责主体等尖锐问题往往体现在官方的危机回应能力以及时效上，而媒体报道对于公众认知和评价官方的回应起着关键作用。

3.3.4　信息的新奇内容

成为注意力焦点的信号更容易起到放大的作用。即使存在风险放大的可能性，信息传播也需要一定的时间，以便引起公众的关注。在一定时间等条件的作用下，如果社会环境能够创造、凝练出与风险放大高度相关的特定语言、意象或标志，并且这些符号生动形象、广为人知、深入人心，那么这些信息就能够有效传播，使风险放大非常容易发生。在满足时间要求和事故发生的情况下，推动风险放大的力量与媒体焦点是否容易形成也有紧密的关联。2003 年 5 月 20 日，加拿大确诊了首例北美疯牛病病例，随后全球超过 40 个国家禁止从加拿大进口牛肉和牛肉产品。刘易斯等人研究发现，在加拿大，公众对疯牛病的反应表现出了风险衰减，明显不同于英国、德国及日本公众对疯牛病表现出的心理恐慌和对监管部门的愤怒反应（Lewis & Tyshenko，2009）。"对冲"效应可以解释这种现象。大众传媒是公众获得风险信息的重要来源，而大众传媒也热衷于传播风险信息。媒体在风险放大和衰减中起着举足轻重的作用。加拿大国内发现疯牛病病例时的社会背景是：由于媒体更大量地报道严重急性呼吸综合征（SARS，俗称"非典"）、西尼罗河病毒和伊拉克战争等事件，公众更多地接触和关注 SARS 与西尼罗河病毒的发病率、死亡率以及伊拉克战争的心理社会影响等信息。媒体对于疯牛病的报道相对较少，公众对于疯牛病的关注级别降低，削弱了对于疯牛病的风险认知。通过使用关键词"疯牛病""SARS""伊拉克战争""西尼罗河病毒"检索 2003 年加拿大主流报纸，分析新闻事件出现的频率，表明当时加拿大人主要优先关注的事项是 SARS 和伊拉克战争，SARS 还被传媒界选为 2003 年加拿大新闻事件榜首，而疯牛病没有成为加拿大人优先关注的事项。从心理认知的角度讲，经常出现在媒体上的风险信息容易让个体印象深刻，提取和回忆相关风险事件更为便捷，个体对于这些风险概率的判断会出现增大的心理倾向。从数量意义上讲，SARS 和伊拉克战争是更为直接的高影响力事件，引起加拿大人更多的关注。而从消费牛肉到患上 vCJD，只有理论上极小的风险。与 SARS 和伊拉克战争的媒体叙事相比，疯牛病的媒体叙事较为平淡。SARS 和伊拉克战争的媒体叙事当中的人员死亡即刻或者在短时期内发生，但患上 vCJD 导致人死亡一般需要 10 年甚至更长时间。从国际媒体报道的比较来看，在首例疯牛病报道之后的 1 年内，与英国、德国、日本相比，加拿大的主流媒体针对疯牛病以及它和 vCJD 关系的报道最少。而英国、德国、日本三国之间的比较没有表现出差别。这三个国家新闻媒体对疯牛病的报道维持着较高的频率，使公众关注疯牛病与相关的人类健康风险的程度较高。

　　默里(Murray，2001)等人认为，现在很多美国人都过于害怕风险，这几乎成为家常便饭，他们的恐惧往往被危言耸听的报道放大。实际上，关于陌生的新型威胁的信息在传播过程中如何影响公众的态度及行为还存在较多未知之处，具有较大的研究探索空间。主流的态度心理学观点认为：个体基准的知识水平和信息储备同态度变化具有较强的关联，它们是决定个体态度稳定性的关键因素。个体知识水平越低、信息储备越少、对于新事物的态度取向越缺乏，越容易受到外界新信息的影响，诱发和生成对于新事物的态度。相反，在个体知识水平较高、信息储备较多、对于新事物的态度取向较为坚定的情况下，外界新信息难以轻易影响个体的立场，个体将保持态度的相对稳定性。一般而言，尽管某类风险事件曾经给当事人造成巨大的伤害与痛苦，但如果个体长期沉浸在这类风险事件旧有信息的氛围之下，也往往会出现心理适应、习惯甚至阈限迟钝以及反应麻木的现象。由于高水平的知晓，这类风险事件的信息比较难以催生个体强烈的情绪反应和过度的恐慌。肖博格等人研究指出，在纪念切尔诺贝利事件10周年时，瑞典媒体关于核能风险的大量报道没有导致当年经历核灾难事故伤害的瑞典人群出现针对核能风险的放大，推测原因是他们已经长期处于核能风险信息的笼罩之中(Sjoberg et al.，2000)。与之相对应的另一项研究中，弗鲁尔等人指出，1999年年初，英国媒体大量报道转基因食品风险，数量众多的新闻报道传递给公众较为陌生的之前未知的关于转基因食品的新信息。在普通公众转基因食品知识与信息匮乏以及先有认知空白的情况下，大量媒体报道的风险信息较为顺畅地主导着公众的态度倾向，短时间内引发公众风险认知的提升。究其原因，一方面媒体报道从形式、内容、修辞等方面制造轰动效应，起着导致情绪恐慌的推波助澜的作用；另一方面公众对于转基因食品缺乏认知、信息，观念及立场较为摇摆，导致新信息诱发的态度取向相对容易牵制公众的群体心态。

危机状态下，对风险事件的熟悉程度是影响风险放大效应的更为主要的因素。公众对于存在时间较久的威胁较为熟悉，风险信息再次集中传播带来风险放大效应的概率相对小一些。对于新出现的威胁，公众认识上比较陌生、掌握信息偏少，相应风险信息的集中传播导致出现风险放大效应的概率更大。也就是说，风险放大效应更容易出现在陌生风险事件中，而且是人们对其尚没有形成大体稳定的态度之时。当然，也存在一种"地板效应"的可能性。因为此时人们对于陌生风险事件的认知水平原本处于零值区域，但一旦形成危害的态度立场，相应的差值就表现得非常明显，风险放大效应也就非常突出。鉴于在人们对于风险事件已经具有大体稳定的态度之时，风险认知水平上升空间有限，风险放大效应会趋于缓和，可以利用风险沟通策略事先积极主动创造机会和条件，先入为主，引领社会的风险认知、态度及立场的理性平和氛围，从而避免新型风险事件在突发危机状态下导致的风险放大现象。话语权掌握在哪个主体手中、向哪些主体传递着什么样的"话语"，影响着风险叙事的展开。话语权主体的风险表达涵盖了政治意识形态主导、经济利益占有、社会心理渗透等多维过程，它们形塑了风险话语沟通的形式与内容。当然，政治意识形态主导、经济利益占有、社会心理渗透等多维过程从来就不是轻而易举地达成目标的，其间的博弈、妥协、抗争、对立等始终纷繁复杂。

3.4　信息信任与核电风险认知

媒体经常热衷于报道自杀、事故和灾害的新闻。帕胡尔（Glöckner & Pachur，2012）等人研究分析发现，虽然实际统计上自杀排在死亡原因组合集的第 15 位，但在有关死亡的媒体报道中，自杀出现的数量排在第 4 位。这种情况可能导致对自杀现象的高估，引发人们将自杀估计为排在第 8 位的死亡原因。尽管哮喘的致死率是自杀的两倍以上，但这两个风险频率的估计却是一样的。人们可以从许多信息渠道获得关于自杀的例子，却不太听说关于哮喘的过多实例。媒体有时会突出低概率的风险，相关信息可能造成人们的风险判断偏差。由于存在激烈的市场竞争，媒体常常需要借助于有新闻价值的事项吸引潜在的受众。因此，出于实际利益和某些目的的考虑，媒体往往放大或缩小现实的某些方面。

2011 年 3 月 11 日，日本东部遭遇大地震及强烈海啸。福岛第一核电站的 4 个核反应堆中有 3 个先后发生爆炸和堆芯熔毁，造成灾难性辐射泄漏。各类媒体对于福岛核电站事故进行了大量的报道，并且有着较长时间的持续关注。我们希望从时间维度考察媒体的核事故报道对于公众关于核电站的态度的影响。在 J 省省会 C 市的大型超市、火车站候车室、电影院等候厅等社会人员较为聚集的区域，通过配额抽样控制性别、年龄和收入水平等变量。J 省以及该省周边的广大地区没有正在运行的核电站，也没有近期准备建设核电站的计划，C 市的市民对于核电的认识可以合理推断为主要从媒体信息、教育经历、人际讨论获得。使用被试间设计，每一次数据采集使用新的样本被试，研究的每一个阶段各有 400 名左右被试参加。分三个时间段进行数据收集：2011 年 3 月中旬进行第一次数据收集，此时媒体对于福岛核电站事故的报道达到较高的水平；2 年后即 2013 年 3 月中旬进行第二次数据收集，此时媒体对于福岛核电站事故的报道呈现下降态势；5 年后即 2016 年 3 月中旬进行第三次数据收集，此时媒体的关注水平已趋于正常状态。

样本情况

在第一个时间段（2011 年 3 月中旬）收集 398 份有效问卷，样本中 58％为女性。参与者的平均年龄为 36.7 岁（SD±12.69）。按照被试主观自我报告情况，将样本被试分为四种类别（注：A 代表高收入群体、B 代表中等收入群体、C 代表低收入群体、D 代表其他），18％被试报告为 A，36％被试报告为 B，27％被试报告为 C，12％被试报告为 D，剩下的是未分类（退休或学生）。在第二个时间段（2013年 3 月中旬）收集 402 份有效问卷，样本中 61％为女性。参与者的平均年龄为 38.2 岁（SD±9.91）。15％被试报告为 A，40％被试报告为 B，29％被试报告为 C，13％被试报告为 D，剩下的是未分类。在第3 个时间段（2016 年 3 月中旬）收集 400 份有效问卷，样本中 56％为女性。参与者的平均年龄为 37.9 岁（SD±11.08）。12％被试报告为A，37％被试报告为 B，33％被试报告为 C，10％被试报告为 D，剩下的是未分类。三个样本被试主观自我报告的收入有一定的差异。但是，总体上三个样本被试的人口统计学特征比较接近。具体情况见表 3-9。

表 3-9　三个时间点样本的社会人口学数据

	时间 1	时间 2	时间 3	
调查时间	2011 年 3 月	2013 年 3 月	2016 年 3 月	
人数	398	402	400	
性别				$\chi^2(2)=0.475$，ns
男	167	157	176	$F(2,1107)=0.635$，ns
女	231	245	224	
年龄平均数（标准差）	36.7(12.69)	38.2(9.91)	37.9(11.08)	
收入水平				$\chi^2(5)=36.15^{***}$
A	(18％)	(15％)	(12％)	
B	(36％)	(40％)	(37％)	
C	(27％)	(29％)	(33％)	
D	(12％)	(13％)	(10％)	
未分类	(7％)	(3％)	(8％)	

$^{*}p<0.05$；$^{**}p<0.01$；$^{***}p<0.001$

研究材料

要求被试在 39 个题项上表达自己的意见，以 7 点量表方式计分（从完全同意到完全不同意）。在第二次调查时增加一些附加问题，目的是了解被试是否已经知晓或看到媒体关于福岛核电站事故的报道，并要求他们提供对于这些报道的感知信息。出于不影响被试回答主体态度题项的考虑，在调查问卷的末尾安排附加的问题。

研究结果

为了缩减数据，提炼出分量表，在 39 个态度题项上进行主成分分析（PCA），把由此得到的分量表在之后的分析中当作测量因变量的工具来使用。对三次调查获得的数据分别进行了主成分分析，采取严格的标准来确定哪些题项能够纳入独立的分量表中。纳入分量表的题项要求在主成分（PC）的负荷为 0.3 或以上，不符合这个标准的题项排除在分量表之外，有 6 个态度题项属于这种情况。提取使用的方法是主成分法，方差最大旋转来确定模糊的负荷。使用陡石图确定提取因子的最大数量。显示出主成分分析的三个因子。基于 3 个时间段的样本数据主成分分析方差解释量分别为 47.6%、48.1%、49.3%。三次评估主成分分析的结果都非常相似，这表明人们的态度结构在一段时间内没有改变。由此，三次调查获得的数据可以结合在一起。针对结合后的数据进行主成分分析（见表 3-10），解释的方差的量为 48.5%。分析提取出三个因子：第一个因子标记为"风险和负面影响"，包含的题项相关于核电潜在与现实的负面影响；第二个标记为"信任"，包含的题项相关于核电技术及风险管理的信任；第三个标记为"价值"，包含的题项相关于核电的现实价值及经济利益。针对三个主成分创建分量表。采用 Cronbach's α 系数分析效度，衡量分量表内部一致性，表明测量同一心理构建的每个因子上不同的特征负载。分析显示出较高的 Cronbach's α 系数（风险和负面影响＝0.91；信任＝0.85；价值＝0.76）。

表 3-10 态度题项的因子负荷(三次调查数据合并在一起)

态度题项	风险和负面影响	信任	价值
	26%	12%	10.5%
核电站对于人类社会具有较大的风险	0.81	−0.12	−0.09
核电站将长期影响人类健康	0.81	−0.08	−0.11
核电站会影响人类下一代	0.79	−0.28	−0.03
核电站是危险的	0.78	−0.22	−0.05
建设核电站是不道德的	0.78	−0.13	−0.07
我个人对于核电站表示担忧	0.77	−0.15	−0.10
建设核电站损害环境	0.77	−0.08	−0.17
我个人反对建设核电站	0.77	−0.14	−0.13
核电站对人类福祉产生负面影响	0.76	−0.09	−0.13
公众并不了解核电站的负面影响	0.75	−0.16	−0.07
核事故增加我对核电站的关注	0.74	−0.16	−0.08
核电给人类提供优质能源	0.74	−0.17	−0.11
公众对于核电的认识应当提升	0.72	−0.21	−0.09
公众无法决定核电站的建设	0.71	−0.19	−0.14
我个人不太了解国家核电站建设情况	0.70	−0.16	−0.17
我缺乏核电站方面的知识	0.69	−0.13	−0.17
核电站是一种普通的风险	0.69	−0.14	−0.19
核电是一种可以接受的风险	0.66	−0.15	−0.12
公众有权决策核电站的建设	0.29	−0.16	−0.22
我可以接受在我居住区域建设核电站	0.36	−0.13	−0.09
我相信在核电站周边工作学习是安全的	−0.13	0.79	−0.09
我相信核电技术具有极高的安全系数	−0.12	0.78	−0.08
我相信建设核电站是国际性趋势	−0.09	0.77	−0.09
我相信核电站具有最高等级安保措施	−0.16	0.73	−0.07

续表

态度题项	风险和负面影响	信任	价值
	26%	12%	10.5%
我相信国家建设核电站非常谨慎	-0.12	0.69	-0.04
我信任监管机构能够履行管理核电风险的职责	-0.15	0.68	-0.11
我相信核电会长期存在	-0.23	0.68	-0.14
我相信核电技术会取得不断进步	-0.20	0.67	-0.09
我相信核电具有深远的积极影响	-0.13	0.66	-0.16
我愿意了解更多的核电知识	-0.15	0.26	-0.13
现有的国家核电站保持安全运行	-0.16	-0.11	-0.16
公众无法控制核电站的风险	-0.19	-0.17	-0.06
发展核电对国家经济是有必要的	-0.21	-0.08	0.65
发展核电能够减少环境污染	-0.13	-0.27	0.64
核电是国家电力的主要组成部分	-0.09	-0.18	0.62
核电建设推动就业	-0.31	-0.19	0.59
核电促进电力工业发展	-0.27	-0.11	0.59
核电更加环保	-0.22	-0.07	0.59
核电会更加低廉	-0.19	0.23	0.05

(1)核电认知的时间变化

进行多元方差分析考察个体核电态度的时间效应。由三个分量表测量得到不同时间的核电态度，出现了显著性的差异结果：$F_{(6, 2418)} = 13.45$，$p < 0.01$。此外，"风险和负面影响"和"价值"出现了单因素显著效应，"信任"则没有出现显著效应。事后分析表明，这些效应是由于第一个调查时间段的被试比其他两个时间段的被试更容易感受到较多的"风险和负面影响"，第三个调查时间段的被试比其他两个时间段的被试更倾向于关注核电的"好处"。这些表明，

在调查 1 和调查 2 之间的时间段中，个体核电风险感知逐步增加，而价值感知逐步减少。然而，到了调查 3 的时间段，风险感知降至调查 1 的水平，但价值感知仍保持低水平。在整个时间段，"信任"因子题项的感知保持稳定。上述现象的可能原因是：中国经济发展在较长时间里保持较高的增长速度，社会用电量巨大。虽然其他形式的电力发展较快，但公众用电成本并没有减少，社会用电紧张现象还时有发生。由于核电发展相对缓慢，人们难以体会到核电带来的好处。同时，福岛核事故发生之后，中国政府出于安全谨慎的考虑，暂停或放缓了在中国内陆地区建设核电站的审批计划，民众对于政府管理核电站的制度信任相对保持在稳定甚至偏高的水平。

（2）对核事故媒体报道的反应

针对第二次调查时间段的被试，考察他们对于媒体核事故报道的态度反应。在样本 2 中，有 91% 的被试（366 名）报告注意到媒体上关于核电事故的报道，只有 9% 的被试（36 名）报告没有注意到媒体上关于核电事故的报道。针对报告注意到媒体上关于核电事故的报道的被试进一步分析，将被试对于"我认为媒体核事故报道是令人震惊的"题项的回答情况作为区分样本的依据。结果发现，42%的样本"完全同意"报道是令人震惊的。把该题项所有"完全同意"报道是令人震惊的被试列为 A 组（$n = 154$），所有其余的被试列为 B 组（$n = 212$）。进行多元方差分析，数据表明两个群体在三个分量表上具有显著性：$F(3, 362) = 11.43$，$p < 0.01$。三个单因素检验也呈现显著性效应，具体见表 3-11。数据表明，那些"完全同意"报道是令人震惊的被试报告了更多的与核电相关的"风险和负面影响"的认知，对于核电技术与核电风险管理的"信任"更少，以及认为核电具有更少的经济与社会"价值"。同时他们认为，民众对于核电建设的知情权和参与权较少。进一步进行多元方差分析，比较两组被试对于媒体报道的其他态度题项的反应。总体多元方差分析显著，

$F(8，252)=8.36$，$p<0.01$，单因素检验具体见表 3-12。"完全同意"报道是令人震惊的被试更倾向于认为报道形式生动直观，报道立场客观可信，民众应更多地参与核电决策。相对较为平静地认识核电媒体报道的被试对核电风险感知偏低，对管理机构信任偏多。

表 3-11　两组被试态度分量表的平均数(标准差)

态度分量表	A 组(报道令人震惊)	B 组	F 值(自由度)
风险和负面影响	2.19(1.07)	3.27(1.35)	23.36(1，261)**
信任	4.93(1.25)	3.22(1.16)	26.78(1，261)**
价值	3.67(0.96)	3.15(1.08)	5.06(1，261)*

* $p<0.05$；** $p<0.01$

表 3-12　两组被试对于媒体报道态度的平均数(标准差)

媒体报道项目	A 组 (报道令人 震惊)	B 组	F 值 (自由度)
报道内容令人震惊	6.08(1.13)	5.15(1.34)	24.86(1，358)**
报道形式生动直观	5.29(1.49)	5.12(1.44)	2.61(1，358)
报道立场客观可信	3.92(0.95)	3.01(1.32)	11.26(1，358)**
对管理机构要充满信任	2.72(1.36)	3.67(1.21)	13.67(1，358)**
核电技术成熟，可以信赖	2.36(1.23)	3.35(1.30)	14.46(1，358)**
公众对于核电建设有知情权	1.98(1.24)	2.67(1.04)	8.26(1，358)**
公众对于核电建设有参与权	1.94(1.33)	2.75(1.25)	8.96(1，358)**
核电建设与生态建设同等重要	1.68(1.45)	2.11(1.34)	5.26(1，358)*

* $p<0.05$；** $p<0.01$

(3)人口统计特征对核电态度的影响

考察三个时间段人口统计特征对核电态度的影响，对年龄(以三分法分成三组)、性别、教育水平(以平均分确定为两组)和收入水平进行单独的多元方差分析。对于这些多元方差分析，原来的分析包括将时间作为一个因素，但因为不存在交互作用，所以将时间自变量从分析中排除出去。

年龄

统计结果发现，三个年龄组之间存在态度差异，Pillai's Trace $F(6, 2394) = 12.39$，$p < 0.01$。所有三个单因素检验都是显著的（见表 3-13）。事后分析表明，中间年龄组（31～50 岁）被试比其他两个年龄组被试认知到更多的核电"风险效应"，最大年龄组被试（51＋岁）比最小年龄组被试（18～30 岁）认知到更多的核电"风险效应"。机构信任方面，随着年龄的增加，被试对于国家政府部门的信任呈现增加趋势。最大年龄组被试的机构信任最高，最小年龄组被试的机构信任最低。社会价值的态度趋势同机构信任的态度趋势正好相反：最小年龄组被试在社会价值方面有着最强的承受力，容忍阈限最高；而最大年龄组被试的容忍阈限最低，承受力最弱。

表 3-13 年龄维度态度分量表的平均数（标准差）

态度分量表	18～30 岁	31～50 岁	51＋岁	F 值（自由度）
风险效应	3.43(0.99)	4.52(1.14)	3.89(1.21)	9.72(1, 1198)**
机构信任	4.78(1.23)	4.33(1.15)	3.74(1.32)	10.37(1, 1198)**
社会价值	3.16(1.12)	3.58(1.03)	4.21(1.39)	19.05(1, 1198)**

* $p < 0.05$；** $p < 0.01$

性别

数据分析表明，性别维度上存在态度差异，Pillai's Trace $F(3, 1197) = 16.31$，$p < 0.01$。"机构信任"和"社会价值"的单因素检验表现出显著状况，"风险效应"的单因素检验不显著（见表 3-14）。数据显示，女性和男性在核电的风险效应态度方面有着大体接近的程度水平。但女性比男性对监管机构有着更多的信任，而男性比女性在核电的社会价值方面有着更积极的看法、社会期待值更高。

表 3-14　性别维度态度分量表的平均数(标准差)

态度分量表	男性	女性	F 值(自由度)
风险效应	3.36(1.15)	3.57(1.12)	1.72(1，1198)
机构信任	4.19(1.06)	3.24(1.13)	7.39(1，1198)**
社会价值	3.28(1.40)	4.38(1.39)	10.15(1，1198)**

$^*p<0.05; ^{**}p<0.01$

教育水平

分析教育水平对三个态度分量表的影响，发现统计显著性，F(6，2394)＝17.14，$p<0.01$。三个单因素检验结果都是显著的(见表 3-15)。数据表明，教育水平与风险感知的关系呈现"两端低、中间高"的趋势，即接受教育程度较低和较高的被试对核电的风险感知较低，接受中等程度教育的被试对核电的风险感知较高。教育水平低的被试更倾向于相信监管机构以及核电的安全；被试的教育水平越高，对于核电站的安全运行以及核电管理机构的不信任越突出。在核电的社会价值方面没有出现教育水平维度上的显著差异，三种教育水平的被试得分大体分布在中值附近，表明他们对于核电的社会价值持中等程度的立场，有不确定性及观望考察的因素在里面。

表 3-15　教育水平维度态度分量表的平均数(标准差)

态度分量表	0～9 年	10～12 年	13＋年	F 值(自由度)
风险效应	4.46(0.96)	3.32(1.15)	4.35(1.20)	7.92(1，1198)**
机构信任	5.38(1.35)	4.79(1.07)	3.64(1.02)	9.24(1，1198)**
社会价值	3.54(1.11)	3.65(1.13)	3.22(1.29)	2.01(1，1198)

$^*p<0.05; ^{**}p<0.01$

收入水平

数据分析表明，自我报告不同收入的被试存在态度差异，F(9，3591)＝8.63，$p<0.01$。三个单因素检验结果也都是显著的(见表 3-

16)。事后分析表明，被试的收入越高，对于核电风险的认知水平越高，对于大规模开发使用核电的警惕性越强。其他收入类型的被试表现出对于核电管理机构以及核电站的信任增加的趋势。在核电的社会价值方面，同教育水平维度类似，不同收入水平的被试也没有表现出显著差异。

表 3-16　收入水平维度态度分量表的平均数(标准差)

态度分量表	A	B	C	D	F 值(自由度)
风险效应	5.45(1.15)	5.21(1.04)	4.65(1.24)	3.62(1.15)	11.32(1，1198)[**]
机构信任	3.18(1.22)	3.36(1.25)	3.71(1.12)	4.25(1.14)	10.37(1，1198)[**]
社会价值	3.34(1.12)	3.38(1.03)	3.56(1.09)	3.52(1.17)	1.86(1，1198)

[*] $p < 0.05$；[**] $p < 0.01$

讨论

总体上，本研究发现同风险的社会放大理论预期是一致的，即随着媒体核电事故报道数量和内容的增多，公众的核电风险感知的程度也会相应提升。具体而言，在媒体核电事故报道密集时期，由于视觉感官冲击、注意力聚焦等因素作用，公众的核电风险感知呈现较为明显的增加。不过，随着时间的推移，媒体核电事故报道逐步减少，核电风险话题渐渐从人际讨论圈淡出，公众的核电风险感知也呈现下降趋势。同时，在媒体核电事故报道密集时期，灾难事件及后果信息的海量发布和传播在一定程度上使得公众对核电的经济与社会效益的认识出现折扣，核电贡献感知出现下降，表现出与核电风险感知的反向关系，即核电风险感知越高，核电贡献感知越低。与核电风险感知变化趋势有所不同的是，核电贡献感知并没有随着时间的推移和媒体核电事故报道的逐步减少而表现出上升的趋势，仍然保持较低的水平状态。其中的原因可能是：现阶段核电在整个中国电力总量中所占的比重还不大，同时社会对于核电的宣传教育尚不广泛，加之本研究调查的地区并没有核电站，被试缺乏对核电的直观感受以及对其带来实际利益的体会。发生在中国近邻日本的福岛核电站事故，给我国民众的生活造成了现实及潜在的危害。一直以来，中国现有的核电站保持着安全运行的良好记录，极少见到发生在中国境内核设施的事故的新闻报道，中国民众对中国政府强有力地监管和确保核电安全往往具有较高的信心。可以认为，尽管存在着一些个体差异，但整体上中国民众对政府部门与核电管理机构的一般意义上的普遍信任水平较高。福岛核电站事故发生后，中国政府对发展核电政策采取了极为谨慎的立场，同时严查现有核设施的安全措施。因此，在媒体密集报道或正常报道外域核事故的信息情境下，人们对于核电的制度信任相对保持稳定，对政府的管控能力具有较强的信心。

以往研究较为一致地发现，女性被试的风险感知水平往往比男性被试高。本研究也同样发现，女性被试比男性被试倾向于认为核电更为危险，风险系数更高。当然，同时伴随的是认为核电的经济与社会效益更低。特别是在媒体密集报道核事故的信息情境下，上述性别差异表现得更为明显。这或许同女性情感更为细腻、家庭责任感更强以及对于与亲人的生离死别、生活动荡不安更富于同情的心理有关，她们对安全的追求心理更为强烈。从年龄的情况看，中间年龄群体(31～50岁)的个体感受到的核电风险水平最高。原因有可能是该年龄组个体是社会劳动力的主体，也是家庭结构的核心成员。这些个体同时还是社会生活与生产的主要力量，接触和关注社会事务的机会和经历较多，承担的生活责任更重。随着年龄的增加(51＋岁)，核电风险认知水平有降低的趋势，但仍然会整体高于低龄组个体(18～30岁)。相对而言，低龄组个体生活在物质条件较为优越的时代，接受新鲜事物的能力强，对于高科技产物认同度及信心较高，整体上对于社会发展前景较为乐观，对于社会代价及负面影响考虑略少。年龄与核电风险感知的这种"两端相对低、中间相对高"的关联趋势，在教育水平与核电风险感知的关联当中也有非常类似的表现。具体来说，具有中等程度教育经历的个体对于核电风险认知的水平比具有较少教育经历以及较多教育经历的个体高。在核电风险判断方面，教育水平较高的个体倾向于更为理性的思维，对于相关信息表现出偏精细化加工。中等程度教育水平的个体倾向于情感影响下的边缘性信息加工，将情感因素与片面化的知识内容相结合，风险认知评估往往偏高。而从收入水平的维度来看，高收入个体表现出对于核电更高的风险认知，低收入个体的核电风险认知水平普遍较低。用社会资源理论的观点看，拥有较多社会资源的个体保护私人财富的安全诉求强烈。由于已经具有一定的物质基础作为后盾，这些个体参与社会事务和社会决策的心理较为明显。高收入个体对于核电表现出更高水平的风险认知，一方面反映的是通过更高水平的风险认知突出他们对于社会重要事务的关注度，另一方面反映的是他们希望获得较高程度的社会接纳，展示出社会精英群体的身份标识。与之相比，低收入个体拥有的社会资源较少，社会参与和决策机会也较少，社会整体影响力偏弱。他们对于核电这样的技术性含量较高、社会和心理距离又较远的事物表现出相对不太关注的状态，风险认知水平整体偏低。

　　考察信任这个因变量时，也发现了一些有趣的现象。可能是因为参与社会事务和社会决策的心理愿望较为强烈、希望被社会接纳的期望较为明显，高收入个体表现出的对于核电管理机构的不信任感较高，这在某种程度上凸显出高收入个体对于社会机构的监督意愿。数据分析显示，低收入个体对于核电管理机构的信任感较高。在实际社会生活中，由于一些条件的限制，低收入个体的社会接纳度较低，受到社会排斥的可能性更大。更多的时候，低收入个体需要依靠制度化的机构来给自己提供权益和保护，主观上对于官方机构的信任感普遍较高。与此较为一致的是，教育水平低的个体对于核电管理机构的信任感也较高，而随着教育水平的提高，个体对于核电管理机构的期望则超出现状。研究还发现，能够平和、非情绪化地看待媒体核事故风险报道的个体倾向于持有稳定和较高的信任水平，而容易受到媒体核事故风险报道情绪渲染的个体倾向于怀疑核电技术及其安全性，风险认知水平高，信任感水平低。

风险信息的信任效应

　　社会生活中，每一个个体都能够内在地建构风险认知，不同的人对于同样的外部风险事件可能会表达出不同的体验判断与评估。由于职业身份、认识立场和关联程度等方面的差异，当实际面对某一风险事件的时候，专家的风险认知与判断同普通公众的风险认知与判断往往存在一定的差异，很多时候甚至大相径庭。出于职业精神的要求，专家必须使用技术系统的概念用语、概率数字和科学逻辑去描述和解释风险评估的专业道理。而公众在看待或体验风险事件时更多习惯依靠直觉和经验式思维，在一时情绪和情感过程的影响下，往往不会像专家那样采取分析性的、审慎的认知方式加工风险信息。所以，认清、理解和掌握好公众风险认知的特点、机制与规律，有利于提升风险沟通的成效，避免引发不必要的社会对立和抗争，减少风险冲突导致的社会损失。在现代社会追求确定性、安全感和必然性的同时，不确定性、不安全感和偶然性却相伴而生，并且已经成为人们世俗生活的常态概念和一般现象。现实的风险和生存的焦虑共同推动了人们的价值观、信念体系以及行为模式发生重要转变，各种当下的生活欲望和未来的理想期待已经不再静止、单一和固化，而是在不断重组中逐渐演绎为碎片式动态变化、多元性主动选择。风险是真实的，但这种真实往往又是以"非亲眼所见"

"令人难以捉摸""变化不定"的方式展现的。现代风险意识的组成不仅包括自身经验和人身伤亡、财产损失等统计数字，更关切未来的不确定性。未来的不确定性引发了人们的恐惧和焦虑，也成为风险管理的一大挑战。人们感到无助，因为对未来有很多无知之处，更对未来缺乏控制。社会信任显得尤为迫切地被需要着，但常常表现得十分匮乏。

4.1　主体认知的信任诉求

　　现代社会的一个重要特征就是实现人的个体化。在前现代社会，外界已经预先设定好了个体的一般命运，家庭力量、婚姻习惯和职业继承就可以帮助个体应对本就不多见的焦虑和不安全感。但在个体化时代，个体需要自己创造和演绎生活。人们愿意遵从自己内心的向往，树立行为遵循的准则，在各种具有风险的活动当中进行博弈选择。其相对应的结果是：个体对于自己的行为体现出自我约束，在责任上体现出自我担当，并且更多时候需要独自应对焦虑和不安全感。因此，虽然以往固有的和义务式的传统要求不再成为束缚个体的沉重负担，但全新的社会生活以及它的剧烈变化呈现在人们面前时也无疑构成新颖的挑战。个体化程度越深、范围越广，风险体验就越频繁，风险后果也越严重。全球性的无法预料、前所未有、难以控制的风险真实而又广泛地存在着，这些因现代性大幕拉起而展现出来的时代性、全球性和常态性风险直接渗透并威胁着人们的日常生活。

4.1.1　信息时代的媒介信任

　　现代社会学理论有一个被普遍认同的观点，即信任能够作为代表晚近现代性特征的社会指标，用以描述前现代社会和现代社会在社会生活的形式、内容及功能等方面的差异。在现代性所引发的社会变迁进程当中，传统的社会秩序不断受到冲击、侵蚀和消解，越来越呈现出边缘化甚至消失的趋势和状况。在传统秩序主导的以往的社会里，人们的生活角色和社会地位往往是预先设定好的，社会移动机会非常匮乏，生活场景和内容较为固定和僵化，人生轨迹的自由空间和自主选择极为有限。在已有社会分层和权威力量作用下，人们接受了事先安排好的社会位置。现代性所引发的社会变迁在制度层面上唤醒人们质疑和挑战传统的社会秩序的意识，在个体层面上唤醒人们追求幸福和有尊严的理想生活的意识。进入网络时代，信息对于人们的生活产生了巨大的影响。当下社会的运行、未来社会的走向都与信息密切相关，其中涉及人类命运的重要问题已经受到各个学科研究者的热切关注。近一二十年，中国网络社会发展迅猛，网民数量已接近全国人口的三分之二，年轻网民的占比更是极高。如果年轻人的社会生活离开了手机，他们会抱怨"麻烦重重""寸步难行"，非常不适。手机仿佛成为年轻人身体的一部分。然而，手机也是一把"双刃剑"，在带来生活、学习便利的同时，"低头族""成瘾族""刷屏族"也相应出现，"信息依赖"的不良效应表现出愈演愈烈的趋势。主动寻求信息是个体日常生活必备的核心内容，"充耳不闻""全然不问""与世隔绝"只是现实生活中的极少数情况。包括政府、学界和其他组织在内的社会各方对于"数屏时代"的社会问题高度重视。

　　信息所依托的载体在每个时代表现出每个时代的特征。网络空间所提供和承载的信息数量上庞杂、时间上快捷、内容上多样、质量上分化，真实性方面缺乏严格的逐一审核。个体使用网络信息比较明显地表现出娱乐化、消遣型、碎片式等特点。信息载体的变化并不显著改变个体信任表现和信息动机之间的对应联系。以网络信息活动为例，当信息指向和服务于个体的基本需求、感官享受、心理愉悦等"舒适性"方面时，实现动机的强烈愿望将明显降低个体的信任门槛，使得个体较为容易相信和接受上述信息的陈述内容和行为导向。当信任受到动摇或怀疑的时候，动机在满足基础需要和关涉根本利益时的层级优先性能够使得个体策略性、短暂性、自愿性放松对信任信息的警惕度。需要和利益的层级优先性越突出，信任的策略色彩越明显，信任的情感成分越浓厚，信任的预期标准越宽松。

网络媒体的信息内容以及传播方式虽然同信息可信度存在一定相关，但信息可信度并不是信息内容以及传播方式的直接衍生品，它们也不自动生成和确定信息可信度的固定范围。个体的信息过程体验以及随后的直觉或判断涵盖丰富的情感与认知内容，比如公平感、责任感、效能感、满足感、认同感、尊严感等，它们始终是信息信任的关键来源。能够促成媒体和个体之间紧密依赖的条件之一是个体对于媒体的较高信任。信任充当某种吸力或粘连剂，促成个体接触、阅读和认同某些媒体。信息可信度感受的变化决定了信任吸力或粘连的变化，媒体或信息平台的可信度具有动态变化的特性。当某个媒体或信息平台的可信度出现不断衰减的时候，信任吸力或粘连的功能必然受到抑制，从而令个体排斥或放弃接触、阅读和认同它们，最终要么转向寻求新的媒体或信息平台，要么转向寻求非制度化的、非正式化的人际交流圈，以重新获得满意的信息可信度和必要的信任吸力或粘连。在信息时代，可供个体选择的媒体或信息平台的数量充足，非制度化的、非正式化的人际交流圈也相对较容易进入。因此，个体较容易实现获取满足信息活动所需结果的目标。

4.1.2 信息时代的技术风险

在不断推进的经济全球化进程之下，所有陈旧的社会关系都出现松动、发生解体和快速重组。传统的婚姻制度与家庭结构、工作模式与社会保障、人际交往与社会支持都发生了深刻的变化，个体可以获得更多选择的机会和更大程度的自由。经过成熟完备的体系化教育训练，个体能够顺利挣脱以往各种位置的束缚，实现地理生活位置和社会地位的流动。当然，与此同时个体也被置于更多风险之中。相比于传统社会，生活在现代社会的人们对于自己的生活道路具有更大的发言权，对于自己的生活目标具有更多的自主权。落于个体身上的来自外界的束缚力量逐渐减少，社会提供给个体的地位变动机会也越来越多、越来越公正。旧式威权至高无上、冷酷决定个体命运的时代一去不复返；固定的僵硬秩序也日趋消亡，不再强力禁锢人的自由。人们再也不是受驱使式地、重复式地被动生活。不过，在机会、自由和选择越来越多的时代，人们同时也发现和感受到，所处的现实世界并不是想象中的那样美好。现代性奇迹般地创造了一个能够积极持续变化的全球化世界，却也在客观上开创了一个充满风险的全新的人类时代。

世界各国包括中国的经济社会发展已经取得长足进步，带给人们舒适、安全和可靠的高质量生活，人们感受到技术力量的强大。然而，在繁荣景象的背后，我们不能忘记：人类个体甚至人类社会也具有较为脆弱的一面。一些严重破坏公共安全的生物风险像看不见的敌人，潜藏在某个黑暗的角落，伺机侵袭人们的生活，从而导致广泛的社会灾难，构成重大的社会威胁。各类技术创新的根本目的，是要为人类社会带来福祉。不过，对于与此伴生的一些后果的不确定性以及造成这些不确定性的复杂机制，人们的认识还很缺乏甚至盲目。比如，人脸识别、数字货币等尽管前景广阔、令人期待，但若疏于监管、稍有大意，其技术的安全性和可靠性是难有保证的，可能衍生的社会问题也相对棘手。以数字货币为例，政府层面亦非常谨慎。再比如，云计算的风险体现在两点。一是单方面的高度依赖性。用户完全依赖于整个云计算系统链条的可靠程度。对于整个链条的每一环节，终端用户能够发挥出的主体能力非常微弱，几乎处于被动的使用者地位，实际上等同于放弃了或者默认让渡了自己能够充分保障自身权益的诉求，基本全依仗单向度的信任去维持活动的合作关系。二是责任归属的模糊问题。虽然用户活动高度依赖于云计算服务的提供方，但是出现使用上的争议、纠纷或者事故时，后果的责任确定和追究却显得较为困难。原因是整个云计算是一系列参与方完成的，虽然主体方是云计算的服务提供商，也就是云计算平台的运营方，但完成云计算还必须要有网络运营商、用户等多方参与，信息的泄露或恶意截取在任何一方都可能发生，精准定责的难度较大，信息安全的防控等级也可能相应下降。可以说，只有坚持风险由国家主导治理，才最可能建立各当事方的协调合作意识。政府应当利用行政力量动员和组织行业、研究机构以及普通民众，引导各参与方以问题解决为治理目标，公平分配各参与方在责任担当、利益分享和风险应对等方面的合理份额。

科技创新使某些新型活动成本减少、操作复杂程度降低，如人脸识别技术、信息仿制和传播技术等。因为开展这些活动所需要的设备和场地等硬件条件更为容易达到，加之一些小型组织和个人往往疏于对活动的伦理风险、社会影响以及风险评估进行严谨的考证，容易脱离政府管理机构的监管，行为也偏于非法营利冒险，导致一些小型组织去鲁莽地完成具有争议且存在风险的活动。此外，若一些存在安全隐患、尚处于试验阶段的科研探索被人为前置、扩大应用的边界，或者落入恐怖组织或反社会组织的手中，则后果不堪设想，社会危害极大。新技术应用到社会存在一个观察和检验期：如果监管部门批准技术应用准入的时间过长，可能会错失机遇，处于落后地位，经济和社会效益受损；而如果准入时间过短，可能又不够谨慎，头脑发热，后续补救任务繁多。人们已经取得了广泛共识：在复杂的技术体系之下，有效规避风险、实现风险管控成为国家和社会治理的重要任务。因此，政府决策层的风险社会治理决心和智慧显得极为重要，需要在全面考察利弊、代价承受和极端应对等方面情形中审时度势、果断决策。虽然政策面的决策希望源于自下而上的充分全面的智囊信息，但现实情况中难以做到。技术创新有着自身内在的规律，技术驱动发展的节奏和速度往往是普通人甚至行业内部难以预计和无法控制的。能够促使生产力发生革命的新技术，必然要改变已有的社会运行模式和社会生态系统，冲击人们早已习惯的消费方式、价值理念和伦理规范。科学界、行业界对新技术风险的评估必然存在意见冲突，一些模糊认识和分歧无法绝对清除。社会改革的决策机构需要建立一整套事前、事中及事后的制度安排，有能力应对当前以及未来的挑战，也需要提前预估到新技术应用到社会的各类反应，在各种舆论质疑、焦灼不安乃至信任危机面前不乱阵脚，增强理性客观评估的本领，减少和杜绝受社会情绪与利益当事方的干扰和误导，保持维持社会长期发展和进步的定力。

　　哪里有风险，哪里就有信任。由于现代性，风险与信任发生关联。也由于现代性，风险与信任的关联发生着变化。风险与信任之所以有着重要的关联，很直接的原因是：人类面临风险时所作出的活动与选择基于信任的社会过程，同时又伴随着对它的怀疑。由于认识的偶发性和易变性，人们对专家指导及专家知识的怀疑在增加。但即便在这种情形之下，人们依然求助和依赖于专家。人们学会以一种计算式态度生活，在各种可能的行为选项中进行抉择。风险对人们的各项活动产生威胁，导致心理上的焦虑和情绪上的恐慌。信任是从心理和社会意义上应对风险的基本手段，使人创造和维持一种"保护性"。正如卢曼所言，作为忍受技术生成的未来复杂性的一种手段，对信任的需求与日俱增（卢曼，2005）。个体需要信任并接受关于风险的专业知识，以获得本体论安全感及对自我同一性连续感的信心。

4.1.3　技术风险的信息沟通

当风险沟通逐步成为一项经常性社会事务时，风险沟通的目标亦随之丰富起来。在风险沟通还不是特别盛行的初期时代，沟通的"说服"目标特别突出。在接受某个特定风险方面，社会管理方极力希望专家的专业意见代表真理和标准，普通公众的意见和态度要服从于专家的观念，进而劝导公众放下顾虑、接受某种风险。构成上述风险沟通目标的前提假设是：普通公众对风险事务的理解存在缺陷，在关于风险事务的科学知识和实际概率方面是"无知的"。这种基于事先"缺陷式"风险沟通的必要性推断，使得社会管理方尤其重视对公众进行科学教育、知识启蒙和立场说服，相信只要消除风险信息解释方和接受方之间存在的所谓认识上的差距，就可以解决风险事务争议、对立和冲突方面的一切问题。然而事实并没有这么简单，即使社会管理方和专家系统能够完成对于风险事务的描述和解释，公众也仍然会存有许多疑问和不解。比如，公众完全可以有充分的理由怀疑行业人员、社会管理方甚至专家系统的动机指向和利益空间。正如贝克所言，在风险论争中变得清晰的是科学理性和社会理性之间在处理文明的危险可能性的问题上的断裂和缺口，双方都是在绕开对方谈论问题（Beck，2008）。问题的本质所在就是：在风险事务的话语解释当中，科学世界的重心同社会世界的关切经常出现错位和偏离，导致社会管理方常常抱怨公众不能正确认识这些优良的风险管理政策和做法，使得成效大打折扣；而公众对社会管理方的信心又表现出下降的趋势。那么，症结到底出在哪里？

越来越多的现实情况表明，风险的技术信息、风险承担的意愿以及风险的未知性、潜在危害性和可控性等诸多方面更加决定性地影响着公众的行为反应。与此相对应，风险沟通和风险管理越来越需要也必须关注公众的普遍价值观和社会情感。在早期的风险沟通中，单边主义色彩极为浓厚，主要指向改变公众的风险认识，通过知识的宣传说服公众接受技术，并没有凸显公众的主体因素的核心位置。此时，社会管理方考虑的问题主要是"公众为什么不会像专家那样思维"以及"如何让公众变得像专家那样思维"，或者起码让公众接受专家的风险意见。但各方逐步认识到，当应对充满未知性和不确定性的复杂风险问题时，风险沟通不会轻易取得共识和成功。有效的风险沟通需要社会管理方与公众携手合作，而不仅仅是"教育"他们。学界也不再纠结于"如何让公众变得像专家那样思维"这类问题，开始强调在风险沟通和管理当中的意见协商，将重点转向探索如何实现公众对风险管理机构的信任，以及不信任的出现原因和发生机制。人们也愈发认识到，如果安排好造成公众信任或不信任的关键环节，风险沟通和管理的一些难题也会迎刃而解，从而取得实效。

信息内容和危险程度影响同公众开展的风险沟通，公众对提供信息的机构和当事人的信任表现也影响着风险沟通的效果。显然，早期风险沟通所主要遵循的逻辑是技术专家应当提供准确可靠的数字化信息。认为只要专家提供了科学的信息，对风险进行正确的估计，那么基于相信专家所具有的知识技能就能够说服公众，实现有效的风险沟通，达到风险政策的预期效果。但是随着研究的深入，上述逻辑出现了效果打折。研究者发现，公众对风险事件的感知在社会过程和社会叙述当中会受到社会、心理、组织、文化等诸多因素的影响，极可能出现风险的放大或者衰减现象。事实上，存在许多公众对专家不信任的现象。什么原因促使了公众对专家不信任？现代风险认知心理学理论认为，人理解风险有两种基本的方式：一种是分析式推理，另一种是经验式推理。分析式推理采取概率计算、形式逻辑等算法和科学规则，需要意识控制、付出努力和一定时间。经验式推理是基于直觉在短时间内自动作出，甚至没有意识觉知。

经验式推理依赖于与情绪、情感经验相联结的意象和联系，将风险表达为一种情绪。研究表明，理性决策需要这两种思维模式的整合。以往认为，风险感知的差异在于公众的非理性和缺乏知识。但是通过对风险认知的心理学研究发现，公众对风险有着自己丰富的理解，包括价值观和质性因素等方面的考虑，而专家通常是关注风险的技术及数量化方面。公众也强调程序和实质上的权益，人们关心他们接触风险的自愿性、风险是否具有潜在的恶性和灾难性后果、风险是否引发恐慌，以及风险管理者能否因专业和关怀式管理风险而得到公众的信任。公众的观念应当得到重视与尊重，并且应当融入相关风险政策决策的过程之中。虽然不排除公众风险感知错误的可能，但应理解公众对风险的关注和诉求的合理及合法性，将其视为一种形式上的理性。在风险决策和管理中融入公众的观念，建立风险事件相关各方之间的信任，有助于解决风险冲突。

在现代，随着风险社会的出现，世界各国都出现了一个普遍的现象，即信任退化（也称为"信任危机"），这里的信任包括人际信任和制度信任。信任退化导致持续的社会警惕和焦虑，影响个体和社会健康以及社会质量。为什么会出现信任退化？如何理解这种现象？风险社会意味着现代性发展到一个新的阶段，与之前相比，这个阶段随着风险变得更加复杂和难以计算，具体表现在风险的后果、风险的可控性、风险的责任等诸多方面。显而易见，人类的诸多活动导致了大量风险，所以人类为风险后果承担责任是顺理成章的。然而问题是，随着在社会的知识生产机构网络中的责任的弥散和消失，出现了集体性风险回避，匿名的、累积的风险表现出组织化的不负责任和不予问责，社会组织和制度无法完全适合风险预期和应对新型风险的要求。信任退化不是说风险社会的信任需求降低了，恰恰相反，风险社会对信任的需求超过了以往的社会，且现实社会无法满足这一需求。公众通过什么方式认知现代风险呢？途径很多，但最可靠的仍然是科学知识。在发现和表述现代风险方面，科学起到关键的作用，需要具有科学知识才能获得对现代风险的认识。作为可靠的基础知识制度，科学能够提供关于风险的各种认识，扩展、丰富和深化公众日常的风险认知。在现代社会里，科学能够胜任提供关于风险的知识的职责，因此它应当成为值得信任的基本社会制度。但与此相矛盾的是，尽管很多情况下有科学证据表明某种活动或者事件对人体健康构成威胁，人们仍然忽视这种环境风险。在建立信任的过程中，科学知识和专家起到什么样的作用？这些作用如何表现出来？受到哪些因素影响？

从人类进化和生存的历史看，风险反映出人类存在的一种现实状况。自然和社会环境的变迁、各种灾难的侵袭、瘟疫的暴发与流行、人为产生的祸害等，从未间断地在人类社会构成着对人而言的风险。整个人类的历史，就是一部评估和适应风险的历史。风险沟通所传递的风险信息经历了前科学知识、科学知识、科学知识与社会主体因素相结合三个阶段。在科学知识和技术缺乏的前现代社会，为了获得内心的安宁和抚慰，人们通过宗教仪式、图腾崇拜、神话传奇等方式平缓和消除对风险的恐惧。科学知识阶段表现出"风险的理性分析"的核心特征，知识专家承担了一个重要的任务，即在科学分析风险的类型、水平、分布等情况的基础上，在风险评估与政策决策之间建立沟通逻辑。事实证明，仅靠专家的理性逻辑难以完成这个复杂的任务。科学知识与社会主体因素相结合阶段表现出"风险的理性分析与文化关照并重"的核心特征。进入现代社会，风险沟通形式上从民间叙事转变为专家话语，内容上由无知猜测转变为科学分析，行为上由民间自发转变为政府责任。与此相应的是，相关风险活动显示出的最大特征就是"职业化"。在科学知识与社会主体因素相结合阶段，风险的可接受性不再仅是科学问题，还与信任、公平、正义紧密相关。公众与专家风险感知存在的差异到底体现在哪些方面？第一，分析风险的方式不同；第二，关心风险的内容不同。专家系统的风险分析采取科学计算，针对危害事实诸多方面进行学理化的推演和学术性的探究；公众的风险分析大多数是直觉判断。专家的职业要求和身份决定了其关注的是宏观状况，如死亡率等各类数据；公众出于个体需要，关注风险的主观属性，其风险概念更加丰富和多元，出自直面生活的体验，尽管夹杂着一些谬误，但也体现了不少生活的智慧，这些内容往往是专家系统的风险分析所缺乏的。专家系统的风险评估应当在保持专业知识计算"科学性"的前提下，考虑并融入公众在风险评估时最关心什么，通过持续的对话赢得公众对机构的信任，减少人们对机构决策的怀疑。向公众表明对问题的关注、工作的效率以及专业的胜任力，使风险政策决策过程更加完善，从而提高风险沟通的实效性。在普遍缺乏信任的时代，这是一个很大的挑战。

风险沟通是向公众提供可靠信息的过程，目的是希望公众相信并接受这些信息。公众需要更多地参与对他们所接触的风险的甄别和评估过程。对于发展和保持公众信心，公共部门的有效沟通和管理是一个重要因素。为了实现这一点，必须充分认识到沟通过程的复杂性，考虑各种影响人们对风险的态度和意见的社会、文化和心理因素。加大风险管理实践当中的信息透明度是提升信任的重要一环。信息透明度是指组织活动和决策被相关利益方察觉和理解的程度，它不仅仅是信息本身，更体现为一种获得、传递和创生信息的过程。这一过程对于形成双方良性关系起着重要作用，只有连通专家和公众风险感知的裂隙，公众对职业共同体和公共组织的信任与信心才能发展。

4.2　风险信息的情感启发

个体日常生活中的直接社会和文化背景影响着个体的风险认知

以及应对风险的策略，风险管理机构可信赖度的评估、信息来源以及信息传递等因素都与个体的风险认知息息相关。卡尼曼和特维斯基（Kahneman & Tversky，1973）提出易得性启发式概念时，没有区分直接经验和间接经验的来源，常常假定直接经验和间接经验共同影响着风险判断。后来学者们指出，区分易得性启发式的直接经验和间接经验两种来源是有必要的，因为直接经验在塑造人们的风险判断中起着关键的作用，而没有证据表明在考虑到直接经验和情感的情况下，通过媒体举例获知的可用性会对塑造人们的风险判断起到影响。当直接经验无法区分时，人们至少可以采取两条路线：一条路线是人们能够将记忆中的搜索空间扩展为一个虚拟的圈子，即人们通过媒体信息获知的风险后果；另一条路线是人们能够将情感反应转向考虑之中的风险。研究发现，超过三分之一的被试描述了首先提取直接经验，如果直接经验不能区分，那么就利用情感反应。另外，三分之一的被试从整合直接经验和情感的复合测量的角度进行描述。各种启发式（如情感启发式、获得启发式）成为公众风险认知可能的机制，决策过程中对于这些情绪的依赖可以理解为"情感启发式"。客体和事件在人们脑海中的表征被标记为不同程度的情感，人们在作出判断的过程中要咨询或参考一种"情感库"，其中包含所有与有意识或无意识的表征相关的积极和消极的标签。我们需要认真研究和掌握风险应急时期信息传播的规律，注意避免"高高在上""不接地气"的空洞说教。客观上，我们无法要求人们对于流传的信息时刻保持清醒、理性的认知和判断，也要理解特别在风险应急初期更难以保持超常的定力。对他们提出更高的信息辨识力的要求客观上是不现实的，不符合实事求是的原则，也会让群众责怪批评者"站着说话不腰疼"，反而增加社会对立情绪。人不是冷血动物，绝大多数人都具有正常的社会情绪功能。一般情况下，人们接触到某些特殊信息的时候就有可能引发情绪启动甚至情感共鸣，所以才有我们常说的人与人之间的"感同身受"。既能共情又有同理心，是人的一项基本社会能力。

4.2.1 情感的信息作用

人们认识到，体验着的情感能够作为决策过程中的"信息"。当需要作出的判断或决策是复杂的或心理资源受限时，容易获得的情感印象可以充当重要判断的一种线索，表现出心理捷径的特征。回忆过去事件、个人经验、情绪状态和未来事件的可想象性都会影响风险判断。当个体面对风险的不确定性时，作出决策选择往往有困难。情感反应往往被用作判断的线索，其方式与获得性或代表性评估方式非常类似。比如众所周知，感知的风险和感知的利益往往是负相关的。相对不亲切的事务（例如核能发电）倾向于被判定为高风险和低收益，而相对亲切的事务（例如使用手机）倾向于被判定为低风险和高收益。换句话说，不亲切的情感反应可以形成高风险和低收益的判断基础，亲切的情感反应可以形成低风险和高收益的判断基础。

在现实中，因为依赖情感反应作出判断，启发式往往掩盖原本正相关的风险和收益。弗格斯提出情绪渗透模型（affect infusion model），认为情绪渗透是一种特定的过程，当主体进行判断的决策思索时，承载情感的信息会对判断活动产生影响，实质性地对判断结果发挥作用，并进而成为判断加工的组成部分（Forgas，1995）。针对社会判断，情绪渗透模型发展出两个基本假设：过程调节和最小精力原则。传统信息加工模型基于单过程假设，而情绪渗透模型强调稳健的、普遍的、依赖情境的认知机制。一般而言，社会行为人是习惯于最小化付出精力的信息加工者。只要满足了最低程度的情境要求，个体就会愿意采取最简便的、精力付出最少的加工策略。但是现实生活没有这么简单，存在许多使个体需要增加精力付出的因素，比如主体因素（动机、情感状况、认知能力和个人关联度）、任务性质因素（熟悉性、典型性和复杂性）、情境因素（需求、信心）。情绪渗透模型区分了四种不同的加工策略：直接通达策略、动机加工策略、实质性加工策略和启发式加工策略，情绪影响判断的性质及程度很大程度上取决于判断时所采取的加工策略。直接通达策略是进行判断时使用的最简单的方式，也是一种低情绪渗透策略，主要涉及直接恢复已有留存的认知评估。个体对许多已经完成的任务判断留有记忆印象，按照最小努力原则，很容易再次利用这些记忆印象去完成类似的新任务的判断。在目标任务非常熟悉、任务类型与内容具有高度原型可比较特征时，个体往往使用直接通达策略，将记忆印象作为主要的判断线索。这种情况下，通常没有明显的主体和情境因素要求个体去完成任务的精细化加工。显然，直接通达策略主要是对已有定型判断进行线索提取，很少涉及甚至不涉及建立新的精细化信息加工，判断结果会表现得较为稳定，不易受到情感影响，对情感表现出较强的"免疫力"，不易出现情感歪曲或者颠覆判断的情况。当为了取得特定的判断结果而存在强烈及特殊的动机压力时，人们常常使用动机加工策略。在这种情况下，为了配合一个先有的动机目标，判断经常涉及高强度的选择性、导向性和目标性信息搜索和整合策略。由于特有的信息搜索模式及判断受先有动机影响的原因，动机加工策略也是低情绪渗透策略。在没有先前判断经验也没有明显动机目标推动判断结果的情形下，人们需要算计一种判断形式。如果人们采取最少精力原则，一定可得信息，使用简化或便捷的方式，就通常表现为启发式加工策略。当目标简单或高度典型时，判断的个人相关度低，没有特定的动机目的，认知能力有限，不要求精确和详细的考虑，此时启发式加工策略经常出现。启发式加工策略建立在个体当前情绪基础之上，此时情绪成为了一种信息来源。人们经常在两种情况下使用这种策略：一是认知加工能力有限时，二是判断简单或对个体意义不大而使个体形成判断的动机较弱时。当目标需要选择、学习和解释全新信息，并把这些信息同已有的知识结构关联起来时，人们总是使用实质性加工策略，它建立在广泛记忆搜索和精细化的基础之上。使用实质性加工策略时，判断目标往往是复杂的、非典型的，也没有特定的动机去要求作出判断。实质性加工策略需要足够的认知能力，由于内外在情境因素的要求，判断结果要精确。直接通达策略和动机加工策略所涉及的是相对封闭的信息搜寻过程，较少出现情绪渗透现象。实质性加工策略和启发式加工策略所涉及的是开发式、建构型的信息搜寻过程，常常出现情绪渗透现象；实质性加工过程涉及大量已有认知表征的转型，而不仅仅是复制。这个过程需要大量开放性的信息搜寻策略，对已有的信息进行高程度的精细化阐释。当认知任务涉及新信息的主动生成而不是被动保守已有信息时，情感将影响认知加工。

斯洛维克等人较早注意到个体经常利用启发式而不是概率论规则来判断风险。他们进行了一项研究，向临床医生提供住院精神障碍患者的临床病历摘要，划分为高、中、低三个风险水平，要求临床医生根据这些病历摘要判断精神障碍患者出院之后伤害他人的风险程度（Slovic，2000）。研究发现，在高、中、低三个风险水平之下（即无论风险水平是否发生变化）都出现了一个共同的趋势，就是在风险可能性相同的情况下，当风险可能性以数量形式（如 100 人当中有 10 人）呈现时，临床医生判断某个患者出院之后伤害他人的风险比风险可能性以概率形式（如 10％）呈现时更大。斯洛维克等人提出心理意象，用于解释上述现象。因为相比于数量形式，概率形式潜在地具有目标指向性明确的心理靶导引倾向，相对容易诱发判断者对于某一具体个体的特定心理意象，带来从普遍性风险可能性的判断向个别性风险可能性的判断的转变。这样，当风险可能性以概率形式呈现时，占据临床医生判断的主导线索的心理意象更多的是单一精神障碍患者及其暴力倾向。单一精神障碍患者出院之后可能会伤害他人，也可能不会伤害他人。由于两种结果可能性的存在，临床医生对于患者的心理意象有较大可能出现相对良性的认知判断。在这种情况下，对其风险评估可能因此而相对较低。与此相对应，当风险可能性以数量形式呈现时，占据临床医生判断的主导线索的心理意象更多的是一些数量的精神障碍患者及其暴力倾向，总会存在特定数目的精神障碍患者出院之后可能会伤害他人。主要考虑的情境是"伤害"，因为无论发生概率如何，"伤害"总归要发生。因此，"不伤害"的心理意象处于边缘状态，临床医生相对较少加以考虑。由于必然出现的暴力伤害引起恐惧感和情感上的负载，对精神障碍患者出院之后可能会伤害他人的风险评估相对较高。

罗德斯杰克和奚恺元进行了一项研究，针对上述研究进一步推进，提出权重函数的概念，考察情感在其中发挥的特定作用（Rottenstreich & Hsee，2001）。在罗德斯杰克和奚恺元所提出的权重函数的两端，函数曲线出现较明显的形态跳跃变化，显示出情感所带来的影响。研究采取两个自变量的被试间实验设计。第一个自变量是奖金的用途：告诉一组被试有一张 500 美元的优惠券，可以用于支付夏季去欧洲度假的费用；而告诉另一组被试有一张 500 美元的优惠券，能够用于交纳大学的学费。旅游优惠券相对富于情感，学费优惠券则相对情感淡化。第二个自变量是概率：告诉一组被试有 1％的机会赢得奖金，告诉另一组被试有 99％的机会赢得奖金。因变量的任务是让被试表明，假如实际获得的奖金少于 500 美金，那么获得多少奖金才会让自己不介意实际得到的这些奖金同相应概率下获得的奖金之间的区别。研究结果发现，情感发挥了特定的作用。数据统计分析得出：在小概率的情形中，即有 1％的机会获得 500 美元旅游优惠券和 500 美元学费优惠券两种条件下，被试报告的可接受金额是不同的；在大概率的情形中，即有 99％的机会获得 500 美元旅游优惠券和 500 美元学费优惠券两种条件下，被试报告的可接受金额也是不同的。但是，小概率和大概率两种情形中，可接受金额却在旅游优惠券和学费优惠券之间出现了反向现象：在有 1％的机会获得 500 美元旅游优惠券的实验条件下，被试表示获得 20 美元（中数值）就让自己不介意得到这 20 美元与 1％概率下应获得奖金数之间的差异；在有 1％的机会获得 500 美元学费优惠券的实验条件下，被试表示获得 5 美元（中数值）就让自己不介意得到这 5 美元与 1％概率下应获得奖金数之间的差异；在有 99％的机会获得 500 美元旅游优惠券的实验条件下，被试表示获得 450 美元（中数值）就让自己不介意得到这 450 美元与 99％概率下应获得奖金数之间的差异；在有 99％的机会获得 500 美元学费优惠券的实验条件下，被试表示获得 478 美元（中数值）就让自己不介意得到这 478 美元与 99％概率下应获得奖金数之间的差异。这种情感取向具体而言意味着：相比于情感平淡（affect-poor）的目的物，人们对于情感丰富（affect-rich）的目的物更敏感地偏离不可能性和确定性，更不太敏感于中间概率的变化。需要注意的是，这些关于决策判断中的情感负载意象作用的研究结果是比较稳健的，但更多的是针对个体进行的风险判断，针对群体进行的风险判断的研究结论是否仍然如此，还需要进一步探索。

4.2.2　决策对象的情感差异

　　传统决策理论注重的是理性分析过程，之后的研究逐步注意到直觉、情感过程在人类决策中的作用。如果简单地从内外部因素来看，作为内部因素的个体理性能力有限（如知识不够、能力不足、时间压力等）以及作为外部因素的信息不充分或者非常复杂的时候，个体往往采取便捷的方式进行决策，而非深思熟虑、反复周全。卡尼曼提出框架效应（framing effect）的概念，用于解释人类的行为决策往往受到选项呈现方式的影响，人们的决策并非总是理性决策。理性决策的结果往往与预期相符合，而由情感系统提供保障的情感启发式往往导致行为决策的结果不如理性决策所预期的那样，这种结果相对会有所偏差，进而出现所谓的框架效应。杏仁核是产生、识别和调节情绪的重要脑部组织，据此，杏仁核也是行为决策时情感加工的关键脑区。2006 年，马蒂诺（De Martino）等人在《科学》上发表一项研究，设计了一种经济决策任务，通过功能性磁共振成像考察框架效应的神经生物学基础。20 名被试参与实验，他们被告知将收到一定数目的钱（例如"你收到 50 元"）。提供"确定"选项和"赌博"选项，也即两种不同的框架情形，要求被试"二选一"。"确定"选项分为两种框架：收益框架，即保留最初起点金额的部分数量（例如保留 50 元中的 20 元）；损失框架，即失去最初起点金额的部分数量（例如失去 50 元中的 30 元）。"赌博"选项的呈现方式是以饼图描绘起点金额全部赢得或失去的概率。结果表明，框架处理显著影响被试的决策，即出现框架效应。如同前景理论预测的一样，在"确定"选项下表现出规避风险，倾向于选择被试收益框架。框架效应是风险情境中情感驱动决策的代表性例子，并与杏仁核的活动密切相关。不论被试决定选择"确定"选项还是"赌博"选项，杏仁核激活都显著增强（De Martino，2006）。马蒂诺等人在之后的研究中进一步发现，杏仁核损伤的患者的上述框架效应显著减弱。

　　大量神经科学研究已经证实，情感反应会在很大程度上影响针对自我的风险决策。随着现代社会的快速变迁，社会事务的不确定性日益凸显，为自己决策以及为他人决策都不可避免地存在某种程度的风险。由于指向对象的差异，这两种决策在风险决策的心理过程及机制方面有可能也存在区别。在日常生活中，替他人完成行为决策的机会很常见，比如替同学或同事订车票、为客户确定旅游路

线、为业主选定新居装修设计、为朋友进行职业规划等。由于现代
社会生活时空边界的不断弱化与消解，社会交往种类和频率极速增
加，替他人或建议他人确定某种行为决策成为开展和繁荣社会生活
的重要内容。在风险决策的各个领域，研究者越来越多地关注到自
我—他人决策的差异性，其中出现了一个不一致的研究结果：人们
为他人决策时的思维或行动方式比为自己决策时更冒险；而有些学
者则认为，人们为他人决策时的思维或行动方式比为自己决策时更
保守。有些研究发现，人们认为他人比自己更偏好风险，无论他人
冒险选择的结果是积极的还是消极的，人们都往往过高估计他人的
冒险倾向。自我—他人决策的差异性并非一成不变，也会随着情况
的变化而改变。在研究中，就经济决策而言，当以匿名的形式和抽
象的术语描述他人的行为决策时，被试预测他人的风险寻求会比自
己更多。不过，当以具体生动的术语描述他人的行为决策时，自
我—他人决策的差异性就减弱了。自我决策和他人决策时，生动描
述他人引发被试强烈的情感反应。为了解释这些发现，奚恺元和沃
伯（Hsee & Weber，1997）提出"作为情感的风险假设（risk-as-feel-
ings hypothesis）"，认为风险偏好是个体对于风险的主观情感的表
达。个体对风险会具有某些积极或消极的情感，这些情感在一定程
度上影响人们的风险偏好。当人们为自己作出一个冒险的选择时，
他们对风险的主观情感影响自己的决策。但是，当预测他人的风险
决策时，人们可能部分地以自己对风险的主观情感为基础进行预测。
然而，事实上人们很难做到对他人的充分"移情"，也很难认为他人
和自己一样有着强烈的情感。因此，人们会预测他人与自己有着类
似的风险偏好，但是比自己更为风险中立。

　　以往关于行为决策的神经影像学研究主要关注个体自身的决策、
较少关注替他人进行的行为决策，因而较为缺乏神经生物学的证据
来支持为自己决策与为他人决策之间的不同。德运等人在神经影像

学层面上证实了情感的确影响风险决策，为自己决策与为他人决策使用了不同的神经过程，存在神经生物学差别（Daehyun，2013）。研究设计自我决策和替他人决策两种实验条件，要求被试在不同获胜概率水平下在低风险选项和高风险选项之间抉择。结果发现，与替他人决策相比，自我决策时，个体在低获胜概率情形下表现出更多的规避风险倾向，在高获胜概率情形下表现出更多的冒险倾向。对此现象的解释是：自我决策时相应的情感过程比替他人决策时更为强烈。由于决策目标指向的不同，脑激活模式也不一样：自我决策时，与奖励相关的脑区表现出比替他人决策时更为活跃；而替他人决策时，与心理理论相关的脑区表现出比自我决策时更为活跃。杏仁核的活跃与自我决策的价值计算相关，背内侧前额叶皮质的活跃与替他人决策的价值计算相关。不同脑区活跃的神经过程表明，为他人风险决策时使用认知/理性过程的脑区（例如额前皮质）而非情感/经验过程的脑区（例如杏仁核），而为自我风险决策时情况正好颠倒过来。即替他人决策时占主导地位的是认知过程，自我决策时占主导地位的是情感过程。不过，上述研究也可能存在一些局限：研究设计中的决策情境是经济风险决策，如果是其他类型的行为决策，上述观点是否能够成立尚有待检验。替他人决策和自我决策的神经回路是不同的，揭示这种差异将极大地提升对亲社会决策的理论解释。最近研究表明，当人们为他人作出产品购买决策时，下顶叶活动调节腹内侧前额叶皮质活动，下顶叶这一脑区接近颞顶交界处。但是，当人们为自己作出产品购买决策时，就没有出现颞顶交界处的这种调节效应。杏仁核与背内侧前额叶皮质形成广泛的解剖和功能连接，通过这些连接控制杏仁核的情感反应。

4.2.3　情感信任中的动机状态

调节聚焦（regulatory-focus）是决定个体在任务判断中是否依赖

情感作为启发式的一个重要因素。在决策方面，促进调节增加情感依赖，预防调节则减少情感依赖。按照调节聚焦理论的观点，自我调节涉及两种独立的系统：促进系统（promotion system）和预防系统（prevention system）。促进系统与生长和发展需要关联，预防系统与保护和安全需要关联。二者的主要区别在于对目标追求的策略定位上：促进系统表现出进取型策略，具有鼓励抓住机会的热切探索形式的特点；而预防系统表现出回避型策略，具有强调谨防错误的警惕形式的特点。在追求理想、梦想、愿望时，促进聚焦调节往往特别活跃。而在完成义务、责任时，预防聚焦调节往往特别活跃。需要着重指出的是，促进和预防是动机状态，不是人格特质。在每一个个体身上，促进系统和预防系统是并存的，彼此相互依赖。但对具体个体而言，某一系统在一定甚至更长时间里占主导地位。比如，启动某人的理想或者以进取的姿态设计一个任务就能临时激发促进聚焦。与此相类似，调动某人的义务或者以回避的姿态设计一个任务就能临时激发预防聚焦。

自我调节的积极形式表现为促进聚焦，支持在判断和决策中依赖情感；而自我调节的保守形式则表现为预防聚焦，阻碍这种情感依赖。促进引发的积极性导致各种启发式被普遍地使用。在速度和精确性发生冲突的时候，促进引发的积极性会导致强调速度胜于精确性。就主观情感反应提供了评估的一种推动力量，表现出更加迅速、更少费劲而言，促进聚焦导致依赖情感启发式。预防聚焦更易导致分析加工，削弱对情感启发式的依赖。积极状态促进依赖内在输入，拒斥外部信息；而保守状态则恰恰相反。就主观情感反应是对环境的内在反应而不是对外部信息的内在反应而言，依赖这些内在反应应当增加促进聚焦而不是增加预防聚焦。调节聚焦理论认为，自我调节取向是判断、行为和经验等方面存在差异的一个重要原因。促进聚焦和预防聚焦作为两种基本的动机状态，直接影响信息加工和自我调节行为。该理论认为，虽然大多数人愿意趋向愉快心情、回避不愉快心情，但是仍以不同的方式来实现。促进聚焦个体和预防聚焦个体在趋向愿望目的状态时的策略方式不一样：促进自我调节个体关注与实现愿望状态的相向方面，而预防自我调节个体关注与实现愿望状态的相背方面。比如，为了保持体形，促进自我调节个体会积极锻炼，而预防自我调节个体会控制摄入高脂肪食物。调节聚焦理论也认为影响两种调节方式的因素不同。比如，对于促进聚焦而言，发展的基本需要、把结果谋划为得或者不得，以及愿望、意图和希望的不断接近，都被认为是影响因素。相比之下，对于预防聚焦而言，安全的需要、把结果谋划为失或者不失，以及义务、职责和责任的不断接近，都被认为是影响因素。在社会化以及不断强化的特定聚焦过程之下，个体可能发展出长期的调节聚焦推力，这种推力能够决定个体在特定情境下占主导地位的调节聚焦。

个体聚焦类型不仅表现在行为上，还表现在信息加工上。促进聚焦会导致采取急切的风险式信息加工策略，同时也将导致急切的风险式行为策略。与此相反，预防聚焦会导致警惕式信息加工策略，同时也将导致警惕式行为策略。在特定情形中，调节聚焦同样影响信息加工策略和行为策略。仅仅激活促进聚焦关联到的环境认知是安全的、良性的，而仅仅激活预防聚焦关联到的环境认知是危险的、恶性的。因此，相比激活预防聚焦，激活促进聚焦将导致更冒险的信息加工策略。促进聚焦个体和预防聚焦个体的不同信息加工导致的结果是多方面的。即使在相关不利情况对于促进聚焦个体和预防聚焦个体同等重要的条件下，预防聚焦个体也会比促进聚焦个体更认真地考虑新事物的潜在风险。预防聚焦个体比促进聚焦个体更热衷于费力型归因加工，通常追求决策准确最大化的个体偏好这种加工。在进行任务时，促进聚焦个体比预防聚焦个体表现出更积极的创造性思维。促进聚焦活跃导致冒险性的情感反应，而预防聚焦活跃强化对产品真实信息的保守性阐释。促进聚焦个体在评价事务方面比预防聚焦个体更为依赖情感，更少回避风险的个体比风险回避和保守的个体更依赖不容易被确证的信息。总之，伴随促进聚焦和预防聚焦的进取和回避这两种状态，确实各自导致了不同的信息加工策略：促进聚焦个体倾向依赖冒险型的启发式信息加工，而预防聚焦个体倾向依赖更安全的系统信息加工。

4.3 信息信任的负面偏向

信息负面偏向是现实生活中较为常见的心理现象，某些时候还表现得十分突出。它特指人们相对更容易受到负面信息的影响，更敏感于和重视身边接触到的负面信息。"三人成虎""好事不出门，坏事传千里"等俗语一定程度上说明的就是人们习惯偏信负面信息表达的内容。虽然很多时候这些信息在事后看起来非常离谱甚至荒谬，但人们在当时或许是主动或许是在裹挟之下信以为真。常态情况下人们就具有这种心理偏向，更不用说在特殊时期这种心理偏向会愈发显著。人们为什么更加偏信消极的风险信息？因为负面信息往往披着吸引眼球的特殊"外衣"。这些信息为了迎合人们的安全防护的基本需要、满足猎奇与"求真相"的踏实感、倾泻问责不作为的急切感等，往往包含很多与威胁、危险、损失相关的内容。极端的负面信息或者谣言的最大共性是夹杂着干扰风险沟通、不利社会团结、滋生社会分裂、扰乱民生秩序的情绪成分。言论中各种情绪的表达、释放、发泄、放大使得大多数人容易不自觉地从众、随大流、人云亦云。一些谣言一传十，十传百，传了"一千遍"的谎言最后就跟真的一样。从生存利益最大化的角度而言，在与外界互动中，"坏"的负面信息往往比"好"的正面信息具有更鲜明、更强大和更紧急的警示价值，前者往往拥有受人青睐、追捧的"诊断"依据，更容易展示出提醒功能，激发人们的注意力，促使人们愿意更加精细化地加工这些信息，采取谨小慎微的防御心态来保护自己的利益不受损害。用日常语言加以形容就是：在"雪上加霜"和"锦上添花"之间，个体优先的行为策略是避免前者，而后才是追求后者，即首先"避害"，其次"趋利"。

4.3.1 风险信息的内容属性

负面信息往往非常顽固地牵制人们的认识立场。人们有时不太容易在风险信息属性与信息指向上保持同步，却很容易出现信息联想，对信息内容胡思乱想、无端臆测。在针对疫情的人际讨论和媒体表述中，负面信息或谣言常常刻画出"带节奏""假真相"的不负责任的言论，刻意营造出所谓不能原谅的行为失责、不能接受的行为营私、不能避免的行为恶果，令失望、不满、恐惧的心理意象快速萦绕着人们，引发人们对时局状况不恰当的归因解释、对自己牢骚抱怨的自以为是以及对自己意见正确的盲目道德赋予。因此，虽然各种渠道也存在数量众多的正面信息，但无法否认，仅仅一条广为流传的负面信息就"破坏力"极强。其中吸引眼球的内容指向非常明确，且煽动情绪的细节以具体的、明确的形式呈现，使得它在人们的认知和记忆当中出现的频率更高、印象更深刻，信息加工也更为精细。在针对个体产生的心理警觉和心理冲击力方面，负面信息的次生破坏性后果往往掩盖甚至拖累了正面信息营造的建设性后果。从风险信息的内容属性上考虑，怀特提出可能存在"极性偏向（extremity bias）"的原因，使得相比于积极信息，个体更加信任消极信息（White，2003）。极性偏向是指信息的极端性而非信息效价决定了个体更加信任信息，信息极性涉及信息的清晰度和辨别力。当信息内容表述为具有风险时，个体容易认为该信息是清楚无误的消极信息，对其解读和想象诠释空间较小。但当信息内容表述为不具有风险时，个体会认为该信息还不能完全说是清楚无误的积极信息，对其解读和想象诠释空间较大。具体而言，人的心理习惯会使个体怀疑是不是信息主体出于某种目的或者专业能力有限的原因，暂时还没有意愿或者能力去发现风险。当前没有风险，不代表未来没有风险。所以，可以进而推断：个体对于"没有危害"的信息的低信任度不是由于该信息的积极效价，而是因为该信息的模糊性即信息极性。

怀特等人在以往其他学者研究的基础上进行了巧妙的改造设计，验证极性偏向是否存在。为了平衡积极效价和消极效价的信息极性，增加了"有利的（beneficial）"信息和"没有利益的（not beneficial）"信息两个维度。如果负性偏向假设成立，那么信息效价的作用应当是强于信息极性的。也就是说，如果个体对于消极效价的信息（包括有害的信息和没有利益的信息）表现出比对于积极效价的信息（包括有利的信息和没有危害的信息）更高的信任，那么可以推断负性偏向假设能够成立。但是，如果个体对于极性更明显（即清晰度更明显）的信息（如有害的信息和有利的信息）表现出比极性不太明显（即模糊性更明显）的信息（如没有危害的信息和没有利益的信息）表现出更大的信任，那么可以推断极性偏向假设能够成立。研究结果发现，信任水平的递减顺序是：有害的信息、没有利益的信息、没有危害的信息和有利的信息。如果按照极性偏向假设，信息极性在决定信息信任上优于信息效价，那么有利的信息的信任水平应当比没有危害的信息更高，但实验结果却正好相反。由此，极性偏向假设难以成立。负性偏向假设比极性偏向假设更加获得实验支持，即信息效价在决定信息信任上优于信息极性。

怀特和艾泽继续探索信息类型（事件信息和政策信息）对信任负性偏向的影响（White & Eiser, 2005）。他们指出，斯洛维克经典研究中采用的调查信息或项目（无论是积极信息还是消极信息）都是以"事件（events）"的形式呈现的，反映的是具体事件的信息，而不是一般政策的信息。具体事件的信息所指向的对象明确、目标单一，体现出强的特异性（specificity），如"发现某工厂负责人在安全问题上欺骗政府"。一般政策的信息所指向的对象普遍、目标广泛，体现出弱的特异性，如"工厂对职员有严格的筛选和培训"。解释信息信任负性偏向的一个理由是：消极信息比积极信息更容易引起注意，发挥想象的空间更大，心理上更容易提取加工。消极事件往往是具体的、明确限定的事件，如事故、谎言、错误等；积极事件有时是可见的，但更多时候是模糊的、不清楚的。不过，怀特和艾泽认为，斯洛维克起初的研究材料中的消极信息和积极信息均来自假设的具体事件，而不是一般政策所体现出的消极信息和积极信息。那么，有可能存在这种情况：是信息的特异性差异造成了消极信息和积极信息的信任差异，即信息的特异性假设。换句话说，按照斯洛维克的观点，具体事件体现出来的消极信息往往比体现出来的积极信息要更为明确，或者具体事件体现出来的积极信息往往比其体现出来的消极信息要更为抽象。同时，一般政策体现出来的消极信息和积极信息也都比具体事件体现出来的消极信息和积极信息更为抽象。依此类推，按照信息的特异性假设，在以具体事件为载体的情况下，因为存在信息属性效价（消极和积极）的差异，信息信任的负性偏向得以成立。但是，在以一般政策为载体的情况下，由于一般政策本身的抽象性，信息属性效价（消极和积极）的差异有所不同，信息信任的负性偏向可能不会出现。实验结果支持了上述猜测，针对核电站事件信息（强的特异性）的研究再次验证了信息信任的负性偏向。但是，政策信息（弱的特异性）的研究中却出现了有趣的现象。一方面，政策信息对信任起着比事件信息更大的影响。在绩效认知上，普遍政策比具体事件有着更强的辨别价值。在风险信息的沟通中，信息的辨别价值力是影响信任的一个重要因素。另一方面，针对高风险行业（如核电站）的政策信息没有出现信息信任的负性偏向，积极政策信息和消极政策信息对于信任产生同等程度的影响。针对低风险行业（如制药厂）的政策信息甚至出现了信息信任的正性偏向，积极政策信息对于信任产生比消极政策信息更大的影响。由此，验证了信息的特异性假设。

以往很少有研究关注特定事件引发个体信任变化的情况，而澄清哪些事件会导致增加和减少个体信任有助于理解信任是如何建立和丧失的。怀特和艾泽基于信号检测论（signal detection theory）的事件分类方法，从专门知识、关心以及公开性三个方面考察事件类型对信任变化的影响。这里主要包括两个因素：第一，作出正确的判断和作出错误的判断，这可以归纳为"区分能力"；第二，判断为信号和噪声。对于风险状况而言，信号和噪声代表了对风险的接受和拒绝（也即是积极事件和消极事件），因此可将该因素归纳为"反应倾向"。由此区分出四种事件：击中，虚报，漏报，正确拒斥。信任涉及对具体个体（本研究主要针对风险管理者）的能力和意图的感知。此外，风险管理者的决策的公开性也会影响公众对他们的信任，称为"沟通偏见"。研究发现，并不是所有的消极事件都导致信任的大幅度下降，也并不是所有的积极事件都导致信任的适度增加。相比于不正确判断，风险管理者的正确判断会提高其被信任水平；风险管理者对风险的接受比对风险的拒绝更能提高其被信任水平；那些公开决策的风险管理者获得更多积极的边缘信任。研究结果显示，区分能力的主效应不显著。也即是说，正确和错误的判断对信任的影响差异不大；反应倾向和沟通偏见的主效应显著，即接受危险比拒绝危险更能提高信任、开放性的风险管理者能获得更多信任。由此我们可以看出，能力信息没有表现出信任的不对称性，而反应倾向信息（或意图信息）表现出了相反的不对称性，即接受风险的管理者获得的边缘信任更多。这说明了信息类型对信任的不对称性的影响。

以往研究当中，忽视了区分道德信息和绩效信息之间的差异。从社会认知的角度来说，个体通常依据社会可宜性（道德）和能力可宜性（绩效）来形成对风险信息源的信任。道德信息往往定位为他人利益指向，且适用情境广泛，具有影响行为表现的普遍性。而绩效信息往往定位为自我利益指向，适用情境具有专门性特点，从而表现出影响行为结果的特殊性。道德信息影响力的普遍性使其先于绩效信息，成为解释社会政策和活动的一个重要前提。道德信息反映出稳定、通用的动机属性，绩效信息则反映出变化、专门的对象属性。主体的社会行为同时具有动机属性和对象属性。个体评判主体的社会行为时，动机属性和对象属性的权重会发生交互的关联。例如，在相关主体具有大致同等程度的负面的绩效信息的情形下，如果相关主体具有正面的道德信息，受到的批评程度会比具有负面的道德信息的相关主体缓和一些。厄尔等人突出区分信息信任中的道德信息和绩效信息，目的之一是为区别信任（trust）和信心（confidence）。他们强调，信任是建立在判断价值观相似性的基础上，个体表现出自愿处于相对于他人或外界的脆弱状态，将自己托付于对方，期待有利结果的特定意愿。信心则是基于经验或证据的一种信念，认为未来事件将如预期那样发生。信任和信心都有助于合作，然而信心依托的主要是特定的绩效标准，信任则是置身于他人或外界的责任行为之下。信任他人是个体主观自愿的自由活动，促成信任的基础是共同的价值观而非预期的具体行为。影响信任的因素表现出道德相关的信息，如公平、正义、关怀、仁爱、正直、诚实等；影响信心的因素则表现出绩效相关的信息，如能力、经验、技艺、熟悉、证据、规则、程序、契约等。厄尔和西格里斯特提出了 TCC 模型（trust，confidence and cooperation model），该模型的基本观点是有两种类型的信任：一种类型的信任是关系信任，核心指向是人与人之间的关系；另一种类型的信任是计算信任，核心指向是对象

的过去行为和未来行为预期(Earle & Siegrist，2006)。TCC 模型从
社会判断的两种维度即意图和能力出发，将关系信任定义为"信
任"、将计算信任定义为"信心"，信任更多地同价值相联系、信心更
多地同能力相联系。也就是说，在理解信任时价值占主要权重，而
在理解信心时能力占主要权重。并且信任主导信心，信心判断要以
信任为前提条件。

　　信任最纯粹的深层实质体现在作好信任准备以及实际做出信任
行为的个体已经愿意接受可能的风险，对于易受损状态或后果应当
具有一定的考虑，这样做的主要目的是减少社会交往、交换或交易
的复杂性。出于现实因素和节省精力付出的考虑，人们在具体风险
决策的时候往往会采用各种简化和节约的方法与策略，也即开动各
类启发式的通路。支撑个体信任取向的重要基础是共同或相似的价
值观。由于双方具有一致性价值观的推断，个体往往表现出合作进
取型的动机，主要通过意图或价值观启发式以及情感启发式而非外
在的利益精确计算标准来实现减少复杂性的目的。因此，此时的信
任呈现出情感型、直觉化和泛化式特点。当人们表现出集中考虑过
去的行为表现以及制约未来行为的因素时，常常呈现出保守型的动
机。虽然人们也会通过少量熟悉启发式去辅助判断，但更多的时候
是利用复杂的认识积累和精细的信息加工、遵循外在的准确性标准
去实现控制未来行为的目的。因此，此时的信任呈现出认知型、理
性化和具体式特点。因为所主要依赖的基础的稳定性存在差异，从
变化维度上而言，信任存在类型和强度上的区别。但信任的确能够
体现出许多优势价值，当发现和认可具有普遍指向和影响力渗透的
相似价值观存在时，信任能够在较短时间内建立起来。同时，价值
观的相对稳定性使得信任的边际变化呈现一定程度的韧性和灵活弹
性的空间。当可能的利益冲突信息干扰和破坏信任关系时，价值观
基础可以发挥稳定器作用，使信任经受住考验，不至于轻易破裂。

信任所具有的弹性张力，在利益关系符合社会规范、受到社会允许时是一种优势，但在利益关系不符合社会规范、破坏社会秩序时则是一种劣势。建立信任需要一定时间，因为识别、认识和积累对象过去的行为经验并形成判断的标准需要一个过程。一旦发现对象不符合特异性的行为标准，那么信任也很容易丧失。个体识别相似价值观时，直觉的道德判断和情感是主要心理活动。在心理习惯上，道德判断往往以自动的情感注入的过程而不是理性为基础，结果容易呈现出以自我为中心的特点，认为自己的道德判断是客观公正的，他人的道德判断是主观的、自私的和错误的。基于情绪形成的判断比基于理性形成的判断更为稳定，在同已有观点相左的理性论据面前表现出更大的韧性，更不容易发生改变。总之，道德信息是决定信任判断的关键因素，行为信息对信任判断不构成显著影响。在相似价值观基础上建立起来的信任影响着在过去行为表现基础上建立起来的信心。

4.3.2 风险信息的既有态度

个体一旦形成对于正面风险信息的不信任，就容易趋向于强化和长久保持这种心态。最初的信任或不信任决定着人们对于事件的解释，进而还会强化人们之前的观念。就好比如果对于事件"先入为主"的看法得以固化，那么"冥顽不化"的认识立场就会成为大概率的结果。个体由于已经具备不信任的事先心态，更为容易、自动地怀疑被视为不可相信的风险信息源的动机和行为，进而还可能否认这些风险信息源的专业能力、良好本意以及值得信任的价值，减少甚至完全回避同这些风险信息源的交流沟通，压缩和阻绝了克服不信任的空间与机会。面对纷繁复杂的外部世界，个体具有保持一致性的心理习惯，往往采取简化和节约成本的路线，不知不觉中就自动化地按照已有的认知图式和经验态度理解新的信息。这种维持性倾向具有较强的韧性，需要较强的外力及利益才能改变已有的认知图式和经验态度。验证性偏向就包含先有态度在信息内容影响信任的过程中能够起到的调节作用。

人们很容易发现，在对有争议的风险事务进行沟通的时候，事先持有赞成意见的人往往会认为沟通活动的结果是公开、公正的；而事先持有反对意见的人则往往会认为沟通活动的结果是不公正的，不过是宣传作秀罢了。怀特（2003）等人通过实验发现，验证性偏向假设能够成立，而极性偏向没有得到支持。实验首先采用 7 点量表（从"非常有利"到"非常有害"）询问被试对 5 种食品添加剂（包括调味品、防腐剂、色素、维生素以及矿物质）的个人态度，然后将被试随机分配到 6 个组，每组的信息来源（知名医院的医生、著名大学的研究者和知名厂商的研发人员）和信息效价（积极、消极）不同。任务是要求被试回答对信息的信任度以及维生素的有害或有利程度。研究结果显示，相比于防腐剂或色素，人们对维生素的态度更积极。对被试维生素先有态度区分高、低两组之后分析发现，具有更高积极先有态度的被试对于积极信息表现出比对于消极信息更大的信任，而具有更低积极先有态度的被试对于消极信息表现出比对于积极信息更大的信任。这表明，信息信任的负性偏向虽然存在，但也是有条件的。

在一些情况下，负性偏向消失，验证性偏向出现。验证性偏向可以用来解释有些情形下的风险认知衰减现象。个体对于有些风险的认知水平较低，起初不认为它们特别危险，对于风险沟通提示的风险信息表现出较少的信任，一个可能的原因就是先有态度的不一致性。从风险信息的既有态度和经验上看，个体可能建立较为稳定的信任归因，当面对外界的新信息时，信任归因可以维持现状。也就是说，首先不是信息的消极或积极属性决定对信任的影响，而是已经形成的先有信任归因具有决定对信任的影响的优势作用。如果个体通常维持先有的信任态度，不轻易在新信息面前改变立场，那么可以推断出以下假设：当事先不信任时，消极事件将强化现有信念，如果出现变化，将是增加不信任；积极事件将导致信息折扣，根据外部原因（如避免意外的好运气、称职的监管者）或提供不相关的信息解释积极事件；如果出现信任增加，增加的程度将低于消极事件导致信任减少的程度。当事先信任时，积极事件将强化现有信念，如果出现变化，将是增加信任；消极事件将导致信息折扣，根据外部原因（如坏运气、监管者的失职）或提供不相关的信息解释消极事件；如果出现信任减少，减少的程度将低于积极事件导致信任增加的程度。茨维特科维奇等人研究发现，起初具有事先信任的个体与起初不具有事先信任的个体对于随后的好新闻和坏新闻都表现出更多的信任（Cvetkovich，2002）。新闻类型和事先信任共同影响个体判断新闻事件的信息量和积极性的程度。对于核电行业，高信任个体的判断比低信任个体更为积极：低信任个体判断坏新闻信息量比好新闻更大，而高信任个体判断坏新闻和好新闻具有同等程度的信息量。这说明坏新闻不是本身自动就能够具有更高的辨别力，更重要的影响条件是主体因素，其决定判断信息的辨别力。因此，全面理解信任的非对称性信息，不仅需要关注事中特定事件和活动的信息效应，也需要关注信任判断的前后整个过程，特别是事先具有的信任状况。

科尔勒（Koehler，1993）以芝加哥大学高年级研究生为被试，让他们阅读两份"虚假"的科学材料报告，发现个体对于验证了先有观点的报告和没有验证先有观点的报告表现出判断前者质量更高，证实存在证据质量科学判断的一致性效应。梅热（Mazur，1981）在三里岛（Three Mile Island）事故发生前，曾经对 42 位公开主张或反对核电的科学家进行了调查。有意思的是，在三里岛事故发生之后回访这些之前接受调查的科学家时，发现他们当中无人重新调整自己在核问题上的立场。大多数受调查的科学家按照他们之前关于核能的看法解释三里岛事故。反对核电的科学家把三里岛事故看作一场灾难，其反映出了政府监管机构和商业公司在核反应堆安全管理方面的无能。支持核电的科学家则强调事故中没有人员死亡，核辐射释放相对较小，认为其表明核安全系统发挥出了作用。实际上，无论是支持方还是反对方，都强调与自己先前立场偏向一致的证据。核电的支持者往往相信安全保障措施，认为今后可以避免大的灾难。而核电的反对者通常对三里岛事故感到恐慌，认为本次事故预示着未来有可能发生更大的灾难。普劳斯(Plous，1991)研究发现，某项技术的支持者和反对者对于非灾难性的技术事故会得出相反的结论。技术的支持者把事故看成保障措施有效的证据(因为没有引发灾难)，而技术的反对者则认为事故的发生就证明了危险。帕町加(Poortin-ga，2004)等人以英国转基因食品为研究背景考察信任的稳定性。针对信任的非对称性现象即破坏信任比建立信任更容易，如果负性偏向假设继续成立，那么应该观察到消极事件对信任产生比积极事件更大的影响。不过，即便果真如此，还有一个需要加以考虑的因素：从整体上讲，英国民众对于转基因食品已经表现出负面的态度，因此有必要进一步探索，判别到底是负性偏向还是验证性偏向更适合解释转基因食品信任的非对称性现象。如果坚持负性偏向假设，那么在消极态度、积极态度以及中立态度三种情形下，信任的非对称性现象都会出现，与个体先有态度无关。如果坚持验证性偏向假设，信任的非对称性现象与个体先有态度有关，那么就会出现三种结果：在个体先有消极态度情形下，消极事件对信任产生比积极事件更大的影响；在个体先有积极态度情形下，积极事件对信任产生比消极事件更大的影响；在个体先有中立态度情形下，消极事件和积极事件对信任产生大体相当的影响。他们从英国广播公司(BBC)新闻网站1996年至2002年的生物技术主题报道中选取新闻素材，设计出

14 对语义陈述正反配对的新闻事件主题，要求 396 名被试回答这 28
个事件如何影响他们对于转基因食品管理的信任。研究结果显示：
(1)平均而言，消极事件对个体自我报告的信任产生比积极事件更大
的影响。值得注意的是，对信任产生消极影响的事件的前三位是：
"政府不愿意进行测试，以便告知公众食品是否含有转性 DNA""政
府说没有必要告知公众如何管理转基因食品""政府认为没有必要标
记含有转基因物质的食品"。对信任产生积极影响的事件的前三位正
是上述三个事件的相反陈述版本，只是顺序稍有变化，依次是"政
府认为所有含有转基因物质的食品都应当标记""政府进行测试，以
便告知公众食品是否含有转性 DNA""政府告知公众如何管理转基因
食品"。可以合理推断，上述三个事件反映出来的主题应当是公众对
于转基因食品管理信任的重要方面。(2)11.9％的被试认为应该提倡
转基因食品，32.2％的被试认为应该反对转基因食品，46.9％的被
试表示不确定应该提倡还是反对转基因食品，9％的被试表示不关心
应该提倡还是反对转基因食品。整体上，被试对于转基因食品的先
有态度是偏向负面的，存在验证性偏向假设成立的可能，即总体负
面的先有态度决定了转基因食品信任的非对称性现象。按照先有态
度情况，将被试分为积极态度、消极态度、模糊态度和不关心态度 4
组。在消极态度组，信任的非对称性现象表现得非常明显，消极事
件对个体信任产生比积极事件更大的影响。但是在积极态度组，消
极事件和积极事件对个体信任产生大体平衡的影响。说明负性偏向
假设不是在所有情境下都成立。在某些情境下，验证性偏向假设成
立，个体自我报告的信任同先有态度之间存在较强的关联。(3)验证
性偏向假设在局部情形下成立，一定程度上表明了先有态度的作用。
具有强烈先入为主倾向的个体可能不会轻易改变他们现有的态度和
信任的归因，他们在很大程度上凭借先有态度的立场解释事件。有
些时候两个主题事件看起来似乎无关，但个体对于前一事件的态度

会影响到对于后一事件的判断。艾泽（Eiser，1995）研究发现，把环境变化归结为个人和组织活动原因的个体对于全球变暖更少持有宿命论观点，更加确信环境问题的紧迫性，也更可能认为特定的气候事件是全球变暖的后果。环境事故危害的特点是它们的后果严重程度或发生概率常常难以明晰确定，并且个体习惯通过感知到的人为错误的相关性和可能性来判断后果严重程度或发生概率。一个有趣的发现是，原本没有关系的两个主题（如海运石油泄漏和温室效应）之间却有着某种适度但可靠的关联。如更多关注温室效应的个体对于石油泄漏造成的污染更为悲观，将个人行为看作全球变暖主要原因的个体更倾向于把石油泄漏事故归因于糟糕的航海驾驶技术。那些相信应该为应对全球变暖采取行动的个体将石油泄漏事故看得更严重，也更少把事故归因于偶然原因。

　　现实社会中，有些人喜欢利用负面信息，借乱生事、借机炒作，满足人们在不确定性和弱控制性情形下的虚假期望。因为风险事件初期呈现的某些混乱，在社会运行暂时没有达到人们预期的时候，不信任的社会心态出现弥散的苗头，此时人们更为容易、自动地"先入为主"，将正规信息源视为不可相信的，怀疑其背后动机和行为，进而否认这些信息源的专业能力、良好本意以及原本应当值得信任的属性，减少甚至完全回避同这些信息源的交流沟通，压缩和阻绝了克服不信任、重新建立对话与合作的空间和机会。面对纷繁复杂的不确定状况以及客观上严峻的形势后果，人们容易表现出对之前完全相信正规信息源的懊悔心理，"翻倍级"为自己的大意追加"补偿"。弥补措施之一就是提高对正规信息源的信任门槛，同时又降低对某些信息源的接纳门槛。而后者往往就是一些"博人眼球""获得存在感""蹭热度"等的不实之词。在这种情况下，人们习惯采取简化和节约精力的策略，不知不觉中就自动化地按照受影响后的态度立场和认知方式去简单地情绪化地相信谣言。这种信息接受偏向在一段时间里具有较强的韧性，需要正面效果显著的外力及利益才能改变已有的认知方式和经验态度。需要认识到：人们不一定全部认同负面信息中的不利内容和后果，甚至有时心里也是存疑的，但对于负面信息、消极信息却容易表现出天然的敏锐和警觉以及更为强烈的情绪反应，会将"真假对错"的判断一时置于脑后，赋予负面信息更大权重。如果只是事后指责和嘲笑一些人在谣言面前是如何"被遮蔽了双眼"或"愚昧无知"，很有可能会被他们怼过来，反指批评者是"事后诸葛亮"。在宣传教育的同时，要加强积极、持续的沟通。加强积极、持续的沟通要以权威信息源的发布内容为主体。许多谣言都具有"规避危险"的内容，直接"击中"的是人们内心最脆弱的对威胁的未知后果的担忧。谣言以虚假的方式满足了人们希望较快获得确定感、控制感和责任归因的特殊心态。

4.3.3　风险信息的加工方式

信息加工方式影响信任的负性偏向。要认清人们接受信息的心理规律，以科学有效的措施加以干预和应对。人们对于来自外界的信息有两种处理方式：一种是反应较快，处理时间很短，表现为自动式的快捷处理，类似于我们平常形容他人时所说的"做事不过脑子"；另一种是反应较慢，处理时间久一些，表现为思虑式的谨慎处理，类似于我们平常形容他人时所说的"思前想后"。显然，对于谣言，人们采取的是第一种信息处理方式。要理解人们具有优先规避损失的心理倾向，在应急时期人们更是特别关心避免受到伤害和利益损失，为此往往优先关注和权衡负面信息，希望确保不出现"失去"的后果。人们基于生物进化形成的生存优先本能以及在实际生活当中显而易见的社会比较，多数情况下自然选择预警"避害"在前、争取"趋利"在后，"留得青山在，不怕没柴烧"，保存"实力"成为优选策略。而后，在条件允许的情况下，逐步追求更多的额外利益。所以，人们在海量信息当中偏好注意和加工那些负面信息，哪怕这些信息事后回味起来是那么不靠谱，但在当时却以"不怕一万，就怕万一"的防御保守心态维护现有利益不受到损失。

卡尼曼和特维斯基提出的"收益—损失"S形函数模型直观显示了个体具有优先规避损失（loss aversion）的心理倾向（Kahneman & Tversky，1984）。个体对于消极信息天然的敏锐、反感和警觉，以及同样数量的消极信息带来更强烈的情绪体验，使得消极信息被赋予更大的加工权重。

人类具有内隐加工和外显加工两种信息处理方式。内隐加工是内在的自动化的加工快捷的信息处理方式，而外显加工则是加工较慢的受意识控制明显的信息处理方式。人类发展出特定的操作模式，增强自身的能力，应对外界的威胁或者利用外界的机会，保护自己的利益，更好地生存下来。社会情感是人类进化的产物。信任就像恐惧、快乐、悲伤一样，也是一种社会情感，具备内隐加工的特点。个体决定对信息的接受不是纯粹从信息内容出发，而是夹杂着其他的信息外围因素。内隐加工的计算规则主要是围绕相似性进行简单无意识联想，相似性是指个体对外界信息的具体表征或者时空连续性方面的相似性判断。内隐加工也是一种边缘性信息加工，更多关注的焦点是信息内容之外的相关因素，比如信息来源的可信度。决定个体处理信息时表现出内隐加工还是外显加工的前提条件很多，比如信息的个体相关度、卷入度和个体社会人口学变量等。但当个体处于使用内隐加工而非外显加工的状态时，外围信息线索对于个体产生更为明显的影响。外显加工与内隐加工的重要区别是，外显加工主要针对信息内容进行深度加工，也称为中央加工。采取外显加工方式时，个体核心依赖的是信息本身的内容，从信息内容所具有的符号属性、根据个体掌握的知识及能力、按照某种规则等进行决策判断。个体不会将信息内容以外的相关因素纳入注意的范围和加工的领域，信息外围因素不会影响个体决策判断。

诱发个体使用内隐加工，围绕相似性进行简单无意识联想的动力常常是个体心理上追求信息属性关联表现上的连贯一致，力争实现感觉上的舒适良好，一定意义上呈现形式优于内容的色彩。而促进个体使用外显加工，针对信息内容进行深度加工的动力常常是个体心理上追求信息内容的认知正确性，力争实现合乎逻辑的知识论真理标准，一定意义上以信息内容为中心，以可论证的方式表达出个体决策判断的普遍解释性和通适性。信任可以是一种社会情感，但它不是一种绝对化的社会情感，不排除信任当中会涉及外显加工。如个体受到要求或者提示，需要陈述或解释其信任原因及过程时，就有可能会启动外显加工。至于信息内容和信息外围因素在个体行为决策当中实际发挥的权重影响，也就是内隐加工和外显加工确切的权重比例，只能随着具体情境的变化而发生变化。在现代风险社会，上述趋势显得尤为突出，无处不在的潜藏的风险已经超出一般个体理性计算的能力，或者个体无法付出太多的精力应对非直观的、变形化的风险。在认知资源、信息加工有限的情况下，出于对利益可能受到损失的担忧，个体对于负面信息的关注胜过正面信息。此外，在一些特殊时期或者面对某些特殊风险事件时，不要过高预判人们的信息辨识能力。人们真正需要信息的帮助而主动进行信息查询时，很有可能会被一些虚假、错误的信息冲昏头脑，乱了手脚；而当人们并不立刻需要信息帮助，只是进行"刷手机""敲键盘"的常规信息浏览时，也很有可能会被一些不良信息遮蔽双眼，混淆是非。

通过认识哪些变量在什么时候以什么方式影响态度，有助于人们理解态度变化的基本过程以及最终态度的强度、有效性和持久度。信息源可信度影响精细加工程度。与信息源可信度高时相比，当信息源可信度低时，个体表现出更多的精细加工，而且信息质量对态度产生更大的影响。高可信度会减少信息精细加工，使信息源可信度只发挥简单线索的作用。也就是说，当认为代言人值得信赖时，个体会降低对于信息质量的要求，抑制基于信息的更多思考，并且感知信息源可信度将影响态度。当个体受到激发，具有进一步关切的动机，能够思考信息时，深思熟虑的信息阐述更有可能产生说服的效果。相反，当个体缺乏动机或者没有能力思考信息的主旨时，更有可能依靠思维淡化的加工过程。在适度精细加工存在可能性的条件下，通过影响接受者进行信息精细加工的可能性，代言人的可信度能够影响、说服个体。具体而言，在信息的个体相关性弱、思考信息的体验差等情况下，虽然个体具有信息精细加工的能力，但缺乏信息精细加工的动机。此时，因为低可信度信息源通常会抑制个体的信任，所以个体对于来自低可信度信息源的信息可能需要付出更多的思考。

如果个体相信因为专家信息源具有高可信度，所以专家信息源愿意提供准确的信息，那么个体可能就会放弃努力审查相关信息，不假思索地接受专家信息源所提供的结论是有效的。相比之下，如果因为专业信息源可信度低或者具有瑕疵，个体无法确定专业信息源是否会提供准确信息，那么个体可能就会觉得需要仔细审查相关信息，以确定沟通的内容是否具有说服力和有效。一般的直觉看法是，只要是低可信度信息，个体就不会投入精力和努力进行精细加工。但是值得注意的是，信息源的不同可信度有可能导致个体的不同注意程度。动机成为一种核心因素，决定个体对于来自不同信息源的信息的信任判断。也就是说，由于个体缺乏能力和动机，信息的低可信度可能导致个体对于信息不屑一顾，加以低估甚至弃之不理。但是，如果个体具有能力，当缺乏动机时，通过激发动机增加个体对于信息的注意程度，个体也有可能对低可信度信息进行精细加工，从而存在态度发生变化的空间。

在某些情况下，也会发生效果的逆转，即个体更加重视积极信息。例如，当需要判断专家系统的能力时，个体会更倾向于关注积极信息而非消极信息。具体而言就是，当个体的认知判断指向目标对象或专家系统的能力维度时，更容易出现积极效应；而当个体的认知判断指向目标对象或专家系统的道德维度时，则更容易出现消极效应。导致这种现象的原因是：在道德判断和能力判断方面，消极信息和积极信息所发挥的线索诊断作用具有差异，从而导致效应类型出现优势逆转。

具体来说，一方面，进行道德判断时，人们的心理习惯很容易认为有道德的人和不道德的人都会表现出积极行为信息，完全没有一丝积极行为的绝对不道德的人是极少数。因此，仅凭一时的有限的积极行为信息较难判断他人品质总体上道德还是不道德。反之，不道德的人经常表现出消极行为信息，而道德的人的消极行为信息表现较少。因此，消极行为信息容易成为一种判断他人道德品质的线索。在这个意义上，消极信息比积极信息更容易成为道德判断的线索。由此，消极信息的负面权重也容易超过积极信息的正面权重。用通俗的话说，人做一件好事容易，但做一辈子好事很难。做一件好事很难证明你是好人，做一辈子好事才可以证明你是好人。反过来，不需要做一辈子坏事证明你是坏人，往往在他人看来，你做一件坏事就是坏人了。另一方面，进行能力判断时，人们的心理习惯与进行道德判断时有所不同。人们通常相信，优秀成绩往往是少数能力强的人做出来的，大多数能力平平的人往往成绩也就一般，只有一些偶然的因素才会让他们的成绩爆出"冷门"。虽然能力强的人也可能由于偶然因素而不尽如人意，但总体上人们的心理认识是：出类拔萃的人是少数精英个体，大多数人是普通个体。因为突出的成绩在任务表现中总是有限的，且社会鼓励的正是这些积极信息，所以在任务完成方面，积极信息的稀缺性以及稳定性使其容易成为甄别线索，更经常被用来判断专家系统完成任务的能力。

4.3.4　负面偏向与风险认知的实证研究

研究一　负面信息来源与风险认知

通过使用不同版本的文字材料进行实验研究。实验材料包括两种自变量的变化：（1）风险信息的来源；（2）信息的风险认知结果。因变量包括判断实验材料呈现信息的可信任度和信息中提及的胶带黏合剂危害程度。

被试

在 A 大学通过张贴校园广告招募 300 名大学生，其中 42％是男生，58％是女生。被试的平均年龄为 20.5 岁（SD＝1.2），年龄范围 18～24 岁。实验完成后，支付每位被试酬金人民币 6 元，并口头表示感谢。

研究程序

采取被试间实验设计，随机给被试呈现以下四种文字材料之一（使用 A4 纸，计算机打印）：

（1）据某市社会环保公益组织发布消息称，目前国家还没有明确规定禁止使用胶带捆绑蔬菜。胶带黏合剂含有多种化学成分，残留在蔬菜上难以清洗，易对人体造成危害。

（2）据某市社会环保公益组织发布消息称，目前国家还没有明确规定禁止使用胶带捆绑蔬菜。胶带黏合剂含有多种化学成分，残留在蔬菜上可以清洗，对人体不会造成危害。

（3）据某市食品药品安全管理局发布消息称，目前国家还没有明确规定禁止使用胶带捆绑蔬菜。胶带黏合剂含有多种化学成分，残留在蔬菜上难以清洗，易对人体造成危害。

（4）据某市食品药品安全管理局发布消息称，目前国家还没有明确规定禁止使用胶带捆绑蔬菜。胶带黏合剂含有多种化学成分，残留在蔬菜上可以清洗，对人体不会造成危害。

被试阅读完文字材料之一后，要求其回答：(1)对于这则消息的可信任度(高度信任，低度信任，不确定，低度不信任，高度不信任)判断；(2)他们是否认为胶带黏合剂有危害(非常有危害，较有危害，不确定，没有危害，完全没有危害)。所有测试均使用书面回答。

结果与讨论

对数据进行 2(风险信息来源)×2(信息的风险认知结果)方差分析(ANOVA)，因变量是可信任度判断。分析得到风险信息来源的主效应显著，$F(1, 296) = 56.42$，$p < 0.001$，这表明相比于政府官方机构发布的消息，被试更相信社会环保公益组织发布的消息。信息的风险认知结果的主效应显著，$F(1, 296) = 43.18$，$p < 0.001$，这表明被试更相信有健康危害的风险信息，而非无健康危害的风险信息。两自变量之间的交互作用显著，$F(1, 296) = 5.27$，$p < 0.03$，这表明社会环保公益组织发布信息时，信息的风险认知结果比政府官方机构发布信息时发挥更大的影响。平均数和标准差见表4-1。为了验证在两种风险信息来源的情况下，信息的负面后果是否都会导致对信息的较高信任度，在风险信息来源的两种水平进行简单主效应检验。结果表明，当社会环保公益组织发布信息时，

表 4-1　"你对于这则消息的可信任度是多少"的反应平均数

风险信息 的后果	风险信息的来源	
	政府官方机构	社会环保公益组织
无健康危害	4.08(1.21) $n = 70$	2.35(1.06) $n = 72$
有健康危害	2.82(1.03) $n = 80$	1.59(0.87) $n = 78$

注：5点量表计分，1=高度信任，5=高度不信任。括号里是标准差。

$F(1, 296) = 48.37$，$p < 0.001$；当政府官方机构发布信息时，$F(1, 296) = 19.76$，$p < 0.001$。被试对于具有危害的负面风险信息表现出更高的信任。以感知到的危害为因变量，进行 2（风险信息来源）×2（信息的风险认知结果）方差分析。风险信息来源的主效应不显著，$F(1, 296) = 2.12$，ns。信息的风险认知结果的主效应显著，$F(1, 296) = 26.45$，$p < 0.001$，两自变量之间的交互作用显著，$F(1, 296) = 25.67$，$p < 0.001$。平均数和标准差见表 4-2。简单主效应检验显示，对于政府官方机构发布的信息，信息危害后果影响没有差异，$F(1, 296) = 1.09$，ns。在得知政府官方机构发布的信息之后，无论信息报告的危害后果如何，被试对于胶带黏合剂危害的评估平均值均处于量表值的中值附近。对于社会环保公益组织发布的信息，信息危害后果影响存在差异，$F(1, 296) = 39.67$，$p < 0.001$。同样具有危害后果的信息，被试评估胶带黏合剂危害程度时认为社会环保公益组织发布的比政府官方机构发布的更为严重，$F(1, 296) = 7.53$，$p < 0.01$。当信息指明蔬菜上残留的胶带黏合剂可以清洗掉，不会对人体健康产生影响时，两种信息来源之间的风险评估存在差异，$F(1, 296) = 28.21$，$p < 0.001$。

表 4-2　　"你认为胶带黏合剂有多大危害"的反应平均数

风险信息	风险信息的来源	
的后果	政府官方机构	社会环保公益组织
无健康危害	2.61(0.74)	3.47(0.82)
	$n = 70$	$n = 72$
有健康危害	2.59(0.88)	2.04(0.71)
	$n = 80$	$n = 78$

注：5 点量表计分，1＝非常有危害，5＝完全没有危害。括号里是标准差。

研究结果支持积极信息和消极信息所发挥的影响存在非对称性这一假设。帕町加（2003）等人设计考察不同风险情境下个体如何认知政府的风险管理政策，比较评估 5 个不同的风险案例即气候变化、手机辐射、放射性废物、转基因食品和基因检测。结果显示，个体在这 5 个风险案例中的政府信任都偏低，且差异很小。5 个风险案例中，政府信任的平均分数均在量表值的中值以下，表现出政府低信任水平的趋势。本研究发现，个体对于社会环保公益组织发布的信息表现出比政府官方机构发布的信息更多的信任。对于上述两种信息来源，负面信息后果比正面信息后果更多地得到个体信任。数据分析表明，负面信息后果导致风险感知增加的程度大于正面信息后果导致风险感知减少的程度。对于社会环保公益组织发布的信息，在有危害后果的情况下，被试认为胶带黏合剂比较具有危害性；在没有危害后果的情况下，被试认为胶带黏合剂相对较为安全。但是，政府官方机构发布的信息效果似乎打了折扣。在这种情况下，无论信息后果如何，被试都评估胶带黏合剂多少具有一些危害。

研究二　自我与他人行为风险判断

研究一中的风险判断任务没有明确区分出自我与他人行为的风险决策，研究二进一步明确自我与他人行为的风险判断情境中的认知差异。车用香水受到许多年轻车主的喜爱，在研究二中，实验者要求被试从少量香型或多种香型中选择一款车用香水。一半被试为自己选择，另一半被试为他人选择。被试选择完之后，请被试阅读以下材料：

（政府官方机构或社会环保公益组织）调查发现，市场中存在大量劣质香水，具有巨大的安全隐患。这些劣质香水多数都是用工业酒精、化学香料等勾兑而成，对人体生理组织特别是呼吸器官造成不良刺激。长时间处于有劣质香水的封闭环境，有可能成为癌症诱因。

被试和程序

招募 200 名自己家庭拥有轿车的大学生（128 名女生，72 名男生）参加了本次研究。向被试展示不同香型的车用香水样品，要求被试为自己家庭私家车或同学家庭私家车选择一款香型的车用香水。可供选择的香型分为两类情形：一类情形是从 5 种香型中选择 1 种（即 5 选 1），另一类情形是从 15 种香型中选择 1 种（即 15 选 1）。被试选定一款香型的车用香水之后，要求其回答：（1）"你认为你所选择的车用香水对人体健康有多大程度的危害？"采取 9 点计分，从 1（完全没有危害）到 9（有非常严重的危害）。（2）对于这则消息的可信任度（高度信任，低度信任，不确定，低度不信任，高度不信任）判断。所有测试均使用书面回答。

结果与讨论

对数据进行 2（风险信息来源）×2（信息的风险认知结果）方差分析，因变量是可信任度判断。分析得到风险信息来源的主效应显著，$F(1, 192) = 32.56$，$p < 0.001$，这表明相比于政府官方机构发布的消息，被试更相信社会环保公益组织发布的消息。信息的风险认知结果的主效应显著，$F(1, 192) = 33.61$，$p < 0.001$，这表明被试更相信有健康危害的风险信息，而非无健康危害的风险信息。两自变量之间的交互作用显著，$F(1, 192) = 4.32$，$p < 0.05$，这表明社会环保公益组织发布信息时，信息的风险认知结果比政府官方机构发布信息时发挥更大的影响。平均数和标准差见表 4-3。为了验证在两种风险信息来源的情况下，信息的负面后果是否都会导致对信息的较高信任度，在风险信息来源的两种水平进行简单主效应检验。结果表明，当社会环保公益组织发布信息时，$F(1, 192) = 25.37$，$p < 0.001$；当政府官方机构发布信息时，$F(1, 192) = 15.76$，$p < 0.001$。被试对于具有危害的负面风险信息表现出更高的信任。

表 4-3 "你对于这则消息的可信任度是多少"的反应平均数

风险信息	风险信息的来源	
的后果	政府官方机构	社会环保公益组织
无健康危害	4.35(1.16) $n=50$	3.50(1.09) $n=50$
有健康危害	1.95(0.86) $n=50$	1.44(0.72) $n=50$

注：5点量表计分，1＝高度信任，5＝高度不信任。括号里是标准差。

对数据进行 2(风险信息来源)×2(决策者角色：个人与他人)×2
(样品数量选择类型：少数样品与多数样品)方差分析，因变量是被试对车用香水的风险评估。平均数和标准差见表 4-4。决策者角色的主效应显著，$F(1, 192)=4.75$，$p<0.05$，$\eta^2=0.05$，表明被试为他人选择($M=5.94$)时对风险的评估比为自己选择($M=7.03$)时更低些。样品数量选择类型的主效应不显著，$F(1, 192)=1.29$，ns。决策者角色和样品数量选择类型的交互作用显著，$F(1, 192)=12.09$，$p<0.01$，$\eta^2=0.08$。表明被试为自己选择时，相比从多数样品中选择($M=7.76$)，从少数样品中选择($M=6.31$)后风险评估程度更低，$F(1, 99)=4.89$，$p<0.05$，$\eta^2=0.06$。但是，被试为他人选择时，相比从多数样品中选择($M=5.26$)，从少数样品中选择($M=6.33$)后风险评估程度更高，$F(1, 99)=5.11$，$p<0.05$，$\eta^2=0.07$。

表 4-4 "你认为车用香水有多大危害"的反应平均数

风险行为	风险信息的来源			
的对象	政府官方机构		社会环保公益组织	
	少数样品	多数样品	少数样品	多数样品
自我	6.28(1.16) $n=50$	7.63(1.27) $n=50$	6.34(1.22) $n=50$	7.88(1.46) $n=50$
他人	6.08(1.45) $n=50$	5.15(1.32) $n=50$	6.58(1.66) $n=50$	5.38(1.39) $n=50$

注：9点量表计分，1＝完全没有危害，9＝有非常严重的危害。括号里是标准差。

数据分析表明，替他人完成风险行为决策和选择时，风险认知水平会比为自己完成风险行为决策和选择时低，即自我风险行为判断的风险认知水平要更高一些。其中，当个体进行自我风险行为决策时，如果行为选项较少，那么个体对于相关风险事物的认知水平会适当降低。而当替他人进行风险行为决策时，如果行为选项较少，那么个体对于相关风险事物的认知水平则会适当提高。

研究三　实际情境的自我—他人决策行为

研究二的决策者角色以及决策事务是假设性的，存在实验生态效度的局限。本项研究进一步验证研究二的结果，同时考察相应的研究结论在实验室书面调查研究之外是否也能够获得支持。本项研究假设的情境是：为应对雾霾天气，要求被试从少量款式或多种款式中选择一个口罩。一半被试为自己选择，另一半被试为他人选择。因变量是测量被试认为佩戴口罩外出罹患雾霾引起的呼吸道疾病的风险。B 城市位于中国东北部，每年 11 月中下旬进入冬季采暖期，经常出现雾霾天气，防霾口罩销售量剧增。本项研究的现场实验设置两种情形：第一种情形是在一个小便利店出售 4 款价格一致的防霾口罩，第二种情形是在一个较大的药店出售 12 款价格不一致的防霾口罩。本项研究是真实场景中的选择购买行为，决策者角色以及决策事务都具有真实性，能够有效满足生态效度的要求。

样本和过程

在获得小便利店和较大的药店同意和支持下，实验持续进行了两周时间。在顾客来购买口罩之后，告知其如果同意参与花费大约 10 分钟的调查访谈，可以返回 5% 的价格优惠。244 位购买口罩的顾客接受了本项研究调查访谈，其中 37 位顾客既为自己也为他人购买口罩，本项研究只以仅为自己或仅为他人购买口罩的其余 207 位顾客（其中女性 52 位）为研究对象。顾客性别存在差异，为自己购买和为他人购买之间存在差异。$\chi^2(1, 205) = 4.89$，$p < 0.05$，

$\eta^2 = 0.16$。

测量

询问自愿参加调查访谈的顾客三个问题。第一个问题是："购买的口罩是自己使用还是他人使用?"第二个问题是："你认为佩戴防霾口罩外出时,雾霾天气对于人体健康的危害程度如何?"使用 7 点计分(有非常严重的危害,有较严重的危害,有轻微危害,不确定,基本没有危害,没有危害,完全没有危害)。第三个问题是："你是否信任政府正在采取相关措施努力缓解雾霾强度?"使用 7 点计分(高度信任,基本信任,轻度信任,不确定,轻度不信任,基本不信任,高度不信任)。调查完成之后,向顾客参与研究表示感谢。

结果与讨论

对数据进行 2(决策者角色:自我与他人)×2(款式数量选择类型:少数款式与多数款式)方差分析,因变量是被试对雾霾天气对于人体健康造成危害的风险评估。决策者角色和款式数量选择类型的交互作用显著,$F(1, 203) = 12.46$,$p < 0.001$,$\eta^2 = 0.28$。从少量款式中为自己选择口罩的顾客($M = 6.28$)对雾霾天气危害的评估比从多种款式中为自己选择口罩的顾客($M = 7.63$)要低,$F(1, 98) = 8.34$,$p < 0.05$,$\eta^2 = 0.33$。平均数和标准差见表 4-5。但是,被试为他人选择时,相比从多种款式中选择($M = 6.65$),从少量款式中选择($M = 8.48$)时风险评估程度更高,$F(1, 98) = 5.11$,$p < 0.05$,$\eta^2 = 0.07$。也就是说,顾客在为他人购买口罩时,风险评估发生逆转现象。此外,决策者角色的主效应显著,$F(1, 203) = 5.51$,$p < 0.05$,$\eta^2 = 0.06$,表明为他人购买口罩的顾客($M = 7.60$)对雾霾天气的风险评估比为自己购买口罩的顾客($M = 6.33$)更高。

表 4-5　"你认为雾霾天气有多大危害"的反应平均数

风险行为	款式数量选择类型	
的对象	少数选择款式	多数选择款式
自我	5.57(1.23) $n=52$	7.14(1.07) $n=49$
他人	8.48(1.05) $n=55$	6.65(1.02) $n=51$

注：7 点量表计分，1＝完全没有危害，7＝有非常严重的危害。括号里是标准差。

表 4-6　"你是否信任政府正在采取相关措施努力缓解雾霾强度"的反应平均数

风险行为	款式数量选择类型	
的对象	少数选择款式	多数选择款式
自我	4.31(0.33) $n=52$	4.54(0.42) $n=49$
他人	3.12(0.55) $n=55$	3.39(0.44) $n=51$

注：7 点量表计分，1＝高度信任，7＝高度不信任。括号里是标准差。

对数据进行 2（决策者角色：自我与他人）×2（款式数量选择类型：少数款式与多数款式）方差分析，因变量是信任政府正在采取相关措施努力缓解雾霾强度的判断。平均数和标准差见表 4-6。分析得到决策者角色的主效应显著，$F(1，203)＝5.16$，$p＜0.05$，这表明相比于为他人行为决策，被试自我行为决策时更不信任政府正在采取相关措施努力缓解雾霾强度。款式数量选择类型的主效应不显著，$F(1，203)＝1.12$，ns，这表明风险事物的具体细节同信任没有关联。决策者角色和款式数量选择类型的交互作用显著，$F(1，203)＝4.03$，$p＜0.05$，$\eta^2＝0.08$。这表明相比为他人选择时，被试为自己选择时对政府正在采取相关措施努力缓解雾霾强度的信任更低，这或许是因为为自己完成风险行为决策和选择时，风险认知水平会比替他人完成风险决策和选择时高。由于场研究具有一定的局限性，本项研究无法完全排除场地环境、价格、消费习惯等条件可能对自我—他人决策和风险感知产生的影响，也没有测量上述方面可能对因变量造成的实际差异的结果。实验室研究和场研究都提供了较有说服力的证据，表明在多种选项当中进行选择之后，风险评估水平更高。这可能是因为给自己或替他人决策激发了不同的调节定向。

研究四 利益卷入和风险认知

被试

在 J 大学通过张贴校园广告招募 200 名大学生，其中 62％是男生，38％是女生。被试的平均年龄为 21.2 岁（SD＝1.1），年龄范围 18～25 岁。实验完成后，支付每位被试酬金 6 元，并口头表示感谢。

研究程序

采取被试间实验设计，随机给被试呈现以下四种文字材料之一（使用 A4 纸，计算机打印）。

没有负面结果的材料如下：

假设你居住地附近新建一座造纸厂，工厂污水经过净化处理后，排入当地河流。不过，居民认为，即使采取了污水处理措施，河流水质仍然受到影响。现在，完全自主独立的大学实验室（或造纸厂实验室）进行的水质检测试验表明，污水经过净化处理后，达到国家环保排放标准，对河流水质不会产生影响。

有负面结果的材料如下：

假设你居住地附近新建一座造纸厂，工厂污水经过净化处理后，排入当地河流。不过，居民认为，即使采取了污水处理措施，河流水质仍然受到影响。现在，完全自主独立的大学实验室（或造纸厂实验室）进行的水质检测试验表明，污水经过净化处理后，基本达到国家环保排放标准，对河流水质只会产生非常轻微的影响。

被试阅读完文字材料之一后，要求其回答：(1)对于材料中水质检测试验结果的可信任度(高度信任，低度信任，不确定，低度不信任，高度不信任)判断；(2)他们是否认为经过净化处理后的污水对河流水质会有危害(非常有危害，较有危害，不确定，没有危害，完全没有危害)。所有测试均使用书面回答。

结果与讨论

针对因变量试验结果的可信任度，基于数据进行 2(试验结果)×2(利益卷入)方差分析。分析得到利益卷入的主效应显著，$F(1, 196) = 16.38$，$p < 0.001$，这表明相比于利益卷入方即造纸厂实验室发布的消息，被试更相信非利益卷入方即大学实验室发布的消息。信息的风险认知结果的主效应显著，$F(1, 196) = 24.67$，$p < 0.001$，这表明被试更相信有健康危害的风险信息，而非无健康危害的风险信息。两自变量之间的交互作用显著，$F(1, 196) = 4.79$，$p < 0.05$，这表明大学实验室发布信息时，信息的风险认知结果比造纸厂实验室发布信息时发挥更大的影响。平均数和标准差见表4-7。为了验证在两种风险信息来源的情况下，信息的负面后果是否都会导致对信息的较高信任度，在风险信息来源的两种水平进行简单主效应检验。结果表明，当大学实验室发布信息时，$F(1, 196) = 29.67$，$p < 0.001$；当造纸厂实验室发布信息时，$F(1, 196) = 17.43$，$p < 0.001$。被试对于具有危害的负面风险信息表现出更高的信任。

以感知到的危害为因变量，进行 2(风险信息来源)×2(信息的风险认知结果)方差分析。风险信息来源的主效应不显著，$F(1, 196) = 2.23$，ns。信息的风险认知结果的主效应显著，$F(1, 196) = 31.25$，$p < 0.001$，两自变量之间的交互作用显著，$F(1, 196) = 26.89$，$p < 0.001$。平均数和标准差见表4-8。

表 4-7　"你对于试验结果有多大的信任"的反应平均数

试验结果	试验报告来源有/无利益卷入	
	独立的大学	造纸厂
无健康危害	2.13(1.01)	4.83(1.76)
	$n=50$	$n=50$
有轻微健康危害	1.68(0.69)	3.15(1.28)
	$n=50$	$n=50$

注：5 点量表计分，1＝高度信任，5＝高度不信任。括号里是标准差。

表 4-8　"你认为净化处理后的污水对河流水质会有多大的危害"的反应平均数

试验结果	试验报告来源有/无利益卷入	
	独立的大学	造纸厂
无健康危害	3.61(1.24)	2.35(1.56)
	$n=50$	$n=50$
有轻微健康危害	3.69(1.33)	1.89(1.27)
	$n=50$	$n=50$

注：5 点量表计分，1＝非常有危害，5＝完全没有危害。括号里是标准差。

　　简单主效应检验显示，对于造纸厂实验室发布的信息，信息危害后果影响没有差异，$F(1, 196)=1.76$，ns。在得知造纸厂实验室发布的信息之后，无论信息报告的危害后果如何，被试对于污水净化处理后危害的评估平均值均处于量表值的中值以上。对于大学实验室发布的信息，信息危害后果影响存在差异，$F(1, 296)=39.67$，$p<0.001$。同样具有危害后果的信息，被试评估污水净化处理后危害程度时认为大学实验室发布的比造纸厂实验室发布的更为严重，$F(1, 296)=7.53$，$p<0.01$。当信息指明污水净化处理后不会对人体健康产生影响时，两种信息来源之间的风险评估存在差异，$F(1, 296)=28.21$，$p<0.001$。

　　研究结果支持积极信息和消极信息所发挥的影响存在非对称性

这一假设。个体对于大学实验室发布的信息表现出比造纸厂实验室发布的信息更多的信任。对于上述两种信息来源，负面信息后果比正面信息后果更多地得到个体信任。数据分析表明，负面信息后果导致风险感知增加的程度大于正面信息后果导致风险感知减少的程度。对于大学实验室发布的信息，在有危害后果的情况下，被试认为污水净化处理后比较具有危害性；在没有危害后果的情况下，被试认为污水净化处理后相对较为安全。但是，造纸厂实验室发布的信息效果似乎打了折扣。在这种情况下，无论信息后果如何，被试都评估污水净化处理后多少具有一些危害。

4.4　信息信任的验证偏向

验证性信息偏向是人们在现实生活中经常表现出来的一种心理现象，同时是社会心理学中的一个重要研究课题。验证性信息偏向表现为个体习惯以现有态度、立场或意见为基础，寻求和解释相关信息。这一趋势的基础不必然是动机意义上的，也可能是在于认知上的局限性。在先有态度消极的情况下，负面信息比正面信息更能获得个体的信任。而在先有态度积极的情况下，结果出现逆转，持有积极先有态度的个体对于正面信息有着更高的信任。信任似乎不受信息效价本身影响，而是受信息与先有态度一致性的影响。不管信息一致性和信任之间的关系背后的机制是什么，验证性信息偏向表明人们在不知不觉中对于支持他们立场的信息给予比反对他们立场的信息更多的权重。可以从传统动机、动机转向认知、动机和认知相结合三方面考察验证性信息搜寻的心理解释机制。传统动机取向的解释机制主要围绕防御性动机展开，受防御性动机驱动的信息搜寻者会主动搜寻支持性信息、回避冲突性信息，并且对支持性信息进行更加深入和积极的阐释。从动机取向转向认知取向的解释机制将动机性推理理论的不同加工目标观点与认知加工类型观点整合起来，提出"加工数量"观点，其核心是强调不一致性信息比一致性信息引发更强烈的认知分析，达到与偏好不一致的判断结论比达到与偏好一致的判断结论需要更多的信息，这种认知加工上的数量不对称性导致个体比一致性信息更加批判性地对待不一致性信息。动机和认知相结合取向的解释机制认为准确性动机并非像传统防御性动机那样表现出较为独立的因素，而总是与认知因素结合在一起，决策一致性信息主观上被认为具有性质上的优势，在搜寻过程中更加系统性地偏好一致性信息。

4.4.1 动机取向的解释

从动机取向解释验证性信息偏向主要围绕防御性动机展开。防御性动机是指力求维护现有的态度、观点、信念和决定等，保持认识的连续性和一致性。哲学家很久以来就相信动机驱动的验证性偏向是思想和行为的一个重要影响因素，心理学家也有一个古老观念：如果主题对于人们重要的话，人们会倾向于以偏向的方式应对证据(Nickerson，1998)。动机取向的解释很大程度上依托于费斯汀格(Festinger)的认知失调理论。自费斯汀格20世纪50年代提出认知失调理论以来，验证性信息偏向经历了半个多世纪的研究。以往，学者主要在认知失调理论的框架下探索决策信息搜寻偏向现象。根据这一理论，当人们坚持一种观点后，为了避免或者减少决策之后的心理冲突，对个体而言，接受选项的吸引力会增加，而排斥选项的吸引力会降低。个体从而会偏好支持自己观点即一致性的信息，而不会偏好与自己观点冲突即不一致性的信息。认知失调理论认为，当发现自己的行为没有充分的外在的辩护或弥补时，人们将为其找到内在的理由或辩护。这种情况下，导致偏向性信息搜寻的驱动力是维持个体认知系统稳定性的内心目标，努力维护自己已有的立场观点即防御性动机是导致验证性信息偏向的主要原因。

人们分享信息极为平常，并且会将此视为再正常不过的一般行为。从动机的角度看，促使个体选择媒体和分享信息内容的原因包括实用意义上的信息获取、情感意义上的心理满足和社会意义上的身份追求。作为主体的一项能力和选择，人们寻求与加工信息的策略也能够影响和决定对作为客体的信息的全方位认知。按照动机类型和精力投入程度，可以将信息寻求划分为主动信息寻求和被动信息寻求两种。"充耳不闻""全然不问""与世隔绝"只是现实生活中的极少数情况，主动信息寻求是人们日常生活中常见的现象，其表现为动机驱力强、目标明确、精力投入充分。被动信息寻求的动机驱力和精力投入则都很弱。在自我表现（印象管理）、自主性愿望和自我实现等方面驱动下，主动信息寻求动机强烈，通过各种渠道获得信息。不仅利用常规媒体和途径如报纸、电视或者去图书馆以及使用互联网搜索引擎寻求信息，而且可能利用自媒体寻求信息。

首先，卷入（involvement）是影响防御性动机的一个重要因素。在20世纪六七十年代，心理学家就提出"主题卷入"、"自我卷入"和"个体关联"等概念术语来表达某一信息主题对个体的意义和重要后果。但是，学术界对于卷入如何影响信息接受和态度转变存在争议。社会判断理论认为，个体对于一个特定主题的态度是一个连续体，可以分为接受、拒绝和无立场三个维度。态度连续体上的这些维度反映个体的立场，影响个体判断信息、接受信息以及态度改变。如果信息基本上是适宜的，那么信息就处于接受的维度范围内；如果信息是令人反感的，那么信息就处于拒绝的维度范围内；无立场的维度范围内的信息既无适宜性也不令人反感。个体更愿意搜寻处于接受的维度范围内的信息，排斥处于拒绝的维度范围内的信息。上述三种维度范围的具体程度大小随着个体和主题差异而不同：个体如果对某一主题接受范围相对较宽、拒绝范围相对较窄，那么态度改变相对容易；而个体如果对某一主题接受范围相对较窄、拒绝范围相对较宽，那么态度改变相对困难。自我卷入是决定维度范围的重要因素。随着卷入增加，接受和无立场维度范围缩小，而拒绝维度范围扩张，由此态度改变逐渐变得困难。高卷入与扩展的拒绝维度相关联，个体展现出对沟通的更多负面评估。也就是说，卷入增加提升了对说服的抗拒。个体卷入某个主题越深，越易回避冲突性信息，越难实现态度改变，即高卷入会抑制接受改变原有立场的信息。而双加工模型理论认为，卷入是影响信息加工类型的基本因素，决定信息接受的程度以及被说服程度。高卷入会促使个体更为平衡性地关注相关信息，积极加工信息内容。对于与个人相关的事务，个体会中心加工相关信息。如果信息论据质量好到能够对信息主题产生积极的想法，高卷入个体会评估信息的优点以及被说服改变态度。相反，如果信息论据质量差，高卷入个体会看到信息的缺陷，对信息产生消极看法，最终拒绝接受信息内容。与个人无关的事务，个体会边缘加工相关信息，较少受到信息论据质量和强度的影响，在启发式的基础上作出相关信息判断。约翰逊和伊格利（Johnson & Eagly，1989）提出了影响态度改变及说服效应的三种卷入类型，即相关价值卷入、相关结果卷入和相关印象卷入。相关价值卷入也称作自我卷入，指由与个体价值观相联系的态度所引发的特定心理状态。价值观是个体持久和核心的自我组成部分，是个体行为方式和生活体验的评估标准。当卷入能够实现预期结果时，出现相关结果卷入。相关印象卷入指给他人造成的印象。这三种卷入各自表现出自己的特点，反映出自我概念的不同方面，以不同方式影响信息搜寻、加工和判断。在相关价值卷入研究中，高卷入被试比低卷入被试更不容易被说服。而在相关结果卷入研究中，高卷入被试比低卷入被试更容易被强论据说服、更不容易被弱论据说服。高卷入的个体发挥认知努力去评估相关主题的论据，并由此导致相应态度。

其次，基础概率判断影响防御性动机。一般而言，人们评估支持性信息的功用比冲突性信息的功用更高。从作用和可信性角度讲，人们更积极偏向支持性信息而非冲突性信息。但是，当先有信念和新信息发生冲突时，更有可能出现的是先有信念作用的衰减还是新信息作用的衰减呢？已有研究文献对此存在争议。一方面，验证性偏向是常见现象，人们经常倾向于接受证实他们的先有信念的证据，拒绝、折扣或重新诠释反面证据；另一方面，也有研究认为，如果新信息是有意义的和可靠的，人们一般更可能把重点放在新的证据上，而忽视了先有信息。即使是那些通过改变信息形式提高贝叶斯推理的个体，也被研究发现会忽视先有信息。考察基础概率的权重是解决上述研究冲突的一种途径。在信息获取时，惯例可能产生验证性偏向。强惯例能够导致复发性决策中延迟适应，以及引发低估或忽视不支持惯例的新信息（Betsch，2001）。由于对成功率的先有信念，强惯例型被试作出决策的一种方式是折扣新证据，随后决定维持惯例。这就需要一定数量的惯例重复以及负面经验，才会让保守决策者最终偏离其反适应性的惯例行为。强惯例型被试不会立刻适应现实变化，表现出延迟适应的选择模式，也就是他们会倾向于维持惯例式决策思维。相反，弱惯例型被试对基础概率不敏感，在决策时也可能聚焦新证据，弱化甚至忽略基础概率信息，较快适应新的形势，从而表现出即时适应的选择模式，能够较快摆脱或放弃惯例，选择备选的行为方案。

再次，态度、信念和行为的转变能力影响防御性动机。个体完成不可逆决策后，比完成可逆决策后表现出更为明显的验证性信息偏向。因为不可逆决策结果确定、约束力明确，出现决策后认知失调的可能性和水平相对较高。个体为了对已作出决策进行辩护，维持对已作出选项吸引力的适当水平，往往通过搜寻一致性信息来支撑最初的选择。当个体需要对事情后果特别是负面后果承担责任时，容易出现认知失调，导致对心理和行为的不适感。对特定观点或决策选项的高承诺与验证性信息搜索水平增加相关。当然，如果个体对不可逆决策有充分信心，决策后没有出现认知失调或认知失调水平较低，也就无须明显地表现出通过搜寻一致性信息来支撑选择。完成可逆决策时，由于还存在选择的机会，之前确定的选项可能是暂时性的，选项承诺度偏低，引发认知失调的可能性和水平也会偏低，进而导致降低防御性动机。对选项信息的功用性考虑占据主导地位，与选项不一致的信息此时比与选项一致的信息更为有用，验证性信息偏向相应减弱。

最后，人格特质影响防御性动机。对为自己立场辩护的能力持有信心的个体能够积极应对未来挑战，更愿意接受支持性和冲突性信息。相反，对为自己立场辩护的能力没有信心的个体经常使用"否定"这种基本的防御机制来回避冲突性信息，而偏好支持性信息。需要注意的是，防御性动机与防御能力信心呈现出灵活的关系。相比于防御能力信心低的个体固守防御动机而言，防御能力信心高的个体因为能够以更加开放的心态面对正反两方面的信息，其单纯的防御动机能够随情境而变化。防御能力信心高的个体能够比防御能力信心低的个体更加主动、有效地辩论冲突性信息，并且希望通过辩论冲突性信息有更大程度的自我提升。防御能力感知是个体解决挑战态度新信息和支持态度新信息之间冲突的核心。防御能力信心低的个体对于冲突性信息非常警觉，排斥接受。相比之下，防御能力信心高的个体愿意面对和接受冲突性信息。同样是防范一般意义信息对自己原有立场造成的冲击，防御能力信心低的个体表现出比防御能力信心高的个体更加明显的验证性偏向，后者比前者更少偏向于支持性信息。防御能力信心高的个体减少验证性偏向的可能原因是：随着防御能力信心的增加，对支持性信息所发挥的自我提升、有效辩护以及态度自信等作用的感知会降低，而对冲突性信息所发挥的自我提升、有效辩护以及态度自信等作用会更加警觉，相应感知会升高，从而表现出对支持性信息和冲突性信息的平衡型搜寻、接受和判断。他们更愿意在不确定性或者说风险情形下选择和评估信息，也更愿意接受改变立场。

4.4.2　认知取向的解释

动机不是判断过程中的唯一因素，可以区分出动机型验证性偏向和非动机型验证性偏向。当受到希望防卫、维护自己的信念驱动时，人们可能以某种偏向的方式应对证据。但是，人们在没有物质目的或明显个人利益的情形时也可能表现出偏向。应充分理解验证性偏向必须包含两者，因为能很好地观察到它们都存在（Nickerson，1998）。认知取向的心理学解释认为人们通常都是理性的，在进行信息搜寻和选择时会试图找到性质上最佳的与决策相关的信息。然而，许多因素如主观愿望、情感、信息呈现方式、可获得信息量等都会导致人们对选择、决策和判断产生一个先有的偏好。同不一致性信息相比，个体往往认为一致性信息更加有效，通常比较容易接受此类信息。

虽然人们依靠一些认知加工和表征实现预想的结论，但动机有助于确定在特定场合中使用何种加工和表征，并且对偏向认知加工的依赖可能会影响到推理（Boiney，1997）。为什么出现差异性接受信息的现象？人们在搜寻、选择以及加工一致性信息和不一致性信息上是否存在差异？这些差异又体现在哪些方面？针对上述问题，从动机取向转向认知取向的心理学解释中以迪特（Ditto，1992，1998）等人提出的"加工数量"观点影响最大。学术界最初在昆达（Kunda）提出的动机性推理框架下开展研究，昆达认为动机性推理现象可分为两类情况：一类情况是在准确性动机驱使下力求得到一个精确的结论，另一类情况是在方向性动机驱使下力求得到一个特定的结论。两类情况下的动机都表现为目标驱动力，准确性目标往往会导致使用信息加工策略去考虑最合适的结论，而方向性目标则往往会导致使用信息目标策略去考虑最有可能产生期望的结论。在动机性推理框架下，研究得更多的是方向性动机对决策与判断的影响。人们对于一致性信息和不一致性信息有着不同的加工目标，并且会主动采取偏向性认知操作去实现这些目标。偏向性记忆搜寻、激发和启动一致性信息的有效目标，而抑制和破坏不一致性信息的有效目标。通过偏向性记忆搜寻优先接纳和采取支持预期结果的过去行为经验、推理规则和观念假设，完成特定的判断结论。当然，在判断和应对信息时，人们也会试图保持"客观性幻觉"，即人们不会轻易相信任何他们希望相信的事，判断会受到合理性解释的约束，以试图避免明显的过度偏向，进而有利于向自己或向他人进行决策辩护。人们似乎不会武断地推论他们想推论的仅仅是他们所想的。相反，人们受到实现特定结果的驱动，会力求表现得理性以及为自己预想的结果建构一种辩护，从而可以说服一个冷静的观察者（Kunda，1990）。也就是说，人们面对两种潜在冲突目标的对立：采取最佳支持预期结果的决策加工即"动机性推理"同采取表现出合理性的决策加工即"合理性约束"之间的目标对立。在既有信息条件下，人们在上述两种对立目标之间作出某种妥协，避免信息加工的过度偏向影响结果的合理性以及可能付出的成本代价，实质预防信息偏向超出必要限度。

一致性信息和不一致性信息所激发的不同加工数量，通过影响需要达到效价结论的信息量，会更微妙地使判断发生偏向（Ditto，1992）。"加工数量"观点同以往的动机性推理理论的重要区别体现在三个方面：（1）前者把认知加工的数量或强度看作个体区分对待一致性信息和不一致性信息的重要因素，而后者把认知加工的方向或目标看作个体区分对待一致性信息和不一致性信息的重要因素；（2）前者把个体看作信息的适应性加工者，而后者更加强调个体力求达到期望结论的目标；（3）前者坚持对信息质量的不对称性敏感，而后者坚持对信息质量的对称性敏感。"加工数量"观点将信息与偏好判断结论的一致性程度看作影响对信息进行认知分析的主要因素，认为不一致性信息产生比一致性产生更加系统化、细节化的认知加工，这种认知加工的不对称具有生存的适应性价值。因为与一致性信息相比，为了避免危险和减少损失，人们对于不一致性信息更可能作出即时的行为反应，较为快速地唤起"动员"反应，包括缩小注意范围和集中注意力，以及增加细节性认知分析。

认知分析一致性信息所需要的资源和精力比认知分析不一致性信息要少，这是因为人们对于一致性信息往往不需要提供更多的理由来辩护，而是较为直接地从情感上接受这些具有"表面价值"的信息。而对于不一致性信息。不仅进行认知分析所需要的资源和精力更多，而且更容易对这些信息产生一些替代性解释，导致对这些信息有效性的更大怀疑，增加这些信息的不确定性。如何理解人们在情感上排斥不一致性信息，却又对不一致性信息更为敏感呢？这是由于个体倾向于适应性信息加工，不一致性信息具有强的适应性价值，促进个体进行更为投入的细节性认知分析。虽然这种更加耗费资源和精力的细节性认知分析不可避免地伴随着对不一致性信息有效性的更大怀疑，但是这种怀疑并非完全拒绝接受不一致性信息，而是相比接受一致性信息，接受不一致性信息的门槛阈值有所提升，也就是表现出对不一致性信息质量的更高敏感。除非不一致性信息质量高，否则此类信息容易受到排斥。

值得注意的是，琼纳斯等人在顺序性信息搜寻（sequential information search）情形下否定了"加工数量"观点，认为无法从认知负荷引起的结构需要角度或偏差评估引起的信念极化角度解释顺序性信息搜寻中验证性偏差加强的现象（Jonas，2001）。在以往研究中，一直比较稳定地发现人们偏好支持性信息而不偏好冲突性信息。然而，在这些研究的实验中主要呈现给被试全部可得信息的概样，使得被试可以同时选择它们，而且不要求被试在选择阶段加工所要求的信息。但是，现实生活中的决策信息搜寻很多都是顺序进行的，在以往决策信息搜寻偏向的实证研究中往往没有注意到顺序性信息搜寻，更多地注意到的是同时性信息搜寻（simultaneous information seeking）。现实生活的许多情境中，有用的新信息总是层出不穷的，因而人们无法在对全部信息有基本概观后才开始进行具体的信息搜寻。实际情况往往是：人们搜寻完一部分信息就会对它们进行读取和加工，然后进行下一阶段的信息搜寻。这样的整个过程会多次重复，直到信息搜寻的需要满足或者完成决策。这种分阶段的信息搜寻的特点是：在整个信息搜寻结束之前，个体无法事先确切知道会获取多少一致性信息和不一致性信息，并且在信息搜寻各个阶段之间也无法延迟加工信息。因为如果延迟加工信息，实际上就阻碍了下一阶段的信息搜寻。所以个体在信息搜寻的各个阶段都会注意到搜寻到的所有信息，并对这些信息作出取舍的决定，然后再开始下一阶段的信息搜寻。这种信息搜寻方式就被称为顺序性信息搜寻。在同时性信息搜寻或同时性信息呈现研究中发现的信息评估偏向现象，在研究顺序性信息呈现时也同样存在。

　　同时性信息搜寻会出现验证性偏向现象，而顺序性信息搜寻的验证性偏向表现得更为明显。验证性偏向强度的变化是信息呈现模式还是信息加工模式导致的呢？在顺序性信息搜寻和同时性信息搜寻中，不同的信息加工模式不会影响验证性偏向，顺序性信息加工情形下并不比同时性信息加工情形下表现出更强的验证性偏向。也就是说，只要信息是顺序呈现而不是同时呈现，验证性偏向就表现得更明显，与信息加工模式无关。验证性偏向的原因是信息顺序呈现，而不是信息顺序加工。在信息顺序呈现时，由于被试增加关注他们的决策所带来的强化承诺，导致验证性偏向的增强。决策聚焦假设（decision focus hypothesis）试图解释上述现象。该假设认为，顺序面临新信息使得个体先有的决策凸显，因为每一种新信息的主题都要与这个决定比较。因此，作为顺序呈现的一个结果，先有的决策在脑海里重复出现。个体重复思考某一假设，会增加个体对假设正确性的信心以及对假设的坚持。被要求对支持某一假设列出理由或者提出假设的个体，会倾向于表现出对假设真实的更大信心。相比同时性信息呈现，上述聚焦决策增加了个体对自己先有立场的承诺。在同时性信息呈现时，人们会专注于比较、评价和结合新的信息，在经过这样的过程之后才评估先有的决策的意义，因此重点更多地放在信息而非先有的决策上。顺序性信息呈现使得个体重复思考之前的决策，这种决策聚焦增加了验证性偏向。

4.4.3 综合取向的解释

哈特较为系统地指出防御性动机与验证性偏向的关系以及防御性动机的影响因素（Hart，2009）。在四种情况下人们容易表现出支持防御性动机的作用：（1）当态度、信念或行为先于信息选择得到支持时；（2）当态度、信念或行为与价值观不相关或者与信仰不冲突时；（3）当闭合心理程度低时；（4）当对态度、信念或行为的信心高时。除了防御性动机效应，关于准确性动机（accuracy motives）如何影响选择性接触也有大量理论和实证研究。在验证性信息搜寻研究中，准确性动机并非像传统的防御性动机那样表现出较为独立的因素，而总是与认知因素结合在一起。

准确性动机是指力求持有客观、无偏见的立场观点，实现准确有效的决策，得到最希望的结果。准确性动机能够以客观、心理开放的方式加工信息，有利于发现事实真相。受准确性动机驱动的信息搜寻者会主动搜寻支持性和冲突性两方面信息，并对它们进行彻底的阐释，通过强证据或论辩来取得最佳的决策选项。因此，在面对相关决策信息时努力表现出无偏向的搜寻和加工。由此，从理论逻辑上能够推断，准确性动机将抑制或阻止验证性偏向。事实上，有一些研究表明，当加工决策信息时，准确性动机能够减少选择性接触现象；但有一些研究却表明，准确性动机能够支持和实际上促进对证实性信息的选择性接触（Fischer & Greitemeyer，2010）。这个看起来矛盾的现象可以通过验证性信息评估加工来进行解释。当准确性线索指向决策情境，也就是要求决策者作出最佳选择时，准确性动机降低验证性信息加工水平。当准确性线索仅仅为了满足信息搜寻任务时，准确性动机的增加能够发挥作用，进而导致信息搜寻时更加明显的证实性偏向。尽管准确性动机决策者力求找到决策相关信息中质量最好的信息，但是他们无法做到摆脱自己已有的观点去评估这些信息的性质，以及比决策一致性信息更加系统性地严谨检验决策不一致性信息。因此，决策一致性信息主观上被认为具有性质上的优势，在搜寻过程中会更加系统性地偏好决策一致性信息。费舍等人较早注意到这些问题，针对决策信息可用性的限制效应进行了系统探索。

在决策和信息搜寻中，存在相关条件的限制是一种非常普遍的现象，可获得信息量的限制是其中之一。以往的信息搜寻偏向研究中，对相关条件的限制有所忽视，特别是对可获得信息量的限制对于信息搜寻偏向的影响及其相应心理机制的探究还比较缺乏。信息搜寻时的验证性偏向是相对稳健的心理现象，那么可获得信息量的限制是否会导致信息搜寻时的验证性偏向增加？如果答案是肯定的，那么进一步来看：在没有实际客观限制但引发感受到相关决策信息缺乏的主观状态下，是否也会导致信息搜寻时的验证性偏向增加？这种效应如果依然出现，随之而来需要解决的问题是：限制型信息

　　搜寻导致验证性偏向是动机过程造成的，还是认知过程造成的，抑或是两者共同造成的？通过使用认知负荷任务技术，将信息搜寻时的动机过程和认知过程相对剥离开来。如果导致验证性偏向增加的主要是认知过程，那么在有认知负荷任务的情形下进行限制型信息搜寻时，由于认知资源供给和分配的局限，严格检验和评估不同信息预期质量的能力会下降，信息搜寻的验证性偏向将减少。相反，如果导致验证性偏向增加的主要是动机过程，那么认知负荷任务就不会影响验证性偏向效应。

　　限制型信息搜寻导致明显的信息搜寻偏向或者是增加已有的信息搜寻偏向，即信息选择限制的增加会强化验证性偏向。当信息搜寻受到限制时，相比于冲突性信息，人们表现出明显偏好支持性信息。有意思的是，只在要求搜寻者在所有信息中选择一半或少于一半的信息时，才出现上述现象。当限制减少，搜寻者可以选择一半或多于一半的信息时，没有出现上述现象。并且，信息搜寻者不是仅仅在客观上的信息量受到限制的情况下表现出验证性偏向。与此类似，以特定方式使信息搜寻者主观上知晓信息是一种稀缺资源，从而引发其产生信息稀缺的主观感觉，也会导致出现验证性偏向。而且在人们只能选择一定数量的信息（或达到信息上限）的情形下，信息搜寻时的验证性偏向会比可以至少选择特定最低数量的信息（或达到信息下限）及没有限制的情形下更为显著。一般来说，可以从动机过程和认知过程两个方面来解释上述现象。从动机过程来进行解释，首先需要明确信息搜寻者的两个基本动机目标：一个动机目标是试图减少失调，另一个动机目标是在信息搜寻时尽可能表现出无偏见姿态，实际上就是一种印象动机。通常情况下，信息搜寻者为了减少失调，主要选择支持性信息，表现出验证性偏向。因此，在信息选择数量没有存在上限，即信息选择数量存在下限或没有限制的情形下，因为信息选择空间和资源的存在，人们还会选择一些冲突性信息来"丰富"他们的信息选择，以表现或修饰没有偏见的客观中立姿态，在一定程度上起到抵消因减少失调而引发的验证性偏向的作用。当然，如果人们认为决策具有一定的合理基础，仍然会表现出验证性偏向倾向。而在信息选择数量存在上限的情形下，因为信息选择的限制使得信息搜寻者要同时实现的减少失调和表现出无偏见这两个动机目标产生冲突，人们可能优先满足实现减少失调的动机目标，而放弃实现表现出无偏见的动机目标。也就是在减少失调和表现出无偏见之间更注重前者，仅兼顾后者。总体上，动机过程的解释认为，信息选择数量存在下限或没有限制的情形下，不易出现减少失调和表现出无偏见这两个动机目标之间的冲突，因而信息搜寻时的验证性偏向不会受到特殊影响。相反，信息选择数量存在上限的情形下，容易出现减少失调和表现出无偏见这两个动机目标之间的冲突，且减少失调的动机目标更具首选优势，从而导致验证性偏向增加。

从认知过程来进行解释，首先需要明确信息搜寻者的两个基本认知目标：一个认知目标是获得最佳决策信息，另一个认知目标是预期信息质量评估比较。从理性认知的角度来讲，为了最有效地进行决策、提高决策质量，人们会搜寻最佳的相关信息，因而信息质量是信息搜寻和选择的最根本标准。已有研究发现，支持性信息具有先在的评估优势，即与冲突性信息相比，支持性信息具有更高的预期信息质量评估。并且，冲突性信息会受到比支持性信息更严格的检验和质量评估。在达到信息上限的情形下，信息搜寻时的验证性偏向会比在达到信息下限或没有限制的情形下更为显著，主要原因有两个。其一，信息上限强化了认知阐述，使得预期信息质量作为信息搜寻和选择标准的凸显性增加。由于支持性信息具有更高的预期信息质量评估优势，预期信息质量作为信息选择标准的凸显性的增加使信息搜寻和选择表现出偏好支持性信息即验证性偏向。其二，认知阐述的强化增加了对冲突性信息更普遍、严格的检验和评估，从而偏好系统性发现冲突性信息而非支持性信息的质量弱点。因此，在信息上限的情形下进行信息搜寻，预期信息质量作为信息选择标准的凸显性增加了，支持性信息的"预期质量优势"也提升了，从而导致验证性偏向更加明显。

如何确定到底是动机过程还是认知过程导致了在信息上限情形下验证性偏向的增加呢？如果认知过程导致了在信息上限情形下验证性偏向的增加，是因为以规定可选择信息量的手段进行信息限制促使了认知阐述的增加，进而强化了支持性信息的预期质量优势评估，最终出现了验证性偏向的增加，那么可以考察在信息上限情形下引入认知负荷任务，抑制认知阐述的增加，消除支持性信息与冲突性信息的预期质量评估的不对称性，通过验证性偏向的变化情况来判断是认知过程还是动机过程对其产生了影响。如果引入认知负荷任务，验证性偏向增加效应消失，表明阻止了可能发生的认知过程，认知过程原本发挥的作用瓦解，所以增加效应消失，也因而可以接受认知取向的解释。相反，如果验证性偏向增加效应没有变化，表明认知过程没有发挥出作用，那么就难以接受认知取向的解释，这样，动机取向的解释就成为好的备选项。实验结果表明：信息搜寻受到限制的被试比没有受到限制的被试表现出更多的选择性倾向。相反，认知负荷情形下，被试进行平衡型的信息搜索与他们的信息搜寻是否受到限制没有关系。限制效应的认知取向的解释最适合这些研究结果：如果信息搜寻受到限制，人们增加认知活动，更严谨地检验信息或者更强烈地指向信息质量，以实现寻找最佳信息的目标。与限制型信息搜寻实际上导致验证性偏向的增加相一致，仅仅感受到信息缺乏也会导致验证性偏向的增加。这种因信息选择的限制导致的验证性偏向或已有验证性偏向的增加更多地建立在认知过程而非动机过程的基础上。当限制型信息搜寻者同时进行一项认知负荷任务时，没有认知资源用于评估信息质量，信息选择的限制效应就消失了。进一步阐明这种认知机制，就是限制型信息搜寻增加了预期信息质量评估和信息搜寻之间的关联。信息选择上的限制增加了打算找到最佳信息的意图，加上支持性信息具有先在的评估优势，与信息选择无限制相比，在信息选择有限制的情形下表现出明显偏好一致性信息。

4.4.4　未来研究的趋势

首先，验证性信息搜寻的影响因素仍需要继续深入探索，特别需要加强印象动机（impression motives）的相关研究。印象动机是指渴望满足交往活动中的社会目标需求的确定性驱力，实现在社会情境中表达特定决策判断后所希冀取得的积极人际后果。以往研究要么在认知失调理论框架下主要关注防御性动机，要么结合认知评估因素考察准确性动机，一定程度上忽视了对印象动机的关注。哈特针对验证性信息搜寻中的防御性动机和准确性动机的元分析论文没有将印象动机纳入其中，虽然理论家们提出了第三种动机，印象动机即渴望形成和维持积极的人际关系，但选择性接触信息的这方面研究无法提供充足的研究证据进行元分析（Hart，2009）。虽然印象动机的相关研究缺乏，但其研究意义却日趋明显。一方面，从理论上看，引起验证性偏向的原因不仅仅是消除认知失调、追求最佳信息的主观愿望或与自我相关的特质，增加印象动机有助于涵盖社会交往情形下各种角色个体的信息搜寻与加工。特别是在社会活动和人际交往互动条件下，融入个体责任感因素可以更真实地反映现实的心理现象。另一方面，从现实上看，现代社会知识快速产生，内容大量增长，广度和深度不断提升，理解日益复杂，远超出个体能够全面应对的范围，劳动及专业分工是社会发展的必然结果，求助于或者利用专业人士提供信息建议和承担任务是社会生活中非常普遍的现象。人们在各种不同的情形下寻求信息咨询，例如求学、规划职业生涯、进行投资理财、抉择婚恋、接受医疗服务以及法律咨询等。相比于为自己作出决策，人们在为他人作出决策时会表现出不同的行为活动，也会表现出不同的信息搜寻。当代社会，信息咨询方与信息建议方之间的有偿服务和交易越来越多，也越来越重要。印象动机主要关注的是人际目标，以取得积极人际关系后果为目的进行信息搜寻和加工。印象动机能够促使信息建议方试图实现两方面的目的：一是促进信息建议方给信息咨询方留下积极印象；二是促进信息建议方投入更多精力，为信息咨询方搜寻全面且平衡的信息，作出尽可能准确的决策。责任感作为建构积极人际关系的中介与保障，是影响积极人际关系后果的关键因素。信息咨询方作为主体的权益意识日益增强，理想的社会活动效果是希望激活信息建议方实现上述两方面目的，"结果问责"成为保护信息咨询方主体利益的重要途径和手段。但问题是，通过"结果问责"创造的激励往往不会自动促进这两方面目的同时实现。解决此种困境的一个策略是从"结果问责"过渡到"过程问责"，需要为判断或决策过程辩护的人会比需要为过程（即特定的判断或决定）结果负责的人作出更准确的和无偏见的决策。此外，应当考虑在相关结果卷入与信息效用交互作用中考察准确性动机。信息效用是指信息能够用来促进好决策的程度。准确性动机使个体指向效用最高的信息，而不考虑信息的一致性，因此其可能削弱一致性偏向。之前研究发现，价值相关卷入强化了防御动机，结果相关卷入促进了关注准确性和现有证据的客观加工。现实情形信息搜寻往往是结果卷入与信息效用共同存在，考察交互作用是未来研究的一个重要方面。

其次，在态度、决策、沟通、刻板印象等领域，各种类型的验证性信息搜寻的实证研究较多，从多种角度探索验证性偏向的影响因素已经成为研究热点。如影响人们搜寻海量信息的因素，人们在信息情感内容的基础上搜寻和避免信息的加工过程，人际关系中搜寻信息类型的个体差异，同伴互动行为如何影响人们搜寻关于同伴的信息类型，以及搜寻不同新闻类型的人们的社会人口学特征的差异程度。这些研究已经总结出较多的影响验证性偏向的因素，如投入兴趣、个体卷入、易得性、结构一致性、模糊性、功能基础、情感认知基础等。但是，这些研究相对比较孤立，只集中于探索各自领域中的核心主题和研究发现，呈现研究局部精细化，边界意识过于清晰，研究问题相互借鉴和融合有待增加。认知失调理论虽然可以对许多观察到的效应提供一个合理的解释，但不能够完全解释所有的效应。虽然现有的一些理论观点都具备一定的理论解释力和理论预测力，有各自的优点，但是缺乏宏观性的理论框架，未能对诸多影响因素作出整体性考察，因而较多地针对具体的过程，而不是从更一般的机制上来考察和概括验证性偏向。很难从本质上澄清这些影响因素的独特性与普遍性，以及这些影响因素是否可能相互结合在一起。验证性信息搜寻研究已经发现并较为系统地认识到一些影响因素，随着研究的深入，新的影响因素也将逐步进入研究视野。为了提升验证性信息搜寻研究层次，发挥相应研究的辐射力，需要有一个普遍的理论框架来理解和组织这些影响因素。理论框架的必要性还体现在：现有研究一方面作为研究基础的理论观点存在差异，另一方面作为具体内容的实证研究也存在差异。研究争议的结果不是一方取代另一方，而是双方相互借鉴，这样不仅有助于组织已有的调节变量，对它们作出新的预测，而且可以指导识别新的调节变量，开辟新的模式以深化未来研究。近几年，有学者在这方面作出了一些尝试，提出理论框架，将已有研究得出的诸多关于验证性信息搜寻的调节变量有机组织和整合起来。如费舍提出在感知决策不确定性和认知节俭的基础上建立一个新模型（Fischer，2011），整合各种关于验证性信息搜寻以及它们不同的基本心理过程的研究发现。

该模型认为：(1)感知决策不确定性与进行验证性信息搜寻的程度呈负相关；(2)决策者基本受保存认知能量所驱动；(3)加工决策一致性信息比加工决策不一致性信息需要更少的认知资源。通过使用关于认知节俭和验证性信息加工的这三个基本假设，将关于验证性信息搜寻的动机(失调)和认知(信息)解释整合起来。

最后，验证性信息搜寻在研究情境、内容、主题和方法等方面均有扩展，实现了从个体水平到群体水平的过渡，集中关注了可能影响人们进行验证性信息搜寻的因素及其所发挥的具体方向性作用。研究者在信息总量有限、信息呈现形式、认知负荷任务、时间限制、主观感知信息稀缺、不同情绪状况、为他人提供决策建议、主观规范、控制力、防御信心等方面完成了大量实证研究，取得了丰厚学术积累。不过，这些研究大多数采取的是经典研究范式，即在实验室研究环境中要求被试在各种形式条件下搜寻与决策相关的信息。虽然这种研究可以取得较具普遍性甚至稳健的研究现象，但还是不能够真实完全反映实际生活中的决策信息搜寻。现实中，个体或群体具备多样化的选择可能以及应对约束条件的对策手段。因此，未来的研究有必要以提升生态效度为目的，使实验概括的普遍性原则在具体生活情境和真实环境中得以修正完善，探讨理论模型检验、预测和解释实际生活中的决策信息搜寻的复杂社会表现。解决好这些问题，有利于学术繁荣，也有利于建立更加面向生活世界的心理学。

信任衰退的风险诱因

　　现代社会活动和社会交往种类众多、形式多样、内容复杂、节奏快捷、影响广泛、灵活变化，活动和交往既依赖于事件发生时的特定情境，又常常超出事件发生时有形空间的地理约束。学术界有着基本的共识：信任是健康人格的核心组成部分，是良好人际关系的"黏合剂"，是社会结构良性运行的"润滑剂"，是社会和谐进步的"助推剂"。信任在国家提升社会质量和推进民主文明、组织维持高效运作和实现预定目标及个体开展正常社会交往和获得良好人际体验等方面都起着非常重要的作用。不过，信任衰退是现代社会的一个世界性现象，社会信任水平的下降也是现代社会的一个共同趋势。这些无疑给社会、组织和个人都带来了巨大的负面效应，具体表现在人际信任、组织信任、社会信任、政治信任等各类信任层面上。在现代社会物质文明不断丰富与繁荣，人际交往、社会流动与制度观念广泛变迁的情境下，信任水平却出现衰退或者至少停滞不前。由此引发人们得出的一个重要认识是：如果我们能够掌握生成和促进社会信任的诸多因素，那么采取恰当措施创造、调节和控制这些因素势必有利于营造良好的社会信任环境，从而符合社会的整体利益。基于社会心理学角度，我们可以从 4 个方面解析信任衰退：社会普遍流行的风险意识影响社会信任的心态，模糊泛化的社会归类侵扰社会信任的秩序，单薄弱化的社会期待销蚀社会信任的基础，匮乏稀缺的社会善意导致社会信任的虚化。总体上，信任衰退关联着人们对于未知世界不确定性的忧虑、对于知识和技术控制突发挑战能力的担心、对于预防和处置复杂风险成效的怀疑。由此，一个有价值的研究问题呈现在学界面前：信任在现代社会进程中是怎样发展及演变的？探究信任的内涵与形成、发展机制，对于理解和消弭信任衰退有着积极的现实价值。

5.1 普遍强化的风险警觉

信任衰退损害社会认同、破坏社会团结、增加社会成本、引发社会焦虑，既影响个体健康和人际交往、妨碍组织效率和业绩提升，也降低社会福祉和社会质量。在风险社会视域中，从社会心理学角度探析信任衰退有着较为重要的理论及现实意义。复杂情境下的风险叙事普遍存在于社会、经济、文化和政治等多方面，人们日益增长的风险认知促使信任成为学术研究的热点。作为个体的当事人以及整个社会都需要具备能够有效应对风险效应的完善的体制与心理基础，社会信任是这些体制与心理基础的重要因素之一，也是理解社会生活和社会变迁的重要环节。风险是社会生活的普遍话题，也是学术研究的重要课题。风险蕴含着"得"与"失"。现代社会之前及现代社会早期，更多地吸引人们注意的是风险与"得"相关联的部分，风险更多地意味着进取、机会、征服和收获。随着现代性的发展，人们越来越开始关注风险与"失"相关联的部分，风险更多地意味着动荡、痛苦、代价和灾难，物质财产的损失、人员的伤亡以及生存条件的破坏成为人们极为迫切地思考和面对的问题。社会事件的不确定性在范围上扩大、社会后果的复杂性在程度上加深、社会恢复的时间经济资源在成本上加重等，使得解释、接受、沟通、管理及应对风险变得非常困难，同时容易导致风险矛盾的升级化、风险冲突的多元化、风险问责的模糊化、风险化解的对立化。在风险形式复杂多样、风险后果不确定的情境下，人们难以完全预期未来状态，也难以完全控制事件全部过程。社会普遍流行的风险意识是出现信任衰退的重要原因之一。

5.1.1 风险的客观存在

现代社会的风险超出了人们的预期和应对能力。当今的风险与早期的风险有着本质上、程度上和危害上等多方面的重大差异，它对社会和环境产生了更加深远的影响。日常生活中，风险成为人们无法回避的极为重要的经验认知之一。在经济日益全球化的世界中，现代风险常常以人们难以把握的种种方式突破现有的认识和管控框架，而且有些风险难以预测，无法控制，后果严重，代价巨大。与此同时，还存在风险的问责问题，确定由哪些个人或者组织对风险进行说明、解释和承担责任变得日益复杂和困难。人们越来越认识到内在于社会活动中的增长的风险及其所带来的灾难性影响，力求以正确的方式认识和把握现代性、风险和信任之间的关系。启蒙运动和科学革命以后，现代性观念成为现代社会的主导思想，造就了现代社会科学、文化、经济和政治制度并取得了一系列成果，推进了科学和技术的进步。在现代性的世界观里，世界是可认识的、有秩序的、合乎规律的。人具有主体的认识能力和实践能力，这些能力能够为知识建立确定的基础，进而实现理解世界与改变世界。科学能够维护客观理性，技术可以不断取得进步，人们反对固守传统和迷信权威，强调个体自主性和个体选择，肯定和突出个体的价值，实现人的自由解放，促进社会文明与进步。然而，当现代性观念引领人们将理性力量充分发挥出来并力图掌控自然、社会和未来的时候，不确定性、不安全感和偶然性却同时成为生活的常态概念。人们的价值观和信念体系发生着重要转化，欲望和期待也不断进行着重组。

风险社会充斥着大量不确定性，对个体生活、群体活动、组织制度和文化观念造成了前所未有的冲击。作为积极力量和正面作用，科学和技术的进步使社会的运行方式、深层结构、文明水平都发生了巨大变化，令人类社会发展到一个崭新的阶段。人们不仅物质生活得到了极大改善，精神生活也得到了极大丰富。但需要看到，科学和技术的进步也导致了以往社会中不存在的客观风险。对于这些客观风险，人们或者心理准备不足，或者主观认识不够，或者应对手段暂缺。一些风险产生的后果极其严重，会让人类付出极为沉重的代价。在现代科学和技术展现强大力量的同时，社会的组织和运行机制及保障也常常显露出"脆弱"的一面。面对生活秩序的失范、不确定性的困惑、可能付出的代价，人们心理上容易产生焦虑、恐慌和迷茫。生存的风险意识成为现代生活中人们的一种普遍意识。

现代社会坚持强调工具理性的科学理念，理性发展被看作持续的无限制去神秘化过程，科学被认为最终能够实现控制自然。自然被看作中立的资源，它应该也可以无限制地被开发和索取，这是工业生产最大化、经济利益不断增长的思想前提。借助于科学探索和技术进步的力量，理性主义和世俗理想在现代性引领下实现了完美结合，人类社会生产力空前飞跃，物质财富极大增长，社会、政治、文化和经济进行了广泛变革。理性能够创造与维持合理的社会秩序，理性能够实现探索和征服自然的梦想，理性代表着进步、繁荣和发展，对理性的乐观主义成为时代的精神和潮流。在现代性观念引领下，人们对社会及政治变革进行着思考和探索，创造了种种提高生产力的制度体系，同时也唤起人们对自己美好未来的憧憬和规划。人们期待政府提供充足的劳动岗位，保障体面的经济收入，建立和维持安全、稳定、公平、正义的社会环境与社会秩序，实现有尊严、有质量的幸福生活。在当今的中国，城市内部原有"单位制"所体现的职业长期稳定的特征已经渐行渐远，职业代际传承的机会和传统日趋消失，工作技能与专业知识的更新与学习日益强化，工作岗位的短期化和频繁更换已经成为普遍现象，生活体验的角色转换和多重任务也成为迫切的现实问题。为了应对城市生活对个体适应性、灵活性和流动性提出的要求，在诸多社会要素不充分的情况下，一方面，人们为了应对来自外界的生存压力，需要学会敏锐感知身边工作和生活环境的变化，尽可能利用"熟人"的人际资源，凝聚为一种重要的团结力量，共同化解城市的工作挑战和负担；另一方面，人们也每天经历着时代气质对于自己生活的影响，市场化进程越来越培育出人们个体主义的时代气质，市场经济的劳动分工和利益交换从社会结构、运行制度与心理习惯等方面都强力构造出以"个体"为中心的城市生存法则，孕育出势不可挡的个体化观念和潮流，对于具有公共属性的城市认同显得较为迟钝。

与以往社会相比，现代社会表现出强烈的时代分界和范式转换的特征。人类不再仅仅关心利用自然或者将人类从传统的束缚中解放出来等问题，而是也要并主要关注技术—经济发展本身产生的问题（贝克，2004）。现代性追求知识的确定性，但常常与有些事件的不可预测及风险之间存在冲突，而传统现代性无法有效避免与解决这些冲突。当代中国正处于重要的历史发展机遇期，我们必须善于抓住"百年未有之大变局"的机遇，顺应变革趋势，发挥人力、技术、制度和社会优势，奠定长期发展基础。技术与社会相结合的必然结果就是社会样式的变革，它既包括经济生产等物质方面的变革，也包括社会面貌等多方面的精神变革。技术与社会相结合也使得技术风险已经不再纯粹是技术的风险，而转变为技术—社会的风险。这种风险属性的转变导致社会治理需要突破以往的工程技术思维范围内的经济效益与损失计算的局部视野，转换为在更大范围内甚至是从社会大局的立场审视重大技术创新的国家治理。

5.1.2 风险的社会应对

　　社会普遍流行的风险意识影响社会信任的心态。信任是个体与他人、群体与组织在社会生活和社会交往的语境中形成并建构起来的一种心理、社会和文化意义上的实践活动。20 世纪 70 年代，关于文化后现代主义的争论主导着大多数人文学科、社会科学。但在新的历史时期，风险社会和全球化议题已经成为当代学术和公众讨论的热点。现代社会是风险社会，从"简单现代性"到"复杂现代性"的转变是风险社会的核心特征。随着社会角色的转型和角色分化的发展，当社会发展出系统的、基于角色期待的内化界限时，风险就变成了角色期待所固有的属性（Seligman，1997）。评判利益和风险最恰当的方式是从稳妥推进和潜力广阔两方面理解、认识技术创新，从物理的、生态的、经济的和社会的维度定义新技术的社会角色、功能、目标和效用。各相关方唯有依托共同的科学认识的基础，才能构建出灵活有度、适应自如的制度框架，决策过程才容易达成共识，从而节省协商的成本，取得理想的沟通效果。早期阶段，应该给技术创新方提供自主探索的出口，允许科学探索意义上的试验和小范围内的试点，详细叙述获取的反馈总结，请技术使用者参与阐释专家系统的风险描述，采取尊重生活事实的立场，调控风险的影响范围。专家系统仍然是新技术风险治理需要依赖的关键力量，它将科学判断同生活事实协调起来，组成一个统一的框架，进行集合式风险评判。受评判的技术发明和创新越新颖，不确定性越显著。新的技术应用到具体生活情境中之后，使用范围越广、辐射带动越强，威胁成为现实的风险越大。用户对于新技术的使用意图和使用模式都可能逐步演变，在起始阶段看起来较为正常，但随着边界拓展，社会规范合理性会逐渐模糊起来，甚至反转为同已有规范产生冲突。政府应当建立平等参与、协商透明和持续对话的沟通机制，协调和引导技术创新主体方、技术使用方及政策制定方在风险治理观念和社会作用方面取得一致。大力保障技术创新者富有热情和动力探索科研前沿，把新技术安全的标准规定在恰当范围，既不损害社会和民众的利益，维持社会公允，又不压制行业进行技术创新的积极性，鼓励符合科学精神和人类利益的大胆创新。政府应当就技术安全标准面向社会征询意见，组织多领域专家严密论证，再经过立法或行政机构确认，以法规或规章的形式向全社会公布，让各界知晓，目的在于鼓励和保障行业投入有社会责任感的技术创新。此外，政府还应当克服以往传统体系遗留下来的观念障碍以及既得利益方的保守障碍。当需要突破人们习以为常的"心理舒适区"时，风险治理参与各方都需要秉持远见，取得对于风险目标的一致认同。

信任对于人们的交往活动和生活体验、组织的日常运作和目标实现、社会的健康发展和繁荣稳定都起着十分重要的作用。作为社会关系的一个方面，风险在现代社会中作为生活的构成形式出现。信任作为应对这种形式的一种方式，已经相类似地成为生活世界中一个可以定义的要素（Seligman，1997）。传统社会是"熟悉人"社会，现代社会是"陌生人"社会。在由熟悉人组成的传统社会里，人们不需要时常突出强调信任的存在及其作用。而在由陌生人组成的充满不确定性、复杂性和风险的现代社会里，人们尤其感到信任的重要。许多学者都认为，现代社会出现了普遍的信任衰退现象。对信任的需求既是人们应对种种社会规范和价值观急速变化的现实必然，也是人们应对种种挑战和预期而表现出来的心理特征。信任衰退同风险社会的兴起有着紧密的联系，风险社会的兴起代表着从"简单现代性"到"复杂现代性"的转变。随着时代的发展，人类社会中风险的现代性特征越来越明显，并且深刻地影响着人们对于风险的体验。

风险的现代性特征主要体现在四个方面：首先，从风险的感知维度看，人们对风险的感知越来越远离"直觉"，更加具有"隐伏性"。有越来越多的风险经验是人们的直观水平所不能认知的，一些风险具有很强的未知性和非直观性。其次，从风险的时间维度看，风险导致的后果不仅"即时性"显现，而且更加具有"延迟性"。风险导致的灾难性影响不仅越来越多地立刻爆发出来，而且还可能存在滞后性的长期隐患。再次，从风险的空间维度看，风险产生的效应不仅越来越多地在当地发生，也越来越脱离"本地"，更加具有"扩散性"，强烈的"脱域"性质使风险影响辐射到广阔的地理范围。最后，从风险的类型维度看，风险内容越来越多元，也越来越凸显出"复杂性"，代价越来越高昂。现代性将世俗理想和理性主义完美结合，唤起人们征服自然的欲望，引发人们进行思维模式的转变，追求无止境的技术突破和物质繁荣，以完成一场人类前所未有的发展事业。现代性表现出乐观主义的时代气质，相信线性进步，坚持科学理性能够创造与维持合理的社会秩序。现代性促进了社会、政治和经济变革，这些变革形成了种种新的制度安排以及个体对生活的理想追求。个体期待政府提供安全和稳定的社会环境，提供足够的经济收入，保障有质量的幸福生活。与此同时，就制度和个体而言，风险和不确定性却大量涌现。一方面，科学和技术的进步促进了物质的丰富，繁荣了人们的生活，改变了社会的样式，体现出科学和技术的积极力量与正面作用。但另一方面，科学和技术的进步也导致了一些难以预测、尚未知晓和前所未有的风险。这些风险使现代社会凸显出种种"脆弱性"，有时甚至比较频繁地造成对社会生活的广泛冲击和损害，人们感受到由无助、失控而引起的焦虑、恐惧。不确定性、不安全感和突发性成为生活的常态概念，而社会的不确定性、复杂性和风险意味着人们无法充分地预期未来的状况，也无法充分地掌控事件的进程。信任衰退是社会的不确定性、复杂性和风险的特殊结果。

5.2 模糊泛化的社会归类

信任既包括对熟悉人的信任，也包括对陌生的"一般人"的信任。这两种类型的信任都与人际关系、社会交往和人格升华有着关联，区别在于关联的性质与程度差异。对熟悉人的信任很典型地存在着亲密纽带和关系的形成及发展、面对面的直观及频繁交往和人格化的情感升华。对陌生人的信任体现得更为抽象：一方面反映在对陌生人的信任中的关系形成及发展缺少"亲密"性；交往活动除了面对面形式，还有更多的非面对面形式；情感升华的人格化色彩淡薄。另一方面反映在对陌生人的信任更要求有对一般的非特定他人的社会认知，对公共生活规则、社会制度系统甚至国家文化的客观化观念。塑造信任的人群身份、交往背景以及认知属性影响着信任的形式和结构，导致不同的信任实践。用个体发展的眼光看，首先形成的是对熟悉人的信任。这种建立在亲密关系的基础上的信任形成之后，个体才递进生成社会和制度中非人格化结构的对陌生人的信任。信任特别是对陌生人的信任通常需要建立在认知过程的基础上，认知过程帮助人们辨别哪些对象是可以信任的，从而基于认知上的判断作出行为上的选择。现代社会，上行机会增多，但下行风险也同时增大。在去传统的社会变迁中，人们的社会归类呈现出去定位化、去整合化、去定向化的趋势。现代社会中，传统约束力量不断弱化，个体身份变迁机会增多，身份转变迅速，定位与边界意识逐渐淡化，社会定位相对滞后，社会归类变得模糊多重，社会信任的固有秩序频繁受到冲击。

5.2.1 归类的聚合作用

在公共管理中，与其他概念如合法性、问责性、效率、自由裁量权、响应能力、公众参与等相比，对信任的关注仍然是较为新近的事情。人们不仅关注信任起到价值作用的方面，更关注信任解决观念冲突的催化作用（Choudhury，2008）。由于生产力等诸多因素的限制，传统社会主要是由"熟悉人"所组成的社会，而现代社会越来越表现为"陌生人"社会。在传统"熟悉人"社会里，生活内容的重复性、生活场景的固定化以及生活结果的可预期性使信任在形式上的表现比较简单，在文化观念中被定位成为人处世的题中应有之义。与之相比，在现代"陌生人"社会里，生活内容不断丰富，生活场景频繁更迭，生活结果难以预期，充满了不确定性、多元化和风险。个体、群体、组织和国家都感受到信任的必要性和重要性。对信任的诉求一方面表现为人们应对未来生活不确定性而展示出的普遍心理反应，另一方面也表现为社会价值观和社会规范等的深刻变迁给现代社会带来的文化表达。

模糊泛化的社会归类侵扰社会信任的秩序。社会归类是将他人划归于特定类别的过程，属于社会认同的重要维度之一。现实生活中，人们经常通过社会归类来对他人进行"标签"式认知，如男性、白领等。社会归类产生的"标签"式认知虽然初级，但类别本身所体现出来的属性却具有较强的身份识别信息与刻板印象，能够起到比较清楚的辨别和标识作用，把内群体成员的相似性高度聚合甚至放大，并以此体现同外群体成员的差异性。在社会生活中，人们总是根据他人的身份信息以及社会归类来作出可信任度的判断，进而采取信任选择行为。人们把他人明确的身份信息以及社会归类当作直接和简洁的线索，用于对他人信任的判断加工。社会归类是人们进行信任判断时经常使用的认知资源之一，当社会归类变换及混乱时，信任基础就会发生动摇。例如，我们相信专家吗？我们可能怀疑专家是"托儿"，可能取笑专家是"砖家"。

信任建立在认知过程的基础之上。人们要进行认知上的选择和行为上的判断，以辨别哪些对象是可以信任的。就信任的形成而言，社会归类是一种初始条件，也是一种心理能力。社会归类为后续形成与维持信任提供了多方面信息，如职业、能力、个性、态度以及品质等方面的初始判断，为社会交往和合作中信任的形成与维持提供了一些认知资源。现实中往往存在内群体偏好和外群体歧视现象：人们通常对内群体成员的可信性有积极的感知，相反，当人们面对其他群体时，会认为这个群体的成员比自己所属群体的成员更加不值得信任（辛自强，辛素飞，2014）。人们认为内群体成员不但在群体归类的类别属性上比外群体成员相似，而且在其他方面也更为相似。普遍的相似导致内群体成员间积极的情感认同，人们容易倾向认为内群体成员可信任度更高、更为友好、更易合作。围绕类别属性和非类别属性，社会归类过程在社会认知和社会价值两方面都会进行一定程度的强化。

从社会认知的角度看，人们倾向于接受甚至放大内群体成员之间的相似性程度以及外群体成员之间的差异性程度。作为归类过程的结果，内群体差异得以最小化，而外群体差异却受到夸大。人们通过社会认知的强化来明确社会归类的身份标识，再利用这些身份标识去梳理、简化和调节复杂的社会群体网络，有效应对社会生活环境。当与内群体成员进行社会交往和开展社会合作时，特定归类的身份信息及其他相似属性能够有助于形成直接可供参考的认知资源，发展出简单的认知决策选择，在未来社会交往和社会合作中减少认知成本，将信任风险的代价降至最低程度。从社会价值的角度看，认知意义上的内群体相似性以及外群体差异性引发人们更倾向将积极属性如热情友善、诚实守信等归于内群体成员身上，将消极属性如冷漠怠慢、狡诈失信等归于外群体成员身上。由于感知到与组内成员共享的归类身份，人们更倾向将一种去人格化的认知信任赋予组内成员，更倾向维护所属群体的共同价值观和普遍行为模式。

许多研究表明，启动社会归类不仅能够直接激活人格特质、身体特征和一般的积极与消极评价，还能够产生与启动群体相一致的行为以及态度的改变，以便与启动群体的态度保持一致（Kawakami，Dovidio，& Dijksterhuis，2003）。感知到他人和自我之间的相似性有利于人们作出积极的判断，决策过程和决策支持之间的相似性会导致对决策支持的信任。当只有他人的群体身份信息而其他信息线索缺失时，个体选择信任的对象通常首先会是那些与之相似的人。感知到的相似性能够作为可靠性判断的启发式线索。麦卡利斯特把信任分为两类：基于认知的信任和基于情感的信任（McAllister，1995）。基于认知的信任是指建立在个体对他人可依赖性、可靠性和职业精神的信念的基础上的信任。基于情感的信任是指建立在联结关系中的相互依赖个体的情感纽带的基础上的信任，需要指出的是，社会归类意义上的信任在认知和情感维度上都还表现得比较初级，这种类型的信任往往让位于指向任务目标的出于义务或道德的信任。如欧贝尔等人研究了在信任困境的情况下，针对期望和选择的基于归类信任的效应（Orbell，1994）。研究使用性别作为一种社会归类，与社会认知者具有归类期望的概念相一致，研究发现男性和女性都有期望和判断，女性在囚徒困境博弈中表现得比男性更为合作。但事实上，在合作率上并没有表现出性别差异。实际的期望更多地建立在性别归类上，而不是实际的结合个体目标的性别差异上。现代社会，公正平等成为主流价值观之一，机会平等是平等的重要形式之一。个体的社会移动机会越来越多，身份转变的空间越来越大，禁锢约束的力量越来越小。在传统日渐消弭的现代社会变迁中，个体生活的边界意识、个体身份的固化观念越来越受到冲击和消解，社会归类变得模糊且泛化，社会信任的内在秩序受到破坏。

实际上，特定社会类别起到了社会符号的标记作用。对于这些社会符号的意义的肯定促进了个体的情感认同，有助于特殊信任向普遍信任的跃迁。某种程度上，这能够解释为什么人们倾向于信任与自己具有相同或者相似社会身份及社会关系的他人。现实生活当中，有许多方面的因素可以符号性地表征社会身份及社会关系。比如：居住在同一局部地理空间和社区，秉持类似或接近的心理习惯、思想观念、核心价值及行为方式，属于同样或近乎同样的群体，有着相同或相似的生活目标、内容、任务及命运轨迹，从事和参与满足相关利益诉求的频繁重复的人际互动等。社会身份及社会关系是一种外化的社会符号，情感认同则是对这些社会符号采取了内化一致的心理观念和规则意识。主要依靠情感上的认同机制而建立的信任表现出"自上而下"的映射功能。由于个体认为特定社会类别的一般身份具有通用的积极属性，有较大可能会将这些积极属性类推到具有特定社会类别身份的个别他人身上，而较少考虑具体个别他人的人格化、个人化因素是否影响其具备上述积极属性。信任判断也往往跳过这个环节，表现出因情感认同而导致的信任简化。制度信任指向普遍、一般的组织及他人，高水平的制度信任能够增强社会认同、实现社会团结、规范社会秩序、促进社会合作。而人际信任往往指向熟悉的交往对象，突出的是内群体认同及身份。零散、单独、有限的人际信任难以具有制度信任的社会效应的必然逻辑性，即原子化、间距化的人际信任本身无法实现广泛层面上的超越群体边界的社会认同、社会团结，进而开展社会合作活动。很难保证高水平的人际信任就一定导致高水平的制度信任。反过来，在不具备培育高水平的制度信任的条件的环境中，高水平的人际信任是完全有可能存在的。且事实上，在制度信任缺乏的社会环境下，局部的、分散的、碎片化的人际信任往往表现出较高的水平。对此可以进行的解释是：在宏观制度信任的困境里，人们无法获得社会支持和信心，只好转而从微观人际信任的资源中去实现，以替代性的社会策略灵活性地应对现实生活的形势。就降低风险感知的水平、减少或抑制风险的社会放大来说，人际信任和制度信任能够发挥出相似的效果。因而从风险沟通、风险的社会政策以及社会治理的角度而言，在日常生活交往、社会交换和市场交易等活动及过程中，培育公众的人际信任和制度信任都是极为必要的。

5.2.2 排斥的分裂效应

社会排斥带来的创伤效应是多方面的。社会排斥会减弱人的控制能力，影响人的正常交流活动，扼制合理的社会行为，严重降低人的社会适应性。同时，过度的社会排斥还会引发人的社会智力失灵，认知能力一时"受阻"，社会情感短时"受挫"。一种身负"另类"标签和"危险"符号的强大压力，让受排斥个体像"抬不起头""睁不开眼""犯了天大的过错"一样，自尊心被击垮，价值感被扯碎。在一些情形下，再"硬"的人也有忍不住的时候，把平常规矩的自我控制置于脑后，心理上的窘迫感要么可能借机爆发，使人用破坏手段和反社会行为去进行非理智抗争；要么可能深藏内心，压抑起来，久而久之会令人郁郁寡欢。受排斥的个体的心理异常概率远超正常个体。在平时，陌生人之间出于正常的社会交换法则，可以非常简单地建立起市场行为。这可能只是一种弱的社会关联，但也不会太影响双方的心理接纳。而当个人受到他人排斥的时候，无论空间距离的分割还是心理距离的断开，都预示着某种社会关系的断裂，或者说明对方压根就没有建立社会关系的意图。此时个人如果出于特定原因，特别需要社会关系施加帮助却不可得，内心一定苦闷至极。

被外界排斥的个体或者感觉到被排斥的个体，除非自己内心特别强大，否则将承受挥之不去的痛苦。这种痛苦虽然不是物理伤害造成的肉体痛苦，但痛苦的心理体验与之相比并无太大差异。群体接纳是一个人社会生活成功或正常的标志之一，不是归属于这个群体就是归属于那个群体是社会上绝大多数人的真实写照。实际上，被他人承认和接纳是人的一项基本需求，是获得社会认同感和自尊的重要前提。虽然并不是每一次受人排斥或嫌弃都必然会使个体产生无法逆转、不能选择和难以排解的郁闷、反感或绝望，但在个体走投无路、孤立无援的时候，受到排斥和嫌弃对于个体而言无疑是"雪上加霜""落井下石"，形容为"沉重打击"亦不为过。虽然排斥现象日常并不鲜见，但因为排斥总是同负面属性的东西联系在一起，个体大多不愿其落到自己头上，也一时无法接受其落到自己头上的现实遭遇。受到排斥的人无法接受"莫须有"的污点。实际中，往往是那些违反法律、违背道德、背信弃义、极端自私、不可信赖、充满危险的人才为人所不齿、被"拒之门外"。反过来，被排斥的人容易让外界联想到他们身上也可能存在种种负面标签。即便外界不一定反应迅速，当事人自己也会快速地厌恶被排斥的待遇，急于洗刷自己并不存在的被冤枉的种种"危险"。

当受到社会排斥、被人嫌弃的时候，个体的情绪化行为容易被激发起来，攻击性也表现得比平时更为明显，更可能做出失范行为，以身体的抗争表达对所受待遇的不满，以粗鲁的语言反击排斥方缺少善意的冷眼。当双方对话无法实现，连最低限度的社会合作也无法维持下来的时候，或当面前的他人稍作努力甚至无需什么努力就可搭一把手而成人之美，对方却无动于衷、袖手旁观的时候，被排斥的个体的愤懑情感可想而知。在此状态下，个体较容易出现非理性行为。个体情绪上的失控常常伴随着认知上的偏差、逻辑推断的固化以及行为表现的偏激。个体很难耐着性子听取他人看似有理、头头是道的意见，更不会接受他人一番言语之后的谈判结果。自我扩张的强烈念头使个体不顾一切地追求事情立刻得到合意的解决，而不是上演拖延战术和直接拒绝。如果冲突升级加剧，认为受到不公正对待的个体在维护利益的观念膨胀之下往往奋起抗争，展现出破坏性倾向，想立即获得一个说法，挽回尊严和面子。缺乏自制力的个体在社会适应方面终将表现不良，使他们更容易受到外界的拒绝、遗弃和排斥。更加糟糕的结果是，自制力失控和排斥程度之间会形成恶性循环的怪圈。排斥越明显，自制力丧失越快；反过来，自制力越显著失控，个体越难以得到接纳，这甚至将初期看起来还不正当的排斥行为"漂白"，使其变得好像"合理"了。被排斥的个体之所以情绪爆发、自制力失控，很大原因是他们处于表现为"一脸茫然""满腹委屈""深感无辜"的被动旋涡之中。

　　社会排斥最严重的坏处是解构了社会整体团结的心态和民意，这不利于社会成员通过自我控制的方式，让渡一定程度的自我保护，从而在可以容忍的最小风险范围内为他人提供必要的便利。受到排斥诱发了个体的社会失范行为，同时抑制了他们的利他行为，使他们变得对外界充满怨气、敌意丛生。个体的整个利益维护指向加重地朝于自己，在平时少见和难以理解的利己行为和意图此刻变得非常强烈起来，超出了正常范围。"想开点""看远点"这些平时有效的心理台阶此刻也难起作用，克制不住冲动、不愿容忍延迟满足等都显示出处在社会排斥之下的个体的自我控制力出现异常。以非正当理由排斥特定社会成员，势必使这些人要么感到"莫名其妙"，要么觉得"人情冷漠"，强烈的身份剥夺感油然而生，情绪上焦灼不安，原以为可以自然而然地建立起的社会关联化为泡影，目标意愿落空。加之面临处处碰壁，个体的时间煎熬负担异常沉重。在周围"封闭"的时候，受嫌弃个体想走，无处可去；想留，又如坐在火山口。无论怎样，时间都仿佛凝固起来，度日如年的绝望情绪摧毁了这些人的控制力。在某个特殊的时间节点或抗争场合，颜面、斯文已经不再重要，冷静的自我调节也不复存在，矛盾冲突顷刻爆发。自控感的弱化和正常需要的剥夺难以令事态扭转，却更容易促使受损个体奋力强化自我控制感，加重自己存在的身份角色。由此，个体向外反抗的倾向特别明显，有时暴力攻击行为也很常见。同时，向内的心境化解变得困难，善意和利他行为显著减少，窘境中的个体也会采取不当或有损害的方式发泄情绪。并且，当个体对于原本有底气的自主性越有信心，而实际受到的压制越大时，破坏性会越强。

语言中伤、交流中断、沟通终止是一种人际交往的"冷暴力"形式。暴力直接导致身体上的痛苦，冷暴力同样导致精神上的痛苦。社会源的精神痛苦在体验上同身体痛苦是一致的。相对之下，"良言一句三冬暖"，一句温情的话语就会引发巨大的情感共鸣，拉近人与人的距离，消释过多的恐惧与不安。一个善意的举动，就会萌生相互的心灵注解，营造人与人的宽容，创造战胜困难的坚定信心。需要思考的是，社会接纳从何而来？是道德站位的同情、惯常的文化口碑、富有自信的能力还是未来良好关系的建立？通常而言，文化观念所推崇的牺牲精神和利他行为本质上是舍"小我"、为"大我"，从大局和长远利益考虑，目标指向更大的共同体。这种文化要求虽然理想上希冀每一个个体能够身体力行，但现实中常常出现非人所愿的情况，如有危难时挺身而出的，也有紧急时极度自我的。当共同体意识出现淡化，将污名过度泛化，无差别简单拒绝某类人群时，虽然也许可以保住一方平安，但过激手段之下的过度利己动机也暴露无遗，为日后更频繁地建立社会关联制造了阴影和障碍。正常社会生活充满了利益交换和市场交易，在这些活动发生的存续期，活动双方都会有相互依存感。尽管这种感受并不特别起眼，但它确确实实发挥着维系和接纳的作用，使双方的活动达成目标。各种文化都将牺牲、担当风险、救人于危难之中看作道德标杆，也在长期的代际传承中褒奖这样的利他精神。这种文化观念有两方面作用：一方面可以号召人们保持向善之心，凝聚群体的高尚价值；另一方面则可以警觉和压制群体之中的个体仅为一己之私、过于功利主义。在冒着一定风险、可能承受损失的情况下，一些人甘愿提供空间、资源和温暖给那些有需要的人。对于这样的承担风险和愿意牺牲的人，整个社会都不能遗忘，一定要及时作出奖赏，从全社会的角度赋予这些做出利他行为的人恰如其分的社会荣誉和实际待遇。

减少社会排斥的方法之一是在危难时刻，提示处于优势方的主体应当谨慎使用约束力量，灵活调整防范措施。对于优势方来说，平常原本不太起眼的区域身份感此刻不仅在个体身上倍增，而且会迅速堆积为局部的群体共同身份感，以生活空间为唯一划分界限。身份意识的凸显抬升了局部共同体的利益保护，以及捍卫利益的意识保守和态度固化。激活和强化身份感无疑会导致地方分化的社会后果。当局部利益同合理的责任担当发生冲突的时候，理智、清醒的个体需要恰当地评估形势，占据主导地位的优势方个体要能够准确权衡社会接纳的一般规范同直接排斥之间的心理落差。如果优势方过度从自身利益维护出发，那么难免跳过前述的评估形势以及权衡后果等环节。这样一种针对社会合作的武断拒绝，省除了责任担当的道德义务，或者仅限于狭隘的自保型道德辩解，表面上成功维护了群体的局部利益，但也容易助长这种封闭式群体的自我膨胀心态，呈现出过于坚硬的边界和冷血的社会情感。一次错误的社会排斥就可能成为特定事件的消极放大器，折射出代表更大区域的不良形象。

人类社会中，个体与社会的关系永恒存在。无论团结型社会还是原子化社会，个体都改变不了身为社会"细胞"的既定事实，有所区分的只是个体在社会中的主体性、自由、责任担当等方面的程度。现代人类个体必须依赖于社会、群体或者他人才能够生存下来，再"佛系"的人也不可能生活在真空里，个体需要的有品质生活和幸福体验都离不开同他人的关联。所谓的"独善其身"也只能是在某个有限的时空暂时收缩人的各类外界活动，把目标动机、成就动力以及远大抱负理想潜藏起来。心理学研究的事实已经表明，人的身心健康、积极状态和持续幸福都是在开放、从善、接纳并容的群体环境中才得以实现的。缓和社会排斥的一个重要着眼点是重视受到漠视和压制的正常需要，这些需要受到剥夺的程度同受损个体的反抗强度之间存在显著正相关。社会排斥会引发一系列应对心理痛苦的不良结果，受到过严重社会排斥的个体甚至可能会落下长期的心理阴影，除了情绪上有苦闷、愤怒等不良反应之外，还会出现日后融入群体的障碍。应对能力的减弱降低了个体的社会适应能力，可能出现对社会交往的恐惧感，进而发展为社会孤立，演化出更加严重的社会问题。充分的社会支持能够有效化解应对机制的不足，来自社区或热心人士的精神安抚、物质支援、信心传递都能够增加被排斥个体的心理恢复力。信心传递也能消除双方的身份差异感，释放求助个体因现实社会比较而产生的沮丧和压力，还可以减轻应激状态下常见的心跳过快、血压升高、神经系统紊乱等生理症状。社会排斥导致人出现心理痛苦、情绪失控和滋生怨恨等不良后果，其造成的心灵创伤来得快却去得慢，包含认知失调、情感失控和行为失范等多方面。社会排斥使受损个体处于一种难以理解、无法接受甚至有些突如其来的剥夺状态，不断地损耗着他们的精力，也挑战着他们应对棘手困境的智慧。并且，社会排斥一旦发生和持续，再次融合和恢复团结的难度较大。由于自保其身、恶意污名和错误划界等原因形成的社会排斥，可以通过道德引导、社会支持和命运共享来进行有效化解。

5.3 社会期待的变动弱化

单薄弱化的社会期待销蚀社会信任的基础。学界普遍认为信任是一种预期性的心理状态，需要从主客体相互关联的认知过程入手理解信任。如刘易斯等人把信任看成承担活动的风险，有信心期望参与活动的所有人都能胜任并且尽职尽责（Lewis，1985）。罗宾逊把信任定义为一个人对他人未来行为是有益、有利的或者至少不会伤及自身利益的可能性的期望、假定或信念（Robinson，1996）。也有学者从对他人和社会系统的普遍态度或期望入手定义信任。巴伯曾在书中指出，罗伯特将信任定义为对生活中的人们、组织和制度以及对规设理解生活的自然和社会道德秩序的一系列社会习得和社会确证的期望（Barber，1983）。总体上，学者们较一致地认为信任与未来期待紧密关联：人们期待他人会以善意完成行为活动，努力履行约定承诺，避免伤害当事人利益。信任结果取决于未来预期实现的程度，如果人们相信自己的行为活动会得到预期的回报，就会表现出更强的合作意愿。合作意愿同合作行为的期望收益及损失紧密联系在一起。未来总是不确定的，对未来的期待使得信任人需要认知到脆弱性或风险的状态，这种脆弱性或风险来自对方不确定性的动机、意图、目的和行为。

5.3.1 信任指向的两种类型

许多学者将信任看作一种预期性的心理状态，从相互关联的认知过程和取向来分析信任，也有学者上升到从对他人和社会系统的普遍态度或期望来定义信任。信任具有认知、情感和行为等多维度属性，它们共同构成一个整体的社会经验。美国学者伯纳德·巴伯认为，信任乃是对维持合乎道德的社会秩序的期望（巴伯，1989）。卢曼指出，信任在其最广泛的含义上指的是对某人期望的信心，它是社会生活的基本事实（卢曼，2005）。期待是信任的核心本质，也能够最直接地体现信任的理性特征。信任中存在两种期待：指向"义务"的期待和指向"道德"的期待。指向"义务"的期待植根于一种特定的观念，即社会交换模式。在这种模式的思维当中，资源收益的最大化和损失的最小化推动人们进行持续的交往。为了实现交往的目标，人们需要估计他人如何应对自己的行为、关心他人未来可能的行为，以便基于此而策略性地进行活动，最大程度获取期望的资源，将个人代价降到最低。指向"道德"的期待建立在对陌生他人善意判断的基础之上，体现出对陌生他人未来利他行为的道德认同，通常不显著表现出信任程度的区间差异，只是在完全信任和完全不信任之间作出非此即彼的单极选择。

指向"义务"的期待主要是基于认知范畴意义而言。在认知水平上，人们相信获得并承担社会角色需要特定的前提条件，接受特定的社会化过程，取得社会体系的特殊许可，并置身于各种监督问责机制之下。这些方面初步保障了指向义务的基本信任期待。当发生社会交往时，角色能够降低对信任的感知要求和信任成本。对相应角色持有的期待能够减少人们对角色承担者的相关意图和能力的怀疑，各种正式和非正式的规则是支撑角色信任的重要力量。人们对于交易规范、交往惯例以及交换实践有着相互一致的基本认识，角色信任在此条件下才能得以完全实现，而各种正式和非正式的规则能够提供对于这些基本认识的一般性保障。由于接受规则的力量，产生出信任的结果，这体现在两方面：一方面是对不合规则的行为代价和合规则的行为收益的有意识的计算，另一方面是建立在针对相关行为的规则体系的共同理解的基础之上。前者通过条文化的契约进行约束，后者通过嵌入规则结构的社会化来实现。当组织成员互惠信赖社会化为一种规范系统并得以维持时，相互信任便自然而然地发生。所以，在现实生活中，即使缺乏对社会角色承担者个人的认识以及没有面对面的交往经验，人们对角色关系的义务期待仍然持有一定程度的信任信念。出于认知意义上的策略性选择的信任往往基于理性选择理论的观点，将信任的本质看作一种计算。由于双方关系存在不确定性，需要围绕这种不确定性的水平对他人未来行为的期待和风险进行权衡，判断作出信任进而开展合作的利益是否大于风险和代价。策略性信任通常表现出信任程度的区间差异，即在完全信任和完全不信任之间依双方关系的变化、利益权衡的变化而表现出不同的信任程度。策略性信任反映了工具性信任取向，具有明显的利益博弈的特征。虽然信任人与信托人之间维持着特定程度的信用关系，信任人也履行合作行为并期待信托人做出合作行为，但同时信任人已经对承担失信的风险、接受利益损失的代价有所准备。

基于义务的信任期待是一种重要的预定信任形式，在现实生活中常表现为基于社会角色的信任。"角色"是一个常见的概念，其本身并不包含太多的人格化因素。在正常社会体系下，人们会将角色义务同角色承担者的可信任度相关联起来。信任人虽然对角色承担者的个人人格特质并不充分了解甚至完全不了解，但仍然会相信只要具体承担某个角色就理应具备角色胜任力，除此之外，信任人还可能期望角色承担者具有热心、宽厚、仁爱的情怀。信任是在认识不充分的情况下，对不确定的未来和不可计算的风险的一种适应性反应。现实生活中，人们进行社会交往和社会活动的对象里的"陌生人"越来越多。因为没有之前的接触，人们对于这些"陌生人"并没有互动的经验，彼此没有人格意义上的认识。那么，靠什么来保障信任？在现代制度体系下，劳动分工创造了社会角色，而社会角色的最基本要求是具备角色胜任力。社会和组织为实现自身利益，对社会角色的承担者有着特定的要求，如接受一定的培训，取得相应资质。同时，各种激励和惩罚机制也约束和监督角色承担者履行角色义务与职责。人们虽然对具体的角色承担者个人是"陌生"的，但是对角色承担者对应的组织、机构或部门是"熟悉"的，即人格化信息认识是"陌生"的，制度性信息认识是"熟悉"的。并且，现代社会通过利用多种信息渠道，让人们在制度性信息甚至人格化信息方面有越来越充分的知情权。人们顺利进行社会交往、从事社会交换和实现社会交易，需要有稳定一致、共同遵从的规则。这些规则从本质上就规定了社会角色的义务。

具体而言，规定社会角色义务的规则包括职业资质、行为准则、规章制度、法定职责等，它们以系统性的制度形式存在于各种组织当中。虽然完备成熟的系统性的制度形式加上角色承担者个人可信任的人格是实现角色信任的最佳状态，但系统性的制度形式也可以替代对角色承担者个人可信任的人格的要求。只要角色承担者不恣意破坏这些成文的规则，社会交往初期的信任就相对比较容易取得。在社会活动初期，个体依据对这些核心范畴的基本认知判断，对陌生人的语言、行为作出暂时性的认知意义上的信任姿态。随着社会交往的顺利发展，这些非人格化的认知意义上的暂时性信任能够转变为人格化的情感意义上的信任。进一步来看，情感意义上的信任更容易促进活动双方实现共同的理解与期待，达成基本一致的价值取向和取得相互配合的社会经验。随着交往的进展和合作的持续，初期的认知取向的信任姿态能够转变为情感取向的信任体验。当然，在双方利益受到损害的情况下，初期的认知取向的信任姿态也会迅速转变为情感取向的不信任体验。积极情感取向的信任体验容易促进双方合作意愿和利益分享，降低理性计算的阈值，使建立在规则基础之上的认知信任得以固化，并升华为情感信任，从而能够在特定情形下抵挡因陌生人信用信息模糊、冲突甚至矛盾而对信任基础产生的冲击。虽然这种延阻结果并非绝对可靠，但是在一定程度上的确能够为社会意义上的人际信任提供某种理性依托，在不确定情形下助力实现从特殊信任转向普遍信任。

信任的"道德"期待集中指向群体利益和社会公德，反映了主体内在的信任取向。它没有明显的利益博弈的特征，因而表达出主体对陌生他人人格及道德水平的认可，展现出真诚奉献的意愿，通过实际的利他行为达到实现他人利益的真实效果。道德性信任融合了显著的情感因素。情感因素是认知基础的补充和升华，体现为信任关系网络中的一种情感纽带。社会情境当中的情感投入导致基于认知的信任叠加基于情感的信任，深化了信任水平，使其得以巩固。同时，社会交往的信用判断逐步从最初形成信任时的认知经验转变为情感化的道德经验。社会交往中，信任的形成依赖于交往语境里的信息。与信任相关的信息通常分为两类，即道德信息和绩效信息。社会身份、角色职责、职业准则、规章约束和法定义务主要通过绩效信息来体现；善意、仁慈、公平、关爱等属于情感的信任领域的核心范畴，它们主要通过道德信息来体现。道德信息具有益他属性，绩效信息具有益己属性。道德信息经常成为解释绩效信息的一个前提条件。道德信息在较多方面比绩效信息更有力地影响信任，在实际影响效果上也更加稳健。现实生活中，社会善意所体现的价值观通常是一种全社会普遍接受的共同性价值观。价值观不是某种具体行为所表现出来的特定绩效，而是普遍行为在公共意义上均应遵从的规范准则。因而，在辐射范围上，社会善意所折射的道德信息对信任的影响相对于社会期待所对应的绩效信息更加稳定。

价值观是情感化道德经验的一个重要方面，它是一种稳定的信念，不易改变。对群体及群体价值观的认同，会强化个体从资源库中动员资源进行非义务性的合作行为。对于群体而言，具有高社会善意的人觉得有责任去发展出对群体及群体价值观的认同，这种合作区别于针对他人行为期待的合作。具有高社会善意的人出于责任感的道德行为时常表现在利益群体内，其为了群体利益而作出努力。群体内所有人都有可能得益，但成本则由其个人来承担。这种道德行为所涉及的不是对相关他人预期行为的简单反应。与策略性利益交换的信任不同，道德性信任即使在缺少未来利益互惠、声誉回报等后果预期的情况下也常常促成利他行为表现，其对于维护社会信任氛围的作用更为突出和必要。对陌生人的信任期待主要是基于义务的期待。基于义务的期待反映了信任的理性选择论观念：在认为他人做出友好行为或者至少不损害自己的行为的概率足够高，并且能够承受与他人合作的风险时，对他人的信任才表现出来。信任是个体的自主选择，当收益与损失的计算权衡满足人们进行下一步合作活动的前提时，信任就得以产生。由此，信任也内在地嵌入不确定性之中，它是应对跨期不确定性的一种心理机制。信任决策的形式类似于风险选择。哈丁认为，信任的理性解释包括两个基本方面：一方面是使一个人信任另一个人的认识；另一方面是信托人珍视和履行信任的诱因，这个诱因主要就是利益。如果人们有足够的理由相信应当信任他人，那是因为人们的利益在相应的时间以相应的方式得以信赖，这样人们才能够信任他人（Hardin，1992）。信任概念不仅建立在个体对自身利益狭隘思量的基础之上，而且建立在个体对他人利益的复杂理解之中。

5.3.2 信任指向的外来冲击

信任建立在对他人在社会中承担的特定角色的认识基础之上，更多的是对"角色"本身的抽象认识与判断，并将这些认识与判断赋予承担特定角色的具体个体。至于个体实际的能力、动机、品质、意图和性情的认识信息与线索，并不是充分的。也就是说，角色本身能够以多种方式替代对角色承担者所需要的个体认识。由此，社会中的角色本身与对角色胜任力的强烈期望紧密关联。人们通常相信角色承担者具有完成受托责任和义务的意图与能力，并且期望角色承担者履行与其承担角色相匹配的受托责任和义务。因而，即使在缺乏对角色承担者个人的认识或者先前交往经验的情况下，人们对角色关系的期待仍然持有一种预定信任。信任作为一种重要的社会资本，对于开展社会活动、从事经济交易和进行政治事务等都起着特有的促进作用，能够发挥软文化力量，遏制市场经济中膨胀的个人主义和极端的利己主义所带来的社会冷漠，抵抗组织内肆虐的等级主义所伴随的社会排斥，消弭契约关系中广为弥散的碎片化效应，提升日趋弱化的社会价值观。信任作为一种重要的社会指标，对于描述现代社会的变迁、表达人际互动的变化和理解社会交往的变动都起着难以替代的积极作用，有利于社会各方以开放的心态面向事实、以协商的方式发展互动关系、以共赢的立场协调自我利益与他人利益，确保有序的交流与对话，促成和维持平稳顺当的合作互动。在学术界，信任话题常常出现在非常宽广的理论领域当中，如社会合作、制度设计、经济发展、民主治理等。学界历来的一个基本共识是：社会信任是健康社会的基础，是高质量社会的一个重要指标。人们普遍认为，一般意义上的社会信任对于社会各方面的正常运行发挥着重要作用。然而现代社会中，角色、规则以及同一性面临着诸多威胁，这些威胁源自因内在的规范、价值观、习俗和传统的坍塌而产生的风险。现代社会的人们对于自己的人生轨迹和生活道路拥有了更多的自主性和发言权，外来的束缚力量越来越少，社会移动的机会越来越多。至高无上的旧有权威不复存在，僵硬固定的秩序日渐化解消亡。人们不再被动地、受驱使地进行社会生活。但是，人们所处的现实世界也存在前所未有、无法预料、难以控制的全球性危险。安全感、稳定感日渐销蚀，隔离化、分裂化日渐增长，社会流行焦虑、不安、不确定和躁动的情绪，基于义务和道德的社会期待时常显得非常脆弱。

通过社会学习，人们能够快速接受和适应城市流行的信息文化。在经济发展目标的推动下，中国城市生活的丰富程度已经达到了前所未有的水平。城市能够为人们提供令人眼花缭乱的消费、娱乐与休闲的场所和机会，外部呈现出的可体验世界大大超过了个体有限的时间、精力和资源所能够去完成体验的阈限。因为技术创新和进步，利用电脑和手机进入互联网的经济成本较低，互联网建构的虚拟世界是人们的城市生活重要的精神依托。在紧张的城市工作之余，他们熟练使用微信、QQ、抖音等网络工具，进行网络空间的人际交往和休闲娱乐，以排遣空虚孤独的时光或者寻找可以对话的对象。互联网虚拟世界是一个信息爆炸的世界，超出想象的丰富信息给社会生活带来巨大便利。然而，城市信息文化不停地传递出个体生活体验最大化、极致化的价值取向，无缝隙、无间距地推崇和散发着"紧紧跟随"和"充分展现"的生活态度。此外，信息化技术在物质条件上创造了以最小的经济成本最大程度摆脱时空羁绊的方式，让所有个体能够相对平等地参与网络世界的意见表达、情感关联和娱乐狂欢等。信息文化对于城市个体发挥着强大的观念动员和行为引领的作用。

在快速推进的城市化进程当中，城市生活叙事文化的本体空间几乎被压缩得无影无踪。从历史的角度看，叙事文化中，生活主体在相对固定的环境里有着较长时间的公共生活、较厚重的共享经验，凝练出具有地方性共识的集体记忆，生活世界的嵌入感、归属感、仪式感、整体感、持续性、周期性等表现得都极为明显。然而，快节奏、原子化的城市生活迅速剥离了叙事文化的历史时间基础，信息文化主导了城市生活世界的本体意义。许多人际交往和社会活动不是立足于历史时间基础上的公共生活，也缺乏嵌入式的地方性集体记忆。这些人际交往和社会活动越来越依托资料与符号的交换，使得信息文化主导的生活世界更为明显地呈现出"流动""短暂""手段"等特征。交往和活动对象以某种去嵌入的主体间性完成即时的社会任务，并不追求也难以获得融入集体记忆的充分归属感。社会仪式感正在失去往日荣耀的光环，人们不再看重借助于社会仪式营造浓烈的社会在场氛围。能够实现个体的目标、愿望和价值即可，持久的联系、集体的叙事、共同的历史已经不那么重要。

现代社会的人们主体意识日渐增强，推崇个人奋斗，弘扬个体价值，宽容个性释放。僵化的教条、旧式的权威、固定的秩序已经不再能够约束和禁锢人们的自主性和自由选择。人们有充分的机会主动地、创造性地改变生活，追求自己的美好未来。然而同时需要注意的是，与社会转型和变迁相配套与契合的各种社会规范、社会价值观以及社会文化尚存在滞后的现象，由此带来的社会风险侵蚀着人们对社会角色的固有期待、对社会规则的自觉敬畏以及社会同一性的恒常统一。对个体而言，现实世界存在着以往未曾有过、难以事先预计以及难以控制后果的风险。就现今的社会而言，风险预设着不断强化的个性化，因此风险主要由个人来承担（贝克，2014）。现代性创造了一个持续变化的全球化世界，也开创了一个崭新的、充满风险的人类时代。当今时代塑形社会样式的创新力量新颖、强大，如人工智能、大数据技术以及通信基础设施等。它们直接改变社会进程，既在物质层面上全面改造社会存在，也在精神层面上引领社会和个体重新建立心理习惯。社会空间因为信息而变得奇妙无穷，信息空间的物理边界已不再像传统边界那样起到僵硬的框定作用。信息空间里的技术类型主导着嵌入其中的各式活动，这些技术的运用逐渐演变为对人的控制。技术化控制在时间上循序渐进、"润物细无声"，以至于往往令人感受不到控制的色彩，而当人们略有警觉之时，技术化控制已实质上完成了阶段式的渗透。与此同时，技术化控制在空间上全面覆盖，"无孔不入"。因为没有物理空间压缩导致的逼仄，反而有无形空间的膨胀带来的空间扩张感，所以常常使人的主体性在自觉意识水平不高或者几乎没有意识觉醒的状态之下，已经处于"技术包围"之中，身不由己。双方没有激烈的对峙和抗争，在利益诱惑和自愿态度下，技术在某种程度上完成了对人的控制。当整个技术势力笼罩着社会之时，个人的主动权将微不足道，名存实亡。因为个人在技术面前渺小若无，没有足够的对话力量。此时，技术体系内部若存在道德失范或者更严重的技术危机，都可能导致颠覆性的社会后果。实质上的信息不平等、信息霸权和垄断，弱势一方带来的不利结局都是惨痛的。因此，必须依托信息、计算、智能等综合技术力量建立科学系统的方法论：在风险源头上精准分类、科学研判，在风险过程中系统掌握、实时跟踪，在风险后果中正确评估、积极应对。要从有限的工程式思维转向技术—社会—工程的复合型思维，发挥政府主导的全局性风险治理的价值优势。风险时代的文化特点表现为人们对社会脆弱性有普遍共识，对社会凝聚力有普遍追求，对共同的不安全感有普遍担忧。如果不高度重视社会隔离化、分裂化的趋势，人们的安全感和稳定感必定日渐式微，令社会焦虑、社会躁动甚至社会恐慌更有蔓延的空间，使社会对于信任的期待容易虚化。

5.4　道德善意的稀释淡化

社会善意受到怀疑，常常进而导致基于社会善意的信任的虚化。如果人们习惯坚持用怀疑的眼光和姿态去面对某些社会事务，那么在社会归因方面常常表现出两种结果：第一种是保守主义归因，即引发个体怀疑的信息可能导致个体提高接受行为信息的阈值。换句话说，一旦意识到违背信任的可能性，个体可能会倾向于避免急于作出判断，维持需要再三斟酌的状态，以"三思而后行"来警醒自己。第二种是复杂性归因，由于消极事件降低信任的程度超过积极事件增加信任的程度，引发个体怀疑的信息可能导致个体对他人行为的潜在动机和原因进行反复、仔细的考虑。无论怀疑效应造成何种类型的归因结果，信任的"负性偏差"现象都经常存在。不信任倾向一旦形成，就趋向于强化和永久保持。不信任倾向表现出主动抑制那些克服不信任的潜在可能的人际交往和社会经验。由于抑制这些人际交往和社会经验，本已稀缺的社会善意更加受到遮蔽，造成不信任氛围的弥漫。

5.4.1　信任内在的道德属性

雷恩等人提出信任的 5 种属性：(1)胜任力——专业知识与技术的掌握程度；(2)客观性——对来源信息无偏见；(3)公正——考虑来源信息的所有相关性；(4)一致性——以往经验对行为和观点的可预测性；(5)信念/善意——对来源信息的善意性看法(Renn，1991)。信任从对个体、群体、组织和社会的联系与认同中发展而来，也相对应地表现出 4 个层次的类型。第一层次是亲密人际关系层面，其核心关系到信任的本体论基础。基本信任源自早期的生活经验。婴幼儿处于养育人精心细致的照料之下，养育人提供给婴幼儿可靠的个人信赖，满足了婴幼儿需要细心照料的个体需求。安全、稳定、温暖、紧密的亲子关系和家庭氛围，促使婴幼儿在人格形成初期对他人及外界萌发"基本信任"。在这种养育过程中，养育人给婴幼儿创造了信任感。第二层次是个体在社会化过程中与他人、群体和组织积极交往，并在教育的作用下不断形成和增强信任人格特质。个体表现出的低信任人格特质恰恰源自早期"失败"的生活经验：养育人对婴幼儿漠视、疏离，没有建立融洽的家庭氛围和可依赖的亲子关系，从而使个体无法形成对他人及外界的"基本信任"，性情表现得多疑猜忌、封闭孤独、保守退缩，在其后的社会化过程中与他人、群体和组织交往时被动消极、沟通困难，弥漫出不信任或低信任的人格倾向。第三层次是组织层面，表现为公共的秩序、条文的契约和制度的实践。第四层次是社会层面，指文化、国家或者区域等更大公共领域的广义层面，体现为更一般的、抽象的、非人格意义的信任。前两种层面信任形式具有人格化的色彩，是一种"自然而然"的过程结果；后两种层面信任形式则具有非人格化的色彩，是一种"自为"的过程结果。尽管存在这些差异，后两种层面信任形式仍然包含基于道德的信任期待，即基于社会善意的期待，其特点是显现出社会利他。

个体对陌生他人的信任大体有两种解释机制：一种是认知意义上的策略性选择，另一种是情感意义上的道德性选择。对于信任者的社会认同而言，坚持共享的行为规范是重要的。但是，尽管如此，基于善心的信任还是比基于能力的信任和基于正直的信任包含更多的积极情感（Chen，Saparito，& Belkin，2011）。信任不仅仅是一种发生在利益计算、权衡得失、概率推演、成本考量等基础上的社会交换关系，也是一种源于个人人格特质的融合情感与价值观的心理品行。人们可以在缜密思索、理性判断的前提下作出信任的决定，也能够在有明确的认知线索或信息缺失的情况下由先有的信任人格特质促使信任结果的发生。在第一种情况中，信任体现为理性的活动，信任主体常常需要围绕信任的决策对信任对象的过去经验及未来表现有一定程度的认知并作出判断。而在第二种情况中，信任的理性色彩极为淡化，信任主体作出信任决策时几乎独立于对信任对象认知意义上的要求，即在认识论意义上对信任对象的过去经验及未来表现没有确定的相关信息作为依托和支撑。显然，第二种情况决策程序简单、交换成本低廉、活动发展迅捷，但极有可能存在被利用的风险。不过同样具有可能性的是，第一种情况也并非能够完全杜绝失信的风险。理性算计在降低风险的同时提高了社会交换的成本，且不排除仅实现了封闭的局部社会交换，却没有提升甚至抑制了开放的、全局性的、社会层面上的公众感受和心理体验，使社会变得有"理"无"情"，潜在地增加了社会的代价。这里所面临的抉择就是信任主体在理性与情感之间应该如何取舍、如何平衡两者的权重，以实现结果的最优化。

出于认知意义上的策略性选择的信任往往是基于理性选择理论的观点。信任是对未来合作关系的一种计算，只有在承受风险且取得预期收益的前提下，未来合作才可能实现。反之，承受风险但无法取得预期收益的话，不可能进行合作。如果说出于认知意义上的策略性选择的信任具有"你来我往"的意味，那么出于情感意义上的道德性选择的信任则明显表现出"一厢情愿"的色彩。道德性信任建立在对陌生他人善意判断的基础之上，体现出对陌生他人未来利他行为的道德认同。马克莱特等人区分出两种不同的信任性情（McKnight，1998）："人性信念"和"信任姿态"。它们以不同的方式影响信任的意图："人性信念"意味着一个人相信他人在普遍意义上是善良的、可靠的；"信任姿态"是指一个人相信无论他人是否可靠，只要把他人看作善良的、可靠的，就能够获得更好的人际交往结果。"人性信念"和"信任姿态"不是人格特征，而是个人的判断倾向，随着情境的变化而表现出不同趋势。可以看到，信任客体的变化以及现代社会的变迁产生出普遍信任和特殊信任的区别。从信任客体的角度看，传统社会里人们的社会交往和社会活动的对象往往是"熟悉人"。这些对象数量上有限，且不断重复"相遇"。而现代社会里人们的社会交往和社会活动的对象既有"熟悉人"，又有"陌生人"。这些陌生人所带来的不仅是数量增多的问题，更主要的是随机性、偶发性和不重复性的问题。从现代社会变迁的角度看，现代社会的发展使人们的生活形式、交往范围、心理体验发生了重大转变：生活形式复杂而多样，直观与抽象兼具；交往范围的有形及无形"半径"剧增；心理体验认知与情感叠加。情感因素是认知基础的补充和升华，情感信任体现为信任关系网络中的一种重要纽带。信任对象的陌生性以及与对象交往的随机性、偶发性和不重复性使得人际互动中认知计算占据主导地位，情感投入谨慎而轻微，这种特征至少在互动初期极为明显。由于现代社会的快速流动，很多情境下，信任主体对于信任对象已经没有足够的时间和机会去进行可重复性的人际互动，因而浅层的社会互动大量存在，难以孕育丰富的社会善意。

　　快节奏的社会生活呈现出不确定性、复杂性和变化性，不仅导致在社会关系和竞争关系中对策略性信任选择的极度推崇，也导致对道德性信任选择的恣意忽略。风险社会的人们对信任的诉求更加凸显，信任危机是人们的诉求与现实情境冲突的产物。风险社会意味着复杂现代性，现有的社会组织和制度一时尚无法全面有效预期和应对一些新型风险，人们对于风险的性质、后果、责任、控制等认识还不充分。现实生活中经常出现责任的弥散和消失，组织化的不负责任和不予问责显现出集体性的社会善意缺乏。许多因素容易引发怀疑，如个体从相关线索或信息判断他人可能有不良动机、期望可能受到违背、他人能力可能不足等。当人们的头脑里经常对一些事充满怀疑的念头时，人们很容易对稍显复杂的事情的解释和预测产生"简单的复杂化"以及"犹豫不决"等心理表现。不管怀疑效应造成哪种形式的归因结果，信任的"负性偏差"一旦形成就容易趋向长期存在，使得信任修复极为困难、社会善意更加容易受到遮蔽，造成不信任氛围的扩散。此外，人们进行道德判断时往往表现出"自我中心主义"偏差：当涉及道德判断时，人们习惯以自我为中心，即往往认为自己的道德判断是客观的、正确的，而指责别人的判断是主观的、自私的和错误的。这种偏差源自三种心理学过程：一是人们自动倾向于以"自我中心主义"方式解释自己的认知；二是人们自动倾向于把这些"自我中心主义"解释评估为好的、积极的、支持性的；三是关于公正和不公正的道德判断建立在前面所述的那些自动评估反应基础之上。"自我中心主义"偏差的道德判断更多的不是基于理性，而是受到自动化的情感过程的影响。通过唤起人们自身的负面情感让人们关注自己的弱点，能够成功减少"自我中心主义"偏差。而现实生活中遇到的巨大障碍是：权利本位社会日渐凸显，权利本位取向日趋占据主导地位，社会流行"权利文化"，导致基本权利义务原则的变化。人们追求个体的权利胜于关切对社会应尽的义务和职责，更加注重追求自身的正面情感，使得道德判断的"自我中心主义"偏差愈发突出，社会善意极易受到曲解或者遮蔽，而社会善意的缺失进一步导致社会信任的虚化。

5.4.2　信任应有的善意维度

在有些社会群体情境中，人们的信任判断更多地与责任认同相关联。关于社会困境中人们合作行为的研究发现，责任感反映了对群体的一种社会取向，它不同于因他人行为而对个人利益预期得失的计算。那些对他人高信任的人觉得有道德义务去进行合作，进行合作时很少考虑群体中他人做了什么或者他人期待做什么。对群体及群体价值观的认同会加强个体从资源库中动员资源进行非义务性的合作行为，具有高社会善意的人觉得有责任去发展出对群体及群体价值观的认同。

随着城市的发展，劳动分工的广度和深度仍将不断拓展，不可逆转的带有强制属性的劳动分工在诸多方面对于社会凝聚力提出挑战。在传统社会联结不断消解、旧有集体权威日渐崩溃、新形式的社会联结尚不成熟的时候，社会往往滋生种种不恰当的"精明"风气，既躲过以往集体表象的道德控制约束，又利用有机团结暂时空缺的道德控制漏洞。社会智能主要反映的是个体所具有的适应生活环境、进行人际交往、参与社会活动、内化社会预期、认知他人情感等方面的能力，体现社会关系的建立、维持和创造过程，这当中抽象推理能力、学业成绩表现并不是主要方面。在现实情境中，个体的社会智能决定着其社会行为和社会互动的胜任能力、合作意识和灵活态度，而它们构成个体观察和应对社会生活的重要方式。人们在复杂的城市生活中不得不面对新的规则语境，需要在自我中心和社会合作之间寻求平衡与互补。

在社会控制力宽松和社会凝聚力分化的现实面前，个体"精明"

有充分的表达空间和尺度，出现个体过度精明现象。虽然有一些自然基因的显性表达，但作为一种社会事实，个体过度精明现象显然主要是沉浸在某些特殊社会系统当中的结果。社会价值观的多元化消解了传统权威的集体表象，生活的风险急剧扩张，由此伴随产生的个人主义和自我中心的显著相关社会现象是个体精明化。在城市，人们之间的经济关系日益活跃，有关商品与服务的消费享乐成为人生成功的重要目标，往往只有超出了透支限度才能抑制个体过度消费享乐的趋势。不可避免地，市场竞争环境中总会存在一些利益受损的失败者，他们的目标没有实现，内心的满足感落空，更容易放大环境中的不平等因素，学习如何变得更加精明的动机愈发强烈、行为更加主动。广泛出现的个体精明化的社会心态也有一定的好处：可以增强社会活力，改变对一些不合时宜的社会规范的被动顺从，唤起改造固有制度安排的共同意愿，敢于策略性质疑盲从权威，善于利用有限机会充分展现人的主体性。效率至上是城市发展和运行的必然目标，在许多成功和失败的案例比较下，社会自然塑造出榜样型的示范价值观。从社会关联的角度看，利己主义和自我中心不是个人心灵的自然结果。社会的特殊性或者说社会某些方面的缺陷导致了一些个体的特异性，这样一种社会事实和个人心灵之间的派生关系可以从道德的角度进行理解。

　　如果将传统社会与现代社会相比较的话，传统社会高度同质性的以机械团结为主的社会结构在现代社会已经转变为高度异质性的以有机团结为主的社会结构。传统社会向现代社会转变的解构与建构过程，也意味着传统社会的强封闭性和低流动性而导致的道德意识单一性向现代社会的弱封闭性和高流动性而导致的道德意识多元性转变。社会生活形态的要素生成和转换承载着道德观念的变化，城市当中市场经济和社会交换的效率优先原则主导着城市发展的目标取向。在快节奏、高频率的城市运转机制之下，劳动生产以最短的时间周期制造数量最多的商品，以营造最大程度的消费欲望来制造过度的消费体验，以目不暇接的娱乐内容来烘托丰富的感官享受选择。社会要素的结构化、制度性和不可逆的模式变化使得社会义务、社会心态以及社会道德出现前所未有的甚至令人难以相信的反常现象。在高度流动的城市空间中，迷失于多种多样的标准不一的道德观念，容易造成人们的道德认同错位与行为失范。按照社会学家涂尔干的道德社会学理论，社会的劳动分工产生机械团结和有机团结两种形式。在劳动分工简单、粗糙的传统社会，群体通常以机械团结的形式组织在一起，只有极少数精英才能够个性化地进行社会展现，绝大多数个体的个性往往湮没在强大的服从式社会联结当中。孕育个体道德的力量主要来自社会联结的规范约束，而这些社会联结大多基于血缘、地缘或熟人社会的亲密关系。随着劳动分工逐渐复杂、精细和广泛，社会结构的组成要素执行着各自专门的功能，彼此相互依存，以有机团结的形式组织在一起，共同保持社会有序高效运转。在有机团结的社会，个体彼此之间的社会依赖空前强烈，但个体的个性化程度却更显自由。然而，新的社会时代，在劳动分工的推动下，一系列渐进式的结构和制度变化不断呈现出来，孕育个体道德的传统力量难以适应个体和群体之间复杂的互动系统，创造社会凝聚力的手段无法单纯依靠旧式集体表象的高压之下的服膺顺从。道德维度上的个人解释、个体表达以及个性张扬经常阻碍社会实现有机团结。在社会有机团结一时难以达到理想状态，传统社会联结的效度又出现衰减的情况下，劳动分工导致的个体与个体、个体与群体、个体与社会之间的间距化、陌生感日趋凸显，利己主义和自我中心在实际生活中比较常见。城市生活中的社会失范现象在媒体报道语境中频频亮相，显示社会目标与社会手段之间还存在巨大差距，狭隘的社会手段无法契合社会目标的美好要求。

由于市场竞争、精英聚集、技术创新、经济生产、创意文化、物质消费、休闲娱乐等多重因素叠加，城市呈现为"社会加速"、生活景象快速替换的变化世界。城市加速发展推进的现代化过程冲击着城市中的个体对于自我、文化和社会的认同。在"前赴后继"的城市流动中，在社会阶层上行与维持的博弈、抗争之间，人们的心理韧性不断经历反复的激烈考验，道德的自觉认同和维系不断经历着撕扯和冲突。社会结构则较多地受到现代性的冲击，道德意识呈多元化发展。人口向城市流动导致的生存场域变迁及个体化趋势带来道德意识观念的碰撞。人们对仁爱、利他主义的忽视与道德功利主义的日渐强盛，使道德失去了应有的高尚性与崇高性。这种对消费主义和功利主义的追求使处于城市空间的人们利己主义倾向严重，社会关系建立在利益的基础上，当利益消失后，社会关系自然瓦解。因此，人与人之间的纽带从传统社会的情感性纽带转变为现代社会的工具性纽带，带来的结果就是人与人之间缺失信任、越来越冷漠。匮乏稀缺的社会善意导致社会信任的衰退。

制度信任的心理建设

　　制度信任是判断社会现代化水平的一个标准，是支撑现代社会有效运转的必备条件之一，也是构成社会资本的核心要素之一。当今时代，社会生活形式发生了巨大变化。随着社会流动频繁加速、劳动分工日益专业化、知识技能要求不断精细化、信息沟通与交流技术快速升级和广泛渗透、享乐主义消费观念较为盛行等，加强建设广泛的、高水平的制度信任成为中国社会现代化治理进程中的一项重要任务。从整个社会层面上讲，可以感受到一种悖论现象：虽然人们认识到信任构成人类合作行为的核心要素，在经济、政治和社会生活中起着难以替代的重要作用，但是人们又对赋予信任十分审慎，对组织机构以及陌生他人非常警惕，常常"先入为主"地以不信任的心理倾向怀疑交往对象，对可能的欺骗采取"宁信其有，莫信其无"的防御态度。从现有的状况来看，目前尚存在制度供给能力不充分、制度执行能力不完备、制度认同感还需提升、相对剥夺感萌发不信任以及民众期待进行制度改革等特点。我们需要大力构建社会的公平正义，实现社会的普遍平等，推动发展成熟的人际信任，倡导公民自愿加入社会合法组织，努力培育公民社会合作和社会参与的心理习惯，学习有序理性关注社会政治及民生事务，进而在公共生活世界最大程度发展社会基本层面的制度信任。中国社会正在进行一场全方位的深刻变革，建设高水平的信任社会有利于促进社会开放与多元包容、化解社会对立与冲突、消释社会排斥与冷漠、降低活动运行成本与资源损耗、保障经济稳定与增长、增加未来机会与实现长期繁荣，从而有利于达到高层次的社会质量、培育普遍的生活幸福感、推进整个社会的全面文明进步、实现中华民族的伟大复兴。

6.1　信任的社会变迁

社会心理学认为，信任是个体基于认知或情感或两者兼而有之，在对自身脆弱性和风险承受力作出判断的前提下对他人未来行为结果抱有积极期待的心理状态。信任关系体现出互动主体间所蕴含的相互依存性、互动过程所内生的发展性以及互动结果的预期互惠性。信任能够减少社会复杂性、提高社会生产效率、节约社会宝贵资源，信任建设是中国社会治理进程中的一项重要任务。从社会心理角度而言，中国社会治理需要重视人们的心理及行为的鲜明时代特征。首先，社会活动呈现出数量剧增、形式新颖、种类繁杂、内容丰富、节奏快捷、影响广泛、变化多端等特点。社会活动的过程与效果既依赖于事件发生时的特定情境，又常常超越事件发生时的有形空间和有限时间的边界约束。其次，参与和进行社会活动的主体发生了重要变化。传统社会里人们的社会交往和社会互动的对象往往是"熟悉人"。这些对象数量上有限，且在交往和互动情境中不断重复"相遇"。而现代社会里人们的社会交往和社会互动的对象既有"熟悉人"，也有"陌生人"。这些陌生人所带来的不仅是数量增多的问题，更主要是交往和互动情境的随机性、偶发性和不重复性的问题。再次，社会活动专业化程度不断加深。现代社会能够提供给个体的机会和资源越来越多，对个体提出的要求也越来越多。社会的加速发展必然导致个体无法具备充足的时间和技能去掌握层出不穷的知识体系和庞杂全面的工作要求，劳动分工的精细化、职业岗位的多样化、社会角色的多重化和社会活动的复杂化是现代社会的必然趋势。最后，不断膨胀的信息资源客观上孕育了多元化的观念及其冲突的思想基础。在大规模跨越地理区域的人口流动以及现代信息的迅捷传播等现实因素作用下，差异性的文化观念、生活方式和社会观点在碰撞中融合，在冲击中调整。社会渴望并要求差异性的文化观念、生活方式和社会观点能够成为同质或基本同质的社会秩序的组成部分。自1978年改革开放以来，中国社会正在经历一场历史上前所未有的伟大实践。各种新社会生活形式层出不穷，且保持继续深化的趋势。比如社会流动与文化观念的不断加速和转换、社会上行与资源分配的激烈竞争和对抗、劳动分工与工作要求的日益复杂和专业化、虚拟空间与信息交流的广泛渗透和升级、人际交往与心理体验的普遍拓展与功利主义等，促使人们在社会实践和社会互动中比任何其他历史时期都更为迫切地诉求实现团结合作和营造普遍信任的环境。在实现富强民主、文明诚信的社会理想和社会主义核心价值观的目标之下，中国社会治理进程需要面临信任的三大变迁：从内群信任转向外群信任的群际信任变迁，从人际信任转向制度信任的抽象信任变迁，从低信任社会转向高信任社会的社会信任变迁。

6.1.1　群际信任的变迁

在传统社会中，内群信任是人们行为和心理的重要主导力量。内群信任的对象局限于个体熟悉的他人，往往建立在亲属、熟人或邻里的基础上，从封闭型群体里孕育和表现出来，起到维持内群体存在及运行的支持作用，使得内群体保持特定的稳定状况。而外群信任的对象是开放的、非特定的、人格意义上不曾相识的陌生人，信任人和信任对象的背景之间可以存在很大差异。对于这些陌生人，信任方没有以往的面对面交往经验，有时也缺乏清晰社会归类的身份认同。但外群信任能够超越面对面交往经验的边界限制，暂时的陌生感不会成为进一步互动的障碍。个体愿意相信陌生他人是可靠的，可以进行未来合作。团结性集体行动、生长性社会交换的核心要素之一就是外群信任。外群信任超越了个体随自然出生所先天具有的亲缘、因积极社会交往所生成的友谊等人格意义上的熟悉感的界限，实际上也就是超越了特定个体人格意义上的社会生活范围。

现代社会的开放性使得群际信任发生转变成为可能。就人口流动性而言，传统社会人口流动性往往较低。这是由于农民以土地为生计，依赖土地资源，"生于斯，死于斯"的观念是乡土社会的特征（费孝通，1998）。而现代社会由于社会经济高速发展及社会生产力的提高，人口流动性也随之大大增强。根据第七次全国人口普查数据，2020 年，我国流动人口总量为 3.76 亿人，较 2010 年增长了69.7%，占全国人口的 26.6%。如此庞大的人口流动规模，在为经济发展提供劳动力的同时，也导致社会结构的规范体系、观念要素不断趋于复杂化和多样化。与此同时，随着社会生产的进一步扩展，为保证社会各部分有效运转及功能协调，社会分工必然逐渐细化，生产专业化程度必然不断加强。这就使得农耕社会的封闭交往模式逐渐瓦解，越来越多的村民离开村庄寻找就业和收入机会，社会网络更加开放。来自五湖四海、互相陌生的个体及人群在日常生活中频繁互动，从国家层面上看，这也构成了国家运行的重要组成方面、维系市场经济的核心推动力量以及社会转型变迁的关键主导内容。

人情社会向契约社会的过渡为群际信任转变提供保障，开放社会为群际信任扩展提供平台。但同时，与开放的社会网络相对应的是交往的短暂性与不确定性。相应地，交往中匿名性、不确定性的提高也使得社会交换形式由熟悉人社会所奉行的以"人情"为纽带转为陌生人社会所奉行的以"契约"为纽带。传统社会中，人情得以成为交换载体的前提是社会成员的高同质性，邻里间互相熟知，交换得以通过"私人交情"发散开来；而现代社会成员的高异质性决定了其必须以契约、法理及制度的形式保证交换过程中的效率与公平。现代社会每一天都在发生着大量的合作行为，其中有很大的比例是跨群体界限的合作。跨界合作是现代社会更为重要的合作形式、更为需要的价值观念和更为必要的社会实践，而外群信任则是实现跨界合作的关键环节。传统社会凝聚力消散倒逼群际信任由内向外扩展，"单位制"的瓦解给社会信任带来了新的社会风险。现代化进程中需要警惕群体凝聚力受到的不当冲击，加强夯实群体生活的物理空间和社会空间。

当前，农村群际信任的变化主要可归结为两点：总体而言，内群信任仍占主导地位；与此同时，传统乡土社会的熟人信任关系网络的作用呈现出逐渐弱化的趋势。这种弱化首先来自乡土社会传统价值体系的变迁。贺雪峰通过考察河南、山西、湖南、湖北等地村落代际关系的特征，探讨了当代农村代际关系的价值基础，认为现代性不但削弱着传统伦理，而且削弱着传宗接代观念本身，厚重的代际关系正走向稀薄的代际关系（贺雪峰，2009）。良好的代际关系是维持内群信任的重要力量，这种力量一旦被削弱，内群组织的凝聚力就岌岌可危。就整体群际亲疏关系和归属感而言，农村社会对由亲缘和地缘构成的信任的依赖程度仍是最高的，以"家"为核心逐层推开的"差序格局"信任特征仍旧得以维持。相较于以内群信任消散为主要特征的农村社会而言，城市群际信任变迁则更为复杂。首先，总体而言，城市居民信任同样遵循"差序格局"，即对来往更密切、互动频率更高的个体呈现出更高的信任水平。这是因为频繁的交往和共同生活的感情也能促成高信任度，由此，群际信任从以血缘维系的"熟人信任"逐渐扩展到"亲友信任"，再扩展到以业缘为联结纽带的"次群体信任"。其次，农村与城市社会信任水平差距逐渐减小。农村原先的高信任度由于社会转型逐渐降低的同时，城市居民信任水平也在逐渐提高。

内群体凝聚力固然重要，但接受、认同和信任外群体是社会现代化进程中实现有机团结和社会整合的重要条件。现代社会极为多元，这种多元无法回避，并且只能在多元状态下实现有机团结和社会整合。在社会飞速发展之下，个体所面对的是工作技能高度专业化、专门化的环境，需要多方面生活习惯、社会智力以及工作技能的互补，从而提高收益价值和提升生活质量。显然，这使得个体在面对现代社会进程中的不断个体化的同时又高度社会整合的状况时感到难以适应。解决上述问题对个体提出了较高的要求，即要求个体具备较强的社会学习能力和主动的社会参与意识。个体要在外群体中培育社会智力，而不是退缩进内群体，从而压缩自身的社会空间。

6.1.2　信任类型的变迁

目前中国社会的制度信任仍处于不断发展的阶段，具有鲜明的时代特征。总体上，影响政府信任的因素是多方面的：一是个体所拥有的社会资本。个体的普遍信任水平、互助行为和社会参与均对政府信任水平有正向影响。二是市场化进程。市场化进程同政府信任水平呈负相关。三是政府绩效。政府绩效包括经济方面，还包括改善民生、司法公正、环境保护等非经济方面。民众对于政府绩效感到满意，政府信任也随之得到相应提升。

广泛、深刻的中国社会治理进程需要培育民众具有理性、成熟的制度信任，制度信任对民众的政治参与、经济生产、消费行为、社会事务等各方面都会起到很好的正面影响。由于国家力量的强制保障，制度信任能够有助于人们自觉遵守现有的规则规定，服从各类机构部门作出的约束性决策。吉登斯认为，随着抽象体系的发展，对非个人化原则（以及不认识的他人）的信任成了社会存在的基本要素。这种非个人化的信任与基本信任不同。同前现代的情况相比，现在的人有一种强烈的想寻找可信任的人的心理需要，但却缺乏制度性地组织起来的个人联系（吉登斯，2000）。传统社会是一种"面对面"的社会，交往主体人数较少、交往参与经常重复、交往范围时空有限、交往活动流动性较弱，因而主体间表现出身份熟悉，人格特质认知度高的特点，情感性信任容易形成。相比而言，现代社会是一种"背对背"的社会，交往主体人数剧增、交往范围时空扩张、交往活动流动性很强，因而主体间趋向于身份匿名，人格特质认知度低，情感性信任弱化，凸显认知性信任。从情感性信任过渡到认知性信任，反映了特定社会秩序的巨大转变。建立在个人或人际信任基础上的社会秩序主要出现在规模较小、分化程度较低的社会群体范围，而建立在制度信任基础上的社会秩序则主要出现在规模较大、现代时空结构下分化程度较高、复杂性较强的社会群体范围。认知信任可以扩展到陌生人身上的一个重要前提条件是：信任人能够掌握足够多的信息，在以往经验的基础上孕育出信心，判断信托方会考虑和顾及信任人的利益。孕育信心的信息来源广泛，如国家部门的公权力的效率及公正、各群体应当遵守的普遍社会规范、信托方的声望名誉等。

制度信任依赖一些表象认识作为基础。在合理秩序的作用下，一定数量的相关互动因素就能够激发和促进制度信任，如公平正义对于维护司法体系的制度信任尤为重要。制度信任表现为认同性信任，是进行社会互动的基本要素，也是社会治理中的建设性力量。从认知意义上讲，个体认定制度代表人在制度秩序的表象与人格表现之间应当有着稳定的一致性联系，基于这种一致性联系产生出制度信任。制度信任具备判断社会现代化水平的标准的内涵。在很大程度上，现代化社会的安全可靠和充满活力需要抽象型的制度信任取代直观化的熟人信任。社会活动中，由制度所规定的"象征性媒介"因素如货币、法律、权力等之所以能够有效运作、发挥高效的功能，信任于其中起着必不可少的作用。如果对上述制度性抽象符号的有效性、可靠性和合法性没有充分的信赖和信心，现代社会的制度体系就难以正常运转，社会秩序就难以保障。一个社会的制度体系如果发生崩溃，那么这些制度性抽象符号的信用或者说人们对于这个社会的制度性抽象符号的信心也必将丧失，这个社会的法律威严、政府权威、货币系统等都将受到损害。最终不仅破坏制度信任，人际信任也将受到侵蚀。

6.1.3 信任水平的变迁

从较为简单的社会宏观信任水平角度，可以将不同国家划分为两种类别：高信任社会的国家和低信任社会的国家。高信任社会的国家表现为成熟的公民社会，盛行通过以低成本的社会合作、互惠共赢的伙伴关系取得社会活动的最大收益。低信任社会的国家则不具备成熟的公民社会的基本特征，盛行依靠熟人圈子和裙带关系取得社会活动的最大利益。高信任社会的国家的信任半径大、涵盖面宽，人们自发、积极、主动地参加各种社会活动，突破群体边界的约束，与不同背景、类型及身份的人进行交往。同时，人们对于涉及公共生活领域的具体事务、组织机构以及社会制度具有高度的信任。社会资本是社会组织的特征，如信任、规范和网络，通过促进社会的协调行动可以提高社会效率（Putnam，Leonardi，& Nanetti，1993）。可以说，高信任社会蕴含着丰富的社会资本。这些社会资本能够帮助个体建立面向社会生活的关系网络，从中获得符合自身利益的社会资源、发展机会、重要信息、社会支持以及经济援助。与之相反，低信任社会的国家的信任半径小、涵盖面窄，人们虽然参加一些社会活动，但这些活动往往是在熟人关系网络的封闭圈子里进行，受到群体边界的严格约束，社会交往对象背景、类型及身份比较接近或相似，信任常常在私人生活领域内存在和发展。同时，人们对于涉及公共生活领域的具体事务、组织机构以及社会制度的信任度较低。低信任社会的社会资本更多地在自循环体系中运行，具有局限性和领域专门化的特点，难以培育公民对于社会公共生活领域事务的热情与责任，也难以发展社会普遍信任。

在中国社会治理进程中，建设成熟的高信任社会尚需要一段时间。高社会信任水平与公平的物质再分配过程息息相关，社会活动的公平目标必须严格遵循程序正义原则。程序正义反映在通过特定的人际行为和决策过程的结构所体现的决策情境中，不仅强调对于所有人的地域平等和经济准入，还需要更多地考虑确保所有群体平等的文化准入。当前中国社会还存在一些造成社会不平等的因素，这些因素往往限制了弱势群体的信任能力。需要通过弱化现有的群体身份和差异改变现有的权利和资源不平等的结构，从而提高受损群体的自尊和改变每个人的自我意识。高信任社会需要建立物质分配的公平策略，寻求资源、机会及结果在社会群体之间的平等，同时建立对所有人平等的道德价值和接纳机制。只有从社会决策机制层面识别和消除妨碍和抑制弱势群体信任经验的约束条件，决策机制才能够获得所有人口群体的整体信任。

改革开放以来，中国经济快速发展，社会物质极大丰富。信任的资源理论观点认为，在一系列重要的因素当中，权力机构的公正清廉、减小收入差距的福利政策、有广泛代表性的政治利益是影响个体信任更为典型的因素，社会物质的繁荣有助于提高社会信任。除此之外，生活质量满意度影响普遍信任，收入平等对生活质量满意度起着正面影响。不利以及威胁条件下的生活状况促进不信任，不信任也容易出现在掌握社会资源较少的个体身上。这些个体所居住、生活区域的社会资源也较为匮乏，面临一些共性的生活窘迫和困境。个体在避免或应对这些生活窘迫和困境时，常常感到无能为力或力不从心。对于自我生活控制感到困惑、迷茫、失望之时，也是个体生活控制力最低落的时候，渺小感、脆弱感等心理体验加强，自我防御的心理机制加重，怀疑主义心态占据上风，常态情形下对他人就不信任，危机情形下更是对他人持有敌意。无力感放大失范对不信任的影响，社区失范通过增加的无力感直接或间接影响不信任。普遍存在的社区不信任干扰邻里之间形成相互联系的能力，导致社区秩序进一步崩溃，以自我放大的向下螺旋形式促进更多不信任。中国社会治理的一个重要任务就是探索创新树立健康的社区信任。

中国社会治理的目标之一是实现高信任社会。现代化的一种核心趋势是个体能够拥有国家、社会、家庭等各方面所提供的诸多机会和资源，发展和利用自己所具有的潜能，并最终能够以有益于社会及自己的方式实现目的性选择和追求。当人们具备了上述意义上的社会能力后，对于严密联系的内群体的依赖逐步弱化的个体就会越来越多。从内群体控制中摆脱束缚提供了更多机会、打开了更多空间，有利于实现与外群体成员互惠互利的社会交换。从另一个角度看，社会弱势群体缺乏促进信任的社会能力和经济资源。平均而言，生活在不利处境中、处于不利地位的人表现出更多的不信任。国务院原总理李克强在 2016 年政府工作报告中指出，要"完成 2100 万人次以上农民工职业技能提升培训任务"。要通过增加人们的获得感来提升外群信任。现代化是一个过程，个体日益增强的工作技能水平能够促进这一过程。伴随现代化进程，个体依赖内群体凝聚力占主导地位的状况逐步消失，个体对内群体的依赖程度也渐渐减小，群体界限不断消解，连接型群体合作产生出更大的收益，人们需要对外群体成员付出信任。在内群信任核心地位逐步衰落的情形下，只有独立于内群信任，外群信任才能够生长。制度是实现高信任社会的重要力量，人们对制度的决策、执行过程及效果的感知即制度认同决定了信任的社会氛围。社会中人们高水平的制度认同体现了制度的决策、执行过程及效果的积极属性，有助于营造全体社会成员共有的良性社会情绪。社会资本的存量如信任、规范和网络，往往具有自我增强性和可累积性。良性循环会促成社会均衡，形成高水准的合作、信任、互惠、公民参与和集体福利。它们成为公民共同体的本质特征。与此相反，缺乏这些品质的非公开精神共同体也是自我增强的（帕特南，2001）。从广义上讲，对待陌生他人的态度与对制度的认同息息相关。通过直接经验或间接经验，社会成员对于制度的决策、执行过程及效果会逐步形成稳定的认知评价。制度所具有的积极属性以及制度所设定的激励因素能够调控组织机构和个体的社会情绪和诚信行为，可以从物质层面上影响社会及人际合作，也可以通过社会化机制使社会成员具备符合社会核心价值观的行为习惯、道德规范以及思想意识，内生出信任品质和素养。

6.2　制度信任的发展特征

　　制度信任是重要的现代性机制之一。社会信任作为嵌入一定社会结构与文化范畴之中的社会心理活动及其产物，应被称为"社会信任感"。社会信任感是一段时间内弥散在整个社会或社会群体类别中的关于制度、机构和组织等是否可以相信的共享态度，它是民众对各种社会实体是否可以信任的集体表征（井世洁，杨宜音，2013）。制度信任能够凝聚社会团结因素，应对社会危机发生时的冲突分化，提升社会运行效率，守护社会基础免遭侵蚀。制度认同是社会认同、国家认同的重要组成部分，在相当大的程度上决定了制度信任的社会水平。从宏观层面说，制度是系列化、条文化、有约束力的规则集群和运行架构，制度认同反映的是文化观念上的社会接受和行为信心。个体对于社会活动的规则集群和运行架构的感受，是从社会事务的公众参与、民主决策、执行过程、实际效果、有效监督、提升完善等方面来塑造的。公开透明地进行制度设计，公正平等地执行制度规则，让制度目标的利益最大程度惠及社会成员，对制度的提升完善保持开放积极的态度，对触犯制度底线者进行无差别的追责和惩罚等措施都将有利于个体对制度信任的信心。之所以如此，是因为每一位社会成员都是在直接或间接经验的基础上逐步稳定地形成对于制度的设计决策、执行运作、利益共享以及提升完善的认知评估，进而构建出整个文化意义上的普遍形式的制度认同。制度认同作为重要因素之一，会影响到个体进行社会活动的心理体验和对社会行为的判断选择。合理的制度应当具有覆盖面广泛的保障力量、层级化的激励措施和具体性的利益产出，制度结果的积极属性能够调节、引导和树立个体、组织及机构的诚信习惯和责任意识，创造自律、有序、平和、可控的社会心态。实现不仅在物质层面促进社会成员之间的合作互动，而且在精神层面强化社会成员内生出信奉核心价值观的道德意识、遵守契约精神的行为习惯以及凝聚社会团结的信任情怀。

6.2.1 时间积累

　　制度信任的发展特征之一是"以制度换时间"。人际信任一般建立在较长时间的交往基础之上，信任双方互相具备一定程度的人格了解，有些还具有较强的情感关系。"地位相对平等"和"时间需要"是人际信任较为明显的特征。在现代市场经济的社会环境之下，个体与个体之间、个体与组织机构之间往往难以花费长时间的等待和考察过程去验证对方的可靠性与诚信度。并且个体与组织机构之间常常是天然的"非对称"关系，组织机构处于强势的地位、个体处于弱势的地位，个体通常以单独的"个人力量"面对"非人格化"的实体单位。同时，社会互动、经济交易、利益交换等越来越多地在更为广阔的区域空间展开，数量及规模都急剧增加，加之密集的虚拟网络沟通，使得个体无法仅仅依赖人际信任完成诸多社会活动。虽然也需要考虑到不同场合及个体情况，但制度信任较为明显地存在时间"省略"的环节，可以越过需要较长时间不断培育互动经验的阶段。社会运行的快节奏、专业分工的过度精细、互动关系的广泛渗透客观上难以允许个体付出充分的时间和精力成本，像培育人际信任那样去萌生和巩固制度信任以及制度信任中针对组织机构代言人的个体信用信任。如果一味坚持以形成人际信任的方式去孕育制度信任的话，需要付出巨大的社会成本，难以在合理效率的范围内完成社会互动、达成预期的目标结果，也无法适应现代社会的客观要求。推而广之，如果社会所有成员都依据上述思维习惯进行社会互动，那么于个体而言，社会认知远超负荷；于社会而言，互动效率低下，各项发展停滞不前。

在各种社会因素的多元化、复杂性、高强度、未知性、不可控性和难以预测等实际状况下，制度信任是保障个体完成社会活动的重要心理支持之一。在心理支持方面，相比以人格为基础的人际信任，制度信任逐步成为社会信任的重要主导形式，成为完成社会交换和交易活动的替代性保证。经济活动职业资格证书成为一个人的声誉的替代性保证，金融中介（如银行、经纪人和独立的会计师）成为连接遥远交换伙伴的桥梁，政府规章和法律提供了一个共同的包括一般期望和具体交易规则的交换框架（Thomas，1998）。人际信任在较长时间的交往和信息充分的基础上建立起来，这当中个体间情感纽带的色彩非常浓厚。在人际信任中发生信任背叛事件和行为时，会给信任人带来严重的情感冲击或者创伤。现代社会的生产、消费、信息等特征使得人们经常需要同不熟悉甚至完全陌生的人进行交往，制度信任体现的"抽象原则""匿名他人"等特点使其与人际信任有所差异。所有的脱域机制（包括象征标志和专家系统两方面）都依赖于信任，因此信任在本质上与现代性制度相关联。在这里，被赋予信任的不是个人，而是抽象能力（吉登斯，2000）。无论是文本式的法律规定、行业规章、职业准则还是实体型的组织机构、行业部门、工作单位，都不直接体现或至少是不主要体现类似人际感情的色彩。制度信任中，个体与制度代表人之间的情感成分大大减少。由于制度信任不具备直接的、直观的人格化属性，与人际信任相比，其建立起来更加困难。而且在制度信任中发生信任背叛事件和行为时，个体更可能将由此产生的负面情绪及判断迁移、蔓延至与制度相关的普遍情境。

从信任产生的时间维度和社会生物学属性来看，个体最早具有的初始信任或者说基本信任，本质上是出于满足心理安全感和形成完整人格的需要。相对狭小的亲属、血缘及熟人成员圈给予个体许多较长时间的重复互动和厚重的情感投注。基于人类生存价值和进化利益的角度，基本信任是个体获得自我存在的归属感、安全感以及人格健全一致化的重要前提之一。在基本信任的前提下，才能够较为顺利地实现亲缘情感的依恋、家庭身份的认同以及内群体的团结。随着个体社会化的不断成熟和生活空间的逐步拓展，在基本信任的范围半径较小的同时，个体需要扩张后续的社会信任的范围半径。随着社会的推进变迁，这种个体的信任发展需求显得愈发迫切。在传统社会中，个体受到物理空间移动和时间利用的限制，社会交往互动数量较少，性质较简单。孕育和发展基本信任的时间充足，机会充分，场合充盈，资源充裕。扩张信任半径以达到从基本信任延展至社会信任的需要有限，且缺少相应的生成机制。基本信任就能够大体上满足个体主要集中于内群体里面的社会交往互动，制度信任的价值作用和于个体而言的必要性及重要性不是非常显著。现代社会极大地消除了个体物理空间移动和时间利用的限制，社会成员需要经常同陌生他人及组织机构进行频繁的接触互动，通过建立低成本的合作关系获得利益结果。不过，个体在上述整个过程中往往不得不承受高强度的沟通频率、面对快节奏的信息传递和处理变动性的关系内容。相比传统社会，现代社会中的个体扩张信任半径的需求强烈，需要具有更强的意识和更多的机会去争取和获得社会信任。对于外群体的人，虽然可能存在起点上的不信任，但也可能通过交往产生信任。因此，人际信任的程度主要取决于两人之间的实质关系的好坏，而非两人关系中先天的联结（如血亲关系）或形式上的归属（如同属一个群体）（彭泗清，1999）。制度是能够更有效地实现信任半径扩张的重要机制和因素之一。

特定类型的交往互动能够创造信任。然而，受到时间、机会和场合等条件的限制，个体与个体之间、个体与组织机构之间常常缺乏直接的"面对面"式交往互动，或者说缺乏能够创造信任的特定类型的交往互动。当社会互动的渠道不足以提供产生信任的动力和养分之时，人们会更加凭借制度的因素去判断是否能够信任那些没有先前交往经历、缺乏人格了解的陌生他人，以及是否能够对那些事先鲜有接触经验、作为非人格化实体存在的组织机构抱有信心。在有效制度的基础上，即使个体可能缺乏同他人或组织机构的重复互动和完全熟悉，也可以出于信任的前提而进行合作行为。在制度的保障下，人们能够有信心创造和利用更多的社会资源和机遇。在实现个体合理目标的同时，制度本身所蕴含的效率和活力也可以得到释放，进一步提升制度信任的整体水平。由此，在宏观社会层面上，制度的权威性、可靠性与普遍性受到全体社会成员的认同。只要有技术能力的行为是以一般知识或专门知识为基础的，它就可以得到控制。但是，当一个社会关系中的某些人或者一个社会体制中的某些成员无法了解那种专门知识时，就得靠信任来控制行为。这个社会体制中的其他成员就要把信用义务寄托在具有专门知识或使用专门知识的人身上（巴伯，1989）。制度以诸多激励手段和强制措施为载体，努力向全体社会成员展示实体化组织机构所具有的合法地位、专业能力、执行效度以及公共意识。确保所有社会成员及组织机构在开放平等、公正高效的条件下，以满足社会底线利益和相应各方合法利益为原则，完成各项社会交换和交易。

　　加强监管是维护制度信任的重要途径。信任的核心本质和属性要求是：信任关系双方能够从各自的基本利益出发，具备促进和实现这些利益的愿望和动机，采取同利益指向一致的行为策略和行为选择。制度具有促进和保障的功能，体现出来的无差别、普遍化和公正性的约束力量对于相关主体和当事人的行为活动起着调节、监督和控制的作用。制度信任显著蕴含着公开化、公共性和信托式的信任关系。维护上述信任关系的前提是：个体认为受托的实体组织机构能够履行职责、忠于职守、可以信赖，无须担忧它们可能滥用特权、践踏规则。然而，在现实当中，由于知识、能力和信息等方面存在明显差距，个体一般力量微小，通常处于弱势的信托方地位，而组织机构力量殷实，处于强势的受托方地位。个体和代表制度方的组织机构之间的信托式信任关系往往表现出明显的"不对称性"。这种"不对称性"程度越强烈，就越需要更多道德及法律的制度化约束来保障信托式信任关系的可靠稳固。基于一些条件的限制，作为信托方的个体时常难以监管或约束作为受托方的组织机构。单凭组织机构的自律，往往很容易发生渎职和失职行为。原因在于组织机构在实际运行当中较为容易表现出自我利益或目标偏好取向，忽视考虑信托方利益需要及互动感受，不能达到信托方的积极期望。基于上述考虑，监管部门极有必要履行法定监督职责，针对组织机构及其相关人员进行职业行为的外部审查。

　　公众对于政府的信任就具有典型的信托式信任关系的特征。一般情况下，公众不可能完全熟悉政府部门及其行政人员的所有公务活动，也不容易随时监督政府的行为。服务于人民的利益是政府权力的最终本质，把权力关进"制度的笼子"就是监督政府依法行政，消除和杜绝渎职和失职行为。现代政治文明普遍认识到"政务公开"和"接受监督"的重要性，推行"政务公开"和"接受监督"就是努力消除公众对政府信任的"不对称性"，使公众自觉、充分信任政府。国家受到人民的信赖，一定伴随着成熟和谐的社会秩序、高度的民主自由、广泛的公民参与以及高效公正的运行部门。相反，一个社会如果不通过制度建立普遍的信任，或者说制度信任岌岌可危，那么整个社会极有可能盛行不受监督的权力、无孔不入的腐败以及恣意妄为的"人治"，它们恰恰抑制甚至扼杀信任的积极功能，成为"信任的功能性替代"。以腐败现象为例，腐败显然违反了公平正义原则，牺牲其他个体和公共的利益进行"黑暗"交易，少数个人和掌权人员谋得非法利益。猖獗的腐败现象会导致制度信任的衰退和社会失望心态的泛化，使得社会公众不仅怀疑公职人员，而且怀疑一般的社会个体。当前国家强力打击腐败，无疑深得民心。社会信任可能会随着时间改变，形成对国家制度信任的经验在社会信任的变化上起着重要作用。在这个意义上，它证明了社会信任不是一成不变的，可以通过打击腐败和其他机构渎职来建立（Sønderskov & Dinesen，2016）。个体会从政府及其履职人员的行为是否从人民利益出发、是否符合人民利益诉求来判断政府的可信度。建设制度信任除了加强外部监管，还需要强化机构部门的内部制度设计。作为人民的"勤务员""公仆"，不只是需要具备专业技能，还需要心中装有正义、公平、仁爱等道德规范，并在公务行为中表现出来。机构部门的相关人员必须具备行业技能，积极且富有责任心的社会履职有利于提升信任。机构部门应当敢于自我展现、勇于自我批评，接纳善意的外界批评，以开放式的姿态主动参与具有权威性、示范性的行业评议、评估，力戒"利己"性标签和责任推诿。在有力的制度绩效面前，个体必然会对组织机构越来越充满信心，营造出制度信任发展的良性空间和饱含生机的土壤。

6.2.2　观念孕育

制度信任的发展特征之二是"借观念推过程"。抽象的、条文化的、实体性的制度形式和内容提供给个体进行各类社会互动、利益交换和经济交易活动的相关信息，同时也蕴含着需要个体普遍接受和遵守的共识型社会事实及观念。这些从社会整体利益出发的事实及观念是个体产生制度信任的重要基础。具有公共利益属性的社会事实及观念在为个体提供信任判断的认知素材之外，也构成约束制度方的监督力量。任何一个文明社会都会利用习俗、道德和法律等手段，保障个体同制度方合法互动时分享事前约定的共同利益或惯例的利益分配，阻止和惩罚任何一方恶意窃取机会去获得不当利益。社会各项制度有机统一运行的直接结果就是能够顺利开展和维护个体同制度方利益明确、方向一致、行为连贯的沟通互动，进而从整体层面上减少、避免失信风险带来的后果，采纳被各方普遍认可的救济措施。在外部世界的迅速变化、众多风险的广泛渗透和难以把握的不确定性等因素面前，单独个体的理性力量、资源精力、认知能力和决策计算等无法保证总是能够有效应对外界现实提出的种种挑战。在纷繁复杂、瞬息万变的事件过程中，个体极有可能体验到"力不从心"的无奈感和"微不足道"的渺小感。同时，在依赖理性力量，运用时间、资源和精力进行信息认知加工和权衡利益得失之外，个体自发的心理习惯以及客观现实的特性也将促使个体执行简化策略，纳入和启动情感的、道德的、态度的及规范的观念作为决策线索和依靠。信任关系当中对于结果的积极期望、对于自身承受力的脆弱性思量以及对于背叛风险的疑虑，本质上都将以概率大小判断的方式呈现在个体对于制度认知的主观过程里面。制度环境是制度信任形成的最终影响因素，而制度环境又是不断变化的，因此制度信任也不是稳定不变的，它处于随制度环境变化而变化的过程中（房莉杰，2009）。个体对于制度的认知过程同制度的科学设计、民主决策、平等执行、普惠效果及优化提升息息相关，而制度信任的孕育恰恰契合于上述每一个环节中个体同制度的互动。个体将通过这些环节所构成的针对制度的设计、决策、执行将社会化互动过程的抽象理念转变为直观的、直接的经验认同。当这些经验认同数量够充足时，则较为容易形成一种自动化、无意识的心理习惯，以"观念"替代"过程"，尽可能省略个体反复理性判断和选择的阶段，体现节约时间及精力的倾向，能够帮助个体在同制度的互动关系中较为及时地缓解对于自身脆弱承受力的担忧和对于信任背叛风险的顾虑，从而决定是否采取怀有积极期望的选择行为。

信任关系也即信任的过程。一般而言，个体在决定采取信任态度之前，会事先预估对方友好合作或者至少不损害自己利益的行为概率。信任关系及其程度同信任主体的判断能力与选择结果息息相关。如果在能力、机会、时间及资源充足的条件下，出于追求和保护自身利益的目标，个体应该会通过理性计算的形式，对合作关系所蕴含的不确定性和可能的收益进行认真的评估，围绕信任对象的相关因素展开细致计算和反复权衡。若这些过程推演出制度能够保障信任关系，可以获得积极期待的概率足够高，能够满足达成预设利益的愿望，收益与损失的风险后果也在个体可以承受的范围之内，那么制度信任自然表现出较高的水平状态。不过，个体的制度信任过程经常被信任的观念所替代。按照美国著名学者祖克尔的观点，自19世纪以来，大规模的国家移民和内部人口迁徙打破了相对封闭和孤立的传统社区生活。以往在这些社区中生活的个体相互较为熟悉，信任的主导形式是建立在人格认识基础上的"熟人社会"的人际信任。随着社会人口流动和社会互动的增多，相对封闭和孤立的社区边界逐步消失。与此同时，信任的主导形式也发生了根本的变化，"熟人社会"的人际信任越来越难以适应"陌生人社会"日益复杂多变的社会互动和利益交换，制度信任的作用越来越显现出来。制度信任的生成有两种主要来源。第一种来源是组织本身及组织成员或代言人。他们在社会活动过程中通过行为表现影响社会个体形成亚文化意义上的组织认同，这些认同既包括社会个体对于组织的义务期望和法定约束的认识，也包括社会个体对于组织的合法利益和社会责任的认识。组织及相关人员通过公正高效的履职来展现优秀的专业能力、合乎道德的职业精神，显示出可靠的信用信任，使社会个体在社会交换和交易活动过程中有信心，主动自觉赋予组织及相关人员信托信任。自上而下，国家管理部门以及组织自身都会通过公开、正式的行业制度化规章以普遍一致的明确方式向全社会表明组织的目标，以及组织成员有效履行职责所需要的教育背景、知识能力、资格标准、道德要求以及职业操守等。行业制度化规章所传递的信号除了向外界表明组织具备胜任目标的专业能力之外，还表明组织愿意接受社会各界监督，承担社会责任，以行业准则及规范约束自身行为，以符合社会期待的方式进行各项生产和交换活动。第二种来源是国家法律、法规、社会保障、保险等以条文式语言形式展现出的抽象及一般性观念。这些观念以国家意志或力量为后盾，它们虽然不具备实体性组织的直接指向，但以更重要的强制性的中介形式产生出制度信任。祖克尔以非常形象的语言解释道：你的房子着火之后，如果你不信任邻居会参加"谷仓"聚会（barn-raising），就不得不购买保险；如果你不信任移民会根据共识而进行行动，就不得不通过正式人事程序改革市政府，要求给移民更少的权利；如果你不信任企业会公正和道德地做出行为，就不得不通过颁布反垄断规则来形成正式组织间的关系（Zucker，1986）。国家意志的抽象及具体观念化保障了通过道德或法律力量以信用的名义约束、调节和监督非人际、非人格化的客观属性关系，在清晰化的委托、代理及分层方式下进行和治理社会事务，使制度信任在现代社会越来越普遍盛行。

　　日常社区生活中所伴随的负面经验如贫穷、暴力、酗酒、冲突等，使得个体觉得保持对他人的不信任是必要的防御手段。引发这些负面经验的社会现象所折射出的是社会秩序的失范，对公共秩序的破坏，对他人基本尊严的践踏和对生活困境的漠视。在恶劣的生活环境中，个体对他人充满怀疑，生活环境中的混乱秩序破坏了一些核心的价值观。相对于常规的社会环境，极性化的社会环境中的个体更容易出现不满社会控制的束缚以及挑战社会控制的行为。一方面，社会资源稀缺的弱势群体处于生存的窘境当中，生活质量显著低于一般社会状况。恶劣的生活条件、短缺的生活资料、有限的社会移动机会、混乱的居住环境等使得弱势群体中的成员容易去破坏人们直观就能够感受到的公共秩序。如果生活境遇长期得不到改善，弱势群体容易产生反社会情绪，更有可能出现社会失范、暴力犯罪等现象，滋生出双向的不信任，即社会中心群体对这些边缘群体不信任、排斥、污名化与歧视，而这些边缘群体同样对社会中心群体不信任、怀疑、反感与仇视。生活在弱势"孤岛"的个体得不到社会关注，长期不能实现社会上行，无法改善生活状况，久而久之，最容易形成"警惕"、"怀疑"、"封闭"与"偏执"等心理保护机制，认为对自己而言，警惕每个人的动机，怀疑每个人的行为，隔绝同外群体的交往，才是最安全、最有利的选择。因而他们不会轻易相信任何人，显示出偏执型人格特征。个体若通过社会比较感知到自己长期处于社会不利地位，会出现一种控制无力感，即认为外界因素的强大力量超出了自己的控制能力，自己仿佛处于外在力量的"囚禁"当中，似乎"生不逢时""时运不济"，充当了受压制的社会角色，受到不公正对待和伤害。这些对自我的无控制感、偏执性思想观念以及不信任态度造成人际关系的隔离与疏远、社会活动的断裂与异化。另一方面，社会资源丰富的强势群体处于生存的顺境当中，生活质量显著高于一般社会状况。优良的生活条件、充足的生活资料、饱和的社会移动机会、有序的居住环境等使得强势群体中的成员容易出现心理上的"优越感"，愿意维持现有的直观层面上的公共秩序。但由于这些群体成员具有资金、信息、机会等方面明显的"不对称"优势，为了保有和扩大既得利益，他们也更有可能隐蔽性地挑战与冲击社会规则。从占有社会资源的角度看，社会总体的财富、权力、机会或荣誉总是有限的。无论何时，这些社会资源都无法做到无差异均分，必然存在一个人的"得"与另一个人的"失"。围绕如何占有以及占有多少资源和利益，个体以多种方式参与或发动社会移动或社会抗争。在利益面前，掌握稀少资源的个体要争夺外部的资源，而占有财富、权力、机会等的个体为维护既得利益，不会轻易让渡或放弃资源，甚至计划利用已有的不对称优势手段继续扩张利益范围。虽然人类社会不乏道德情操高尚的个体，通过社会慈善、捐助、救助的方式主动自觉贡献出自己的资源，平衡社会利益，但社会总体层面上的普遍共识是个体和社会意义上的幸福生活需要通过劳动去创造。在此过程中，尽管任何社会都会有法律和道德等机制力量约束及控制人的行为，但仍然无法避免和消除在对有限资源的争夺中，有些个体为了一己之私，为达目的而不择手段，甚至铤而走险，突破道德界限、践踏法律底线。制度认同感低下直接导致制度合法性遭受质疑，而人们一旦对制度合法性产生怀疑，在行动上就体现为不信任、不合作，进而加大制度执行的难度，由此形成恶性循环。

在相同量级上，无论从引发启动、持续时间还是心理冲击、程度效果等方面讲，消极能量所起到的破坏效应都往往大大超过积极能量的影响。这种"负性偏差"在诸多实证研究中得到验证。当组织机构或组织机构人员漠视关系对象的需求、损害关系对象的个体利益时，容易使当事人滋生受到不公平对待的暴戾情绪，社会尊严受到打击，可能诱发社会对抗及破坏行为，势必降低已有的制度认同水平，波及对陌生人及不熟悉人的顾虑，加重对他们的怀疑，令社会笼罩着不信任的"乌云"。从心理学角度讲，人具有认知推理能力，个体在世俗生活中既会积累自己的直接经验，也会参考来自他人的间接经验，伴随着情感因素进行综合判断，并把相应结果扩展应用于对在社会系统中与陌生他人和组织机构交往的看法上。在世俗生活中，如果个体感受到或经历了制度以及制度的执行有差别地对待社会成员，并且这种有差别对待的后果程度足够严重，就完全有可能激发出个体不平等、不公正的心理体验。这些消极心理体验在带来困扰个体的愤懑情绪的同时，也极有可能造成个体减弱甚至丧失对于制度、制度执行以及代表和执行这些制度的组织机构及人员的信任。在此情况下，民众更加希望政府能够有所作为，加强执政能力、完善社会保障制度，积极促进公众对政府的信任。只有通过制度层面上的公平正义和社会平等，才能够有效地消除个体在诸多属性方面的社会差异所导致的社会排斥心理习惯。否则，如果最具调整力量的制度因素在校正社会分化方面缺场或者表现出失效，那么必然使得重要的信任建设表现为软弱无力，社会风气也将背离文明社会的基本要求。

基于制度信任"借观念推过程"的心理逻辑，建立和完善制度信任需要社会通过多种手段和渠道，利用教育灌输、媒介宣传、道德养成、文化渲染、利益回报、法律惩戒等途径，在全体社会成员当中树立得到普遍认同、自觉遵守的适用于公共生活领域的核心价值规范，如公平、平等、正义、廉洁、透明等，并让这些核心价值规范广泛渗透进社会生活的各个领域，达到弘扬社会公平正义、实现社会自由平等的理想。制度的强制性和约束力要求社会成员有义务遵守普遍性的核心价值规范。制度应当要有能力阻止社会成员在社会交换和交易过程中出现违背核心价值规范的行为，并且通过合法、理性的程序制裁违背规范的个体，使制度在全社会获得高程度的认同。社会成员始终认识到制度将无差异惩罚违背规范的人、相信制度所建立起的保障和救济机制，能够强有力地引导和强化对于陌生他人和组织机构的信心。一旦制度建立起稳定可靠的社会信任环境，确保每一个个体的正常利益交换得到保护，就能够有效消除信任被"利用"的机会和空间。如果整个社会具有高水平的制度认同，社会成员普遍认为制度及制度的执行是公正平等、廉洁清明的，制度能够无差别惩罚社会失范行为、保障和救济诚实守信个体的正当利益，那么制度实际上就发挥着鼓励对于陌生他人和组织机构的普遍信任的作用。如果整个社会的制度认同水平较低，甚至出现局部或者全局性的危机，社会成员普遍认为制度及制度的执行存在选择性偏差或歧视，制度惩戒存在偏向特定利益群体的事实，特别是如果社会成员感受到国家法治的弱化腐败，社会公平正义底线受到侵蚀，执法、司法等国家强力公权机构及人员玩忽职守、滥用职权、交换利益，法律执行倾向于有利特权群体和成员，不能平等保障社会成员无差别的利益安全契约，那么制度实际上就是有缺陷的、不合理的、非法的。在这种情况下，对于陌生他人和组织机构的普遍信任是难以想象的。

个体过去的生活经验显著影响其当前的信任倾向及行为。在以往生活中，如果个体感受到社会及他人公平地对待自己，那么个体更容易信任社会及他人。制度信任尤其如此。个体同制度之间存在多方面的"不对称性"，相比制度存在及其力量，个体通常是处于下位和弱势的角色。如果制度性因素能够有效唤起和维持个体较高水平的信任状态，那么个体心理上可以较为自然地形成制度认同和接受互惠义务，自觉完成制度规定的社会责任。制度所面对的不仅仅是个体，还有群体。当由主要属性相似的个体所组成的群体遭受到制度性因素的不公正对待和"制度歧视"时，该群体的成员容易产生社会愤懑和社会怀疑的心态，极易引发社会不满甚至社会对抗，从而破坏社会团结，导致社会分化。由制度不信任所衍生的社会冷漠增加社会运行成本，抑制正常的社会活动和人际交往。从心理学角度讲，信任的生成天然遵从于"相似性"优势效应，即人们在心理上更容易接受、认同和信任在社会地位、财产状况、收入水平、地缘位置、教育程度、语言习俗、政治观念和宗教信仰等方面与自己接近或类似的他人，而更容易排斥、怀疑和不信任在上述方面与自己有区别或差异的他人。需要保持清醒认识的是，虽然我们应当承认社会因素同质性容易造成局部相似群体内在的团结，在促进内群信任的同时抑制与阻塞了外群信任，在社会层面的意义上增加了制度信任流行于社会的难度，但是并不是说社会因素的多元化必然简单直接对应于低水平的社会信任。更加重要的是，如果没有坚守和维持好公平正义和社会平等这一重要前提，在社会因素多元化的趋势下，制度信任以及人际信任难免日趋衰退和弱化。因而，在社会因素存在多元异质性的现实面前，建设制度信任显得尤其重要。

6.2.3 文化滋养

制度信任的发展特征之三是"用文化育习惯"。按照信任的文化理论观点，个体经由社会化过程中形成和获得的经验能够决定个体较为稳固的信任倾向，以及在社会互动中愿意完成合作行为的习惯与程度。信任既是一种普遍的社会事实，又有鲜明的文化特征，不同的文化会因自身的自然环境与社会构成的差异而产生对人性、关系以及人群的不同假设，进而产生不同的信任内涵与外延（翟学伟，2014）。当代社会的人们的交往和互动环境、内容、方式及数量都体现了鲜明的时代特点，个体与个体、个体与群体、个体与组织之间发生交往和互动的机会及场合不断增多，过程的不确定性、结果的不可预测性均显著增加。个体能够接触和利用到的信息呈现"井喷"式增长，对于信息的需求依赖也同步增长。个体的"个性化"标识逐步成为社会接受的价值标准，个体的独立精神进一步得到张扬，个体也更可能拥有更多的社会资本。但是应当注意到，个体以及社会对于交往和互动的可靠性存在较多怀疑与警惕，对外界的信心状况并没有显示出与上述现象同等性质的积极变化趋向。相反，不信任、冷漠等社会消极态度成为一个普遍性的现实问题。无论是人们直观的实际感受还是一些学术研究成果，都得出人际信任和制度信任水平有降低趋势的结论。

传统社会有限的生产力水平决定了个体与个体、个体与群体之间主要依靠基于血缘、宗族及地域的关系联结，以内群体组织形式凝聚构成成员，"民俗""乡约"等集体性文化规范就能够发挥出较强的约束与控制作用。在实际效果上，个体低水平的"个性化"意识、有限的生活时空边界基本上也能够适应传统社会的运行机制。而在当代社会，狭隘的内群体组织形式已经无法再充当社会交往和互动的主导单元。在社会要素和制度系统渐进式或颠覆性演进的时代，数量众多、多元异质的外群体组织形式逐步扮演起社会交往和互动的主导单元的角色，这也是适应"个体化"时代的必然趋势。因为个体高水平的"个性化"意识需要挣脱对旧有权威的屈从式服从，需要突破固化的时空边界对心灵的桎梏，需要化解僵硬规范对精神的束缚。在满足社会整体利益和社会责任感的前提之下，追求个人的幸福、发展、自由、独立和权利已然成为社会的潮流。个人目标的自我实现取代重复先定的群体期待，已经成为新的社会时尚和崇拜形式。越来越复杂多元的个体与个体、个体与群体、个体与组织之间的交往和互动，使个体的自我意识必须增强，个性化的社会表达再也不是外力强压之下的妥协隐忍。不过，在精神与心灵得到解放的个体的自由边界不断拓展的同时，社会依赖性的场域和新的内容也显著拓宽。新的社会团结形式尚未充分成熟和成形，因此还无法完全适应转型时期分散式社会结构和制度提出的要求，也难以在社会各单元及个体保持独立性的同时完全填补彼此相互依赖之时所存在的裂缝。从社会整体上看，已经不再普遍存在盲目屈从或迷信某一或少数权威的景象，社会凝聚力也不再仅仅围绕单一人物来塑造。新的社会团结力量和道德价值始终在孕育、探索和发挥作用，助推着社会正常运转。

自愿性社团是当代社会中的重要组织类型之一，能够极为有力地促进个体在社会化过程中形成和获得经验，有助于推动实现特定的社会目标。个体在社会趋势的引领和感召之下，积极参加自愿性社团和社区活动，主动参与志愿者公益服务，培养出合作型文化导向的行为习惯；通过个体间的互惠共享、生活情境中和经验上的共帮互助，营造出自发的团结意识，提升社会信任与合作的良好氛围。客观上讲，当代社会中，利益差异化、成员异质化的自愿性社团和社会组织实现互惠合作、利益共享以及对彼此目标的尊重的难度是极大的。但是，社会又非常迫切地需要把不同类型的社会成员凝聚在一起，完成普遍认同的社会目标。在政府支持和推动自愿性社团和社区活动的有利条件下，可以通过建立各行各业的职业规范、发展积极向上的志愿性团体或组织培育公民意识、营造基于制度认同的公民信任文化。以此促进社会力量的不断成长，努力在国家—社会"双强"格局下突出中国市场经济的特色，保持平稳和谐的社会发展（周怡，2013）。在与种种社会关系的良性互动中，个体受到文化观念的渲染，通过社会学习和认知稳固信任、合作和互惠的亲社会意识，表现出对于制度及他人的信任。在文化观念累积的过程中，人际交往、社团活动、社会参与都是培育制度信任的优秀资源和途径，能够发挥教育社会成员遵守民主规范、敬畏民主规则、践行民主生活的重要作用。

从具体形式上讲，制度信任的对象是实体型的行业部门、组织机构、工作单位等；从核心内容上讲，制度信任的本质表现在抽象性的法律体系、行业规章以及职业精神蕴含的保障力量、救济措施以及约束机制给予个体的信心。制度信任更多的是人格化个体与非人格化客体之间的信任关系，而人际信任是人格化个体之间的信任关系。尽管非人格化客体也需要具有人格特征的代言人或代理人，但同人际信任相比较，制度信任的"非人格化"色彩更为明显。在长期社会互动的大量经验下，人们的心理习惯往往是从较为明显的情感联系和对称互惠的角度去理解人际信任，用某种人格属性上的熟悉和确认去保证人际信任的可靠，由此开展随后的合作互动。在传统社会中，这种心理习惯具有优势意义，适合旧有的社会形态。然而，现代社会的情况发生了巨大变化：个体进行社会活动时既会面对诸多相互陌生的他人，又要同不少专业化的组织机构打交道。这些社会互动依托制度化规则完成目标过程，所表现出来的制度信任常常不具备人际信任的那种较为明显的情感联系和对称互惠，而是更为突出地展示出与对象人格特征关联甚微、与普遍性契约观念关联密切的特点。在制度信任关系维系的整个过程当中，个体总体上同信任对象保持"弱联系"，并不过多动用人格吸引、情感投射等资源。抽象性、公约性和普适性的制度以文化"软力量"蕴含信心的方式去规范、约束和简化社会交换、交易和交往。"弱联系"应当成为当代社会更具主导性的一种社会关系。在社会活动专业性要求越来越高、信息获取越来越重要、决策时间越来越压缩的现实状况下，个体需要利用"弱联系"提供的信息、机会和资源去弥补"强联系"的"短板"，扩展"强联系"的有限边界，并发挥"弱联系"赋有的工具属性，增加成功实现社会目标的概率。

人际信任与制度信任的关系不是简单的线性对应关系。高水平制度信任环境通常伴随着高水平人际信任，但低水平制度信任环境并非一定导致低水平人际信任，仍然可以存在局部、小范围的高水平人际信任，并往往通过此种信任形式应对制度信任缺失所导致的诸多困境。反之，如果没有人际信任作为基础，实现高水平制度信任则将困难重重。因此，极有必要通过成熟的人际信任来建设制度信任。公民有序参与社会事务公共决策和民主管理是推动社会文明进步的重要途径之一。积极参加合法社团组织能够促进广泛的社会交往，激发持续的社会活力，为孕育普遍的制度信任创造机会与氛围。当代社会各种交往互动日益频繁，个体权益诉求显著，经济利益冲突愈发复杂，责任担当意识有所弱化。由于个体越来越少地只在某些环境下与熟悉人交流互动，越来越多地在更普遍的情境中与陌生人交流互动，势必引发以"私人生活"领域中的人际信任为主导转向以"公共生活"领域中的制度信任为主导。现代生活的"公共性"使得人们需要减少过度依靠人际信任的心理习惯和行为取向，而养成通过制度信任完成社会交流互动的公共意识与精神。为了实现最广泛社会成员的基本利益目标，社会应当遵循公正平等的原则，为个体创造和提供自由发展的机会和资源，保障个体在充分有效利用发展机会和社会资源的基础上，实现社会价值的最大化。社会发展的现代性机制充分尊重个体差异化的精神特质和行为风格，能够允许个体多样性的活动方式在社会秩序中得以存在和运行。

6.3　制度信任与风险认知的实证研究

研究一

基于已有研究文献，我们提出理论假设：制度信任影响风险认知，同时制度信任通过人际信任影响风险认知。研究一需要具体完成三方面的任务：首先，设计完成相应的实验材料；其次，进行相关题项的测量；最后，进行理论假设模型的检验。我们选择城市噪声和水污染这两个环境问题作为实验材料的主题。城市噪声和水污染是人们极为关注的热点环境话题，新闻媒体中也有大量的信息披露、跟踪调查、深度分析与时政评论。城市噪声和水污染都是当前中国社会环境治理关注的焦点，人们每天都需要依赖适宜的声音和水环境才能较好地生活。在作为基本生存条件的依赖性方面，声音和水具有极强的功能相似性。两者的不同点表现在：水污染更大程度上与中国社会高速的经济发展、工业化生产以及城市化扩展密切相关，这当中更为典型地体现出片面经济增长同环境价值之间的观念冲突；而城市噪声更大程度上与一些非法企业和个人追求非法经济利益有关。一般而言，人们对于城市噪声和水污染都比较熟悉，日常生活中也经常会有这方面的人际讨论和对官方管理的议论。

为了确定实验材料，我们从《人民日报》、环球网等纸质及网络媒体收集近些年来关于城市噪声和水污染的新闻报道各 30 份。对于这些材料，我们请 3 位大学社会学教师、2 位大学伦理学教师进行评判，区分出两类新闻报道：一类新闻报道中重点突出政府部门在城市噪声和水污染整治过程中的工作投入、规划、措施及成效，即工作绩效类新闻报道；另一类新闻报道中重点突出政府部门在城市噪声和水污染整治过程中的环境价值观描述、宣传及强化，即环境价值类新闻报道。邀请 30 位大学生志愿者，平均分为两组，认真阅读含有工作绩效类新闻报道或环境价值类新闻报道的素材，随后假设一种情境，核心内容是：为了解决某件具体的城市噪声（或水污染）风险事务，政府部门需要成立一个专门的机构，遴选合适的负责人来完成相关工作。机构负责人的候选对象发表竞选陈述。实验中要求大学生志愿者对这些竞选陈述进行工作绩效或环境价值观方面的判断，从而确定工作绩效类实验素材和环境价值类实验素材。在后续研究二和研究三中会使用这些素材。

　　研究一需要对假设模型中的五个潜在变量进行测量。这五个潜在变量分别是：价值观相似性、人际信任、工作业绩、制度信任和风险认知。根据以往的研究，这些潜在变量可以通过若干个指标进行测量。我们设计出城市噪声和水污染的实验材料各一份，各自使用 6～10 个题项测量潜在变量。实验材料包含三方面的因素：（1）针对城市噪声或水污染风险情境进行描述，清楚陈述被试需要完成的任务；（2）关于机构负责人候选对象中立类工作绩效描述；（3）关于机构负责人候选对象中立类环境价值观描述。150 名被试完成测量潜在变量的问卷（女 85 例，男 65 例）。为了平衡顺序效应，一半被试首先阅读城市噪声的材料，再阅读水污染的材料。另一半被试首先阅读水污染的材料，再阅读城市噪声的材料。采取探索性因素分析来选择每个潜在变量的指标，具体保留的指标见表 6-1。它们同时适用于城市噪声和水污染两种风险情境。

　　数据分析

　　在城市噪声和水污染两种风险情境下，436 名被试（女 285 例，男 151 例，平均年龄 21.9 岁，年龄范围为 17～25 岁）完成了题项测量，采取探索性因素分析确定好每个潜在变量的指标，为之后结构方程检验提供基础。通过结构方程模型程序对比替代模型结构，检验研究假设模型。通过利用原始数据，使用最大似然法进行模型参数的估计。利用比较拟合值（CFI）及模型意义评估模型的拟合度。按照结构方程模型统计学的评判标准，比较拟合值的变化范围从 0 到 1，比较拟合值越高，表明模型越适合于数据。整个数据分析按照四个步骤进行：首先，进行验证性因素检验，测试测量模型的有效性。其次，建立好测量模型后，将研究数据与假设的结构模型进行拟合，实现测量部分和结构部分的统合。再次，为了获得拟合度更佳的模型，采取拉格朗日乘数检验来识别相关的附加参数。最后，对替代模型和研究假设的结构模型进行比较。

结果

首先对城市噪声材料数据进行结构方程检验，之后检验水污染材料数据。城市噪声材料数据结构方程检验的相关结果见表 6-2。比较拟合值为 0.91，说明假设模型能够较好拟合实验数据。表 6-1 中列出了所有潜在变量的因素负荷。假设模型中如果增加制度信任题项 3 和题项 4 各自误差项之间的相关，比较拟合值将提高为 0.93。从制度信任题项内容的属性来看，题项 3 和题项 4 反映出对政府机构制度信任的负面维度，而题项 1 和题项 2 反映出对政府机构制度信任的正面维度。如图 6-1 显示，假设的理论模型保留的所有路径均具有统计学显著性意义。并且，制度信任对工作业绩和人际信任具有较强的效应，制度信任和人际信任对风险认知同时产生影响。进行模型替代性检验时，首先删除从制度信任到价值观相似性的路径。然而，如表 6-2 所示，删除制度信任对价值观相似性的影响会显著降低比较拟合值。如果继续删除从制度信任到人际信任的路径，同样会显著降低比较拟合值。这些结果表明，在城市噪声风险情境中，假设的理论模型优于其他替代模型。

表 6-1　城市噪声和水污染两种情境的因素负荷估计

题项	因素负荷估计 城市噪声	因素负荷估计 水污染
价值观相似性		
题 1：环境价值观方面，你同人际圈中他人相似吗？	0.82	0.83
题 2：你同人际圈中他人具有相同的环境行为吗？	0.86	0.85
题 3：人际圈中他人会像你一样思考环境问题吗？	0.91	0.89
题 4：人际圈中他人的环境意见像你的一样吗？	0.90	0.92
人际信任		
题 1：人际圈中他人专心于个人事务，不热心参与环保事业。（反向计分）	0.71	0.63

题项	因素负荷估计	因素负荷估计
	城市噪声	水污染
题2：我不信任从事环保工作的人员。（反向计分）	0.74	0.68
题3：在环保问题方面，工作人员能够努力完成职责。	0.81	0.82
题4：环保工作人员会耐心对待每一位事件当事人。	0.78	0.80
工作业绩		
题1：政府部门有能力解决环境问题。	0.77	0.82
题2：过去一段时间，政府部门没有解决好环境问题。（反向计分）	0.74	0.68
题3：政府部门有丰富的治理环境问题的经验和决心。	0.56	0.57
题4：政府部门在扭转严峻环境恶化形势方面缺乏能力、经验和决心。（反向计分）	0.67	0.68
制度信任		
题1：政府部门对于生态环境保护作出了积极的贡献。	0.72	0.69
题2：当前政府部门抓住有利时机，以"零容忍"态度全力整治环境问题。	0.66	0.70
题3：从以往的工作成效看，我不相信政府部门能够解决好当前的环境问题。（反向计分）	0.81	0.84
题4：我不期待政府部门工作人员是环保事业的积极推动者。（反向计分）	0.55	0.53
风险认知		
题1：你所在地区出现城市噪声（或水污染）风险事件的可能性高。	0.89	0.91
题2：你信任政府能够控制城市噪声（或水污染）风险事件，以避免出现严重的人员伤亡及经济损失。（反向计分）	0.87	0.85

题项	因素负荷估计 城市噪声	因素负荷估计 水污染
题3：城市噪声（或水污染）风险事件严重影响你的生活质量。	0.80	0.82
题4：你对城市噪声（或水污染）风险事件非常恐惧。	0.78	0.80

续表

注：所有题项采取5点计分的方法，从完全不同意（1）到完全同意（5）。已标出需要反向计分的题项。

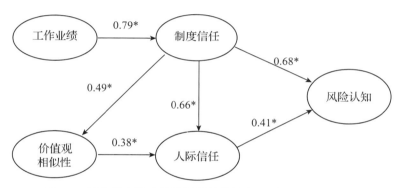

图6-1 城市噪声风险情境材料的结构方程模型（* p＜0.01）

表6-2 城市噪声风险情境假设和替代模型的统计检验

模型	χ^2	df	CFI	$\Delta\chi^2$	df
1. 原始	616.89	156	0.91		
2. 增加制度信任题项1和题项2误差项的相关性	474.88	155	0.93	142.01	1
3. 删除制度信任指向价值观相似性的因果路径	588.50	156	0.92	113.62	1
4. 删除制度信任指向人际信任的因果路径	792.46	157	0.90	203.96	1

水污染材料数据结构方程检验的相关结果见表6-3。比较拟合值为0.93，说明假设模型能够较好拟合实验数据。表6-1中列出了所

有潜在变量的因素负荷。假设模型中如果增加制度信任题项 3 和题项 4 各自误差项之间的相关，比较拟合值将提高为 0.95。如图 6-2 显示，除了人际信任到风险认知的路径之外，假设的理论模型保留的其他路径均具有统计学显著性意义。在水污染风险情境中，制度信任对于工作业绩和人际信任具有较强的影响，而人际信任对于风险认知的影响不显著。水污染风险情境的结构方程检验中，假设的理论模型与替代的理论模型之间的比较同城市噪声风险情境进行的程序一样。结果显示，如果删除从制度信任到价值观相似性的路径，比较拟合值会显著降低。如果继续删除从制度信任到人际信任的路径，同样会显著降低比较拟合值。这些结果表明，在水污染风险情境中，假设的理论模型优于其他替代模型。

表 6-3　水污染情境假设和替代模型的统计检验

模型	χ^2	df	CFI	$\Delta\chi^2$	Δdf
1. 原始	578.12	156	0.93		
2. 增加制度信任题项 1 和题项 2 误差项的相关性	439.73	155	0.95	138.39	1
3. 删除制度信任指向工作业绩的因果路径	549.31	156	0.91	109.58	1
4. 删除制度信任指向人际信任的因果路径	776.62	157	0.89	227.31	1

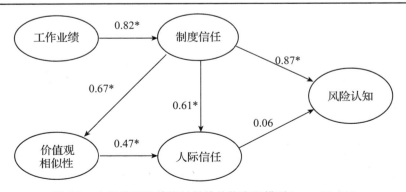

图 6-2　水污染风险情境材料的结构方程模型($* p < 0.01$)

讨论

研究一的实验结果表明，通过与替代模型相比，实验数据更支持研究假设的风险认知模型，同时该模型具有情境适应性特征，制度信任关乎价值观相似性和人际信任的判断。而替代模型预设的观点是价值观相似性和人际信任同制度信任没有关联。在城市噪声和水污染两种风险情境下的风险认知结构方程模型检验都表明了支持研究假设的风险认知模型，这也意味着制度信任能够较为显著地影响价值观相似性和人际信任的判断。制度信任的这种影响分为直接效应和间接效应，即制度信任可以直接影响风险认知，也可以通过影响价值观相似性进而影响人际信任，再间接影响风险认知。当然，从根本上看，已取得的积极的工作业绩显著影响着制度信任。由此，政府部门在以往环境事务方面的成就能够较为有效地降低人们的风险认知。在缺乏制度信任的社会氛围下，不可能存在令民众满意的工作业绩，风险沟通的说服力也大打折扣。在城市噪声风险情境下，制度信任和人际信任均影响风险认知。而在水污染风险情境下，仅制度信任影响风险认知，人际信任的影响不显著。这种现象可能是城市噪声和水污染这两类风险事件存在一些差别造成的。城市噪声风险在公众日常生活中隐蔽性相对较强，出现时间随机，察觉难度更大。水污染风险虽然严重程度也令社会高度重视和警觉，但结果相对容易被公众直观发现。相比而言，在实际生活中威胁到居民生活的水污染风险事件还是偏少，而且相对容易采取防范和补救措施去保障日常用水的安全。风险认知模型的情境适应性特征对开展风险沟通具有一定的借鉴意义。对于那些发生过程及后果较为复杂、隐蔽，出现机会又较多的风险事件，制度信任和人际信任共同有利于缓和风险认知，减少社会恐慌和非理性行为。而对于那些发生过程及后果较为清楚、直观，直接影响日常生活的机会较小的风险事件，人际信任缓和风险认知的作用较弱，降低风险认知的程度更需要依靠加强制度信任的建设，维护社会的正常秩序。

研究二

研究二的目的是通过实验方法进一步探索制度信任和人际信任对环境风险认知的影响，着重比较假设模型同其他替代模型之间的差异情况。以往研究较多地单从制度信任或人际信任入手去考察其与风险认知之间的关系，缺乏对制度信任、人际信任和风险认知三者的整体关系的考察，也很少将环境价值观和工作业绩纳入进来，以更为完整的形式考察信任同环境风险认知之间的关系。相比以往的研究，假设模型的优点是细化了信任的类型，将制度信任和人际信任区分开来，并且在模型中考察制度信任对环境价值观的影响。本研究继续同时关注环境价值观和工作业绩之间的区别，考察体现两者的不同信息对环境风险认知的影响。本研究使用的实验材料是研究一开发出的水污染风险情境，但材料内容有所变化。

被试

考虑到尽可能启动环境价值观和发展利益方面的更大差异，本研究从 J 大学环境科学学院和经济学院招募两批被试，共 130 人。将这些被试随机分配到实验条件组，阅读实验材料之后完成相应的答题。整个实验任务结束后，支付每位被试 6 元人民币作为酬谢。

设计和程序

本研究的实验材料不同于研究一的实验材料，区别在于：研究一关于价值观和实际业绩的信息是中立的，而研究二把这类信息作为变量来处理。具体而言，就是把研究一判断为高低工作业绩信息的陈述同判断为亲社会环境价值观和亲发展利益价值观的陈述结合起来。因此，实验操作得到工作业绩自变量的两种水平（积极业绩信息陈述和消极业绩信息陈述）和价值观自变量的两种水平（亲社会环境价值观和亲发展利益价值观）。

以下是材料中的一种情形（积极业绩信息陈述/亲发展利益价值观）：

近些年，为了发展当地经济、解决人口就业、增加政府税收，当地政府加大了"招商引资"的力度，新建工业园区，水资源消耗和水污染压力明显增大。有环保人士强烈反对当地政府为了追求 GDP 增速而牺牲水资源。当地政府的回应是，发展是第一要务，本地有着几十年治理水污染的丰富经验，在水资源保护和利用、工业废水与生活污水监控、宜居水环境开发等方面取得较好的成绩，目前辖区内与水资源相关的城市规划和工业项目实现了较好的宏观规划和远期布局。经济搞上去了，完全有能力保护好水资源。

采取 2×2 的被试间实验设计，提供四种假设的水污染风险情境材料，其中自变量的组合情况如下：积极业绩信息陈述/亲社会环境价值观，积极业绩信息陈述/亲发展利益价值观，消极业绩信息陈述/亲社会环境价值观，消极业绩信息陈述/亲发展利益价值观。

测量

在被试阅读完实验材料之后，要求他们完成与模型相关的一系列题项。这些题项类型与研究一中的相同，具体包括价值观相似性、工作业绩、制度信任、人际信任和风险认知。

结果

使用一般线性模型进行方差分析表明，实际业绩自变量（积极业绩信息陈述和消极业绩信息陈述）显著影响所有因变量——价值观相似性、工作业绩、制度信任、人际信任和风险认知。价值观相似性，$F(1, 257) = 19.76$，$p < 0.001$，$\eta^2 = 0.276$；工作业绩，$F(1, 257) = 13.22$，$p < 0.001$，$\eta^2 = 0.175$；制度信任，$F(1, 257) = 32.19$，$p < 0.001$，$\eta^2 = 0.281$；人际信任，$F(1, 257) = 11.91$，$p < 0.001$，$\eta^2 = 0.156$；风险认知，$F(1, 257) = 23.85$，$p < 0.001$，$\eta^2 = 0.257$。价值观自变量（亲社会环境价值观和亲发展利益价值观）

只影响价值观相似性和人际信任。价值观相似性，$F(1, 257) = 22.13$，$p < 0.001$，$\eta^2 = 0.215$；人际信任，$F(1, 257) = 8.65$，$p < 0.05$，$\eta^2 = 0.098$。没有出现显著的交互作用效应。实际业绩信息陈述所发挥的影响比价值观信息陈述更广泛些。从表 6-4 中可以看到，在实际业绩效应维度上，积极业绩信息陈述总是超过消极业绩信息陈述。

这些结果表明，研究中对于信息的控制是有效的，并且业绩信息对风险认知将产生比价值观信息更大的影响。过去业绩认知的变量效应比未来业绩预期更强，反映出个体制度信任当中的业绩因素偏好，同时这种偏好随着亲社会环境价值观和亲发展利益价值观而有所变化。研究假设模型在一定意义上能够测量业绩和价值观之间的相互作用。按照工作业绩得分将研究对象分为三组：低工作业绩组（≤ 2，n＝86），中工作业绩组（2～4，n＝92）和高工作业绩组（$\geq$ 4，n＝82）。各组模型中的平均数见表 6-5。使用一般线性模型进行方差分析表明，工作业绩显著影响所有因变量——价值观相似性、制度信任、人际信任和风险认知。价值观相似性，$F(2, 254) = 29.12$，$p < 0.001$，$\eta^2 = 0.209$；制度信任，$F(2, 254) = 54.18$，$p < 0.001$，$\eta^2 = 0.315$；人际信任，$F(2, 254) = 56.39$，$p < 0.001$，$\eta^2 = 0.306$；风险认知，$F(2, 254) = 13.26$，$p < 0.001$，$\eta^2 = 0.093$。这些结果表明，工作业绩判断是风险认知的重要决定因素，能够主导价值观信息认知，对价值观相似性也起着一定的影响。

表 6-4　实际业绩和价值观自变量在模型中的平均数判断

实验因素	模型变量				
	价值观相似性	工作业绩	制度信任	人际信任	风险认知
积极实际业绩					
亲社会环境价值观	3.41	3.52	4.01	3.91	3.53
亲发展利益价值观	3.66	3.57	3.86	3.32	3.25
总体	3.54	3.54	3.93	3.61	3.39
消极实际业绩					
亲社会环境价值观	3.02	2.78	3.74	3.02	2.57
亲发展利益价值观	3.15	2.48	3.12	3.26	2.63
总体	3.08	2.63	3.43	3.14	2.60
总体					
亲社会环境价值观	3.45	3.09	4.14	3.87	3.16
亲发展利益价值观	3.61	3.04	3.75	3.44	2.65
总体	3.53	3.06	3.94	3.66	2.90

表 6-5　实际业绩差异自变量在模型中的平均数判断

实验因素	价值观相似性	制度信任	人际信任	风险认知
低工作业绩组				
亲社会环境价值观	2.85	3.73	2.92	2.07
亲发展利益价值观	2.61	2.12	2.56	2.04
总体	2.73	2.92	2.74	2.05
中工作业绩组				
亲社会环境价值观	3.35	3.71	3.69	3.01
亲发展利益价值观	3.37	3.06	3.17	2.88
总体	3.36	3.39	3.43	2.95
高工作业绩组				
亲社会环境价值观	4.17	4.22	4.28	4.05

实验因素	价值观相似性	制度信任	人际信任	风险认知
亲发展利益价值观	4.26	3.68	4.32	3.84
总体	4.21	3.97	4.30	3.95
总体				
亲社会环境价值观	3.31	3.79	3.64	3.12
亲发展利益价值观	3.25	3.36	3.22	3.01
总体	3.28	3.58	3.43	3.07

讨论

本研究理论假设的模型同时考虑到业绩信息和价值观信息对风险认知评估的影响。价值观信息体现出个体对政府部门人员的人际信任；业绩信息反映出政府部门的工作能力，主导着个体对政府部门的制度信任。需要清醒认识到的是，尽管理论上力求明确地区分业绩信息和价值观信息，并认为两者有着明确无误的界限，但在日常生活中，个体实际上往往可能并非从一维的角度去理解单独的业绩信息或价值观信息。或者说，实际的信息往往并非纯粹的业绩信息或价值观信息，可能会同时融合两者的属性，表现出一体化的兼而有之。对模型进行结构方程检验表明，制度信任的判断建立在业绩信息的基础上，而非价值观信息的基础上。这进一步表明，与业绩相关的信息比与价值观相关的信息更有可能影响环境风险认知判断。而与价值观相关的信息也并非没有作用，同样可能影响环境风险认知判断，只是这些信息更需要在社会交往的互动情境中建立起人际信任，从而影响风险认知。也可以讲，价值观信息影响风险认知一定程度上有赖于个体对于政府部门业绩信息的判断。

研究三

一般而言，人们更容易对事件的负面属性投入更多的注意，并且在对于相关事务的判断上更多地依赖负面属性的权重。"负性偏向"在较多情形下是人们相对稳定的心理习惯。不过，在一些特定的情境当中，个体对于事件的归因方式在对相关维度的判断方面起着比事件本身具有的积极或消极属性更为首要的影响。研究三采取被试内设计，使用的实验材料所包含的工作业绩信息经过主观判断，被判定为积极和消极两种类别。在此基础之上，整体性考察模型当中工作业绩信息和价值观信息对信任及风险认知的影响关系，理论上预期工作业绩信息影响制度信任进而导致风险认知判断的变化。这种变化的趋势要强于价值观信息影响人际信任进而导致风险认知判断的变化的趋势。

方法

被试同研究二，这些被试完成研究二的任务之后，继续进行研究三的任务。

设计和程序

使用研究一开发的城市噪声实验材料，采取被试内实验设计。将城市噪声风险情境的文字材料按照随机顺序呈现给被试，要求被试评价这些实验材料中所描述的政府部门及工作人员。上述被评价对象在文字材料中按照亲社会环境价值观、亲发展利益价值观、积极工作业绩和消极工作业绩四个方面具有不同的描述。被试完成模型当中的所有题项测量，涵盖价值观相似性、工作业绩、制度信任、人际信任和风险认知变量。

结果

首先利用聚类分析技术对被试进行分类，所依据的标准是被试对于亲社会环境价值观以及亲发展利益价值观材料的价值观相似性判断。聚类分析为两组：第一组在亲社会环境价值观材料的价值观相似性判断为高，同时在亲发展利益价值观材料的价值观相似性判断为低（162 名被试）；第二组在亲发展利益价值观材料的价值观相似性判断为高，同时在亲社会环境价值观材料的价值观相似性判断为低（98 名被试）。将第一组命名为亲环境组，第二组命名为亲发展组。由于需要考察工作业绩信息和价值观信息对信任及风险认知的影响，利用分值差异建构出两个新的分析变量：价值观差异变量和业绩差异变量。价值观差异分值等于亲社会环境价值观材料的分值减去亲发展利益价值观材料的分值，业绩差异分值等于积极工作业绩材料的判断减去消极工作业绩材料的判断。针对模型当中的所有变量，进行价值观差异和业绩差异的 t 检验（见表 6-6）。结果表明，对于所有被试而言，在工作业绩、制度信任、人际信任和风险认知变量上，业绩差异发挥的影响比价值观差异更大。具体 t 值：工作业绩 $t(259) = 16.328$，$p < 0.001$；制度信任 $t(259) = 8.852$，$p < 0.001$；人际信任 $t(259) = 3.216$，$p < 0.01$；风险认知 $t(259) = 7.982$，$p < 0.001$。在价值观相似性变量上，价值观差异发挥的影响比业绩差异更大。具体 t 值：价值观相似性 $t(259) = 5.147$，$p < 0.001$。从数据结果看，亲环境组被试数据同所有被试数据相比，程度表现得更强。对于亲发展组被试，价值观差异在价值观相似性上影响更大，$t(259) = 4.084$，$p < 0.001$；业绩差异在工作业绩和制度信任上影响更大，工作业绩 $t(259) = 5.552$，$p < 0.001$，制度信任 $t(259) = 4.879$，$p < 0.001$。在人际信任与风险认知方面，价值观差异和业绩差异不存在差别。

表 6-6 实际业绩和价值观自变量在模型中的平均数判断

被试组	模型变量				
	价值观相似性	工作业绩	制度信任	人际信任	风险认知
所有被试					
价值观差异	0.42	0.39	1.12	0.91	0.52
业绩差异	2.16	1.62	0.82	1.32	1.62
亲环境组被试					
价值观差异	0.06	0.07	1.16	0.89	0.62
业绩差异	2.77	1.98	1.12	1.52	2.06
亲发展组被试					
价值观差异	0.64	0.31	0.52	0.44	0.36
业绩差异	0.96	0.47	1.26	0.94	0.62

为了确定积极价值观信息和消极价值观信息的相对影响,利用分值差异建构出两个新的分析变量:积极差异变量和消极差异变量。积极差异分值对于亲环境组被试来说等于亲社会环境价值观材料判断分值减去中立价值观材料判断分值,对于亲发展组被试来说等于亲发展利益价值观材料判断分值减去中立价值观材料判断分值。消极差异分值对于亲环境组被试来说等于亲发展利益价值观材料判断分值减去中立价值观材料判断分值,对于亲发展组被试来说等于亲社会环境价值观材料判断分值减去中立价值观材料判断分值。针对模型当中的所有变量,进行积极差异和消极差异的 t 检验(见表 6-7)。结果表明,对于所有被试而言,在工作业绩、制度信任和风险认知变量上,消极差异发挥的影响比积极差异更大。具体 t 值:工作业绩 $t(259)=9.648$,$p<0.001$;制度信任 $t(259)=12.463$,$p<0.001$;风险认知 $t(259)=10.533$,$p<0.001$。在价值观相似性和人际信任变量上没有差异。针对亲环境组被试,积极差异和消极差

异不存在区别。针对亲发展组被试，在工作业绩、制度信任、人际信任和风险认知变量上都存在区别。具体 t 值：工作业绩 $t(259)=4.095$，$p<0.001$；制度信任 $t(259)=3.217$，$p<0.001$；人际信任 $t(259)=2.245$，$p<0.05$；风险认知 $t(259)=3.764$，$p<0.001$。

表 6-7　实际业绩差异自变量在模型中的平均数判断

被试组	模型变量				
	价值观相似性	工作业绩	制度信任	人际信任	风险认知
所有被试					
积极差异	1.12	0.91	0.78	0.92	1.02
消极差异	1.32	0.96	1.05	0.95	0.87
亲环境组被试					
积极差异	1.49	0.93	0.71	0.90	1.36
消极差异	1.38	1.08	0.91	1.02	1.12
亲发展组被试					
积极差异	0.87	0.86	0.93	0.95	0.75
消极差异	1.52	1.01	0.96	1.17	1.26

讨论

本研究采取被试内实验设计，研究结果进一步支持了研究二的结论。而研究二采取的是被试间实验设计，以水污染为实验材料。从所有被试的数据来看，工作业绩信息所发挥出的效应比价值观信息更为明显，这种结果有力地支持了研究假设模型对于工作业绩信息和价值观信息的区别。总体上，工作业绩信息对信任及风险认知的影响超过价值观信息。价值观信息对价值观相似性的影响没有导致人际信任和风险认知效应，从而使得工作业绩信息比价值观信息更凸显出对信任及风险认知的效应。

价值观相关信息影响同业绩相关信息影响之间有着明显的差异。

在这项任务的背景下，对于亲环境被试，价值观相关信息比业绩相关信息更重要；对于亲发展被试，业绩相关信息比价值观相关信息更重要。消极的业绩差异（中立业绩情境和消极业绩情境判断之间的差异）大于积极的业绩差异（中立业绩情境和积极业绩情境判断之间的差异）。对于亲环境被试，没有出现上述情况。显然，中性业绩材料对于亲环境被试"中性"，容易在两个方向作出调整。对于亲发展被试，积极调整远小于消极调整。相比亲环境被试，业绩信息对于亲发展被试更为重要。

我们在制度信任和人际信任的背景之下进行了一系列的研究，旨在探索价值观相关信息和工作业绩相关信息对于信任及风险认知的影响。研究得出这两类信息对于信任类型的影响存在差别：基于工作业绩的信息更多影响制度信任，基于价值观的信息更多影响人际信任。以往研究已经提出，道德信息比业绩信息更能够影响个体的判断和决策，因为道德信息比业绩信息有着更广泛的情境适用性。道德信息无论维度属性如何，都较业绩信息更容易启动个体的情绪体验，更少需要个体具备针对专门事物进行知识意义上的判断的专业能力。道德判断需要的资源和专业能力更少，不过，道德信息广泛的情境适用性并不能够充分和自动保证个体依其进行事物判断的准确性。事实上，单纯依靠道德信息进行事物判断的错误空间是比较大的。基于避免错误的生活经验总结和心理习惯养成，制度信任的生成逻辑较为明显地体现出过去业绩认知和未来业绩判断的权重分量。本研究的特点是区分了价值观信息与业绩信息，相对于以往的替代模型有较大改进。三个研究分别采取结构方程模型、被试间设计和被试内设计方法，得到了相似的研究结果。三个研究均表明业绩信息比价值观信息更加影响制度信任的判断，业绩信息对风险认知的影响也超过价值观信息，制度信任决定着在价值观相似性基础上建立起来的人际信任。

6.4　制度信任的培育路径

　　制度是信任的重要来源之一。在常态下，完善的制度信任对于维持日常事务运转能够起到特定作用。更具有社会价值的是，在出现社会冲突、对立或危机事件时，完善的制度信任能够起到疏解社会矛盾、调控社会情绪和消除社会排斥的积极作用。在日常状况和紧急状况下，如果制度信任能够较好地保持稳健、可靠的水平，客观上有利于营造普遍信任的社会环境。信任作为一种核心要素，有利于制度以最低的成本完成自身所具备的内在目标。个体信任他人同个体被他人信任两者能够相互促进，而制度以特有的方式影响着个体信任他人的水平。制度的内涵非常丰富，表现形式也极为多元，可以是抽象的条文式规则、具体的程序化规范，也可以是操作性的事务型规章。从有利于社会政策的实施效果和提升社会治理水平的角度而言，社会信任的重要价值不言而喻。应当努力培育公民社会合作和社会参与的心理习惯，倡导公民自愿加入社会合法组织，学习有序理性关注社会政治及民生事务，进而在公共生活世界最大程度发展社会普遍的制度信任。由此产生的高水平制度认同将能够促进培育社会成员的正向心理习惯，有助于营造全体社会成员共有的良性社会情绪。尤其重要和需要探索的问题是：在现实社会中如何最大程度实现社会信任的重要价值，使其成为提高社会质量、推进社会文明进步的宝贵资源？近几十年来，学术界针对上述问题进行了大量研究，取得了一些成果，但在相关理论方面还存在较多争议，如信任是一种能够代际传递的文化特质，还是特定公平公正制度之下的特定结果？当代中国现代化社会治理进程中，全面系统探索制度信任建设的具体路径是极为必要的。

　　为什么要高度重视"制度能够创造信任"？一个显而易见的社会

事实是：虽然社会资本理论认为个体与个体、个体与群体之间的交往互动，或者说某些类型的交往互动可以创造信任，但是在现代社会，个体与个体、个体与群体很多时候缺乏交往互动，或者说缺乏能够满足创造信任的条件的交往互动。人们如何才能够去信任那些不曾相识、先前没有交往互动的陌生他人以及那些鲜有打交道的经历、作为抽象实体存在的组织机构？换句话说，从信任发生学的角度讲，初始信任或者说基本信任、特殊信任的范围半径多限于相对狭窄的亲缘或熟人群体圈，而后续社会信任的范围半径显然大大超过了初始信任。那么，是什么机制或者力量实现了信任的范围半径的扩张？从现实层面上讲，无论哪种文化下的人类群体，只要从进化利益和生存属性出发，都无一例外将养成基本信任上升为人性伦理的基本标准。基本信任有助于亲缘情感相连、宗族认同固化、内群体凝聚团结，个体由此获得自我的安全感、存在的归属感及人格的稳定感。由于时空条件等因素的限制，传统社会的基本信任的范围半径相对固定，扩张信任的范围半径的现实要求有限，整个社会缺乏从基本信任扩张到社会信任的诉求及机制，单独的个体也没有过多的意识和机会去要求和争取社会信任。现代社会完全颠覆了传统社会的时空条件等因素的限制，极为需要扩张信任的范围半径，目的在于适应、维持和发展现代社会的生活秩序。社会成员通过参与和保持同陌生他人或无共生经历他人的有效率、有质量的合作关系，体验高强度、快节奏、变动性的生活及工作样态。

6.4.1　实现公正平等

要大力构建社会公平正义，实现社会平等。管理者赢得公众信任的意愿和能力是通过成为一名能够完成公共事务的有效率和有道德的人员来实现的。现代国家当中的政治机构数量众多、职能各异，公众呈现出来的制度信任水平千差万别。尽管如此，个体对于不同国家政治机构的工作评价所引发的制度信任程度却有着较为明显的关联性。个体往往从整体的角度形成对强大的、全局的国家政治机构的认识和评价，因此对于不同国家政治机构的工作评价往往具有连锁效应，会互相辐射渗透。

迄今为止，任何时期的任何人类社会都存在财富获取和占有上的个体差异，经济收入上的不平等是人类社会恒久存在的现象。在降低政府信任的潜在影响方面，最广泛的讨论、最丰富的理论辩论都集中在经济变革和社会现代化议题上。经济收入上的不平等容易挤压低收入社会成员在其他领域的平等机会和权利。当平等机会和权利受到严重侵犯时，就很可能出现这些低收入社会成员社会边缘化的不利后果。以资源占有多寡为区分标准，拥有资源多的一方同拥有资源少的一方天然形成社会存在的裂缝，并且这种裂缝不会自然愈合，反而有可能在发展中出现越来越大的趋势。如果某些群体和个体在较长时间内处于资源匮乏的状态，那么他们持久弥漫的被剥夺感心态势必撕裂和分化社会的整体团结，导致群际疏离和对抗以及政治参与的失序、失衡等。如果社会控制不当，资源利益的博弈很容易引发社会冲突。并且，即使社会控制在一定程度上可能使社会冲突缓和下来，利益博弈的社会冲突点燃效应也始终长期存在，在某个特殊时间点还可能集中爆发。收入不平等的程度越严重，利益冲突和抗争的可能性越大，通过政治通道表达诉求和立场的愿望也会越强烈。在社会权益的获得感、心理层面的自尊感、物质基础的安全感、精神状态的舒展感等多方面，经济收入低、拥有资源少的群体和个体总体上都较为容易表现出脆弱性。在遭遇挫折和困难之后，他们自我恢复的信心不足、能力偏弱。对于不确定性事务的风险后果，他们往往无力承担，在风险的事先预防、事中规避和事后救济等方面也表现得较为盲目和无效。失落的社会情绪会加重对收入不平等的不满，对经济差异的优先敏感会直接体现在政治议题的表达上。

　　由经济不平等引发的政治不信任氛围，主导政治态度和政治认同的价值取向。现代社会崇尚公平正义的社会理想，人与人的平等是现代文明的基本原则。社会信任是保障社会充满平等主义精神的重要因素之一，构成政治、经济、文化等社会全面平等的基础条件。从反面来说，如果社会信任沦落为广泛的社会不信任，其后果将令社会的进步付出巨大的代价。作为生活内容和生活智慧的重要部分之一，人们在社会学习、社会比较和社会适应过程中会主动或被动认识、权衡、接受收入不平等的客观现实。与认识、权衡、接受收入不平等的客观现实直接相关联的是社会公正感。如果体现社会公正原则的主要运行制度、基本价值观以及未来愿景无法全部或者最低程度地部分完成应有功能，那么就容易出现严重的负面社会效应。其中之一就是激起社会对经济收入不平等的不满，进而将矛头指向社会分配的不公正。由此产生的后果还会包括社会规则意识的瓦解、政治与社会信任水平的衰退以及政治与社会事务参与的淡漠。对于建立值得信赖和高效运作的政府而言，经济收入平等和政治信任是极为重要的基础。

6.4.2　善用网络空间

　　20世纪90年代以来，在全球范围内，互联网广泛普及、技术不断升级，令人们的生活习惯、消费选择和交流模式发生了深刻变革。在线活动的新型方式和新颖体验使人们愿意花费更多的时间用于网络的交流互动。无论传统的媒体时代，还是现在的互联网信息时代，从各种信息源散发出来的信息都构成同人的多元化关系，包括人们利用信息进行消遣和娱乐、使用信息完成知识学习和能力提升、通过信息建立和维持社会关系、借助于信息形成身份意识和社会认知、依赖信息进行社会监督和主张权益等。从报纸到广播，从电视到互联网，信息传播媒介的进步极大地改变和丰富了社会的政治活动实践。相对于传统的信息媒介，互联网提供了物理条件的保障，使得个体能够迅捷地同信息源或活动方进行超时空的互动交流。这种变革的意义是它前所未有地激活了信息参与者的主体性。网络信息的互动特征不仅加深了信息时代各社会阶层获得和利用信息的大众化、平等化趋势，消解了信息互动双方的距离障碍，而且深刻树立了信息时代全新范式的交流原则。虽然"信息鸿沟"客观存在，短时期难以完全消除，甚至会有加剧的可能，但是信息特权和封闭存在的状况无疑日渐式微，即使是经济资源和社会地位处于弱势的社会成员也完全有可能低门槛、小成本地掌握应对外界、维持生计、改善境遇和主张救济的基本信息。并且，社会资源贫乏群体的声音也较以往更容易成为社会关注的焦点，取得广受注意的效果。网络信息的互动特征在唤醒社会成员的信息参与主体性的同时，也会创造让他们便利地参与社会事务的机会，点燃和助推他们的热情和愿望，能够起到"由点到面"的扩散效应。在互联网信息技术的冲击下，社会各领域事务包括政治事务进程当中旧式的信息组织形式逐步丧失了垄断式的话语强权，深度沟通、透明意识、平等竞争、公正原则、民主参与等成为社会普通民众的权利诉求。面对互动式信息交流的要求，政治事务进程需要秉持开放、乐观和担当的精神，自觉接纳信息利益代表的多样化、信息社会影响的广泛化、信息焦点转换的快速化、信息实际内容的失真化等实际挑战。

互联网技术的"信息革命"创造了一个崭新的信息时代，社会信息流动渠道空前丰富、异常活跃。各类信息源或活动发起方必须认真思考信息传递的策略选择和现实效应。需要指出的是，弱化技术优势群体信息垄断和强化技术劣势群体信息权益并非"运动式"地引发社会对立，也不是简单地重新分配利益资源。社会大多数成员会本能地"舒适性"获取、选择、接触和认知信息，某个时期主流信息源的流行程度、信息易得程度以及信息内容影响着人们的现实生活状态。市民身份的具体表现同大众媒体因素发生着自然而然的紧密相关。帕特南(Putnam，1995)认为，在电视成为美国社会主流信息源的时期，电视是美国社会人际信任水平下降的"罪魁祸首"。电视节目迎合个体的各种口味，满足人们的娱乐需求，打发人们工作之外的休闲时间。电视有效地契合了大多数人"惰性消费"信息的行为习惯，使他们"足不出户"，减少了面对面人际交往的次数和频率，公共性的社会活动较之以往也出现衰退。电视在信息功能上导致了"时间排挤空间"，铺天盖地、全天候不间断的电视节目占据了人们大量的业余时间，而人们似乎也愿意将有限的时间消耗在观看电视节目当中。若非如此，这些时间原本能够用于参加社区的各种活动和公共事务。由于电视的挤压效应，社会互动的活跃程度相对受到抑制，个体缺乏足够数量和程度的社会交往去缩短心理距离和社会距离，难以建立广泛的彼此间接纳、熟悉甚至亲密的人际关系。电视把更多人的时间使用限制在了狭小的封闭空间，一定程度上削弱了个体的相互认同与信任。当然，人们并非信息的被动接受者和单方面受影响者，个体使用媒体信息的动机也部分决定了信息传播调节社会参与和塑造社会资本的方向和程度。

网络平台成为当今社会的主要信息源。尽管网络平台仍然容易存在信息失真、信息误导等偏差现象，但总体上看，由于网络信息更容易获得、信息互动更为及时简便、信息纠错机制更为灵敏、信息内容更加公开透明、信息责任更加容易监督和追踪，就实际效果而言，依托网络平台更加容易培育个体层面上的社会资本，实现个体的社会参与。社会媒体不仅是信息渠道，它们也可以有效地进行情绪和情感交流。对社会媒体的恰当使用有助于培育正向的政治情感，进而影响民众的政治参与。社交网络的互动性交往属性强烈，在个体用户判断信息安全和有必要的条件下，互动双方容易获得彼此的基本情况。传统媒体呈现的信息扩散空间有限，信息生产者的角色"垄断"色彩比较浓厚，潜含等级主义的中心取向。随着网络信息时代的到来，政治议题的大众讨论、实践活动以及政策受惠结果呈现去中心化的趋势。各种政治主体、党派力量以及社会媒体具备更充分的民意理解机会、更宽松的意愿表达空间以及更自由的语言描述弹性。信息数字化传播的即时性、全覆盖、生动性、原子式等特性，深刻冲击了旧有媒体组织生产和控制信息的固定套路。各类信息源的生产方和参与者能够更为灵活和自主地发动、建立和保持对于公共政治议题的交流互动，使得受制于某种单一信息源主导和决定的束缚状况出现松动和弱化的势头。网络信息时代的社会媒体给政治实践创造了新的契机，政治事务的决策通道在网络化媒体的时代变得更加开放、双向和高效。

要通过网络宣传的主渠道提振社会公信力。虽然说"谣言止于智者"，但在风险应急时期，人们的社会情感特别容易出现波动，呈现非理性化、极端化倾向。因此，提振公信力、鼓舞士气对强化"信息免疫"尤为重要。社会出现危机、团结遇到挑战的时候，由于具有一致性价值观的基础，共克时艰的社会观念能够迅速建立起来。我们有党的坚强领导、社会主义制度的显著优势，有提振公信力的共同价值观和民族精神。当社会信息暂时处于混乱的时候，弘扬共同价值观的优势体现在能够将社会信心的短暂下行控制在合理的范围，快速筑牢相对稳定的社会公信力基础。即使在特殊时期遇到信息干扰，公信力受到冲击，共同价值观也可以发挥稳定器作用，保证公信力经受住考验。特殊时期的社会公信力更多地镶嵌着人们直觉意义上的道德判断和朴素的情感活动，往往关联着自动的情绪化的注入过程，而不是完全以理性为基础。基于情绪形成的判断比基于理性形成的判断更为激荡人心，在同已有观点相左的论据面前，基于情绪形成的判断表现出更大的韧性，更不容易发生改变。当榜样人物的感人事迹展现出牺牲、奉献、进取的高尚形象时，这些正能量的信息能够激励人、感染人，通过价值观和情感启发式的视觉冲击来直觉化、情感型凝聚社会信心和中国力量，使具有普遍指向和渗透影响力的价值观深入人心，这样就可以在较短时间内建立社会公信力。

6.4.3　促进人际信任

公众对国家政治机构工作成效、公正、普惠等方面的评价是他们形成、表达和判断政治信任的基础。一方面，由于大众化信息传播的兴起和流行，公众获得政治信息的机会大增、成本锐减、内容丰富；另一方面，由于社会整体教育质量改善、社会参与水平提高、社会比较效应加强以及社会场合训练增多等综合因素的作用，显著促进了公众的信息素质，公众理解信息和利用信息的能力大幅度提升。这些具有积极意义的认知动力为个体积累了信息资源、培育了参与技能，以备未来实际进行政治事务活动时能够摆脱鲁莽的随性而为，避免一时冲动、盲目逞能，进而做到能够审时度势，较好地胜任复杂的政治事务。个体和国家政治体系之间的重要连接机制就是政党，个体生命早期的政治社会化奠定了热爱政党的基础，通过家庭环境、学校教育、社会宣传等一系列过程塑造政党信仰，形成对政党的深刻印象。政治成熟的个体往往具有较强的政治兴趣、认识、立场和信仰，容易形成稳定的政治认同。政治认同具有强烈的显示作用，反映出个体的观念、评判和行为。他们对政治问题有着自己恰当的看法，不会轻易随波逐流，也不会由于受到干扰信息的侵袭而简单地改弦更张。在已有政治认识、经验和时间的基础上，个体会判断自己参与政治和公共事务的能力，形成专属的政治认同。政治认同是一种稳健的心理认同，可以缓释权衡、决策参与政治和公共事务时的劳神焦虑，从心理和观念层面决定个体实际参与政治活动的状况，对个体的政治行为、政治立场和政治选举有着重要的影响。

发展制度信任的一个必要因素是成熟的人际信任。当代社会复杂化、多元化和陌生化，人们需要也必然会同不熟悉甚至完全陌生的人进行社会交往、活动交流和利益交换，自然形成一种弱社会联系。个体必须面对、建立、接触和利用强社会联系所没有或者无法提供的资源、机会和信息，实现超出强社会联系的社会目标，获得超出强社会联系的活动价值。当然，存在于社会网络中的弱社会联系客观上也具备实现上述结果的工具属性。人际信任和制度信任之间的关系是双向的、微妙的：高制度信任伴随着高人际信任，但低制度信任并非线性对应着低人际信任。在欠理想社会中，事实很可能是低制度信任与高人际信任并存。当然，这种人际信任是特殊的、局限于熟人社会圈子的人际信任。人际信任所依赖的社会互动在性质上更为互惠和对称，往往与信托人具有熟悉和强烈的情感联系；制度信任就是脱离人格特征的条文化规则和规范所表现出来的可信性，往往与信托对象维持弱联系。如果没有人际信任作为前提，制度信任是难以实现的。制度信任可以促进或阻碍人际信任发展。同人际信任相区别，制度信任表现出非人格化的信任形式。或者说，人际信任是主体与主体之间的信任，而制度信任是主体与客体之间的信任。因此，制度信任与人际信任存在较大的差异。制度信任的对象包括抽象的条文化标的物如法律体系、行业规章、职业准则等，也包括具体的实物化标的物如组织机构、行业部门、工作单位等。制度信任的一个特点是：抽象体系中的信任根本就不假定它要以这样或那样的方式同对其负责的个人和团体相遇（吉登斯，2000）。大量社会活动的发生主体是彼此相互陌生的个体，同陌生人进行社会合作所依托的信任常常建立在围绕利益交换的制度化规则和规范的基础之上。这些条文化的规则和规范以一般性、公约性、普适性的特征规定和约束个体间的社会交换、交易及交往，同个体特征相关度较小，它们并不体现和传递活动发生主体的生动、直观和具体的人格特征。信任也时常依赖于受托人、信任中介方或组织制度的声望，声望经过口头或书面传播表现出可重复和可复制的特点，其本质反映出人们对于弱社会联系的依赖，背后的逻辑是被信任方会表现出互惠的意愿，顺应并满足信任方的预期，同时遵守现有的普遍制度规范、道德准则和法律约束等。

制度可以在物质层面上推动社会及人际合作，更可以在精神心理层面上通过社会化机制塑造社会成员，使其具备符合社会核心价值观的行为习惯、道德规范及思想意识，内生出稳定积极的信任品质和素养。按照社会资本理论，公民社会的活力是推进社会发展的重要力量，积极参加志愿者组织是焕发社会活力的有效途径。积极参加志愿者组织促进了大量的社会交往，为培育社会信任提供了机会与资源。现代社会人际交往日益复杂，经济交易愈发频繁，利益交换更加显著，主体意识尤为突出。社会生活要求个体既在特定情境中与熟悉人互动合作，也在更广泛情境中与陌生人互动合作。现代社会当中，社会交往的情境跨界和动态变化使得参与者无法总是寄希望于接触有限和熟悉的个体，从而令交往的成本降低、效率提高。事实上，越来越多代表广泛、数量众多的陌生个体已经作为社会样本存在于普遍的社会交往当中，信任从内部世界转向外部世界是不可扭转的既定事实。制度信任从"私人生活"领域转向"公共生活"领域，现代化的理论逻辑要求人们不断减少抱守、依赖人际信任，而不断增加、拓展制度信任。为了实现最大公约数的利益目标，社会以各种方式发展出一些形式和机制，确保差异化的精神属性在社会秩序中平稳运行，同时也使得社会提供给个体的机会和资源能够被个体充分有效地利用。信任是这些形式和机制的重要表现之一，发挥信任的特殊效力是在社会凝聚力和社会团结的现有基础受到侵蚀时改善社会不利状况的一种重要途径。从本质上讲，制度认同在很大程度上影响了信任的社会氛围。制度认同包括制度的征询决策、制度的执行过程、制度的效果感知以及制度的自我完善等方面。显然，制度征询决策的公开透明，制度执行过程的公正清廉，制度执行效果的普遍受益，制度自我完善的开放提升，以及破坏制度规则必受无差别惩戒等，都会有助于促成社会信任的发展。社会成员也正是通过直接经验或间接经验，对于制度的征询决策、制度的执行过程、制度的效果感知以及制度的自我完善等方面逐步形成稳定的认知评价，塑造构成主导个体行为选择和参与社会活动的观念化制度认同。制度所设定的激励因素以及制度化结果所具有的积极属性能够调控组织机构和活动个体的诚信行为，引领社会健康平和的情绪心态。换言之，社会中普遍存在的高水平制度认同体现了制度的征询决策、制度的执行过程、制度的效果感知以及制度的自我完善等方面的积极属性，能够促进培育社会成员的正向心理习惯，有助于营造全体社会成员共有的良性社会情绪。在社会常态意义上，高水平的制度信任能够有助于个体更加容易信任他人，包括在人际关系意义上并不熟悉的陌生人。因而，对陌生他人的信任也与对制度的认同息息相关。

6.4.4 强化过程监管

监管是保障制度信任可靠性的重要手段之一。即使缺乏同特定人和群体之间的长期熟悉或重复互动，人们也可以在信任的基础上建立起合作关系，这种信任往往就是依赖于制度的信任。制度能够提供给人们更多的资源和机会，以利于人们实现自己的目标。充满活力和效率的制度能够提升制度信任的水平，公众因此会更加依赖政府和制度。对制度的信任取决于公众认知到的合法性、技术能力、执行能力及修复能力。制度通过种种激励措施和强制手段为社会成员进行社会交换提供条件，并保障相应各方合乎规定的利益。在此种情况下，普遍化的信任获得了生长的土壤和发展的空间。信任的本质属性和要求是：信任关系双方能够感知彼此的底线利益，并且具有促进利益的倾向或愿望，开展利益指向一致的合作意图及行为。信任之所以能够依赖制度，是因为制度具有替代性功能。具有普遍且无差别的约束力的制度对相关当事人的行为起着调节、监督和控制的作用。

　　制度信任蕴含着显著的公共性、公开化、信托式的信任关系。在信托层面上需要监管部门履行法定监督职责，对组织机构及其相关人员进行职业行为的外部审查。如果信托方无法监管或约束受托方的行为，那么受托方很容易发生渎职和失职行为。信托式信任关系的前提是信托人相信受托人不会滥用自己的特权，而会忠于职守、履行职责、值得信赖。由于知识、能力和信息等方面存在差距，一般民众和代表制度方的组织机构之间的信托式信任关系不可避免地表现出"不对称性"。这种"不对称性"程度越强烈，越需要更多的道德及法律约束来保障信托式信任关系的稳固。在现实当中，普通民众个体往往是处于下位的信托人，而组织机构往往是处于上位的受托人。普通民众个体基于制度观念或以往经验，相信组织机构会按照义务实现自己的利益。但出于一些原因，组织目标时常出现自我利益偏好取向，在维护组织利益之时容易忽视信托人的利益；组织机构也时常会遗忘或忽视信托人的期望。处于优势位置的组织机构有可能在本部门局部利益的诱惑之下，自觉或不自觉地利用便利的手段和途径影响制度设计和选择的结果，客观上形成有利于自己的制度安排。实际上，由于信息、知识和能力等方面的不对称性，普通民众个体是难以监督某个组织机构的所有活动的。以政府信任为例，公众对政府的信任就具有信托式信任关系的特征。公众不可能完全知晓政府行政人员的所有公务，也不是那么轻易就能够监测和控制他们的表现的。公众对政府信任的"不对称性"非常容易形成。政府权力的本质是服务于人民的利益，把权力关进"制度的笼子"就是监督政府依法行政，消除和杜绝渎职和失职行为。现代政治文明普遍认识到"政务公开"和"接受监督"的重要性，推行"政务公开"和"接受监督"就是努力消除公众对政府信任的"不对称性"，使公众自觉、充分信任政府。公众会从政府及其人员的作为是否从人民利益出发，是否符合人民利益诉求来判断政府的可信度。做人民的"勤务员""公仆"不只是成为具备专业技能的公务人员，还需要心中装有正义、公平、仁爱等道德规范，并在公务行为中表现出来。建设制度信任除了加强外部监管，还需要强化机构部门的内部制度设计。机构部门的相关人员必须具备行业技能，积极且富有责任心的社会履职有利于提升信任。机构部门应当敢于自我展现、勇于自我批评，接纳善意的外界批评，以开放式的姿态主动参与具有权威性、示范性的同行业评估、评议，力戒"利己"型的标签。

推动心理学更好进入社会治理

　　流动时代，个人本位膨胀。传统社会当中，职业界限相对明确、职业结构相对固定、职业人员相对封闭，容易形成等级主义的群体文化。当现代社会强大的流动性力量冲击到各种职业领域时，职业界限出现淡化、职业结构松动变换、职业人员自由选择，平等主义的群体文化和社会观念普遍流行。当现代性的各种力量把社会的封闭之门打开之后，社会上的个体权利意识"爆棚"，宽容接纳意识相对弱化。解决社会治理领域中的诸多问题并没有现成的经验、路径和模板，只能在具体的实践中进行探索和完善。但进行社会治理的总原则是明确的：必须维护稳定的社会秩序，同时激发社会各方的活力，实现社会的广泛信任和全面团结。

　　首先，心理学帮助优化社会治理方式，建立个人、社会与国家之间的充分信任和高度认同，促进社会的紧密团结。良性的群体行为首先要建立在共同认识的基础上。个体认识的共同度越高，参与群体行为的积极性越强，群内认同越能提升，争取群体利益的行为越突出。虽然个体身份在复杂的社会关系网络中日趋多样，但决定参与群体行为的主导因素是政治态度。在政治态度的大前提之下，当个体判断自己应当接纳群体规范、实现群体目标时，义务要求促使个体卷入群体行为。某些时候，这些义务动机往往明显超过理性计算的范畴。在大多数群体事件中，个体容易被诱导以"公正"的标准去评判自己受到的"不公正"对待或利益受损，且将自己及相关个体圈定为范围有限的特定"群体"。从群体外部来看，为了博取社会对这个群体的"同情"，作为成员的个体都会表现出"弱势"或者"受害者"的形象，以赢得舆论力量为群体"打气""撑腰"；从群体内部来看，个体遭遇的相同性、命运后果的相似性使得个体更加团结，也更愿意"并肩作战""抗争到底"。此外，群体事件中，个体还容易被诱发出"愤懑"的情绪，放大"为什么受伤的是我"的不公焦点，掀起强大的群体动机去抗争不利事件的境遇。不利方面是，这种具有浓烈情绪色彩的行为策略容易裹挟一些不明事实的个体盲目参与进来；有利方面是，情绪煽动的根基往往比较脆弱，容易针对性化解。行为效果是推进群体事件的重要因素，如果群体在群体事件中能够快捷地作出反应，聚集力量对抗对话、升级对立、制造紧张，那么这种"集体效能"发挥的破坏力就是非常令人头疼的。此时群体中的个体极有可能"利令智昏""执迷不悟"，过高估计群体目标"成功"实现的概率，较为顽固地坚持对抗式的活动，过度预期利益诉求得以"满足"的程度，较为莽撞地坚持偏执式的行为。这些个体常常还打着"道德正确"的旗号，为群体行为树立看起来合理的依据，将同他们对立的外部意见和做法置于"道德错误"的境地。通过参照内容的对比，群体事件的组织者希望制造出显眼的差距裂缝，强化对"道德错误"行为的舆论谴责，加强对"道德正确"行为的正当信心，坚定辩护的决心。当前，社会治理需要改变过去简单倚重政治动员、思想鼓动、社会运动等方式的做法，大力推进法治、自治、德治相结合，贯彻民主协商的精神，调动基层的参与热情和活动智慧，畅通民众的意见表达通道，拉近民众与基层政府的距离，耐心倾听群众呼声，平等对待对话群众。创造空间、留有时间，尽最大可能反复协商对话、充分理解互信，不折不扣保障群众的合法利益，细致耐心解释政策原则底线，取得让步谅解，营造恰当适度的舆论环境。现实生活中，大多数个体希望同亲密他人和群内他人在一定程度上取得并保持共识，表现出相同或相似的价值观。只有少数人喜欢"标新立异""鹤立鸡群"，不在意社会排斥，能够忍受社会孤独。在基本一致的共识动机影响下，个体通过动员主体能力，可以修正甚至改变自己的态度或者意见，虽然不会表现出过度的"人云亦云"，但确实具有明显的"从众"色彩。需要注意的是，这种共识动机对于亲密或群内他人较为强烈，而对于陌生或疏远他人则容易逆转，呈现态度或者意见"针锋相对""势不两立"。媒体信息促进社会参与的机制包含了"共识动机"，当社交网络的身份感唤起对亲密关系的人际评估时，问题利益诉求的心理影响力会得以增强。当个体基于相似立场认识和理解社会事件的信息时，其同群体社区的距离感也会明显缩短。

现代文明国家都强调发展和保障人权，尊重公民个人在法律范围内具有的各项权利。在社会治理当中发挥主导作用的同时，中国政府积极建立简政放权、政务公开、亲民利民的现代政府形象，实现社会对信息透明、程序合规、注重公平的期盼。在个人、社会与国家三者的关系之中，个人的力量最为脆弱。坦率地说，绝大多数个人不会有意同国家"对抗"。事实上，零散的个体也不具备这种能力。少数个体往往只是在主观认为利益受到"减损"或"剥夺"的情况下采取一些非理性或过激行动，发泄情绪上的不满，引起外界注意和重视，显示出个人同社会的"抗争"。这些"抗争"尚不足以上升为个人与国家之间的"对抗"，也极少演变为这种状态。虽然政府对此不能听之任之，需要高度重视，但也不必"草木皆兵"，将一切都上升到"维稳"的高度。需要认识到，即使存在某种机制将少数个体聚集在一起，这些个体的力量同国家相比也是"微不足道"的。虽然极端情况下这些力量如果疏导、控制不当，有可能会引发社会冲突、引起社会动荡，但它们大多数情况下并不是直接出于威胁国家政权和破坏国家安全的目的。国家作为最强大的力量主体，有足够的经济资源、行政力量和组织能力，可以发动社会舆论、调节社会关系，引导个人与社会相互接纳，缓冲、缓和两者之间的信任关系，以利于个人、社会与国家三者之间信息沟通及时、互动渠道畅通、利益分配公平。

其次，心理学帮助人们适应智能社会，优化舆情治理。20 世纪末期，"人工智能""智慧城市"的发展理念在全球流行起来。与传统城市建设理念不同，智慧城市使用现代化的智能技术探索解决各种"城市问题"。智慧城市应当呈现出一个什么样的形象？本质上，智慧城市体现以人为本，实现人、城市和技术三者之间的协调一致，突出"智能化"。在智能化技术的统一协调下，进行城市运行空间的重新布局和再造，通过基础设施、大数据信息、资源配置和制度保障等多方面整合，从经济创新、社会民生、商业模式等方面聚焦服务和治理的新途径。智慧城市以社会治理为目标，以城市中的人为目的，以核心推进要素为手段，利用集成式的信息优势满足城市智能化治理的复杂需求，涉及技术、组织、政策、治理、社区、环境、设施等多方面。智慧城市就是一种社会治理，引导和整合城市基础设施、信息网络、人才智力、组织实体和行政机构，最大程度调度、使用和优化社会资源，去实现建立在低成本基础上的社会效益最大化。智能化、效益最大化利用社会资源是智慧城市的关键要素。智慧城市既要解决城市管理的政策制定、运行协调问题，也要重视道德和伦理问题如信息透明、个人隐私，在城市安全、均等化社会服务和个人权益之间实现道德协调。智慧城市的发展战略必定需要注重政治价值、社会利益和道德伦理的平衡：政治价值上宣传具有前瞻性的智能社会理念和城市的未来愿景；社会利益上将社会资源和大数据信息的效益最优化，调动公众认同和全民参与；道德伦理上密切关注数字技术、虚拟空间和个人权益的新生隐患。近些年来，中国城市发展的最明显特征是通过人口的聚集实现经济的最大增长，进而实现经济、社会、文化以及民生效益的有机统一。"抢人大战"在中国不少大中城市上演，进入大城市的户籍门槛不断降低。但在城市化快速推进的过程中，也难以避免出现一些发展中的棘手问题，如人口老化、城市安全、环境污染、心态焦虑等。实现社会治理现代化需要改变过去那种粗放式行政管理模式，克服一些不符合党群、干群关系要求的"懒政"行为，强化勇于斗争、人民至上的理念。转变思维、改进作风，落到实处就是要求工作程序规范化、技术手段信息化、行政成本最小化和群众满意最大化。工作谋划越精细、事业感情越投入、互动全程越人性，就越有利于民众增强获得感和幸福感。从工具理性的角度看，智慧城市是社会发展的必然选择和策略，也是应对城市发展巨大挑战的最佳路径。智能化技术提供无限空间，产生海量规模的信息互动。中国数以亿计的网民每天都在生成海量的信息数据。当今中国社会，网民对于一些传统上所谓"隐私""忌讳"的心理话题已经表达出较高开放程度。智能社会和大数据时代，建立心理学面向社会治理的技术体系显得尤为迫切。网络信息时代的社会媒体给政治实践创造了新的契机。国家高度重视网络媒体作为舆论阵地的关键影响力，关注广大普通民众的呼声，了解他们的真实体验。数量巨大的网民在媒体表达意见，对国家的重要社会决策起着重要的参考作用。国家也会恰当地利用媒体传播信息，持续保持同广大民众的密切联系。从群体意见参考的优先顺序来讲，高层决策的传统层级由"自上而下"顺势转变为"自下而上"，从小范围的内部党派团体、咨政人士和核心人物扩展到社会大众。某些时候，我们少数干部同志在开展群众工作时观念错位、方法简单，缺乏同群众沟通交流的耐心和技巧。实事求是地讲，社会上确实存在极少数法律观念淡薄、公德意识缺乏、只求利己的顽固分子。

对于这样极少数的个人，法律是有力的武器，打击违法犯罪绝不含糊手软。但更多时候，做群众工作需要能够引导相关当事方"坐下来""聊一聊""讲一讲"，民众感觉说话有人听、事情有人管、结果有盼头，委屈、怨气就可以"消一半"，事件就不容易走极端。能够营造出调解、对话的氛围，"解决问题的办法总会比问题带来的困难多"。不回避利益矛盾，"摆出来""放桌面"，既是维护政府形象，也是对人民负责。从底线要求出发，确保活动主体"对话"而不是"对抗"、利益矛盾"化解可控"而不是"点燃激化"、社会心态"健康稳定"而不是"戾气尖锐"。正视问题、源头预防，"抓早抓小""放下架子"，掌握主动。了解民情民意，及时知晓网络舆论，准确判断焦点事件的发展趋向。

最后，心理学力助实现幸福中国。幸福不再是中国人的个体愿望，已经成为全社会、全民族的共同向往和国家奋斗的伟大目标。在各种社会关系、社会矛盾以及社会冲突的调解中，心理学的手段和干预已经广为利用，目前在大城市社区探索出的有效经验可以逐渐推广到中小城市和农村社区。在国家社会治理的政治目标中，人民幸福是社会心理服务体系建设的核心使命。当今，幸福感正在成为中国人努力提高的一个社会质量指标。幸福已经不再是中国人心理上的隐形向往。人们不再含蓄、羞于表达甚至掩盖自己对幸福的向往和追求，也不再刻意呈现出"坎坷累累"的"伤者"形象，而是大方地谈论幸福、表达幸福和享受幸福。幸福不仅是中国人的个体愿望，也是中国社会乃至民族复兴的伟大目标。在个人与社会不断进行义务调整、关系塑造和利益共享的现代化进程中，幸福逐步被赋予了强烈的价值观要素。心理学应当教育人民传承"大我"幸福观。在"大我"幸福观的核心引领下，中国文化历来鼓励知行合一、言行一致，既肯定"喜悦"场合集体层面浓烈厚重的情感宣泄和仪式渲染，也认同个体自身"得意"之时恰当的欢乐表达。内敛、自省的中国君子文化虽然并不过度鼓吹身体语言的夸张叙事，但也重视利用积极事件的情感力量强化个人幸福的体验。"大我"幸福观具有优势更大的社会凝聚力和向心力，这也是中国文化绵延不断、社会长治久安的重要原因之一。中国人的自我经常嵌入各种社会关系，在里面扮演自己的角色、承担义务和履行责任，以符合外界期待的方式完成生活赋予的人生历程，自我的独立动机明显弱于社会化动机。个人的幸福更多的不是表现为个人的"索取"和"独占"，而是取决于嵌入关系中的积极要素所实现的程度。当个体较为圆满地实现积极社会关系中的自我时，幸福成为这种状态的自然结果。反之，即使个体因为满足个人狭小的利益体验而感到幸福，这种"幸福"也很可能被社会观念排斥和谴责，成为社会秩序不能接受的内容。西方文化的幸福主旨推崇弱社会性的个人成就，原子化自我的积极状态就是幸福的源泉和主要内容，一切阻碍弱社会性的个人成就和原子化自我的积极状态实现的负面力量都是不幸福的推手和制造者。中国传统文化鼓励个体实现人生使命，但不崇尚仅指向单独个体的"纯粹"幸福。狭隘的个体成功在核心价值层面上是存在局限的，由此带来的个人幸福也容易滑向精致利己主义的陷阱。契合社会整体利益，或在社会秩序（至少是局部社会秩序）之下，个人幸福才是可靠、有意义和被认可的。因为这种个人幸福在满足个体目标的同时更明确地符合了非原子化的人际利益，维持了网络式的相关个体的共情和团结。社会意义上的幸福是主流的幸福观。中国文化价值观通常认为"识时务者为俊杰"，优秀的个体应当具备灵活而强大的适应能力，能够采取多元变通的方式应对外界的任务；应当善于"察言观色"，准确识别和理解他人的内心世界；同时应当巧妙表达自己的目标诉求，个性适中而不张扬，追求利益而避免偏执。在敏锐应对关系网络的历练中，个体自我的功能也被充分塑造出来，促进个体形成强烈的利益群体归属感。个体哪怕遭受到来自群体的最低程度的社会排斥，都将极为显眼地表明自己为人处世的"失败"，进而承受巨大的心理压力。中国社会交往的网络关系要求个体自觉注意和考虑到他人的感受、预期或利益，灵活调整自我的社会认知、态度动机和行为方式，去实现和维护整体的秩序。

参考文献

艾里克·M. 乌斯拉纳. (2004). 民主与社会资本//马克·E. 沃伦. 民主与信任. 吴辉, 译. 北京: 华夏出版社.

安东尼·吉登斯. (1998). 现代性与自我认同. 赵旭东, 方文, 译. 北京: 生活·读书·新知三联书店.

安东尼·吉登斯. (2000). 现代性的后果. 田禾, 译. 南京: 译林出版社.

昂诺娜·奥妮尔. (2017). 信任的力量. 闫欣, 译. 重庆: 重庆出版社.

芭芭拉·亚当. (2009). 时间与社会理论. 金梦兰, 译. 北京: 北京师范大学出版社.

伯纳德·巴伯. (1989). 信任的逻辑和局限. 牟斌, 李红, 范瑞平, 译. 福州: 福建人民出版社.

陈雪峰. (2018). 社会心理服务体系建设的研究与实践. 中国科学院院刊, 33(3), 308—317.

戴维·哈维. (2004). 后现代的状况. 阎嘉, 译. 北京: 商务印书馆.

范如国. (2017). "全球风险社会" 治理: 复杂性范式与中国参与. 中国社会科学, (2), 65—83＋206.

房莉杰. (2009). 制度信任的形成过程——以新型农村合作医疗制度为例. 社会学研究, 24(2), 130—148＋245.

费孝通. (1998). 乡土中国: 生育制度. 北京: 北京大学出版社.

韩恒. (2014). 教内信任: 基督教信仰与人际信任——基于 2010 年度 CGSS 的

分析. 世界宗教文化, (4), 71—78.

贺雪峰. (2009). 农村代际关系论: 兼论代际关系的价值基础. 社会科学研究,
　　(5), 84—92.

胡安宁. (2014). 社会参与、信任类型与精神健康: 基于 CGSS2005 的考察.
　　社会科学, (4), 64—72.

井世洁, 杨宜音. (2013). 转型期社会信任感的阶层与区域特征. 社会科学,
　　(6), 77—85.

李伟民, 梁玉成. (2002). 特殊信任与普遍信任: 中国人信任的结构与特征.
　　社会学研究, (3), 11—22.

李友梅. (2018). 当代中国社会治理转型的经验逻辑. 中国社会科学, (11),
　　58—73.

罗伯特・D. 帕特南. (2001). 使民主运转起来——现代意大利的公民传统.
　　王列, 赖海榕, 译. 南昌: 江西人民出版社.

吕小康, 汪新建. (2018). 中国社会心理服务体系的建设构想. 心理科学, 41(5),
　　1026—1030.

马克・E. 沃伦. (2004). 民主理论与信任//马克・E. 沃伦. 民主与信任. 吴
　　辉, 译. 北京: 华夏出版社.

曼纽尔・卡斯特. (2001). 网络社会的崛起. 夏铸九, 王志弘, 等译. 北京:
　　社会科学文献出版社.

曼纽尔・卡斯特. (2006). 认同的力量. 曹荣湘, 译. 北京: 社会科学文献出
　　版社.

尼克拉斯・卢曼. (2005). 信任: 一个社会复杂性的简化机制. 瞿铁鹏, 李强,
　　译. 上海: 上海人民出版社.

彭泗清. (1999). 信任的建立机制: 关系运作与法制手段. 社会学研究, (2),
　　55—68.

田毅鹏, 吕方. (2009). 单位社会的终结及其社会风险. 吉林大学社会科学学
　　报, 49(6), 17—23.

王天恩. (2018). 重新理解"发展"的信息文明"钥匙". 中国社会科学, (6),
　　26—49 ＋204—205.

乌尔里希·贝克. (2004). 风险社会. 何博闻, 译. 南京：译林出版社.

乌尔里希·贝克, 安东尼·吉登斯, 斯科特·拉什. (2014). 自反性现代化. 赵文书, 译. 北京：商务印书馆.

谢晓非, 徐联仓. (1998). 一般社会情境中风险认知的实验研究. 心理科学, (4), 315—318＋383.

辛自强, 辛素飞. (2014). 被信任者社会身份复杂性对其可信性的影响. 心理学报, 46(3), 415—426.

俞国良. (2017). 社会转型：社会心理服务与社会心理建设. 心理与行为研究, 15(4), 433—439.

俞国良, 谢天. (2018). 社会转型：社会心理服务与社会心态培育. 河北学刊, 38(2), 175—181.

翟学伟. (2014). 信任的本质及其文化. 社会, 34(1), 1—26.

周怡. (2013). 信任模式与市场经济秩序——制度主义的解释路径. 社会科学, (6), 58—69.

周怡. (2014). 我们信谁?——关于信任模式与机制的社会科学探索. 北京：社会科学文献出版社.

Althaus, C. E. (2005). A disciplinary perspective on the epistemological status of risk. *Risk Analysis*, 25(3), 567-588.

Aven, T., & Renn, O. (2009). On risk defined as an event where the outcome is uncertain. *Journal of Risk Research*, 12(1), 1-11.

Barber, B. (1983). *The logic and limits of trust*. New Brunswick, NJ: Rutgers University Press.

Baxter, J., & Lee, D. (2004). Understanding expressed low concern and latent concern near a hazardous waste treatment facility. *Journal of Risk Research*, 7, 705-729.

Beck, U. (2008). World at risk: The new task of critical theory. *Development and Society*, 37(1), 1-21.

Betsch, T., Haberstroh, S., Glöckner, A., Haar, T., & Fiedler, K. (2001). The effects of routine strength on adaptation and information search in recurrent decision making. *Organizational Behavior and Human Decision Processes*, *84*(1), 23-53.

Bisin, A., Topa, G., & Verdier, T. (2008). Cooperation as a transmitted cultural trait. *Rationality and Society*, *16*(4), 477-507.

Böhm, G., & Pfister, H. -R. (2000). Action tendencies and characteristics of environmental risks. *Acta Psychologica*, *104*(3), 317-337.

Boiney, L. G., Kennedy, J., & Nye, P. (1997). Instrumental bias in motivated reasoning: More when more is needed. *Organizational Behavior and Human Decision Processes*, *72*(1), 1-24.

Burgess, A. (2012). Media, risk, and absence of blame for "acts of God": Attenuation of the European volcanic ash cloud of 2010. *Risk Analysis*, *32*(10), 1693-1702.

Burns, N., & Donald, K. (2000). Social trust and democratic politics. Report to the National Election Studies Board. Based on the 2000 NES Special Topic Pilot Study.

Byrne, R., & Whiten, A. (Eds.)(1988). *Machiavellian intelligence: Social expertise and the evolution of intellect in monkeys, apes, and humans.* Oxford: Oxford University Press.

Chen, C. C., Saparito, P., & Belkin, L. (2011). Responding to trust breaches: The domain specificity of trust and the role of affect. *Journal of Trust Research*, *1*(1), 85-106.

Choudhury, E. (2008). Trust in administration: An integrative approach to optimal trust. *Administration & Society*, *40*(6), 586-620.

Cook, K. S., Hardin, R., & Levi, M. (2005). *Cooperation without trust.* New York: Russell Sage Foundation.

Cvetkovich, G., Siegrist, M., Murray, R., & Tragesser, S. (2002). New information and social trust: Asymmetry and perseverance of attributions about hazard managers. *Risk Analysis*, *22*(2), 359-367.

Dasgupta, P. (1988). Trust as a commodity. In Diego Gambetta (Eds.),

Trust: Making and breaking cooperative relations (pp. 49-72). Oxford: Basil Blackwell.

Delhey, J., Newton, K., & Welzel, C. (2011). How general is trust in "most people"? Solving the radius of trust problem. *American Sociological Review*, *76*(5), 786-807.

De Martino, B., Kumaran, D., Seymour, B., & Dolan, R. J. (2006). Frames, biases, and rational decision-making in the human brain. *Science*, *313*, 684-687.

Ditto, P. H., & Lopez, D. F. (1992). Motivated skepticism: Use of differential decision criteria for preferred and nonpreferred conclusions. *Journal of Personality and Social Psychology*, *63*(4), 568-584.

Ditto, P. H., Scepansky, J. A., Munro, G. D., Apanovitch, A. M, & Lockhart, L. K. (1998). Motivated sensitivity to preference-inconsistent information. *Journal of Personality and Social Psychology*, *75*(1), 53-69.

Dohmen, T., Falk, A., Huffman, D., & Sunde, U. (2012). The intergenerational transmission of risk and trust attitudes. *The Review of Economic Studies*, *79*(2), 645-677.

Earle, T. C., & Lindell, M. K. (1984). Public perceptions of industrial risks: A free-response approach. In Ray A. Waller, & Vincent T. Covello(Eds.), *Low-Probability high-consequence risk analysis* (pp. 531-550). Boston, MA: Springer.

Earle, T. C., & Siegrist, M. (2006). Morality information, performance information, and the distinction between trust and confidence. *Journal of Applied Social Psychology*, *36*(2), 383-416.

Eiser, J. R., Reicher, S. D., & Podpadec, T. J. (1995). Global changes and local accidents: Consistency in attributions for environmental effects. *Journal of Applied Social Psychology*, *25*(17), 1518-1529.

Epley, N., & Caruso, E. M. (2004). Egocentric ethics. *Social Justice Re-*

Hester, R. E., Harrison, R. M., Gerrard, S., & Petts, J. (1998). Isolation or integration? The relationship between risk assessment and risk management. In Ron E. Hester, & Roy M. Harrison(Eds.), *Risk assessment and risk management* (pp. 1-20). Cambridge, UK: Royal Society of Chemistry.

Hickman, C. A. & Kuhn, M. (1956). *Individuals, groups and economic behavior*. New York: Holt, Rinehart & Winston.

Hsee, C. K., & Weber, E. U. (1997). A fundamental prediction error: self-others discrepancies in risk preference. *Journal of Experimental Psychology: General, 126*(1), 45-53.

Ingen, E. V., & Bekkers, R. (2015). Generalized trust through civic engagement? Evidence from five national panel studies. *Political Psychology, 36*(3), 277-294.

Johnson, B. T., & Eagly, A. H. (1989). Effects of involvement on persuasion: A meta-analysis. *Psychological Bulletin, 106*(2), 290-314.

Jonas, E., Schulz-Hardt, S., Frey, D., & Thelen, N. (2001). Confirmation bias in sequential information search after preliminary decisions: An expansion of dissonance theoretical research on selective exposure to information. *Journal of Personality and Social Psychology, 80*(4), 557-571.

Jung, D., Sul, S., & Kim, H. (2013). Dissociable neural processes underlying risky decisions for self versus other. *Frontiers in Neuroscience, 7*(7), 15.

Kahneman, D., & Tversky, A. (1973). On the psychology of prediction. *Psychological Review, 80*(4), 237-251.

Kahneman, D., & Tversky, A. (1984). Choices, values, and frames. *American Psychologist, 39*(4), 341-350.

Kasperson, R. E., Renn. O., Slovic, P., Brown, H. S., Emel, J., Goble, R., Kasperson, J. X., & Ratick, S. (1988). The social amplification of risk: a conceptual framework. *Risk Analysis, 8*(2), 177-187.

Kasperson, R. E. (2010). Science and disaster reduction. *International Jour-*

nal of Disaster Risk Science, *1*, 3-9.

Kawakami, K., Dovidio, J. F., & Dijksterhuis, A. (2003). Effect of social category priming on personal attitudes. *Psychological Science*, *14* (4), 315-319.

Koehler, D. J. (1991). Explanation, imagination, and confidence in judgment. *Psychological Bulletin*, *110*(3), 499-519.

Koehler, J. J. (1993). The influence of prior beliefs on scientific judgments of evidence quality. *Organizational Behavior and Human Decision Processes*, *56*(1), 28-55.

Koehler, J. J., & Gershoff, A. D. (2003). Betrayal aversion: When agents of protection become agents of harm. *Organizational Behavior and Human Decision Processes*, *90*(2), 244-261.

Krannich, R. S., & Albrecht, S. L. (1993). Opportunity/Threat responses to nuclear waste disposal facilities. *Rural Sociology*, *60*(3), 435-453.

Kunda, Z. (1990). The case for motivated reasoning. *Psychological Bulletin*, *108*(3), 480-498.

Lewis, J. D., & Weigert, A. J. (1981). The structures and meanings of social time. *Social Forces*, *60*(2), 432-462.

Lewis, D., & Weigert, A. (1985). Social atomism, holism and trust. *The Sociological Quarterly*, *26*(4), 455-471.

Lewis, J. D., & Weigert, A. (1985). Trust as a social reality. *Social Forces*, *63*(4), 967-985.

Machlis, G. E., & Rosa, E. A. (1990). Desired risk: Broadening the social amplification of risk framework. *Risk Analysis*, *10*(1), 161-168.

Marris, C., Langford, I., Saunderson, T., & O'Riordan, T. (1997). Exploring the "psychometric paradigm": Comparisons between aggregate and individual analyses. *Risk Analysis*, *17*(3), 303-312.

Masuda, J. R., & Garvin, T. (2006). Place, culture, and the social amplification of risk. *Risk Analysis*, *26*(2), 437-454.

Mazur, A. (1981). Three Mile Island and the scientific community. *Annals of the New York Academy of Sciences*, *365*(1), 216-221.

McAllister, D. J. (1995). Affect- and cognition-based trust as foundations for interpersonal cooperation in organizations. *The Academy of Management Journal*, *38*(1), 24-59.

McKnight, D. H., Cummings, L. L., & Chervany, N. L. (1998). Initial trust formation in new organizational relationships. *The Academy of Management Review*, *23*(3), 473-490.

Misztal, B. A. (1996). *Trust in modern societies: The search for the bases of social order*. Cambridge, MASS: Polity Press.

Newton, K. (2001). Social trust and political disaffection: Social capital and democracy. Paper presented at the EURESCO on Social Capital: Interdisciplinary Perspectives, Exeter, UK.

Nickerson, R. S. (1998). Confirmation bias: A ubiquitous phenomenon in many guises. *Review of General Psychology*, *2*(2), 175-220.

Orbell, J., Dawes, R., & Schwartz-Shea, P. (1994). Trust, social categories, and individuals: The case of gender. *Motivation and Emotion*, *18*, 109-128.

Otway, H. (1992). Public wisdom, expert fallibility: Toward a contextual theory of risk. In Sheldon Krimsky, & Dominic Golding (Eds.), *Social theories of risk*(pp. 215-228). New York: Praeger.

Otway, H., & von Winterfeldt, D. (1992). Expert judgment in risk analysis and management: Process, context, and pitfalls. *Risk Analysis*, *12*(1), 83-93.

Peeters, G., & Czapinski, J. (1990). Positive-negative asymmetry in evaluations: The distinction between affective and informational negativity effects. In Wolfgang Stroebe & Miles Hewestone(Eds.), *European review of social psychology*(pp. 33-60). New York: Wiley.

Pidgeon, N. (2019). Risk communication and the social amplification of risk: Theory, evidence and policy implications. In Gerald Mars, David T. H.

Weir, *Risk management*(pp. 451-466). London: Routledge.

Plous, S. (1991). Biases in the assimilation of technological breakdowns: Do accidents make us safer? *Journal of Applied Social Psychology*, *21*(13), 1058-1082.

Poortinga, W., & Pidgeon, N. F. (2003). Exploring the dimensionality of trust in risk regulation. *Risk Analysis*, *23*(5), 961-972.

Poortinga, W., & Pidgeon, N. F. (2004). *Public perceptions of genetically modified food and crops, and the GM Nation? Public Debate on the commercialisation of agricultural biotechnology in the UK*. Norwich: Centre for Environmental Risk.

Putnam, R., Leonardi, R., & Nanetti, R. (1993). *Making democracy work: Civic traditions in modern Italy*. Princeton, NJ: Princeton University Press.

Putnam, R. D. (1995). Bowling alone: America's declining social capital. *Journal of Democracy*, *6*(1), 65-78.

Renn, O., & Levine, D. (1991). Credibility and trust in risk communication. In Roger E. Kasperson, & Pieter Jan M. Stallen(Eds.), *Communicating risks to the public*(pp. 175-217). Dordrecht: Springer.

Renn, O. (2008). Risk Governance: Combining Facts and Values in Risk Management. In Hans-Jürgen Bischoff (Eds.), *Risks in modern society* (pp. 61-125). Dordrecht: Springer.

Renn, O. (2011). The social amplification/attenuation of risk framework: application to climate change. *Wiley Interdisciplinary Reviews: Climate Change*, *2*(2), 154-169.

Robinson, S. L. (1996). Trust and breach of the psychological contract. *Administrative Science Quarterly*, *41*(4), 574-599.

Rosa, E. A. (1998). Metatheoretical foundations for post-normal risk. *Journal of Risk Research*, *1*(1), 15-44.

Rottenstreich, Y., & Hsee, C. K. (2001). Money, kisses and electric shocks: On the affective psychology of risk. *Psychological Science*, *12*(3), 185-190.

Seligman, A. B. (1997). *The problem of trust*. New Jersey: Princeton University Press.

Shrader-Frechette, K. S. (1991). *Risk and rationality: Philosophical foundations for populist reforms*. Oakland, CA: University of California Press.

Sjöberg, L. , Jansson, B. , Brenot, J. , Frewer, L. J. , Prades, A. , & Tönnessen, A. (2000). *Radiation risk perception in commemoration of Chernobyl: A cross-national study in three waves*. Stockholm: Center for Risk Reseach.

Slovic, P. (1992). Perception of risk: Reflections on the psychometric paradigm. In S. Krimsky & D. Golding (Eds.), *Social theories of risk* (pp. 117-152). New York: Praeger.

Slovic, P. , Monahan, J. , & Macgregor, D. G. (2000). Violence risk assessment and risk communication: The effects of using actual cases, providing instruction, and employing probability versus frequency formats. *Law and Human Behavior*, *24*(3), 271-296.

Sønderskov, K. M. , & Dinesen, P. T. (2016). Trusting the state, trusting each other? The effect of institutional trust on social trust. *Political Behavior*, *38*(1), 179-202.

Stack, L. C. (1978). Trust. In Harvey London & John E. Exner (Eds.), *Dimensions of personality* (pp. 561-599). New York: Wiley.

Stallings, R. A. (1990). Media discourse and the social construction of risk. *Social Problems*, *37*(1), 80-95.

Starr, C. (1969). Social benefit versus technological risk. *Science*, *165*(399), 1232-1238.

Starr, C. , & Whipple, C. (1980). Risks of Risk Decisions. *Science*, *208*(4448), 1114-1119.

Susarla, A. (2003). Plague and arsenic: Assignment of blame in the mass media and the social amplification and attenuation of risk. In Nick Pidgeon, Roger E. Kasperson, & Paul Slovic(Eds.), *The social amplification of risk*(pp. 179-208). Cambridge: Cambridge University Press.

Taylor-Gooby, P. , & Zinn, J. O. (2006). Current directions in risk research: New developments in psychology and sociology. *Risk Analysis*, *26*(2), 397-411.

Thomas, C. W. (1998). Maintaining and restoring public trust in government agencies and their employees. *Administration & Society*, *30*(2), 166-193.

Uslaner, E. (2008). Where you stand depends upon where your grandparents sat: The inheritability of generalized trust. *The Public Opinion Quarterly*, *72*(4), 725-740.

Warren, M. E. (Ed.). (1999). *Democracy and trust*. Cambridge: Cambridge University Press.

Weick, K. E. (1995). *Sensemaking in organizations*. Thousand Oaks, CA: Sage Publications.

Weterings, R. , & Van Eijndhoven, J. (1989). Informing the public about uncertain risks. *Risk Analysis*, *9*(4), 473-482.

White, M. P. , Pahl, S. , Buehner, M. J. , & Haye, A. (2003). Trust in risky messages: The role of prior attitudes. *Risk Analysis*, *23*(4), 717-726.

White, M. P. , & Eiser, J. R. (2005). Information specificity and hazard risk potential as moderators of trust asymmetry. *Risk Analysis*, *25*(5), 1187-1198.

Windschitl, P. D. , & Wells G. L. (1996). Measuring psychological uncertainty: Verbal versus numeric methods. *Journal of Experimental Psychology*, *2*(4), 343-364.

Yamagishi, T. , & Yamagishi, M. (1994). Trust and commitment in the United States and Japan. *Motivation and Emotion*, *18*(2), 129-166.

Zinn, J. O. , & Taylor-Gooby, P. (2006). *Risk in social science*. Oxford:

Oxford University Press.

Zucker，L. G. （1986）. Production of trust：Institutional sources of economic structure，1840-1920. *Research in Organizational Behavior*，8 （2），53-111.

图书在版编目(CIP)数据

风险化解与社会信任 / 伍麟著. —北京：北京师范大学出版社，
2024.7

(心理学与社会治理丛书)

ISBN 978-7-303-29857-0

Ⅰ. ①风… Ⅱ. ①伍… Ⅲ. ①社会关系－研究－中国
Ⅳ. ①D668

中国国家版本馆 CIP 数据核字(2024)第 051181 号

图书意见反馈 gaozhifk@bnupg.com 010-58805079

FENGXIAN HUAJIE YU SHEHUI XINREN

出版发行：北京师范大学出版社 www.bnupg.com
　　　　　北京市西城区新街口外大街 12-3 号
　　　　　邮政编码：100088

印　　刷：北京盛通印刷股份有限公司
经　　销：全国新华书店
开　　本：710 mm×1000 mm　1/16
印　　张：24.5
字　　数：323 千字
版　　次：2024 年 7 月第 1 版
印　　次：2024 年 7 月第 1 次印刷
定　　价：108.00

策划编辑：周益群　李司月　　　　责任编辑：周益群　李司月
美术编辑：陈　涛　李向昕　　　　装帧设计：陈　涛　李向昕
责任校对：丁念慈　　　　　　　　责任印制：马　洁

search, *17*(2), 171-187.

Fischer, P. , & Greitemeyer, T. (2010). A new look at selective-exposure effects: An integrative model. *Current Directions in Psychological Science*, *19*(6), 384-389.

Fischer, P. (2011). Selective exposure, decision uncertainty, and cognitive economy: A new theoretical perspective on confirmatory information search. *Social and Personality Psychology Compass*, *5*(10), 751-762.

Fischhoff, B. , Slovic, P. , Lichtenstein, S. , Read, S. , & Combs, B. (1978). How safe is safe enough? A psychometric study of attitudes towards technological risks and benefits. *Policy Sciences*, *9*(2), 127-152.

Flynn, J. , Kasperson, R. , Kunreuther, H. , & Slovic, P. (1992). Time to rethink nuclear waste storage. *Issues in Science and Technology*, *8*, 42-48.

Forgas, J. P. (1995). Mood and judgment: The affect infusion model(AIM). *Psychological Bulletin*, *117*(1), 39-66.

Freitag, M. , & Bühlmann, M. (2009). Crafting trust: The role of political institutions in a comparative perspective. *Comparative Political Studies*, *42*(12), 1537-1566.

Freitag, M. , & Traunmüller, R. (2009). Spheres of trust: An empirical analysis of the foundations of particularised and generalised trust. *European Journal of Political Research*, *48*(6), 782-803.

Frewer, L. (1999). Risk perception, social trust, and public participation in strategic decision making: Implications for emerging technologies. *Ambio*, *28*(6), 569-574.

Frewer, L. J. , Miles, S. , & Marsh, R. (2002). The media and genetically modified foods: Evidence in support of social amplification of risk. *Risk Analysis*, *22*(4), 702-711.

Fuchs, C. (2007). *Internet and society: social theory in the information age*. New York: Routledge.

Fuchs, C. (2008). The implications of new information and communication technologies for sustainability. *Environment, Development and Sustainability, 10,* 291-309.

Gambetta, D. (1988). Can we trust trust? In Diego Gambetta, *Trust: Making and breaking cooperative relations* (pp. 213-237). New York: Basil Blackwell.

Glanville, J. L., Andersson, M. A., & Paxton, P. (2013). Do social connections create trust? An examination using new longitudinal data. *Social Forces, 92*(2), 545-562.

Glöckner, A., & Pachur, T. (2012). Cognitive models of risky choice: Parameter stability and predictive accuracy of prospect theory. *Cognition, 123*(1), 21-32.

Green, N. (2002). On the move: Technology, mobility, and the mediation of social time and space. *The Information Society, 18*(4), 281-292.

Hall, P. A. (1999). Social capital in Britain. *British Journal of Political Science, 29*(3), 417-461.

Hardin, R. (1992). The street-level epistemology of trust. *Analyse & Kritik, 14*(2), 152-176.

Hardin, R. (2002). *Trust and trustworthiness.* New York: Russell Sage Foundation.

Hart, W., Albarracín, D., Eagly, A. H., Brechan, I., Lindberg, M. J., & Merrill, L. (2009). Feeling validated versus being correct: A meta-analysis of selective exposure to information. *Psychological Bulletin, 135*(4), 555-588.

Hassan, J. (2010). Social acceleration and the network effect: A defence of social 'science fiction' and network determinism. *The British Journal of Sociology, 61*(2), 356-374.

Herreros, F., & Criado, H. (2008). The state and the development of social trust. *International Political Science Review, 29*(1), 53-71.